반야사상(般若思想)

― 선사들이 부른
깨달음의 노래, 오도송

釋性愚 편저

🍎 일러두기

1. 여기 수록된 게송은 오도송(悟道頌)을 중심으로 하였으나, 어떤 것은 오도의 경지를 엿볼 수 있는 송(頌)도 있다. 왜냐하면 반야사상을 규명하는데 필요하다고 생각하여 수록하였다.
2. 분류는 인도, 중국, 한국, 일본 순서로 하였다. 생몰연대를 알 수 있는 것은 밝혔지만, 불분명한 것도 있다. 신도나 이름을 알 수 없는 사람은 스님 뒤에 두었다.
3. 번역은 직역을 원칙으로 하였으나, 그렇지 않은 것도 있다.
4. 특별한 행적이 없는 분은 일화 또는 법어를 중심으로 정리하였다.
5. 가능한 생몰연대순으로 수록하고자 하였으나, 책의 편집상 어쩔 수 없었다는 점이 아쉬움으로 남는다.

🍎 머리말

사람은 누구나 보다 잘 살아 보려는 본능적 의지를 지니고 있습니다.

잘 살아 보겠다는 데는 두 가지가 있으리라 믿습니다. 하나는 물질의 풍요 위에 욕망을 충족하는 일과 하나는 마음의 여유 위에 가지는 즐거움입니다.

오늘날 우리나라는 경제적으로 많은 여유가 있을 정도로 발전하고 있습니다. 이런 역사적 과정은 참다운 큰 사상의 뒷받침이 있어야 오래 오래 이 땅에 영광스럽게 현존하리라 믿습니다.

그런 의미에서 이 『반야사상』을 엮었습니다. '반야(般若)'란 근본적으로 인간 누구나가 가지고 있는 힘입니다. 그 무한한 지혜를 얻음으로써 슬기롭게 잘 살 수 있습니다.

부처님께서 말씀하셨듯이, 이 세상 모든 중생들은 누구나 부처가 될 성품을 지니고 있습니다. 그러나 우리는 탐(貪)·진(瞋)·치(癡) 삼독(三毒)에 시달려 한없이 괴로운 번뇌의 바다에서 허덕이고 있습니다. 그러나 탐·진·치 삼독심을 잘 다스리면 반야의 지혜는 영원히 빛나게 됩니다.

스스로 지니고는 있었지만 지니고 있는 줄도 몰랐던 보석을 찾은 그런 것과 같은 것입니다. 이런 무한한 가능성을 찾는다면 참다운 삶을 살아가는데 원동력이 될 수 있으리라 믿습니다.

부처님 혜맥이 이 땅에 점화되어 오늘날까지 무수히 많은 선지식들이 반야의 횃불을 높이 들어 그 후광이 오늘도 찬연히 빛나고 있습니다. 그들의 참된 삶을 정리하여 오늘날 다시 한 번 비춰주고 싶은 마음에 스스로의 역량을 생각지 않고 무모하게 자료를 모아 이 책을 엮었습니다.

　이 책을 읽는 인연으로 우리들 가슴에 지니고 있는 반야의 등불을 밝히는 데 조금이나마 도움이 되었으면 하는 염원 간절합니다.

1977년 7월
팔공산 파계사 無縫室
엮은이 無縫性愚

　수많은 선지식들이 부처님의 밝은 마음을 스스로 깨달은 후, 그 기쁨의 노래를 게송으로 읊었습니다. 우리들은 이를 오도송이라 부릅니다.

　중국의 동산양개(洞山良价, 807~869)스님은 어느 날 개울물에 비친 자신의 모습을 보고 문득 깨달았다고 합니다. '동산과수(洞山過水)'라는 게송을 남겼는데, 이로부터 깨달음의 노래가 시작되었다고 합니다.

　이러한 오도송을 모아 『반야사상』이라는 책을 처음 펴낸 게 1977년이었습니다. 어언 43년이란 세월이 흘렀지만 또 다시 인연이 닿아, 이번에 증보판을 내게 되었습니다.

　그간 잘못되거나 미진한 내용에 대해서는 나름대로 수정하고 또 보완하였습니다. 기존 책에는 없었던 일본 선사들의 게송인 〈일본 편〉과, 그 외에도 많은 선사들의 게송이 새로 추가되었습니다.

　이 책을 계기로 좋은 인연 주어졌음에 다시 한 번 감사드립니다. 그리고 모든 이들에게 항상 부처님의 가피가 가득하기를 바랍니다.

2020년 5월
無縫性愚 합장

차례

日本篇

인도편

석가모니(釋迦牟尼)

奇哉　　　　我今普觀一切衆生
具有如來智慧　德相本自具足
但以妄想執着　而不證得

生死有無量　　往來無端緒
求於屋舍者　　數數受胞胎

以觀此屋　　　更不造舍
梁棧已壞　　　臺閣摧折

心已離行　　　中間已滅

아! 기이하고 기이하구나
모든 중생이 다 이와 같은
여래의 지혜와 공덕을
본래 갖추어 지니고 있건만
다만, 망령된 생각에 사로잡혀
스스로 깨닫지 못하는구나.

이 몸을 지은 사람을 보지 못하여
한량없는 윤회 속을 헤매이며
집 짓는 자를 찾았지만 찾지 못하여

계속해서 태어났나니 이는 괴로움이었네.

집을 짓는 자여! 나는 이제 너를 보았노라!
너는 이제 더 이상 다시 집 짓지 못하리라!
이제 모든 대들보와 서까래(번뇌)는 무너지고
누대와 기둥은(無明) 또한 꺾어져 내려앉았다.

이제 나의 마음은 니르바나에 이르렀고
사랑도 욕망(渴愛)도 말끔히 사라져버렸느니라.

[해설]
　석가모니 부처님의 생몰연대에 대해서는 정확한 기록이 없다.
　B. C 6세경 인도 카필라국(현재의 네팔)에서 왕의 아들로 태어
났지만, 태자의 지위를 버리고 29세 때 출가했다.
　출가의 동기는, 인간의 삶이 생로병사로 끊임없이 윤회하는 고
통으로 이루어져 있음을 자각하고 이를 벗어나기 위한 것이었다.
　출가한 뒤 6년의 수행을 거쳐 일체의 번뇌를 끊고 무상(無上)의
진리를 깨달아 중생을 교화했던 석가모니를 '부처님'으로 불린다.

　부다가야의 보리수 아래서 7년 동안 고행으로 선정 수행하던
어느 날, 새벽하늘에 반짝이는 별을 보고 깨달음을 이루었다. 그
때가 35살 되던 해였다.
　깨달음을 이룬 후, 열반에 들 때까지 45년 동안 포교와 교화에
주력하다 쿠시나가라에서 80세로 입멸하였다.

미륵불(彌勒佛)

久念衆生苦　　欲拔無由脫
今者證菩提　　確然無所得

亦達衆生空　　本性相如實
永更無憂苦　　慈悲亦無緣

本爲救汝等　　國城及頭目
妻子與手足　　施人無有數

今始得解脫　　無上大寂滅
當爲汝等說　　廣開甘露道

如是大果報　　皆從施戒慧
六種大忍[1]生　亦從大慈悲
無染功德得

오래도록 중생들의 고뇌를 생각하고
구제하려 해도 건질 길 없었지만
이제 위없는 지혜를 이루니
뚜렷이 걸리는 데가 없어졌네.

---

1) 육종대인(六種大忍): ① 신인(信忍) ② 법인(法忍) ③ 수인(修忍) ④
정인(正忍) ⑤ 무구인(無垢忍) ⑥ 일체지인(一切智忍)

또한 중생들도 다 공(空)한 것이나
성상(性相)은 본래 참다운 그대로라
다시 근심 걱정이 없다 해도
자비와 인연이 끊어졌을 뿐이네.

내 본래 너희들을 위하여
나라를 비롯해 머리와 눈
처자와 또 손과 발까지도
수없이 남에게 보시하였네.

이제 비로소 해탈을 이루고
위없는 적멸도를 얻은지라
너희 중생들을 위하여서
널리 감로의 길을 열리라.

이러한 큰 과보를 이룸은
모두 보시와 지계와 지혜며
여섯 가지 큰 인욕에서 생김이요
큰 자비의 깨끗한 공덕으로 얻었네.

[해설]
　석가모니 부처님이 열반에 든 뒤, 미래에 사바세계에 나타나 중
생을 구제한다는 부처를 말한다.

중국편

한산(寒山) 선사

吾心似秋月　　碧潭清皎潔
無物堪比喩　　如何教何說

내 마음은 가을 달과 같고
푸른 연못은 맑아, 희고 깨끗하구나
무엇으로도 견줄 바가 없으니
어떻게 나를 졸라 말하라고 하는고.

[해설]

　정확한 연대(年代)는 알 수 없으나, 당나라 때의 전설적인 인물로 두 사람이 전해진다. 한산(寒山)과 습득(拾得)이다. 습득은 풍간선사(豊干禪師)가 길에서 울고 있는 아이를 주어다 길렀다고 하여 붙여진 이름이다. 두 사람은 스승 풍간선사와 함께 국청사(國淸寺)에서 살았다.

　세상에서는 국청사에 숨어사는 세 성자라는 뜻으로, 이들을 '국청삼은(國淸三隱)'이라 불렀다. 그런데 이들 세 사람을 불보살의 화현으로 보는 시각이 많다. 곧 풍간은 아미타불, 한산은 문수보살, 습득은 보현보살의 화현이라고 한다.

　'한산'은 국청사 근처 한암(寒巖)이라는 굴속에 산다하여 그렇게 불리었다. 평생 신을 신지 않았으며, 베옷을 입고 숲과 동굴에서 잠을 잤다고 전해진다.

승찬(僧璨) 대사

신심명(信心銘)

至道無難　　有嫌揀擇
但莫憎愛　　洞然明白

지극한 도는 어렵지 않음이요
오직 간택함을 꺼릴 뿐이니
미워하고 사랑하지 않으면
통연히 명백하니라.

毫釐有差　　天地懸隔
欲得現前　　莫存順逆

털끝만큼이라도 차이가 있으면
하늘과 땅 사이로 벌어지나니
도가 앞에 나타나길 바라거든
따름과 거슬림을 두지 말라.

違順相爭　　是爲心病
不識玄旨　　徒勞念靜

어긋남과 따름이 서로 다툼은

이는 마음의 병이 됨이니
현묘한 뜻은 알지 못하고
공연히 생각만 고요히 하려 하도다.

圓同太虛　　無欠無餘
良由取捨　　所以不如

둥글기가 큰 허공과 같아서
모자람도 없고 남음도 없거늘
취하고 버림으로 말미암아
그 까닭에 여여하지 못하도다.

莫逐有緣　　勿住空忍
一種平懷　　泯然自盡

세간의 인연도 따라가지 말고
출세간의 법에도 머물지 말라
한 가지를 바로 지니면
사라져 저절로 다하리라.

止動歸止　　止更彌動
唯滯兩邊　　寧知一種

움직임을 거쳐 그침으로 돌아가면
그침이 다시 큰 움직임이 되나니
오직 양변에 머물러 있거니
어찌 한 가지임을 알건가.

一種不通　　兩處失功
遣有沒有　　從空背空

한 가지에 통하지 못하면
양쪽 다 공덕을 잃으리니
있음을 버리면 있음에 빠지고
공함을 따르면 공함을 등지느니라.

多言多慮　　轉不相應
絶言絶慮　　無處不通

말이 많고 생각이 많으면
더욱더 상응치 못함이요
말이 끊어지고 생각이 끊어지면
통하지 않는 곳 없느니라.

歸根得旨　　隨照失宗
須臾返照　　勝却前空

근본으로 돌아가면 뜻을 얻고
비춤을 따르면 종취를 잃나니
잠깐 사이에 돌이켜 비추어 보면
앞의 공함보다 뛰어남이라.

前空轉變　　皆由妄見
不用求眞　　唯須息見

앞의 공함이 전변(轉變)함은

모두 망견 때문이니
참됨을 구하려 하지 말고
오직 망령된 견해만 쉴지니라.

二見不住　　慎勿追尋
嘗有是非　　紛然失心
二由一有　　一亦莫守

두 견해에 머물거나 집착하지도 말고
삼가 좇아가 찾지 말라
잠깐이라도 시비를 일으키면
어지러이 본마음을 잃으리라
둘은 하나로 말미암아 있음이니
하나 마저도 지키지 말라.

一心不生　　萬法無咎
無咎無法　　不生不心

한 마음이 나지 않으면
만법이 허물 없느니라
허물이 없으면 법도 없고
나지 않으면 마음이랄 것도 없음이라

能隨境滅　　境逐能沈
境由能境　　能由境能
欲知兩段　　元是一空

주관은 객관을 따라 소멸하고

객관은 주관을 따라 잠겨서
객관은 주관으로 말미암아 객관이요
주관은 객관으로 말미암아 주관이니
양단을 알고자 할진댄
원래 하나의 공이니라.

一空同兩　　齊含萬象
不見精麤　　寧有偏黨

하나의 공은 양단과 같아서
삼라만상을 함께 다 포함하여
세밀하고 거칠음을 보지 못하거니
어찌 치우침이 있겠는가.

大道體寬　　無易無難
小見狐疑　　轉急轉遲

대도는 본체가 넓어서
쉬움도 없고 어려움도 없거늘
좁은 견해로 여우같은 의심을 내어
서둘수록 더욱 더뎌지도다.

執之失度　　必入邪路
放之自然　　體無去住

집착하면 법도를 잃음이라
반드시 삿된 길로 들어가고
놓아 버리면 자연히 본래로 되어

본체는 가거나 머무름이 없도다.

任性合道　　逍遙絶惱
繫念乖眞　　昏沈不好
不好惱神　　何用疎親

자성에 맡기면 도에 합하여
소요하여 번뇌가 끊기고
생각에 얽매이면 참됨에 어긋나서
혼침함이 좋지 않느니라
좋지 않으면 신기를 괴롭히거늘
어찌 성기고 친함을 쓸 건가.

欲趣一乘　　勿惡六塵
六塵不惡　　還同正覺

일승으로 나아가고자 하거든
육진을 미워하지 말라
육진을 미워하지 않으면
도리어 정각과 동일함이라.

智者無爲　　愚人自縛

지혜로운 이는 함이 없거늘
어리석은 사람은 스스로 얽매이도다.

法無異法　　妄自愛着
將心用心　　豈非大錯

법은 다른 법이 없거늘
망령되이 스스로 애착하여
마음을 가지고 마음을 쓰니
어찌 크게 그릇됨이 아니랴.

迷生寂亂　　悟無好惡
一切二邊　　良由斟酌

미혹함은 고요함과 어지러움이 생기고
깨치면 좋음과 미움이 없거니
모든 상대적인 두 견해는
자못 짐작하기 때문이로다.

夢幻空華　　何勞把捉
得失是非　　一時放却

꿈속의 허깨비와 헛꽃을
어찌 애써 잡으려 하는가
얻고 잃음과 옳고 그름을
일시에 놓아 버려라.

眼若不睡　　諸夢自除
心若不異　　萬法一如

눈에 만약 졸음이 없으면
모든 꿈 저절로 없어지고
마음이 다르지 않으면
만법이 한결 같느니라.

一如體玄　　兀爾忘緣
萬法齊觀　　歸復自然
泯其所以　　不可方比

한결 같음은 본체가 현묘하여
올연히 인연을 잊어서
만법이 다 현전함에
돌아감이 자연스럽도다
그 까닭을 없이 하면
견주어 비할 바가 없음이라.

止動無動　　動止無止
兩旣不成　　一何有爾

그치면서 움직이니 움직임이 없고
움직이면서 그치니 그침이 없나니
둘이 이미 이루어지지 못하거니
하나인들 어찌 있을건가.

究竟窮極　　不存軌則
契心平等　　所作俱息

구경하고 궁극하여
일정한 법칙이 있지 않음이요
마음에 계합하여 평등케 되어
짓고 짓는 바가 함께 쉬도다.

狐疑淨盡　　正信調直
一切不留　　無可記憶

여우같은 의심이 다하여 맑아지면
바른 믿음이 고루 발라지며
일체가 머물지 아니하여
기억할 아무 것도 없도다.

虛明自照　　不勞心力
非思量處　　識情難測

허허로이 밝아 스스로 비추나니
애써 마음 쓸 일 아니로다
생각으로 헤아릴 곳 아님이라
의식과 망정으론 측량키 어렵도다.

眞如法界　　無他無自
要急相應　　唯言不二

바로 깨친 진여의 법계에는
남도 없고 나도 없음이라
재빨리 상응코자 하거든
둘 아님을 말할 뿐이로다.

不二皆同　　無不包容
十方智者　　皆入此宗

둘 아님은 모두가 같아서

않음이 없나니
혜로운 이들은
　종취로 들어옴이라.

一念萬年
十方目前

거나 긴 것이 아니니
이 만년이요
있지 않음이 없어서
바로 눈앞이로다.

忘絕境界
不見邊表

작은 것이 큰 것과 같아서
경계 모두 끊어지고
큰 것은 작은 것과 같아서
겉을 볼 수 없음이라.

無即是有
不必須守

곧 없음이요
곧 있음이니
같지 않다면
　지켜서는 안 되느니라.

一卽一切　　一切卽一
但能如是　　何慮不畢

하나가 곧 일체요
일체가 곧 하나이니
다만 능히 이렇게만 된다면
마치지 못할까 뭘 걱정하랴.

信心不二　　不二信心
言語道斷　　非去來今

믿는 마음은 둘 아니요
둘 아님이 믿는 마음이니
언어의 길이 끊어져서
과거 · 현재 · 미래가 아니로다.

[해설]

　　승찬(僧璨, 526(?)~606)대사는 출가 전에 천형(天刑)이라 일컬어지는 문둥병을 앓고 있어 가족에게마저 버림받은 상태였다. 도대체 자신이 무슨 죄를 지어 이러한 수모를 받는 것인지 알고 싶어 고민하던 중, 2조 혜가스님의 자자한 명성을 접하게 되었다. 어느 날 혜가스님이 법석을 편다는 소식을 듣고 찾아간 승찬은 나이 마흔을 넘은 속인이었다.
　　혜가스님을 만나 자기의 이름도 밝히지 않은 채 불쑥 물었다.

　　"저는 문둥병을 앓고 있습니다. 화상께서 저의 죄를 참회하게 하여 주십시오."

혜가스님이 말했다.

"그대의 죄를 가지고 오라. 참회시켜 주리라."

"죄를 찾아도 찾을 수가 없습니다."

"그렇다면 그대의 죄는 다 참회되었다. 앞으로는 불·법·승 삼보에 의지하라."

"지금 화상을 뵈옵고 승보(僧寶)임은 알았으나, 어떤 것을 불보(佛寶)·법보(法寶)라 합니까."

"마음이 부처요, 마음이 법이다. 법과 부처는 둘이 아니요, 승보도 그러하다."

"오늘에야 비로소 죄의 성품은 마음 안에도 밖에도 중간에도 있지 않음을 알았으며, 마음이 그러하듯이 불보와 법보도 둘이 아닌 줄 알았습니다."

혜가스님은 이미 그가 법기(法器)인 줄 아시고, "너는 나의 보배이다. '구슬 찬(璨)'자를 써서 '승찬(僧璨)'이라 하라."

승찬스님의 얼굴이 환하게 밝아지며

"스님! 오늘에서야 비로소 몸과 마음이 개운함을 얻었사옵니다."

그해 3월 18일 광복사(光福寺)에서 구족계를 받으니, 그로부터 병이 차츰 나았다. 자신의 팔까지 잘라가며 구도심(求道心)을 발하며 2년 동안 스님을 시봉했다.

어느 날 혜가대사는 승찬스님에게 가사와 법을 전한 뒤에 다시 말했다.

"그대는 내 법을 받고난 후 깊은 산속에 들어가되, 곧바로 교화에 나서지 말라. 머지않아 국난이 있으리라."

승찬스님은 법을 계승한 뒤 몸을 숨겨 서주(舒州)의 환공산(晥公山)에 들어가 깊이 은거했다.

승찬스님은 이후 도신(道信, 580~651)스님에게 의발을 전하고 곧 나부산(羅浮山)으로 들어가 지냈다. 어느 날 대중에게 심지법문(心地法門)을 한 뒤, 나무 밑에서 합장하고 열반에 들었다.

100여 년 후 서기 720년 당나라 현종황제(玄宗皇帝)는 '경지선사(鏡智禪師)'라는 시호를 추증하였다.

제심두순(帝心杜順) 선사

懷州牛喫禾　　益州馬腹脹
天下覓醫人　　灸猪左膞上

회주(懷州)에서 소가 벼를 먹으니
익주(益州)의 말 배가 부르다
천하의 의원을 찾아
돼지의 왼 어깨 위에 뜸질하리라.

[해설]

　제심두순(帝心杜順, 557~640) 선사는 옹주(雍州) 만년(萬年) 사람으로 속성은 두(杜)씨, 화엄종의 초조(初祖)다.

　이름은 법순(法順)이다. 18세에 출가하여 인성사(因聖寺)의 위진(魏珍)스님에게 출가했다. 뒤에 종남산에 숨어 살며 『오교지관(五敎止觀)』, 『화엄법계관문(華嚴法界觀問)』을 지었다. 항상 '아미타불'을 염송을 권하고, 정토(淨土)를 찬탄하였다.

　두순 스님의 이 게송에는 당대 선객뿐 아니라, 천하 선지식들이 한 마디씩 거들지 않고 그냥 지나친 이들이 없을 정도이다.

　특히 경허 스님이 이 게송을 애착한 것으로 전한다.

　두순(杜順) 스님은 도력을 지닌 스님으로 알려져 있다.
　어느 날 시자에게 "내가 3일전에 신발을 사서 장터 나무에 걸어 놓고 왔으니 가져오라"고 했다. 이에 시자스님이 "3일전의 일인데 그 신발이 있겠냐?"고 반문을 하니, "내가 전생부터 오늘날까지 남의 물건을 탐한 적이 없는데 그걸 누가 가져갔겠느냐?"고 하였다. 시자는 곧장 장터로 갔더니 신발이 그대로 걸려 있었다고 한다.

또 병이 든 사람을 쳐다보기만 해도 병이 낫는 신통력을 지녀 많은 사람들의 병을 낫게 해 주셨다. 이런 소문은 당시 깊은 병을 앓고 있던 당 태종에게도 흘러 들어갔다.

궁궐에 간 스님은 태종에게 "병을 고치려면 선정(善政)을 베풀라"고 했다. 태종은 스님의 말씀에 따라 선정을 베풀어 병이 낫게 된다. 이에 태종이 지성으로 귀의, '제심존자(帝心尊者)'란 호를 내렸다.

정관(貞觀) 14년 11월, 84세에 입적했다.

신수(神秀) 대사

身是菩提樹　　心如明鏡臺
時時須拂拭　　莫遣有塵埃

몸은 보리의 나무요
마음은 명경대와 같나니
때때로 씻고 씻어서
티끌이 없게 하여라.

[해설]

스님(606~706)의 속성은 이(李)씨이고 하남성(河南省) 출신이다.
당시 상류층 가문에서 태어났으나 세속에 뜻이 없었다. 13세 되
던 무덕(無德) 8년(625)에 낙양 천궁사(天宮寺)에 입산하였다.

신장이 7척이고 눈썹이 길고 귀가 커서 귀인의 면모를 갖추었
을 뿐 아니라, 어려서부터 유학 및 노장의 전적(典籍) 등을 읽어
학문에 정통했다. 북종선(北宗禪)의 창시자이다.

출가 후 삼장의 경론과 사분율의(四分律儀)에 통달했지만 이에
만족하지 않고 곳곳의 선지식을 찾아다니다 46세에 황매산 홍인
(弘忍)대사를 만나게 된다.

홍인대사 문하에서 수행한지 6년 만에 동산의 법이 모두 신수
에게 있다는 칭찬을 들을 정도로 깊은 경지의 선지를 이루었다.

홍인 대사의 밀지를 얻어 낙양(洛陽)에서 전법생활을 하였다.

측천황후(則天皇后)·중종(中宗)·예종(睿宗)의 귀의를 받아들여 수많은 문도들을 교화하였다.

신룡(神龍) 2년 때에 동도(東都)의 천궁사에서 열반에 들었다.

나라에서는 '대통선사(大通禪師)'라는 시호를 내렸다.

육조혜능(六祖慧能) 대사

菩提本無樹　　明鏡亦非臺
本來無一物　　何處惹塵埃

보리는 본래 나무가 아니요
명경도 본래 경대가 아니다
본래 한 물건도 없거늘
어디에서 티끌이 일어나랴.

[해설]

　혜능(慧能, 637~713) 대사는 광동성에서 태어났다.

　세 살 때에 아버지를 여의고 스무 살까지 신주용산(新州龍山)에 살았다. 집안 살림이 어려워 땔나무를 시장에 내다 팔아 늙은 어머니를 봉양하였다.

　어느 날 나무를 팔고 돌아오는 길에 우연히 『금강경』의 '응무소주 이생기심(應無所住 而生其心)'이라 읽는 소리를 듣고 심지(心地)가 열리게[開悟]되었다. 그리하여 황매산 오조홍인(五祖弘忍) 대사를 찾아갔다. 그때 홍인 대사는

　"너는 어느 곳 사람이며, 무엇을 구하러 왔느냐?"

　"저는 영남 신주 사람인데 오직 성불하기를 발원하고 왔습니다."

　"신주 땅의 사람은 무식하고 사나워서 오랑캐의 성질을 가지고

46

있어 남의 좋은 말을 듣지 않는 사람이라는데, 너 같은 사람이 성
불을 할 수 있겠느냐?"

"스님, 사람이 사는 지역은 남북이 있을 수 있지만, 사람이 지
닌 불성에는 남북이 없으리라 믿습니다."

이렇게 아뢰니 오조 스님은

"너는 이미 이곳에 왔으니 대중을 따라 일을 해야 한다."

하시며 입산하게 하였다. 그때 혜능의 나이는 스물 네 살이었
다.

홍인 대사가 세상 인연법을 아시고 후계자를 얻으려고 대중들
에게 그동안 수행하여 얻은 바 있으면 그 견처(見處)를 송(頌)으로
지어 보이라고 분부하였다.

그때 신수 대사의 송이 대중 가운데 나돌았다. 그것을 보고 스
님이 지은 것이 앞의 송이다.

홍인 대사가 그 송을 보고 혜능스님을 찾아왔다. 방아 찧는 모
습을 보고

"도를 구하는 사람의 위법망구(爲法亡軀)의 고통이 이러한 것이
다. 그간의 고생이 어떠했느냐?"

하시었다. 그러나 혜능스님은 대답이 없었다.

"쌀은 모두 찧어서 정미(精米)가 잘 되었느냐?"

"쌀은 쓸고 또 쓸어 정미가 된지 오래이나 택미를 하지 못했습
니다."

홍인 대사가 주장자로 방아머리를 세 번 때리고 물러가셨다. 이
튿날 밤 삼경에 방장실에 들렀다. 홍인 대사는 『금강경』을 내놓고
법문과 함께 의발을 전하며 다음의 전법게를 내렸다.

有情來下種　　因地果還生
無情旣無種　　無性亦無生

유정이 와서 종자를 내리니
인연 있는 땅에 열매가 다시 나도다
무정은 이미 종자가 없는지라
성품도 없고 태어남도 없도다.

그러면서 남쪽으로 가서 숨어 살 것을 부탁하였다. 이로부터 16년간 초야에 묻혀 고행을 했다.

의풍(儀風) 원년(元年, 676) 서른아홉 살 때에 광주(廣州) 법성사(法性寺) 인종(印宗) 법사 회상에서 삭발 출가의 형식을 취하였다. 보림사에서 소주(蘇州) 자사 위거(韋據)의 부탁을 받고 성내 대범사(大梵寺)에서 설법하였다. 그것이 오늘날 전해지고 있는 『육조단경(六祖壇經)』이다.

육조혜능대사로부터 그의 종지를 계승한 뛰어난 제자가 무수히 많다. 그 중에서도 청원행사(靑原行思, 660~740), 남악회양(南嶽懷讓, 677~744), 남양혜충(南陽慧忠, 695~775), 하택신회(荷澤神會, 668~760), 영가현각(永嘉玄覺, 675~713) 등, 5명의 제자는 5대 종장(五大宗匠)으로 불린다.

특히 청원행사와 남악회양은 중국 선종의 양대 산맥을 이루었다.

남악계는 마조도일(馬祖道一, 709~786) - 백장회해(百丈懷海, 739~808) - 황벽희운(黃蘗希運, 776~856) - 임제의현(臨濟義玄, 787(?)~867)로 이어졌고,

청원계는 석두희천(石頭希遷, 700~790) - 약산유엄(藥山惟儼, 745~828) - 운암담성(雲巖曇晟, 781~841) - 동산양개(洞山良价, 807~869) - 조산본적(曹山本寂, 840~901)으로 이어졌다.

스님이 설법으로 중생을 제도하기 40년이 되던 해에 입적하면

서 남긴 열반송이다.

心地念諸種　　普雨悉皆萌
頓悟花情已　　菩提果自成

심지는 모든 씨앗을 머금었으니
비만 잘 내리면 모두 싹을 틔우고
문득 꽃의 뜻을 깨닫고 나면
보리의 열매는 절로 익으리라.

兀兀不修善　　騰騰不造惡
寂寂斷見聞　　蕩蕩心無者

올올하여 선을 닦지 말고
등등하여 악을 짓지 말라
적적하여 보고 들음을 끊으면
탕탕하여 마음에 집착이 없다.

영가현각(永嘉玄覺) 선사

遊江海涉山川　　尋師訪道爲參禪
自從認得曹溪路[2]　了知生死不相關
行亦禪坐亦禪　　語默動靜[3]體安然

강과 바다, 산천을 밟아
스승을 찾고 도반을 찾아 참선하는
스스로 조계의 길을 알고부터는
삶과 죽음이 상관없음을 알았도다
행(行)과 좌(坐), 선(禪)이나니
어묵동정에 몸이 편안하여라.

[해설]
　스님(675~713)은 절강성 출신으로 성은 재(戴)씨, 호는 '진각(眞覺)'이다.
　어릴 때에 출가하여 경(經)·율(律)·론(論), 삼장(三藏)을 두루 공부하였다. 특히 천태지관(天台止觀)의 오묘한 법문에 정통하여 네 가지 위의(威儀) 가운데 항상 선관(禪觀)으로 수행하였다.

---

2) 조계로(曹溪路): 조계의 길. 조계란 중국 광동성 소주부(蘇州府)의 동남으로 삼십 리 쌍봉산 아래 있는 땅이름. 그곳에 조계라는 강이 있다. 육조 혜능대사가 이곳에서 선법을 크게 드날렸다. 불법의 참된 모습을 뜻하기도 함.
3) 어묵동정(語默動靜): 사람의 생활 전부를 말함.

좌계현랑(左溪玄朗) 선사의 격려를 받고 동양(東陽)의 책(策)선사와 함께 육조 혜능 대사에게 갔다. 주장자와 병을 들고 육조 스님을 세 번 도니, 육조 스님이 말씀하셨다.

"사문(沙門)은 삼천위의와 팔만세행을 갖추어야 하는데, 대덕은 어디서 와서 도도한 아만을 부리는가?"

"생사의 일이 중대하고 무상이 빠르기 때문입니다."

"어찌하여 생멸 없음을 체득하면서 빠름이 없는 이치를 요달지 않는가?"

"체득한다면 생멸이 없고, 요달함은 본래 빠름도 없습니다."

"그렇다. 참으로 그렇다."

이런 대화가 있은 뒤 비로소 예의를 갖추어 인사를 올리고 곧 떠날 것을 아뢰니,

"너무 빠르지 않는가?"

"본래 요동치 않았거늘 어찌 빠를 것이 있겠습니까?"

"누가 움직이지 않음을 아는가?"

"스스로 분별하는 마음을 내었습니다."

"그대는 무생(無生)의 뜻을 잘 터득하였구나."

"무생이라면 어찌 뜻이 있겠습니까?"

"뜻이 없다면 누가 분별하는가."

"분별하는 것도 뜻이 아닙니다."

육조 스님이 탄복하시며,

"좋은 말이다. 하룻밤 쉬어 가거라."

스님의 〈증도가(證道歌)〉는 우리나라에도 널리 읽혀지고 있다. 그리고 『영가집(永嘉集)』도 유명한 선서(禪書)이다.

증도가(證道歌)

君不見

絶學無爲閑道人　　不除妄想不求眞

無明實性卽佛性　　幻化空身4)卽法身

그대는 보지 못했는가

배움이 끊어진 하염없는 한 도인은

망상을 없애거나 참됨을 찾지 않나니

무명의 참된 성품이 그대로 불성이요

꿈같은 이 몸 그대로 법신일세.

法身覺了無一物5)　　本源自性天眞佛6)

五陰7)浮雲空去來　　三毒水泡虛出沒

---

4) 환화공신(幻化空身): 이 몸은 고대 철학에서 네 가지 원소의 집합이
   다. 그러므로 어느 때를 지나면 흩어지므로 이것을 실체가 없는 몸
   이라 한다.
5) 무일물(無一物): 생사의 모양도, 미오(迷悟)의 모양도, 범부와 성인
   의 모양도 없어 필경 모양이 없는 것을 말함. 모든 것에 의지하지
   않는 담연적정의 태도.
6) 천진불(天眞佛): 법신불의 다른 이름. 법신은 천연의 진리이며, 우
   주의 본체이므로 천진불이라 함.
7) 오음(五陰): 오온(五蘊), 오중(五衆), 오취(五聚). 생멸 변화하는 것을
   종류대로 모아 다섯 갈래로 나눈 것. ① 색음(色陰)- 스스로 변화하
   고 또 다른 것을 장애하는 물체 ② 수음(受陰)- 고락(苦樂), 무기(無
   記)를 느끼는 마음의 작용 ③ 상음(想陰)- 외계의 사물을 마음속에
   받아들여 그것을 비교, 추리, 상상하는 마음의 작용 ④ 행음(行陰)
   - 이러한 마음의 작용이 생(生) · 주(住) · 이(移) · 멸(滅)의 순서로

법신을 깨달음에 한 물건도 없나니
본원의 자성자리 천진한 부처고녀
오음의 뜬 구름은 공연히 오고 가고
삼독의 물거품이 헛되이 출몰하네.

證實相　無人法[8]　　刹那滅却阿鼻業
若將妄語誑衆生　　自招拔舌塵沙劫[9]

참모습 얻었음에 사람 법이 따로 없어
찰나에 아비지옥 업을 없애버리도다
만약에 거짓말로 중생을 속인다면
스스로 발설지옥에 진사겁(塵沙劫)을 지내니라.

頓覺了　如來禪[10]　　六度萬行[11]體中圓
夢裏明明有六趣[12]　　覺後空空無大千[13]

끊임없이 이동하는 것 ⑤ 식음(識陰)- 앞의 수(受) · 상(想) · 행(行)
을 있게 하는 주체, 즉 의식.
8) 인법(人法): 인은 주관, 즉 개체. 법은 객관의 사물 일체.
9) 진사겁(塵沙劫): 헤아릴 수 없이 긴 시간을 말함.
10) 여래선(如來禪): 조사선(祖師禪)의 상대어. 규봉종밀이 세운 오종선
(五種禪)의 최상. 자세히는 여래청정선(如來淸淨禪). 여래선이란 말
은 『능가경』에 있는 것으로, 규봉은 이것으로써 교선일치(教禪一
致)라 주장하여 달마가 전한 최상승선이라 하였으나, 여래선의 판
별은 오히려 문자의 알음알이인 이(理)에 떨어져 달마가 전한 진
선미(眞禪味)에 도달하지 못한 것이라 하고, 여기 대하여 조사선이
란 말이 생겼다.
11) 육도만행(六度萬行): 육도는 육바라밀. 구경(究竟)에 이르는 여섯
길이라 하여 육주(六舟)라고도 한다. ① 보시 ② 지계 ③ 인욕 ④
정진 ⑤ 선정 ⑥ 지혜
12) 육취(六趣): 생명 있는 것들이 각자의 지음에 따라 윤회한다는 여
섯 갈래의 세계. 지옥·아귀·축생·인간계·수라도·천상계.
13) 대천(大千): 삼천대천세계의 준말. 지구같이 별이 천 개 모인 것을

홀연히 여래의 선법을 깨달으니
육도의 만행이 그 가운데 원만하네
꿈속엔 밝고 밝게 여섯 갈래 있었더니
깬 뒤에는 텅텅 비어 대천계도 없어졌네.

無罪福　　無損益　　寂滅性中莫問覓
比來14)塵鏡未曾磨　　今日分明須剖析

죄와 복이 없음이요 손과 이익이 없음이니
적멸한 성품 중에 따로 묻고 찾지 말라
어제까지 때 낀 거울 아직 씻지 못했더니
오늘에야 분명하게 모름지기 해결했네.

誰無念　誰無生　　若實無生無不生
喚取15)機關木人16)問　　求佛施功17)早晩成

누가 생각 없으며 누가 남이 없으랴
만약 참으로 무생이면 나지 않음 없나니
기관(機關)을 불러 목인(木人)에게 물으렴
부처를 구하려고 공 베풀면 곧 이뤄지리라.

放四大　莫把捉　　寂滅性中隨飮啄

일소천세계(一小千世界), 일소천세계가 천 개 모인 것을 일중천세계(一中千世界), 일중천세계가 천 개 모인 것을 일대천세계(一大千世界), 일대천세계를 삼천대천세계라 함.
14) 비래(比來): 요사이, 근래, 지금까지.
15) 환취(喚取): 불러서 문의함.
16) 목인(木人): 선(禪)의 차원에서 불가득 붙이는 제3인칭의 존재.
17) 구불시공(求佛施功): 갖가지 방법으로 부처를 구하려는 것.

54

諸行無常一切空　　卽是如來大圓覺

이 몸을 놓아라, 잡지 말아라
고요한 성품 속에 먹고 마심 따를지니
모든 행위는 덧없어 모든 것이 공했으니
이대로가 부처님의 큰 깨달음이나니.

決定說　表眞僧　　有人不肯任情徵18)
直截根源佛所印　　摘葉尋枝19)我不能

결정된 말씀이며 참다운 법문을
누구나 의심되면 마음껏 물었어라
바로 근원 끊는 것이 부처님의 뜻
잎 따고 가지 찾음 나의 일 아니로다.

摩尼珠20)　人不識　　如來藏裏親收得
六般神用21)空不空　　一顆圓光色非色

---

18) 정징(情徵): 제멋대로, 제 뜻대로.
19) 적엽심지(摘葉尋枝): 근본은 찾지 않고 지말적인 것만 찾음을 말함.
20) 마니주(摩尼珠): 여의주라 번역. 주(珠), 보(寶), 무구(無垢), 여의(如意), 보주(寶珠). 이 구슬은 용왕의 뇌 속에서 나온 것이라 하여 사람이 이 구슬을 가지면 독이 해칠 수 없고, 불에 들어가도 타지 않는 공덕이 있다고 한다. 혹은 제석천왕이 가진 금강저, 아수라와 싸울 때에 부서져 남섬부주에 떨어진 것이 변하여 이 구슬이 되었다고 함.
　　또한 지나간 세상의 모든 부처님의 사리가 불법이 멸할 때에 모두 변하여 이 구슬이 되어 중생을 이롭게 한다고 함.
21) 육반신용(六般神用): 육반은 안·이·비·설·신·의. 신용(神用)이란 여섯 감관이 객관인 육경(六境, 색·성·향·미·촉·법)과의 교착작용을 말함. 눈이 사물을 보고 사물의 빛깔, 형태를 느끼는 것. 귀가 소리의 크고 작음을 구별하는 등의 작용은 부사의(不思意)이다. 이런

마니주 보배 구슬을 사람들은 모른다네
마음 바다 속에 스스로 얻을 수 있나니
여섯 가지 신통묘용 공이로되 공 아니고
한 덩이 둥근 빛, 색이나 색 또한 아닐세.

淨五眼[22] 得五力[23]　　唯證乃知難可測
鏡裏看形見不難　　　水中捉月爭拈得[24]

다섯 눈 깨끗하여 다섯 힘 얻었음은
증득해야 알 일이요, 추측하기 어렵나니
거울 속에 뵈는 얼굴 보기는 쉽지만
물속에 비친 달을 어이 잡으랴.

常獨行　常獨步　　　達者同遊涅槃路
調古神淸風[25]自高　　貌悴[26]骨剛人不顧

외로이 가나니 홀로 걷나니
이르른 자 열반 길에 함께 노니나니

　　부사의는 공(空) 아닌 공, 또는 공이로되 공이 아니다 등으로 표
현된다.
22) 오안(五眼): 모든 법의 표면을 관조하는 다섯 가지 눈. 육(肉)·천안
(天眼)·혜안(慧眼)·법안(法眼)·불안(佛眼).
23) 오력(五力): 불가사의한 작용이 있는 다섯 가지 힘. ① 정력(定力)
- 집중력 ② 통력(通力)- 형체의 자유자재한 변화력 ③ 차지력(借
識力)- 관념의 때가 가셨으나 관념의 때 때문에 멋으로 흐르게 하
는 것 ④ 원력(願力)- 중생의 수와 정비례하는 사명감 ⑤ 법위덕
력(法威德力)- 보고 듣고 하는 것으로 되돌아감에 두려움이 없는
절대 신념과 힘.
24) 염득(拈得): 손으로 잡아 냄.
25) 풍(風): 모습, 용모, 풍채, 풍도(風度).
26) 췌(悴): 야위다

56

옛 가락 신기롭고 맑은 풍채 높아라
청초한 그 모습을 사람들은 모르구나.

窮釋子　口稱貧　　　實是身貧道不貧
貧則身常披縷褐[27)]　　道則心藏無價珍[28)]

헐벗은 스님이 가난을 이야기 하네
이 몸은 가난해도 마음은 가난치 않네
몸에는 언제나 누더기 입었으나
마음에 지닌 것은 무(無)가 보이니라.

無價珍　用無盡　　　利物應機終不悋
三身[29)]四智[30)]體中圓　　八解[31)]六通[32)]心地印

---

27) 누갈(縷褐): 떨어진 옷, 누더기.
28) 무가진(無價珍): 너무 귀하고 중하여 가히 값을 매길 수 없이 귀한 보배. 여의주와 같음.
29) 삼신(三身): 불신(佛身)을 셋으로 나눔. ① 법신(法身)- 법은 불변하는 만유의 본체. 빛깔도 모양도 없는 진리 그 자체의 인격화 ② 보신(報身)- 인위(因位)에서 지은 무량한 결과로 나타난 불신(佛身). 아미타불과 같음. ③ 응신(應身)- 보신불을 보지 못하는 이를 제도하기 위하여 나타나는 불신.
30) 사지(四智): 마음의 묘용을 넷으로 나눈 것. ① 대원경지(大圓鏡智) - 유루(有漏)의 제팔식(第八識)을 뒤집어서 얻은 무루지. 거울에 모든 모습이 비치는 것 같이 주객이 서로 비추어서 상즉상입(相卽相入) 하는 지(智). ② 평등성지(平等性智)- 제칠식(第七識)을 뒤집어 얻은 무루지. 자타를 같이 보는 평등지. ③ 묘관찰지(妙觀察智)- 제육식(第六識)을 뒤집어 얻은 무루지. 묘(妙)는 불가사의한 힘의 자재력. 관찰은 현상의 낱낱 차별상을 살펴 아는 것. 차별상을 관찰하고 거기에 맞춰서 응하는 적응지(適應智). ④ 성소작지(成所作智)- 오식(前五識)을 뒤집어 얻은 무루지. 불가사의한 오관(五官)의 능력을 성취한 지(智).
31) 팔해(八解): 팔해탈(八解脫), 팔배사(八背捨)라 함. ① 내유색상관외색해탈(內有色想觀外色解脫) ② 내무색상관외색해탈(內無色想觀外色

값없는 보배여 무한한 씀씀이를
남을 위해 쓸 적에는 아낄 줄 모르나니
삼신과 사지는 그 속에 오롯하고
팔해탈 육신통은 마음 밭에 인치도다.

上士33)一決一切了　　中下34)多聞多不信
但自懷中解垢衣　　誰能向外誇精進

대장부 단숨에 모든 것 다 마치고
어리고 어린이들 듣고 또 들어도 믿지 않네
스스로 때 낀 옷을 벗으면 되나니
뉘라서 밖으로 정진을 드러내랴.

從他謗　任他非　　把火燒天徒自疲
我聞恰似飮甘露　　銷融35)頓入不思議

비방을 하든지 비방하지 않든지
불로 하늘 태워 스스로 피로한 것
나의 들음은 감로수이나니

　　　解脫) ③ 정색해탈(淨色解脫) ④ 공처해탈(空處解脫) ⑤ 식처해탈(識
　　　處解脫) ⑥ 무소유처해탈(無所有處解脫) ⑦ 비상비비상처해탈(非想
　　　非非想處解脫) ⑧ 멸진해탈(滅盡解脫).
32) 육통(六通): 육신통(六神通). 신(神)은 불가사의, 통(通)은 걸림이 없
　　음. 부처가 얻은 신묘불측(神妙不測), 무애자재한 여섯 가지 신통
　　력. ① 천안통(天眼通)- 시계(視界)의 무애자재 ② 천이통(天耳通)
　　- 청각의 무애자재 ③ 타심통(他心通)- 남의 마음을 읽음 ④ 숙명
　　통(宿命通)- 과거를 기억하는 힘 ⑤ 신족통(神足通)- 형체의 변화
　　를 알음 ⑥ 누진통(漏盡通)- 번뇌를 끊는 힘의 자재함.
33) 상사(上士): 상근기, 대장부.
34) 중하(中下): 중근과 하근기.
35) 소융(銷融): 녹고 융합하다. 어울리다.

섞이고 섞이어 부사의에 들었어라.

觀惡言　是功德　　此則成吾善知識
不因訕謗起怨親　　何表無生慈忍力36)

나쁜 말 살피면 이게 공덕이나니
이것이 나의 선지식이라
흉보고 헐뜯어도 마음 편하면
무생의 자비 인욕 표할 것 없네.

宗亦通　說亦通　　定慧圓明不滯空
非但我今獨達了　　河沙諸佛體皆同

종지(宗旨)도 통달하고 설법 또한 통함이
선정 지혜 두루 밝아 공에 막히지 않나니
나 혼자 통달한 것 아니니
모래같이 많은 부처 그와 같나니.

獅子吼　　無畏說　　百獸37)聞之皆腦裂
香象38)奔波失却威　　天龍39)寂聽生欣悅

사자 울음소리, 두려움 없는 소리
뭇짐승 이 소리에 뇌가 찢어지나니
코끼리 분주히 달아나도

---

36) 무생자인력(無生慈忍力): 불생불멸하는 진여법성을 인(忍)하고 거기
　　에 안주하여 흔들리지 않는 것.
37) 백수(百獸): 많은 짐승. 여기서는 정에 얽혀 사는 중생을 뜻함.
38) 향상(香象): 이승(二乘), 중근(中根).
39) 천룡(天龍): 상근기.

천룡은 고요함을 들어 홀로 기뻐하는구나.

遊40)江海　涉山川　　尋師訪道爲參禪
自從認得41)曹溪路　　了知生死42)不相干

강을 건너고 산을 밟아
스승 찾아 도를 묻고 참선하여
조계로 가는 길 얻은 뒤
나고 죽는 일 나와 상관없나니.

行亦禪 坐亦禪　　　語默動靜體安然
縱遇鋒刀常坦坦43)　假饒毒藥也閒閒44)
我師45)得見燃燈佛46)　多劫曾爲忍辱仙47)

가는 것도 참선이요, 앉는 것도 참선이니

---

40) 유(遊): 놀다. 이때의 의미는 강과 바다를 지나친다는 뜻.
41) 자종인득(自從認得): ~을 안 뒤로,
42) 요지생사(了知生死): 나고 죽음을 체달하여 알았다는 뜻.
43) 종우봉도상탄탄(縱遇鋒刀常坦坦): 목에 칼이 와도 상관없다는 생사불이(不二)를 증득한 상태.
44) 가요독약야한한(假饒毒藥也閒閒): 달마 대사는 여섯 번이나 독약을 받았다. 그 마지막엔 알면서도 먹었다고 한다. 무엇이든 상관치 않는다는 뜻.
45) 아사(我師): 석가모니 부처님.
46) 연등불(燃燈佛): 지난 세상에 석가의 스승으로 석가모니에게 수기(授記)를 주었음.
47) 인욕선(忍辱仙): 부처님의 전생 이야기. 석가모니 부처님은 전생에 인욕 수행을 하였다. 가리왕이 그의 시녀들을 데리고 놀러왔다. 가리왕이 잠든 사이 시녀들이 석가를 보았다. 석가는 그들에게 설법을 들려줬다. 가리왕이 잠을 깨어 시녀들과 함께 있는 석가의 오른팔을 끊고 왼팔도 끊어버렸다. 두 다리마저 끊어버렸다. 그러나 석가의 마음은 움직이지 않았다.

어묵동정이 편안하나니
칼날을 맞대어도 탄탄하여라
독약을 마셔도 상관없나니
나의 스승 부처님 연등불 뵙고
많은 세월 인욕행을 닦았나니.

幾⁴⁸⁾回生　幾回死　　生死悠悠⁴⁹⁾無定止
自從頓悟了無生　　於諸榮辱何憂喜

몇 번 태어나고 몇 번 죽었더냐
나고 죽음 끝없나니
깨달아 무생을 얻어
영화와 욕됨에 기쁨 근심 잊었나니.

入深山　住蘭若　　　岑岌⁵⁰⁾幽邃⁵¹⁾長松下
優遊⁵²⁾靜坐野僧家⁵³⁾　　関寂⁵⁴⁾安居實瀟灑

깊은 산에 들어가 암자에 머무나니
높은 봉우리 깊은 골짝 낙락장송 아래구나
한가히 절에 앉아 조용하게 지내니
고요히 편히 지냄이 소소하여라.

---

48) 기(幾): 몇, 얼마.
49) 유유(悠悠): 유유히, 아무런 구애 없이.
50) 잠음(岑岌): 묏부리가 높은 험준한 모양.
51) 유수(幽邃): 깊고 그윽함.
52) 우유(優遊): 음악과 더불어 멋있게 놀음.
53) 야승가(野僧家): 스님이 사는 절을 스스로 낮추어 부르는 이름.
54) 격적(関寂): 고요함.

覺卽了　不施功　　　一切有爲法[55]不同
住相布施[56]生天福　　猶如仰箭射虛空

깨달은 즉 끝이나니 힘쓸 것 없나니
다함 있는 일체 법과 같지 않나니
모양 있는 법보시 천당 가는 복일래
하늘 향해 활 쏘는 짓 그와 같나니.

勢力盡　箭還墜　　　招得[57]來生不如意
爭似[58]無爲實相門　　一超直入如來地

힘 다하면 화살은 돌아오나니
내생에는 뜻과 같지 않게 되나니
다함없는 실상문과 어찌 같으랴
한 번에 부처의 땅에 들어가는데.

但得本　莫愁末　　　如淨瑠璃含寶月
旣能解此如意珠　　　自利利他終不竭

본질을 얻어야지, 지말을 염려 말라
맑은 유리 그릇 보배의 달 있나니
이런 여의주를 안 뒤에는
나와 남에 이익됨은 끝이 없으라.

---

55) 유위법(有爲法): 인위적으로 조작되었기 때문에 언젠가는 변하는
　　법.
56) 주상보시(住相布施): 남에게 베푸는 것에 어떤 조건이나 생색을 내
　　는 것.
57) 초득(招得): 불러오다, 부르는 것.
58) 쟁사(爭似): 어떻게 ~과 같으랴.

江月照 松風吹　　永夜淸霄59)何所爲
佛性戒珠60)心地印　霧露雲霞體上衣

강물에 달이 비쳐오고 송풍이 불어오니
긴 밤 푸른 하늘 무엇 하는가
불성에 계(戒)의 구슬 마음에 다짐하니
안개며 이슬 구름 몸에 옷이구려.

降龍鉢61)　解虎錫62)　　兩鈷63)金環明歷歷64)
不是標形虛事持　　　如來寶杖親蹤跡

항복 받은 용 바릇대, 호랑이 싸움 말린 지팡이
금고리 분명히 빛이 나지만
모양을 내기 위해 가지지 않나니
부처님 보배 지팡이 그를 따르나니.

不求眞　不斷妄　了知二法65)無相.

---

59) 청소(淸霄): 맑은 하늘.
60) 계주(戒珠): 계는 마음에 때가 묻지 않도록 주의하는 것, 주는 여의주.
61) 강용발(降龍鉢): 부처님 회상 당시 나제가섭이 부다가야에 있었다. 그는 외도였다. 부처님은 나제가섭에게 하룻밤을 청했다. 나제가섭은 화룡(火龍)의 석굴로 안내하였다. 용은 불을 뿜으며 덤볐다. 부처님은 자비심으로 삼매화(三昧火)를 일으켰다. 용은 삼매화를 피하려고 부처님 발우에 들어왔다. 발우는 깨끗하고 다함없기 때문이다. 이를 본 나제가섭과 그의 제자 오백 명이 부처님께 귀의하였다.
62) 해호석(解虎錫): 제나라 주선사가 회주 왕옥산(王玉山)에서 참선하고 있을 때, 두 호랑이가 싸우는 것을 주장자로 싸움을 말렸다는 고사.
63) 양고(兩鈷): 주장자 지팡이의 양 귀걸이
64) 명역력(明歷歷): 분명하다, 명확하다, 역력하다.

無相無空無不空　　卽是如來眞實相

진리도 구하지 않고 거짓도 끊지 않나니
두 법이 다 비어 모양 없음 알았나니
모양 빈 것도 없고 빈 것 아님도 없으니
이대로 부처님 참다운 모양이로다.

心鏡明 鑑無碍　　廓然瑩徹(66)周沙界(67)
萬象森羅影現中　　一顆圓光非內外

마음의 거울 같아 걸림 없나니
두루 두루 밝아 온 세상에 미치나니
삼라만상이 그 가운데 나타나네
한 덩이 밝음은 안팎이 없나니.

豁達空　撥因果　　茫茫(68)蕩蕩(69)招殃禍
棄有着空病亦然　　還如避溺而投火

활달히 텅 비어 인과 없다면
망망탕탕함이 재앙을 부르리라
유(有)를 버리고 공(空)에 착하면 병 또한 그러하이
물을 피하여 불더미 만남이여.

捨妄心 取眞理　　取捨之心成巧僞

---

65) 이법(二法): 상대되는 두 가지 견해, 참됨(眞)과 거짓(忘).
66) 영철(瑩徹): 밝고 투명함. 영롱히 비침.
67) 사계(沙界): 맑은 세상.
68) 망망(茫茫): 수면이 넓고 먼 모양. 아득함.
69) 탕탕(蕩蕩): 물결이 거친 모양.

學人不了用修行　　眞成認賊將爲子[70]

거짓 마음 버리어 진리를 얻음이
취하고 버림이 거짓을 이루나니
그대들이 모르고 수행을 하니
도적을 잘못 알고 아들인양 하는구나.

損法財　滅功德　莫不由斯心意識[71]
是以禪門了却心　　頓入無生知見力

법의 재물 버려 공덕을 없애는 것
마음의 장난 때문이나
이러므로 선문에는 마음을 두고
남이 없는 지견력에 담박 들라 함이네.

大丈夫　秉慧劍[72]　般若鋒兮金剛燄
非但空摧外道心　　早曾落却天魔膽

대장부여 지혜의 칼을 잡았나니
반야의 칼날이여 금강의 불꽃이여

---

70) 심성인적장위자(深成認賊將爲子): 잘못된 인식. 주관과 객관이 뒤
　　바뀜을 뜻함.
71) 심의식(心意識): 심(心)은 범어 질다(質多)의 번역. 집기(集起)의 뜻.
　　의(意)는 범어 말나의 번역. 사량(思量)의 뜻. 식(識)은 범어 비약
　　남(毘若南)의 번역. 요별(了別)의 뜻. 구사종에서는 심왕(心王)에 육
　　식(六識)을 세우고 심왕의 작용에 대하여 그 이름을 달리함.
　　① 심(心)- 온갖 심리작용을 집합하여 인기(引起)하므로 집기의 뜻
　　이 있다. ② 의(意)- 여러 가지 대경을 헤아리고 생각하므로 사량
　　의 뜻이 있다. ③ 식(識)- 대경을 요별하는 뜻이 있으므로 식이라
　　한다.
72) 혜검(慧劍): 지혜의 칼. 여기서 지혜라 함은 반야지를 말함.

외도들의 마음자리 꺾을 뿐 아니라
천마들의 간담까지 서늘케 하는구나.

震法雷　擊法鼓　　　布慈雲兮灑甘露
龍象73)蹴踏潤無邊　　三乘五性74)皆醒悟

법이 진동함이여, 법고가 울림이여
자비의 구름 펴, 감로수 뿌리나니
용과 코끼리 끝없이 자재하여
삼승(三乘)이나 오성(五性)이나 모두 정신 들게 하네.

雪山75)肥膩76)更無雜　　純出醍醐77)我常衲
一性圓通一切性　　　　一法遍含一切法

설산의 비니 풀은 잡스런 게 없나니
제호만을 만들어 우리들에 공양하네
한 성품 원만하여 모든 성품에 두루하고

---

73) 용상(龍象): 대중에서 뛰어난 큰스님. 용은 어족(漁族)의 왕, 상은
　　짐승의 왕. 큰스님네를 비유한 말.
74) 오성(五性): 오성각별(五性各別). 중생의 성품에는 선천적으로 다섯
　　가지의 성품이 있음. ① 본래부터 부처될 무루 종자를 갖춘 이는
　　보살정성(菩薩定性) ② 벽지불이 될 무루 종자를 갖춘 이는 연각정
　　성(緣覺定性) ③ 아라한이 될 무루 종자를 갖춘 이는 성문정성(聲
　　聞定性) ④ 두 가지 종자나 세 가지 종자를 갖춘 이는 삼승부정성
　　(三乘不定性) ⑤ 성문·연각·보살의 무루종자는 없고 다만 인승(人
　　乘)이나 천승(天乘)될 유루 종자만을 갖춘 이는 무성유정(無性有
　　定).
75) 설산(雪山): 영산회상. 부처님이 살아계시며 머물렀던 산. 히말라
　　야 산.
76) 비얼(肥蘖): 설산의 눈 속에 피는 영험스런 풀이름.
77) 제호(醍醐): 우유로 만든 아주 맛있는 음식 이름. 여기서는 마음의
　　깨끗함에 비유한 것임.

한 가지 법 두루하여 모든 법을 포함하네.

一月普現一切水　　一切水月一月攝
諸佛法身入我性　　我性同共如來合

하나 달덩이 온갖 물에 나타날제
온갖 물에 달덩이를 달 하나가 거두네
모든 부처 법신이 내 마음에 들어오고
내 마음이 함께 부처와 합하니라.

一地78)具足一切地　　非色非心非行業
彈指79)圓成八萬門80)　　刹那滅却三祇劫81)
一切數句82)非數句　　與吾靈覺何交涉

한 곳에 모든 곳을 다 갖추었으니
모양도 마음도 행업도 아니나니
잠깐 사이 팔만 문을 이루고
삽시에 삼 지겁을 없애버리니
모든 식수(識數)며 식수 아닌 것까지
신령스런 깨달음과 무슨 상관있으랴.

不可毁　不可讚　　體若虛空勿涯岸
不離當處常湛然　　覓卽知君不可見

---

78) 일지(一地): 수행하는 과정에서 얻는 마음의 한 자리.
79) 탄지(彈指): 손가락을 튕김. 아주 짧은 시간.
80) 팔만문(八萬門): 많은 숫자. 가지가지. 인도에서 많은 것을 표현할 때 팔만이라는 말을 많이 씀.
81) 삼지겁(三祇劫): 삼아승지겁(三阿僧祇劫). 헤아릴 수 없는 시간.
82) 수구(數句): 숫자와 문자.

헐 수 없고 칭송 할 수 없나니
그것은 허공 같아 끝없나니
당처를 떠나지 않고 항상 깊고 고요하니
찾으면 그것인데 보이지 않나니.

敗不得 捨不得　不可得中只麼得83)
默時說 說時默　大施門開無壅塞

얻지 못하고 버리지도 못하나니
얻을 수 없는 가운데 얻음이라
침묵에서 말을 하고 말 가운데 침묵하니
크게 베푸는 문을 열어 옹색함이 없으라.

有人問我解何宗　報道摩揀般若力
惑是惑非人不識　逆行順行天莫測
吾早曾經多劫修　不是等閒相誑惑

누가 나에게 무엇을 아는지 묻는다면
마하반야의 힘이라 이야기 하리라
혹은 옳고 혹은 그름을 사람들은 모르나니
역행과 순행은 하늘도 모르더라
내 일찍 다겁 생을 수행하였으니
등한한 수작으로 미혹하지 않으리라.

建法幢84) 立宗旨　明明佛勅曹溪是

---

83) 지추득(只誑得): 다만 이렇게.
84) 법당(法幢): 법의 당(幢). 인도에서는 법담이나 큰 행사를 할 때
　　깃발 같은 것을 세웠음.

第一迦葉首傳燈　　二十八代西天記

법의 깃발 세워 종지를 밝힘이여
밝고 밝은 부처님 법 조계에서 이었나니
첫 번째 가섭 존자 먼저 등을 전했으니
스물여덟 세대까지 인도에서 기록했네.

法東流　入此土[85)]　　菩提達摩爲初祖
六代[86)]傳衣天下聞　　後人得道無窮數

법이 동으로 흘러 이 땅에 이르러서
보리달마 그분께서 초조(初祖)가 되었나니
여섯 대를 옷 전함은 천하가 아는 일
그 뒤에도 얻은 이 어찌 다 헤아리랴.

眞不立　妄本空　　有無俱遣不空空
二十空門[87)]元不著　　一性如來體自同

참됨도 못 세우고 거짓 또한 비었나니
유와 무를 쫓아내고 비고 빔도 아니더라

---

85) 차토(此土): 여기서는 중국을 뜻함.
86) 육대(六代): 처음 달마 대사로부터 육조 혜능 대사를 뜻함.
87) 이십공문(二十空門): 공(空)을 스무 가지로 나눈 것. 공은 하나뿐이
    나 하나뿐인 공을 없애기 위해 스무 가지가 있음.
    ① 내공(內空) ② 외공(外空) ③ 내외공(內外空) ④ 공(空) ⑤ 대공
    (大空) ⑥ 소공(小空) ⑦ 승의공(勝義空) ⑧ 유위공(有爲空) ⑨ 무공
    (無空) ⑩ 필경공(畢竟空) ⑪ 무제공(無際空) ⑫ 산공(散空) ⑬ 무변
    공(無變空) ⑭ 본공(本空) ⑮ 자공(自空) ⑯ 공공(共空) ⑰ 일체공
    (一切空) ⑱ 불가득공(不可得空) ⑲ 무성공(無性空) ⑳ 자성공(自性
    空).

스무 가지 공(空)의 문에 원래 붙지 않나니
한 성품 여래체(如來體)가 스스로 나와 같네.

心是根[88] 法是塵[89]　　兩種猶如鏡上痕

痕垢盡除光始現　　　心[90]法[91]雙亡性卽眞

마음은 뿌리요, 법은 이 티끌이니
두 가지는 서로 거울과 먼지로다
먼지 티끌 씻어 내니 광명이 번쩍 나고
마음과 법 다 잊으니 성품이 곧 참이로다.

嗟[92]末法 惡時世　　眾生福薄難調制

去聖遠兮邪見深　　魔强法弱多恐害

슬프다 말법이여, 세월의 흐름이여
중생들의 복이 적어 공부하기 어렵나니
성인과는 멀어지고 삿됨만 깊음이여
마귀들은 강성하고 법문은 약해지네.

聞說如來頓敎[93]門　　恨不滅除令瓦碎

부처님은 돈교법문 듣기만 하고

---

88) 근(根): 오관(五官)의 감각기관의 근본.
89) 진(塵): 감각기관에 상대되는 객관. 육진(六塵).
90) 심(心): 주관.
91) 법(法): 주관에 대한 객관.
92) 차(嗟): 감탄사. 슬프다, 애석하다.
93) 돈교(頓敎): 오교(五敎)의 하나. 화엄종에서 유마경과 같이 문자나
　　언어를 여의고 수행의 차례를 말하지 않고, 말이 끊어진 진여를
　　가리킨 교법.

부수지 못하여서 한(恨)만 늘어가네.

作在心　　殃在身　　不須怨訴更尤人
欲得不招無間業　　莫謗如來正法輪

마음으로 지어 몸으로 재앙 받나니
남을 원망하거나 허물하지 말지어다
무간지옥 안 가려고 업을 짓지 않으려거든
부처님 바른 법륜 헐뜯지 말지니.

旃檀林94)無雜樹　　鬱密深沈師子95)住
境靜林閒獨自遊　　走獸飛禽96)皆遠去

전단나무숲에는 잡목 없나니
울창하고 깊숙하여 사자가 머무는구나
조용한 숲에 한가로이 거니는데
날짐승 길짐승들 모두 멀리 달아나네.

師子兒　衆隨後　　三歲便能大哮吼
若是野干97)逐法王　　百年妖怪98)虛開口

사자 어린 새끼 뭇 짐승 따르나니
세 살이면 큰 소리 지르는구나

---

94) 전단림(旃檀林): 전단의 숲. 전단은 향나무의 일종. 이 나무가 나
　　는 곳에는 잡목이 살 수 없음.
95) 사자(師子): 사자(獅子). 여기서는 법왕의 뜻.
96) 주수비금(走獸飛禽): 길짐승은 달아나고 날짐승은 날아감.
97) 야간(野干): 야호, 들 여우.
98) 백년요괴(百年妖怪): 백 년 묵은 여우.

여우가 흉내 내어 사자 울음 하려면
백 년 요괴도 헛되이 입만 여느니라.

圓頓教99)勿人情100)　　　有疑不決直須爭
不是山僧逞人我101)　　　修行恐落斷常坑102)

원돈의 교법에는 인정이 없나니
의심 있어 서슴커든 당장에 툭 쳐라
내 잘났다 뽐내는 말 아니라
공부하다 잘못된 함정에 떨어질까 두렵나니.

非不非　是不是　　　差之毫釐103)失千里
是卽龍女頓成佛104)　　　非卽善星生陷墜105)

잘못이 잘못이 아니고 옳음이 옳음 아니니
털끝만큼 어긋나도 천릿길이 달라지네
옳음인즉 팔세 용녀 당장에 성불했고
그름인즉 선성(善星) 비구 생함(生陷) 지옥 떨어졌네.

吾早年來積學問　　　亦曾討疏尋經論

---

99) 원돈교(圓頓敎): 선(禪)을 뜻함.
100) 물인정(勿人情): 사사로이 통할 수 있는 길은 없음을 뜻함.
101) 인아(人我): 인상(人相)과 아상(我相). 자만심.
102) 단상갱(斷常坑): 단견(斷見)과 상견(常見)의 구렁. 잘못된 함정.
103) 차지호리(差之毫釐): 털끝만큼 어긋남. 아주 작게 틀린다는 뜻.
104) 용녀돈성불(龍女頓成佛): 법화경 제바달다품에 나오는 이야기. 여
　　　든 살 먹은 용녀가 성불한 이야기.
105) 선성생함추(善星生陷墜): 열반경에 나오는 이야기. 비구 선성(善
　　　星)은 십이부경(十二部經)에 통달했다. 그러나 무불무지옥(無佛無
　　　地獄)의 사견에 빠졌다. 그는 인과가 없다고 하며 막행막식을 하
　　　였다. 끝내 그 과보로 몸채로 땅속에 묻혔다.

分別名相106)不知休　入海算沙徒自困

나도 일찍 학문을 쌓아 오며
글도 쓰고 책을 보고 주해를 뒤졌는데
명상을 분별하기 쉴 날 없더라
바다의 모래알 헤아리기 스스로 피곤하네.

却107)被如來苦訶責　數他珍寶有何益
從來蹭蹬108)覺虛行　多年枉作風塵客

부처님의 꾸지람 듣기에 알맞구려
남의 보물 헤아려 무슨 덕이 있으랴
이제껏 헤맨 헛된 고생 깨달으니
여러 해를 풍진 속에 나그네 행세했네.

種性邪　錯知解　　不達如來圓頓制109)
二乘110)精進勿道心　外道聰明無智慧

성품에 삿된 종자 지해(知解)를 그르쳐
부처님 원돈제(圓頓制)에 이르지 못하였네
이승을 정진하면 도심은 잃지 않으나
외도는 총명하나 지혜가 없나니.

亦愚癡　亦小騃　空拳指上生實解

---

106) 명상(名相): 명목과 법상(法相).
107) 각(却): 버린다, 물리친다.
108) 층등(蹭蹬): 길을 잃음.
109) 제(制): 법제(法制)의 제(制).
110) 이승(二乘): 성문승과 연각승.

執指爲月枉施功　　根境塵中111)虛捏怪

어리석고 우치하고 경망스러워
빈주먹 손가락으로 소견을 따지구나
손가락에 얽매여 달인 줄 공을 들여
육근 육진 티끌 속에 부질없이 날뛰네.

不見一法卽如來　　方112)得名爲觀自在
了卽業障本來空　　未了還須還宿債113)

한 법도 보지 못함이 부처님이니
바야흐로 이름이 관자재보살이나니
아는 즉 업장이란 본래 공한 것
모르니 묵은 빚을 갚아야 하나니.

飢逢王膳114)不能飱　　病遇醫王爭得差

굶주려도 임금이 베풂을 먹지 아니하며
병들어 의왕을 만나 어찌 약을 쓰지 않나.

在欲115)行禪知見力　　火中生蓮終不壞
勇施116)犯重悟無生　　早是成佛于今在

---

111) 근경진중(根境塵中): 모든 번뇌의 와중에서.
112) 방(方): 바야흐로, 비로소.
113) 숙채(宿債): 묵은 빚. 옛날에 진 빚.
114) 왕선(王膳): 진수성찬, 좋은 음식.
115) 욕(欲): 인간의 근본 번뇌를 유발시키는 욕망들. ① 재물욕 ② 성욕 ③ 식욕 ④ 명예욕 ⑤ 수면욕.
116) 용시(勇施): 오래전에 무구광여래(無垢光如來) 때 용시 비구가 있었음.

욕망 속에 참선하는 지혜의 힘
불 속에서 연꽃 피니 끝내 시들지 않으리
용시(勇施) 비구 큰 죄 지은 뒤 무생을 깨달으니
진작 성불하였음이 이제까지이나니.

師子吼　無畏說　深嗟懵117)懂118)頑皮靼119)
只知犯重障菩提　不見如來開祕訣

사자의 부르짖음 두려움 없는 소리
몽동한 완피단을 깊이 슬퍼하나니
다만 죄가 무거워 보리를 장애하는 것만 알아
부처님 열어 둔 비결 있는 줄 모르구나.

有二比丘犯淫殺120)　波離螢光增罪結
維摩大士頓除疑　猶如赫日銷霜雪

두 비구 있어 음행 살생 하였나니
우바리는 반딧불로 죄를 더해 맺었다네
유마 거사 큰 법으로 의심을 없애나니
다시 해가 돋아 눈 녹아진 것 같나니.

---

117) 몽(懵): 어리석음, 무지함.
118) 동(懂): 마음이 어지러움.
119) 완피단(頑皮靼): 완피는 무지(無知), 단은 가죽. 몽고 어느 지명으로 무지함에 쓰는 언어.
120) 유이비구범음살(有二比丘犯淫殺): 음계와 살계를 범한 두 비구가 지계제일 우바리존자를 찾아갔다. 존자는 계목(戒目)대로 그들이 파계하였음을 알려주었다. 두 비구의 마음은 더욱 번뇌로웠다. 뒤에 유마 거사를 만났다. 유마는 공(空)의 섭리로 이들의 번뇌를 씻어주었다. 두 비구는 죄책감을 벗고 무생법인을 얻었다.

不思議 解脫力　　　妙用恒沙也無極
四事供養[121]敢辭勞　　萬兩黃金亦銷得

불가사의하구나, 해탈의 법력이여
묘한 작용이 항하 모래같이 끝없네
네 가지 공양 수고롭다 사양하랴
만 냥의 황금도 소비하리라.

粉骨碎身未足酬　　一句了然超百億

뼈를 갈고 몸을 부숴 은혜에 미치지 못하나니
한 마디 말씀에 요연하면 천백 억을 뛰어나리.

法中王　最高勝　　河沙如來同共證
我今解此如意珠　　信受之者皆相應

법 가운데 왕, 최고 수승함일세
헤아릴 수 없이 많은 부처님 함께 증득했네
나 이제 여의주 알아 얻었으니
믿고 받는 자는 모두 상응하리라.

了了見　無一物　　亦無人兮亦無佛
大千沙界海中漚　　一切聖賢如電拂
假使鐵輪頂上旋　　定慧圓明終不失

밝고 밝게 살펴보면 한 물건도 없나니

---

121) 사사공양(四事供養): 신도들이 수행하는 스님네게 제공하는 네
　　　가지 필수품. 음식·의복·침구·의약품.

사람도 없거니와 부처 또한 없나니
삼천대천세계는 바다 가운데 물거품
일체 모든 성현들은 번갯불과 같았다
설령 쇠바퀴가 내 머리에서 돈다 해도
선정 지혜 원명(圓明)하여 끝내 잃지 않네.

日可冷　月可熱　　　　衆魔不能壞眞說
象駕崢嶸122)漫123)進途　誰見124)螳螂125)能拒轍

해가 차고 달이 뜨거워도
마군들은 이 진실을 부수지 못하리니
코끼리 수레 끌고 당당히 나아가니
당랑이 길 막아 어떻게 되랴.

大象不遊於兎徑126)　　大悟不拘於小節127)
莫將管見128)謗蒼蒼129)　未了吾今爲君訣

코끼리는 토끼 길에 다니지 않고
큰 깨달음은 작은 예절에 얽매이지 않나니
작은 소견으로 비방을 하지 말라
내가 이제 너희를 위해 결단을 지었나니.

---

122) 쟁령(崢嶸): 험준한 모양, 당당함, 높은 모양.
123) 만(漫): 물이 넓게 느적느적 흐르는 모양.
124) 수견(誰見): 누가 보았는가.
125) 당랑(螳螂): 쇠똥벌레.
126) 토경(兎徑): 샛길. 토끼가 다니는 길.
127) 소절(小節): 작은 예절, 버려도 좋은 예의.
128) 관견(管見): 작은 소견, 대쪽 같은 지혜.
129) 방창창(謗蒼蒼): 방(謗)은 비방, 창창(蒼蒼)은 거침없음. 거침없는
　　　비방.

지상(智常) 선사

無端起知解　　著相求菩提
情存一念悟　　寧越昔時迷

까닭 없이 알음알이를 일으키어
모양에 집착하여 보리를 구하였나니
망정을 두고 한 생각 깨달은들
옛날의 미혹함을 어떻게 초월하리.

自性覺源體　　隨照枉遷流
不入祖師堂　　茫然趣兩頭

제 성품은 깨달음의 근원이기를
비침을 따라 까닭 없이 헤매었나니
조사의 방장에 들지 않았다면
까마득히 두 길을 갈팡질팡 했으리라.

[해설]
　스님은 본주(本州)의 귀계(貴谿)에서 태어났다.
　어려서 스님이 되어 견성하기를 목표로 삼다가 어느 날 육조혜
능 스님을 친견하였다. 그때 육조 스님이

한 법을 보지 않아도 보지 않는다는 생각이 있으면
마치 뜬구름이 해를 가린 것 같고
한 법을 알지 못해도 아는 것 없다는 생각이 있으면
이는 허공에 번개가 번득이는 것 같네.

이러한 소견이 깜짝 사이에 일면
잘못 알았거늘 어떻게 방편을 알랴
그대가 한 생각에 허물을 안다면
스스로의 영광이 항상 미치리.

라는 게송을 듣고 활연히 개오하여 앞의 송을 지어 육조 스님
에게 바쳤다.

강서지철(江西志徹) 선사

固守無常心　　佛演有常性
不知方便者　　猶春池執礫

무상한 마음을 지키는 끝에
부처님은 항상하다 주장하니
방편을 알지 못하는 이가
봄 못에서 기와 쪽을 줍는 것 같네.

我今不施功　　佛性而見前
非師相授與　　我今無所得

내가 지금 애를 쓰지 않고도
불성(佛性)이 눈앞에 버젓이 나타났으니
스승께서 주신 바도 아니요
내가 얻은 바도 없다네.

[해설]

　생몰연대 미상. 육조 혜능의 제자. 강서(江西)는 주석 산명.
　스님은 강서에서 태어났다. 성은 장(張)씨다.
　젊었을 때에는 협객이었다.
　남북의 종(宗)이 갈린 뒤로 북종(北宗)의 대통신수(大通神秀)의

80

문인들이 혜능을 시기하며 서로 적대시하였다. 이때에 북종 문인들의 부탁으로 칼을 품고 육조 스님 방에 들어갔다. 스님을 해치려 하니 조사가 목을 맡기므로 세 번이나 칼로 쳤으나 다치지도 않았다. 그때에 육조 스님이

"바른 칼은 삿되지 않고, 삿된 칼은 바르지 않다. 다만 너에게 돈을 빚졌을지언정 목숨을 빚진 일은 없다."

하시며 돈 이십 냥을 내어 놓았다. 그때 지철스님이 놀라 까무러쳤다가 한참 만에 일어나 정중히 사과하고 출가할 뜻을 말하였다. 그러나 육조 스님이 돈을 주며

"너를 해칠 무리들이 있으니, 떠났다가 모습을 바꾸어 다시 오라"고 하였다.

그 뒤 다른 곳에서 스님이 되어 돌아왔더니 육조 스님이

"내가 오랫동안 그대를 생각했거늘 어찌 이리 늦었는가?"

"전에 화상께서 용서해 주심을 받고 출가하여 고행하였으나, 끝내 깊은 은혜를 보답하기 어렵습니다. 『열반경』을 보았지만 항상(恒常)함과 무상함을 알지 못하겠으니 자비로이 교시하여 주십시오."

"무상함이란 불성이요, 항상함이란 착하고 악한 온갖 법을 분별하는 마음이니라."

이런 육조 스님의 간곡한 법문을 듣고 크게 깨달아 앞의 송을 남겼다.

그때 육조 스님이 말씀하시기를 "이제 철저히 알았으니 이름을 지철(志徹)이라고 하여라." 하여 그대로 사용하였다.

홍주법달(洪州法達) 선사

經通三千部　　曹溪一句亡
未明出世旨　　寧歇累生狂

경을 삼천 부나 읽었지만
조계의 한 마디에 없어졌네
세상에 나신 뜻 밝히지 못하면
어찌 여러 생의 광증을 쉬랴.

羊鹿牛權設　　初中後善揚
誰知火宅內　　元是法中王

양과 사슴과 소를 거짓으로 베풀어
처음과 중간과 나중의 선(善)을 말하나
불난 집안에 있는 여러 아이가
원래부터 법왕임을 누가 알으랴.

[해설]
　생몰연대 미상. 스님은 일곱 살에 입산하였다. 홍주(洪州)는 주
석 지명. 항상 법화경을 읽었다.
　구족계를 받은 뒤 육조 스님을 뵙고 절을 하는데 머리가 땅에
닿지 않으니, 육조 스님이

"땅에 닿지 않게 절을 하려면 차라리 하지 않는 것이 좋다. 그대 마음속에 반드시 어떤 물건이 쌓였으리라. 그것이 무엇이냐?"

"법화경을 읽기 시작하여 삼천 부에 이르렀습니다."

"그대가 만 부를 읽어 경의 뜻을 알았더라도 수승하게 여기지 않게 된다면 나와 같이 행할 수 있다."

하시며 경책하셨다. 그리고 송(頌)을 말씀해 주셨다.

절은 본래 아만을 꺾자는 것
어찌하여 머리가 땅에 닿지 않는가
나라는 생각 두면 죄가 생기고
공명심이 없으면 공덕은 한량없다.

스님이 게송을 듣고 허물을 뉘우쳤다.

육조스님이 말씀하시기를
"너의 이름이 무엇인고?"

"법달입니다"라고 대답하자,

"아만통이 크면서 어떻게 법을 통달했느냐? 네 이름이 법달이나 부지런히 법화경 3천 번을 외워도 번뇌를 쉬지 못했으니, 법화경의 뜻을 알아서 마음을 깨달으면 법달이가 곧 보살이라. 네가 인연이 있어 나를 찾아왔으니 특별히 일러주니, 다만 부처님이 한 마디도 설한 법이 없음을 확연히 믿으며 연꽃이 네 입으로 쫓아서 피어날 것이다."

이 한 마디에 법달이 말하기를
"이 시간 이후에는 모든 것에 겸손하고 공경하겠습니다. 그간 법화경을 외우면서 법화경 내용의 뜻을 몰랐지만 선지식을 만나지 못해 마음속에 항상 의심이 있었습니다."

이에 육조스님께서 법달스님에게

"법화경 어느 곳이 이해가 가지 않더냐?" 물으시니

법달스님은

"『법화경』〈비유품〉에 의심이 갑니다."

이에 육조스님이 말씀하시기를 큰 자비로 법화경 내용을 간단하게 한 마디로 대의를 말씀해 주시니

그 내용은

마음이 미혹하면 법화가 나를 읽고

마음을 깨달으면 내가 법화를 읽네

오래 읽어도 마음을 밝히지 못하면

법화경의 큰 대의로부터 네가 영원히 원수를 맺음이라.

일체 번뇌 망상이 없으면 생각이 곧고 바를 것이고

번뇌 망상이 있으면 삿된 생각만 이룰 것이니

있음 없음을 생각지 않으면

영원히 백우차(白牛車)를 타리라.

육조스님께 말씀드리기를

"법화경 삼천 번을 외운 것이 육조스님 말씀하신 일구(一口)에 없어졌습니다."

육조 스님의 적적한 법문을 듣고 크게 깨달아, 앞의 송을 지어 육조 스님에게 바쳤다.

남양혜충(南陽慧忠) 선사

人法雙淨　　善惡兩忘
直心眞實　　菩提道場

사람과 법이 쌍으로 맑고
선함과 악함을 모두 잊었다
참 마음 진실함이
보리의 도량이다.

[해설]

　스님(695~775)은 절강성에서 태어났다. 성은 염(冄)씨이다.

　육조 혜능에게 수학하고 그의 법을 이었다.

　남양(南陽, 지금 하북성) 백애산(白崖山)에 오래 주석하다 후에 국사가 되었으므로 '남양국사(南陽國師)'라 부른다.

　스물두 살 때에 장엄사(莊嚴寺)에서 수행하다가 지위(智威)선사가 출현하였다는 말을 듣고 찾아갔다. 지위 선사는 "산 주인이 오는구나." 하시었다. 그 말씀에 미묘한 이치를 깨달았다. 그때 앞의 식심게(息心偈)를 남겼다.

　지위선사는 이미 그가 법기임을 알아 차렸다.

　다음은 지위선사와 남양혜충이 주고받은 게송이다.

　지위선사가 먼저

莫繫念念　　成生死河
輪廻六趣海　　無見出長波

생각 생각에 얽매이지 말라
생사의 강물을 이루게 되면
여섯 길[六趣]의 바다에서 헤매면서
끝없는 파도를 벗어나지 못하리.

혜충이 게송으로 화답하였다

念想由來幻　　性自無終始
若得此中意　　長波當自止

생각의 상(想)은 허깨비로부터 일어나고
성품은 본래 끝과 시작이 없네
만일 이 속의 뜻을 깨닫는다면
생사의 긴 물결은 저절로 멈추리라.

대사가 다시 게송으로 보여 주었다.

余本性虛無　　緣妄生人我
如何息妄情　　還歸空處坐

나의 본래 성품은 비고 없지만
허망함을 반연하여 남과 내가 생기네
어찌해야 허망한 정(情)을 쉬어 버리고
공처(空處)에 돌아가 앉을 수 있겠는가.

혜충이 또 게송으로 대답했다.

虛無是實體　　人我何所存
妄情不須息　　卽汎般若船

비고 없음이 바로 실다운 바탕(實體)이거늘
남과 내가 어디에 존재하리오
허망한 정을 쉬려 하지 않는 것이
바로 반야선을 타는 것일세.

　지위선사의 구계원(具戒院) 앞에 능소등(凌霄藤)이 있었는데, 여름이 되어도 잎이 나지 않으므로 죽은 줄 알고 베어 버리려 하니, 지위 선사가 베지 못하게 하였다. 뒷날 혜충이 돌아오면 잎이 나리라 하시었다. 과연 스님이 돌아오는 날 잎이 돋았다.
　스님은 평생 옷 한 벌로 사셨다. 그릇은 냄비 하나만 사용하였다. 언젠가 공양미가 많이 있었는데 도적이 넘겨다보니 호랑이가 파수를 보고 있었다. 이즈음 태수 장손(長遜)이 산에 와서 스님에게
　"제자가 몇이나 됩니까?"
　"서넛 되오."
　"좀 볼 수 없습니까?"
　스님이 선상을 두드리니 호랑이 세 마리가 으르렁거리며 나왔다고 한다.
　장엄사에 오래 사셨다.
　당(唐) 대력(大歷) 3년, 석실 앞에 냄비를 걸고 나무에 옷을 거니, 능소등이 말라 죽었다.

남전보원(南泉普願) 선사

今日還鄉入大門　　南泉親道遍乾坤
法法分明皆祖父　　廻頭慚愧好兒孫

오늘에야 고향에 돌아와 대문에 드니
남전이 도(道)와 친해 건곤에 두루했네
법과 법이 분명하여 모두가 어른이니
돌이켜 뒤를 보매 후손들이 부끄럽다.

[해설]

　스님(748~834)은 당대(唐代), 하남성 정주(鄭州) 신정(新鄭)에서 태어났다. 속성은 왕(王)씨.

　대외산(大隗山)의 대혜(大慧)스님에게 출가하여 현기(玄機)는 경론(經論)에 있지 않음을 깨닫고 마조도일에게 참학하여 그의 법을 이었다.

　정원(貞元) 11년(795)에 지양(池陽)의 남전(南泉)에 선원을 열었다. 이곳에서 삿갓을 쓰고 소를 치며 산에 올라 나무를 하고 밭을 일구며 선풍을 펼쳤다. 스스로 '왕노사(王老師)'라 칭하며 30년간 한 번도 하산하지 않았다.

　남전선사는 특히 학인을 제접하는 데 방편의 언구가 뛰어나서 '남전참묘(南泉斬猫)', '남전수고우(南泉水牯牛)', '남전목단(南泉牧丹)' 등의 공안이 전해진다.

육긍대부(陸亘大夫)가 남전스님을 스승으로 모셨다.

조주종심(趙州從諗), 장사경잠(長沙景岑, 788~868) 등의 제자가
있다.

다음은 장사경잠 선사가 앞의 오도송에 대한 화답송이다.

今日投機事莫論　南泉不道遍乾坤
還鄉盡是兒孫事　祖父從來不入門

그리고 남전 스님의 초상화에 찬(讚)을 썼다.

堂堂南泉　　三世之源
金剛常住　　十方無邊
生佛無盡　　現已却還

천황도오(天皇道悟) 선사

見也羅　　見也羅
遍虛空　　只這個

보니 찬란하구나
보니 찬란하구나
허공에 가득하구나
다만 이것 뿐.

[해설]

　스님(748~807)은 무주(婺州) 금화부(金華府) 동양현(東陽縣))에서 출생 하였다. 속성은 장(張)씨이다.

　풍채가 늠름하여 남달리 뛰어났다. 어릴 적부터 지혜가 있었다. 자라서는 온갖 빼어난 재주를 갖추었다.

　열여섯 살 때 출가하려 하였으나 부모님이 반대해 이에 단식으로 맞섰다. 이로 인해 몸이 몹시 쇠약해지자 부모가 마지못해 허락을 하였다.

　25세 때, 항주의 죽림사에서 구족계를 받고 범행을 닦기를 게을리 하지 않으니, 당시 사람들이 모두 추앙하였다. 어떤 때는 바람 불고 비오는 밤에 무덤 사이에서 좌선을 하며 몸과 마음의 온갖 두려움을 여의었다.

항주(杭州) 경산(徑山)의 국일도흠(國一道欽)선사의 회상에 가서 다섯 해 만에 깨쳤다. 다시 마조도일의 회상에서 2년 동안 있다가, 어느 날 꿈에 스님이 큰 소리를 지르는데, 놀라 깨면서 또 한 번 크게 깨쳐 인가를 받았다.

34 살에 남악의 석두희천 대사를 만나 이렇게 물었다.
"정혜를 여의고서 어떤 법으로 사람들을 가르치십니까?"
"나의 이속에는 사내종·계집종이 없거늘, 무엇을 여의겠는가?"
"어찌해야 밝게 터득합니까?"
"그대는 허공을 붙잡을 수 있겠는가?"
"그렇게 되면 오늘부터 시작할 것이 없겠습니다."
"그대는 언제 거기서 왔는가?"
"저는 그쪽 사람이 아닙니다."
"나는 벌써 그대가 온 곳을 알고 있다."
"대사는 어째서 사람을 속이십니까?"
"그대의 몸이 현실에 있지 않는가?"
"그렇더라도 궁극적으로 어떻게 뒷사람들에게 보이십니까?"
"그대는 누구를 뒷사람이라 하는가?"

석두(石頭)스님이 입적하고 난후, 형주(荊州) 성동(城東)의 천황사(天皇寺)를 중창하고 그곳에서 입적하였다.
당나라 헌종(憲宗) 2년 4월에 원주(院主)를 불러서
"알겠느냐?"하니
원주가 "모르겠습니다."고 대답하니, 목침을 땅바닥에 내던지고 입적하니 그때 나이 예순이었다.

영운지근(靈雲志勤) 선사

三十年來尋劍客　　幾逢落葉幾抽架
自從一見桃花後　　直至如今更不疑

삼십 년이나 칼을 찾던 나그네
몇 번이나 잎 떨어지고 싹 트는 것을 지냈던가
스스로 한 번 복사꽃을 본 뒤로
이제부터 의심치 않으리.

[해설]

　스님(?~866)은 복건성(福建省) 장계(長溪)에서 태어났다.

　위산영우(潙山靈祐, 771~853) 스님을 의지하여 30년간 수행을 했다. 위산 선사는 영운지근 외에 앙산혜적(仰山慧寂, 803~887), 향엄지한(香嚴智閑, ?~898), 경산홍담(經山洪譚) 등의 제자를 두었다.

　어느 날 봄, 절 마당에 복사꽃이 환히 만발하였음을 보고 서래지(西來旨)를 깨닫고 앞의 오도송을 읊으셨다.

　위산 스님이 위의 송을 보고
　"인연 따라 깨달은 것, 영원히 수호하고 잘 간직하라."
　하셨다. 그 길로 민천(閩川)으로 돌아가서 종지를 널리 펴니, 모여드는 무리들이 한량없었다.

어느 날 상당하여 대중에게 일렀다.

"온갖 길고 짧은 것은 모두가 무상으로 돌아가오. 사시(四時)의 초목이 잎 지고 꽃 피는 것만 보시오. 하물며 티끌같이 많은 겁에 하늘과 인간 따위 일곱 길에서 땅, 물, 불, 바람이 이루어졌다 무너졌다 하면서 헤매는 일이겠소.

인과가 끝날 무렵에 삼악도의 고통이 나타나면 털끝만치도 더하거나 덜하지도 않고 오직 뿌리와 꼭지인 의식만이 항상 남아 있소. 상근기는 어진 벗의 깨우침을 받으면 당장에 해탈하니, 그대로가 도량이거니와 중·하의 근기는 어리석어 깨닫지 못하고 삼계에 빠져서 생사의 길을 헤매오.

부처님께서 그들 하늘과 인간을 위해 교법을 설하시어 지혜의 도를 증명하고 드러내셨는데 그대들은 알겠는가?"

이때에 장경혜릉(長慶慧稜, 854~932)이 물었다.
"어찌해야 생·노·병·사를 벗어나겠습니까?"
"청산은 원래 요동이 없는데 백운이 떠서 오락가락 한다."
"군왕이 싸움터에 나갈 때는 어떠합니까?"
"춘명문(春明門) 앞에서 장안(長安)을 묻지 말라."
"어찌해야 천자(天子)를 뵙겠습니까?"
"눈먼 학이 맑은 못에 앉으니, 고기가 발밑을 스쳐간다."
"어떤 것이 불법의 대의입니까?"
"나귀의 일이 끝나기 전에 말의 일이 또 생겼구나(驢事未去 馬事到來)130)"
"다시 일러 주십시오."

---

130) 여사미거(驢事未去) 마사도래(馬事到來): 아직 당나귀의 일도 채 끝나지 않았는데 말의 일이 닥쳐왔다. 당나귀는 십이지에 없는 동물이라 '무'를 뜻하고, 말은 '유'를 뜻한다. 즉 번뇌가 찾아왔다가 사라지기도 전에 다른 번뇌가 온다는 말이다. 이 화두는 영운지근선사로부터 비롯되었다.

"채색 기운[彩氣]은 밤마다 움직이나 정미로운 영험은 낮에 만나기 어렵다."

경허스님이 30개월 동안 수마와 싸우며 '여사미거 마사도래(驢事未去 馬事到來)'라는 이 화두로 깨달음을 얻었다고 한다.

조주종심(趙州宗諗) 선사

春有百花秋有月　　夏有凉風冬有雪
若無閑事掛心頭　　便是人間好時節

봄에는 백화가 만발하고, 가을에는 달이 밝고
여름에는 서늘한 바람 불고, 겨울에는 흰 눈 오네
쓸데없는 생각만 마음에 두지 않으면
이것이 바로 좋은 시절이라네.

[해설]
　조주(趙州, 778~897)선사는 산동성 조주부(山東省 趙州府) 하택(荷澤)에서 출생했으며, 속성은 학(郝)씨.
　호는 조주(趙州), 시호는 진제(眞際), 법명은 종심(宗諗)이다.

　특히 화두를 많이 남겨 오늘날까지도 많은 수행자들이 이 화두를 붙잡고 용맹정진을 거듭하고 있다. 『벽암록』에 전하는 화두 100개 가운데 12개가 조주로부터 비롯되었다. '뜰 앞의 잣나무[庭前柏樹子]', '조주무자(趙州無字)', '조주끽다거(趙州喫茶去)'…라는 공안이 유명하다.

　80세 때부터 조주성(趙州城) 동쪽 관음원에 머물러 호를 '조주(趙州)'라 하였다. 검소한 생활을 하고 시주를 권하는 일이 없어

'고불(古佛)'이라는 칭송을 들었다.

남전보원(南泉普原)선사의 법을 이어받고, 그의 문하에서 20년 동안 있었다.

어려서 출가하였으나 계를 받지 않고 곳곳을 편력하다가 남전보원선사를 찾아갔다. 14세 때의 일이다. 고향의 용흥사(龍興寺)로 출가했다.

아직 추위가 다 가시지 않은 이른 봄날, 남전은 양지바른 곳에서 낮잠을 자다가 찾아온 사미승 조주를 보고 물었다.

"어디서 왔느냐?"

"예, 서상원(瑞像院)에서 왔습니다."

"서상이라…, 그럼 상서로운 모습은 보았는가?"

남전은 조주의 의중을 떠보았다. 그러자 조주는

"상서로운 모습은 보지 못했으나 누워있는 부처님은 보았습니다."

남전은

'이놈이 보통 놈이 아니구나.'

하고 내심 놀라며 벌떡 일어나 다시 물었다.

"너는 스승이 있느냐?"

이때 조주는 자리에서 일어나 남전에게 절하면서 말했다.

"아직 추운 계절인데 스승님께서 존체 만복하시니 무엇보다 다행입니다."

남전은 여기에서 이미 조주의 그릇을 알고 제자로 허락하였다.

조주는 그 후 숭악(崇嶽)의 유리단에 가서 계를 받고, 이내 남전 문하로 돌아와 60세가 될 때까지 남전을 모셨다.

그 후 조주가 80세 가량 되었을 때,

"7세 어린애가 나보다 낫다면 내가 배울 것이요, 백세 노인이

나보다 못하다면 내가 가르칠 것이다."하면서 대중들을 위해 크게
교화를 폈다.

　80세까지 각처로 돌아다니다가 조주(趙州)의 관음원(觀音院)에서
당 소종(昭宗) 건녕(乾寧) 4년 120세에 입적했다. 제자들에게 사
리를 수습하지 말 것을 유언으로 남겼다.
　탑호는 '진제선사광조지탑(眞際禪師光祖之塔)'이고 시호는 '진제
대사'이다.
　3권의 『어록』이 전한다.

황벽희운(黃檗希運) 선사

塵勞逈脫事非常　　緊把繩頭做一場
不是一番寒徹骨　　爭得梅花撲鼻香

생사 해탈하는 것이 보통 일 아니니
화두를 굳게 잡고 한바탕 애쓸지어다
차가움이 한 번 뼛속을 사무치지 않았다면
어찌 코를 찌르는 매화꽃 짙은 향기를 얻으리.

[해설]

황벽희운(黃檗希運, 776~856)선사는 복주(福州) 민현에서 출생
하였다. 어렸을 때 황벽산으로 출가하였다. 황벽산은 복건성(福建
省) 복청현(福淸縣)에 있는 산으로, 황벽나무가 많아서 붙여진 이
름이다.

황벽은 몸이 왜소하고 이마가 튀어나왔으므로 육주(肉珠)라는
별명으로 불렸다. 황벽선사는 『백장청규』로 잘 알려진 백장스님의
법을 이어 받았다. 스님의 법어로는 배휴(裴休)가 집대성한 『전심
법요(傳心法要)』가 있다.

제자로는 임제종의 개조인 임제의현(臨濟義玄, 787(?)~867)선사
가 대표적이다.

어느 날 백장은 산 아래에서 올라오는 제자 황벽을 만나자 다

음과 같이 물었다.

"어디를 다녀오느냐?"

그러자 황벽은 버섯이 가득 들어 있는 바구니를 가리키면서 말하였다.

"산 아래에서 버섯을 따 왔습니다."

그러자 백장이 느닷없이 물었다.

"산 아래 호랑이 한 마리가 있다던데 너도 보았느냐?"

황벽이 갑자기 '어흥!'하고 호랑이 소리를 냈다. 그러자 백장이 허리춤에서 도끼를 빼들고 호랑이 소리를 내면서 우는 황벽을 내리 찍으려 하였다. 황벽이 날쌔게 달려들어 백장의 손에서 도끼를 빼앗아들고는 얼른 따귀를 세차게 후려쳤다.

그날 밤 만참 때 백장은 법상에 올라 다음과 같이 말하였다.

""대중들아, 산 아래 호랑이가 한 마리 있으니 그대들은 조심해라. 드나들 때 앞뒤로 잘 살펴 다니거라. 이 노승도 오늘 아침 호랑이에게 한 입 물렸다."

이후로부터 황벽의 별명은 '호랑이'가 되었는데, 일찍이 스승 백장으로부터 '붉은 수염 난 오랑캐'로 불리기도 하였다.

임제의현(臨濟義玄) 선사

是是非非都不關　　山山水水任自閑
莫問西天安養國　　白雲斷處有靑山

옳거니 그르거니 관계하지 아니하고
산이건 물이건 스스로 임하여서 막지 않는다
서천국에 극락세계가 있다고 하지 말라
흰 구름 걷히는 곳 모두가 청산인 것이다.

[해설]

　임제의현(臨濟義玄, 787(?)~867)스님의 속성은 형(邢)씨이며, 하
남성(河南省) 조주(趙州)출신이다.

　스님은 출가 초기에 교학(敎學)에 몰두했다. 그러나 뒤에 이러한
공부가 불교의 진실을 얻는 도가 아님을 깨닫고 참선을 시작했다.
황벽희운(黃蘗希運)선사에게 참학하였다.

　임제종을 처음 세웠다. 임제라는 이름은 나중에 그가 주석한 임
제원(臨濟院)에서 유래한다. 임제의현은 '임제장군'으로 불릴 정도
로 호방한 성격을 지녔다고 전해진다. 임제에 대해서는 유명한 일
화가 많지만 그 중에서도 깨달음에 얽힌 기연이 유명하다.
　『임제록』에는 다음과 같이 기록되어 있다.
　임제의현이 황벽희운의 회상에 있을 때에 수좌인 목주도명(睦州

道明)의 권유에 따라 황벽에게

"불법의 분명한 뜻은 무엇입니까?"하고 물으니 황벽이 바로 때렸다. 이렇게 하길 세 차례 거듭하고는 하직을 고하니, 황벽이 고안대우(高安大愚)선사에게 가라고 지시했다.

대우스님의 처소로 가니 대우스님이 묻기를

"어디서 오는가?"하니, 임제는 "황벽에게서 옵니다."하였다.

대우선사가 "황벽이 무슨 말을 하던가?"하니 임제가 "제가 세 차례 불법의 분명한 대의를 물었다가 모두 매를 맞았습니다. 제게 무슨 잘못이 있는 것일까요?"했다. 대우선사가 "황벽이 그토록 간절한 마음으로 너를 위해 애썼거늘, 이제 와서 허물이 있느니 없느니 하는가?"나무랐다.

선사가 이 말에 크게 깨닫고 말하기를

"아니! 황벽의 불법은 간단했구나(元來黃檗佛法無多子)"하며 위의 송을 읊었다.

덕산선감(德山宣鑑) 선사

窮諸玄辨若　　　一毫致於太虛
竭世樞機131)似　　一滴投於巨壑132)

온갖 지혜로 궁구하여도
털끝으로 저 허공에 이르나니
세상의 추기를 다하여
한 방울 물을 저 큰 봉우리에 던지리.

[해설]

　스님(782~865)은 사천(四川) 검남(劍南)에서 태어났다. 이름은
선감(宣鑑), 속성은 주(周)씨다. 어려서 입산하였다.
　율장을 깊이 연구하였는데, 특히 금강경에 뛰어나 많은 주석(註
釋)을 달기도 하였다.
　별명으로 '주금강(周金剛)'이라 불리었다. 교종(敎宗)의 대가였다.
선종(禪宗)을 찾아 한판 논쟁을 벌일 뜻을 품고 떠났다.
　용담숭신(龍潭崇信, 782~865) 선사를 찾아가서 문답한 것은 단
한 마디뿐이었다. 스님은 곧 하직하고 떠나려 하니 용담 선사가
만류하기에 하룻밤을 밖에 앉아 있었다. 용담 스님이
　"왜 들어오지 않는가?"

---

131) 추기(樞機): 중추가 되는 기관. 매우 요긴한 정무(政務).
132) 거학(巨壑): 큰 봉우리.

"어둡군요."

용담 스님이 촛불을 밝혀주니 스님이 받으려는 찰나에 용담 스님이 불어 껐다. 이에 스님은 크게 깨달았다. 그리고 절을 하니 용담 스님이

"무엇을 보았는가?"

"이제부터 천하 노화상들의 혀끝에 조금도 의혹되지 않겠습니다."

그때 앞의 송을 남긴 것 같다.

스님은 위산(潙山)으로 가서 법당 서쪽에서 동쪽으로 지나가 방장(方丈)을 돌아보니 위산 스님이 말이 없었다. 그러므로 스님이

"없구나, 없구나."

하셨다. 그리고는 뛰쳐나와 큰방 앞으로 가서

"그렇지만 경솔할 수도 없구나."하고 예의를 차려 뵈었다. 문턱에 들어서자마자 방석을 들며 말했다.

"화상이시여!"

위산 스님이 불자(拂子)를 잡으려 하니 스님이 할을 하고는 뛰쳐나갔다. 저녁이 되어 위산 스님이 대중들에게 물었다.

"오늘 새로 온 스님이 어디 있는가?"

"그 스님은 노스님을 뵙고는 큰 방을 돌아보지도 않고 떠났습니다."

"그 스님이 누구인줄 아는가?"

"모릅니다."

"그가 뒷날 주인 노릇을 하게 되면 부처도 조사도 모두 꾸짖어 버릴 사람이다."

스님은 30년 동안 예양에 계셨다.

설정망(薛廷望)이 덕산정사(德山精舍)를 지어 고덕선원(古德禪院)

이라 부르고 그곳에서 개당(開堂) 설법하였다.

스님의 유명한 방(棒)은 이때부터 시작되었다. 그 첫 법문에

"오늘 저녁에 묻지 말아라. 말을 거는 이는 삼십 방을 때리겠다."

이때에 어느 스님이 나서서 절을 하려는데 얼른 때리니

"저는 아직 아무 말도 묻지 않았는데 화상께서는 왜 저를 때리십니까?"

"그대는 어디 사람인가?"

"신라국(新羅國) 사람입니다."

"그대가 배에 오르기 전에 삼십 방망이를 때렸어야 했다."

당(唐) 함통(咸通) 6년, 12월 3일에 입적했다.

동산양개(洞山良介) 선사

切忌隨他覓　　迢迢與我疎
我今獨自往　　處處得逢渠

절대로 남에게서 구하지 말라
멀고 멀어서 나와는 성글어진다
내 이제 홀로 가노라니
곳곳에서 그를 만나게 되었다.

渠今正是我　　我今不是渠
應須恁麽會　　方得契如如

그가 바로 지금의 나이지만
나는 바로 그가 아니니
이렇게 깨달아 알아야
여여한 진리에 계합하리라.

[해설]

　스님(807~869)은 절강성 회계(會稽)에서 태어났다.

　어려서 출가하여 운암담성(雲巖曇晟, 782~841) 화상의 법을 이
었다.

　스님이 어렸을 때 『반야심경』을 읽고

'사리자야, 이 제법은 공상(空相)이니 나지도 않고 없어지지도 않고, 더럽지도 않고 깨끗하지도 아니하며, 더하지도 않고 덜하지도 않느니라. 그러므로 공중에는 물질이 없고 마음도 없고 안·이·비·설·신·의도 없고 무명(無明)도 없고, 또한 무명이 다함도 없고 내지 노사(老死)도 없고, 또 노사가 다함도 없고 고집멸도(苦集滅道)도 없고…, 여기서 눈·귀·코·혀·몸·뜻이 없다고 하였는데 이게 무슨 뜻일까?' 하고 은사스님에게 물었다. 그때 은사스님은 한참 생각하다가

"너의 스승은 내가 아니다. 너는 영묵(靈默, 747~818) 스님을 찾아가 수행하여라."

하여 그날부터 마조도일 대사의 법을 이은 오설산(五洩山) 영묵 스님에게서 수행을 하였다. 그러나 스님의 나이 열두 살 때에 영묵 스님은 열반하시어 다시 남전보원 선사를 의지하여 수행하였다. 그 뒤 남전 스님의 지시로 운암담성 화상에게 갔다.

스님이 운암 화상에게 물었다.
"무정설법은 어떤 사람이 듣습니까?"
"무정설법은 망정 없는 사람이 듣는다."
"화상께서는 들으셨습니까?"
"내가 들었다면, 그대는 나의 설법을 듣지 못하게 된다."
"그러면 양개(良介)는 화상의 설법을 듣지 못하겠습니다."
"그대는 나의 설법도 듣지 못하거늘 하물며 무정설법이겠는가?"

이런 문답이 있은 뒤 운암 화상을 하직하며, 스님이 물었다.
"화상께서 별세하신 뒤에 어떤 사람이 '스승의 초상을 그릴 수 있겠는가?' 하면 어떻게 대답하겠습니까?"
"그저 그에게 말하되, '그것 그대로이다' 하라."

스님이 잠자코 있으니 운암 화상이

"이 일을 수긍하려면 퍽 세밀해야 한다."

하시었다. 그러나 수긍할 수 없었다. 물을 건너다 물속에 있는 스스로의 그림자를 보고 운암 스님과 대화의 뜻을 송두리째 깨달았다. 그리하여 앞의 오도송을 지었다.

신풍산(新豊山)에서 후학들을 위하여 노력하였다. 뒤에 균주 동산(洞山)에 오래 있었으므로 '동산'이라 부른다.

함통(咸通) 10년(869)에 삭발하고 옷을 갈아입으시고는 입적하시었다. 대중들이 슬피 우니 스님이 눈을 뜨고,

"출가한 사람은 물건을 의지하지 않음이 참다운 수행인인데, 어찌 죽음을 보고 슬퍼하는가?"

하시고 우치제(愚癡齊)를 하셨다. 그래도 대중들이 슬퍼하므로 7일간 더 기다려 제를 한 번 더 하고, 목욕재계 후 열반에 들었다.

나한계침(羅漢桂琛) 선사

咸通七載[133]初參道[134]　　到處逢言不識言
心裏疑團若栲栳[135]　　　三春[136]不樂止林泉[137]

함통 칠 년에 처음으로 도를 물어
간 곳마다 들은 소리 모르는 말 뿐일세
마음속의 의심덩이 나무토막 같아서
삼춘(三春)에도 즐거움 없어 숲가에 섰네.

忽遇法王壇上座　　便陳疑懇向師前
師從壇上那伽定　　祖膊當胸打一拳

홀연히 법왕의 주단 위에 앉아서
의심의 뭉치를 스승 앞에 펼치니
스승이 주단 위의 나가선정 깨어나서
팔을 걷고 내 가슴을 한 대 갈겼네.

駁散疑團獝狙[138]落　　擧頭看見日初圓

---

133) 함통칠재(咸通七載): 중국의 년대. 서기로 866년이다.
134) 참도(參道): 도를 물음. 선지식에게 진리를 물음.
135) 고로(栲栳): 대나무 또는 버드나무를 휘어서 만든 기물(器物).
136) 삼춘(三春): ① 봄의 석 달. 곧 맹춘(孟春)과 중춘(中春)과 계춘(季春) ② 세(三) 해의 봄.
137) 임천(林泉): 수풀과 샘물, 또는 수풀 속에 있는 샘물. 은토(隱士)의 정원. 선문(禪門)을 일컬음.

의심 뭉치 다람쥐처럼 흩어져버리매
고개 들고 우러르니, 해가 돋고 있네.

從茲蹭蹭以磕磕　　直至如今常快活
只聞肚裏飽膨脝　　更不東西去持鉢

일로부터 성큼성큼 우뚝하여서
지금까지 언제나 쾌활하노니
뱃속이 팽팽하게 부르기만 할뿐이요
다시는 바루 들고 동서로 가지 않네.

[해설]

　당말(唐末) 스님(867~928)으로 청원(靑原) 문하. 나한은 주석
사명(寺名). 속성은 이(李)씨다.

　절강성 상산(常山) 출신으로, 무상(無相) 대사에게 출가했다.

　설봉의존과 설봉의 법사 현사사비(玄沙師備, 835~908) 스님에
게 참학하고 그의 법을 이었다.

　천성(天成) 3년 가을 입적, 법랍은 40세다. 시호는 '진응(眞應)
선사.' 제자로는 법안문익(法眼文益, 885~958)이 있다.

　처음 관남(關南)의 무상(無相) 선사에게 주먹으로 가슴을 한 대
쥐어 박히고 크게 깨달아 앞의 오도송을 남겼다.

　일상성을 엿볼 수 있는 게송 하나가 있을 뿐이다. 『전등록』 11
권에 수록되어 있다.

　宇內爲閑客　　人中作野僧
　任從他笑我　　隨處自騰騰

---

138) 갈달(猲狚): 성큼성큼. 밝은 모양.

정원(正原) 선사

滄溟幾度變桑田　　唯有虛空獨湛然
已到岸人休變筏　　未曾度者要須船

푸른 바다가 몇 차례나 뽕밭으로 변했지만
허공만이 담연히 변하지 않았네
언덕에 이른 이는 뗏목을 버리고
건너지 못한 이나 배를 타거라.

尋師認得本心源　　兩岸俱玄一不全
具佛不須更覓佛　　只因如此更忘緣

스승을 찾아서 본심의 근원을 아니
양쪽 언덕 현묘해도 하나도 온전치 않네
이것이 부처이니 다시 부처 찾지 말라
이것을 인하여 반연을 잊을 뿐이다.

[해설]
　스님은 선주 남릉(南陵) 사람이다. 성은 채(蔡)씨이다.
　어릴 때 출가, 건주(建州) 건원사(乾元寺)에서 구족계를 받았다.
오설산 영묵 선사 문하에서 수행하여 얻은 바 있어 게송을 남겼
다. 함통(咸通) 10년에 본산(本山)에서 열반하셨다.

무착문희(無著文喜) 선사

若人靜坐一須臾　　勝造恒沙七寶塔
寶塔畢竟碎微塵　　一念淨心成正覺

누구나 잠깐 동안 고요히 앉으면
모래알 같이 많은 칠보탑을 만드는 것보다 낫다
보탑은 결국 무너져 티끌이 되지만
한 생각 깨끗한 마음은 부처를 이루도다.

[해설]

　무착문희(無著文喜, 820~899) 선사는 당나라 가화(嘉禾)에서 출생. 법호가 무착(無著)이다.

　일곱 살 때 상락사(常樂寺) 국청(國淸)선사를 스승으로 출가했다. 종남산 운화사(雲華寺)의 징관(澄觀)스님으로부터 『화엄경』을 배웠다.

　앙산혜적(仰山慧寂) 스님의 법을 이었다.
　오대산에서의 문수보살 친견 설화가 널리 알려져 있다.
　오대산의 동대와 북대 사이에는 누관곡(樓觀谷)이라는 계곡에는 금강굴이 있다. 그곳에서 한 노인을 만나 문답을 하다가 여기에서 크게 깨쳤다. 그 노인은 바로 문수보살의 화현이었다는 설이 있다. 80세로 입적하였다.

장경혜릉(長慶慧稜) 선사

萬象之中獨露身　　唯人自肯乃方親
昔時謬向途中覓　　今日看如火裏氷

만상(萬象) 가운데 홀로 드러난 몸
사람들 스스로가 수긍해야 친해지나니
예전에 잘못하여 길거리에서 찾았는데
오늘 보니 불 속에서 얼음을 보는 것 같아라.

[해설]

　스님(854~932)은 항주(杭州) 염관(鹽官)에서 태어났다. 성은 손(孫)씨다.

　어릴 때부터 성품이 순박하였다. 열세 살 때 소주(蘇州) 통현사(通玄寺)에 입산하였다. 일찍부터 선원을 찾아다니며 수행하였다.

　서원(西院)의 영운지근(靈雲志勤), 현사사비(玄沙師備), 설봉의존(雪峰義存) 선사를 참알하고 후에 설봉의 법을 이었다.

　처음 설봉 선사를 찾아가

　"위로부터 여러 성인들이 전해 받던 한 길[一路]을 스님께서 보여 주십시오."

　하고 아뢰었다. 설봉 스님은 잠자코 계셨다. 그때 스님은 절을 하고 물러났다. 이에 설봉 선사가 빙그레 웃었다. 다른 날 설봉

스님이

"내가 항상 말하기를 남산에 독사 한 마리가 있으니, 여러분들은 잘 살펴라." 하셨다.

스님께서

"오늘 선원 안에서 여러 사람의 목숨을 잃었습니다."

그 뒤 어느 날 방장실에 들어가니 설봉 선사가

"이게 무엇인가?"

하고 물었을 때 스님이

"오늘은 날씨가 좋으니, 운력을 하면 좋겠습니다."

하였다.

어느 날 같이 있던 보복 스님이 열반에 들 때 어느 스님이 스님에게

"보복이 껍질을 버리고 어디로 갔습니까?"

"그대는 보복이 어떤 껍질 속에 있었다고 여기는가."

스님은 민월(閩越) 지방에서 27년간 교화하시다가 후당(後唐)의 장흥(長興) 3년에 입적하셨다.

포대(布袋) 화상(和尙)

只箇心心心是佛　　十方世界最靈物
縱橫妙用可憐生　　一切不如心眞實

다만 마음이라는 마음 그 마음이 부처니
마음은 시방세계에 가장 영특한 물건이다
가로 새로 묘한 작용 신통한 그 놈이니
온갖 것이 마음의 진실함만 못하다.

[해설]

　포대(布袋, ?~917) 화상은 당나라 말기에 실재했던 전설적인
인물이다. 본명은 계차(契此)인데 석(釋)자를 붙여 석계차(釋契此)
라고 했다. 출신지도 속성도 불분명하다.

　그림에서 묘사되듯이, 항상 자루 포대를 짊어지고 다녔기 때문
에 '포대(布袋)'라는 이름이 붙여졌다 한다. 모습은 특이했지만 순
수한 마음을 지니고 있었으며, 사람의 길흉을 알아맞히는 능력이
뛰어났다고 한다.

　중국에서는 '미륵보살의 화현'이라고 하여 신앙의 대상으로 섬
겨 오고 있다.

　노래와 게송을 여러 편 남겼는데, 그 내용은 전부 '진실한 마음
의 소중함'을 담고 있다.

향엄지한(香嚴智閑) 선사

一擊忘所知　　更不假修知
動容揚古路　　不墜悄然機

한 번 부딪치는 소리에 아는 바를 잊었으니
다시는 닦고 다스리지 않으리
덩실덩실 옛 길을 넘나드니
초초한 우리에 빠질 줄 있으리.

處處無蹤迹　　聲色忘威儀
諸方達道者　　咸言上上機

곳곳에 자취를 남기지 않고
소리와 빛은 위의 밖이니
제방의 도를 아는 이들은
모두가 상상기(上上機)라 하더라.

[해설]

　스님(?~898)은 백장(百丈)스님의 법손(法孫)이다. 위산(潙山)의 법을 이었다.

　일찍 위산 선사가 향엄지한 선사가 법의 그릇임을 알고 지혜를 끌어내기 위하여 스님에게 이르기를,

"내가 지금 너의 평생 공부한 지혜나 경권(經卷)에서 얻은 것을 묻는 것이 아니다. 네가 아직 어머니의 뱃속에서 나오기 전 동서를 분간할 줄 모르던 때의 본분사(本分事)를 한 마디 말해 보아라. 내가 너에게 수기하려 한다."

이런 말씀에 스님께서는 아득하여 한 마디도 대답을 못하였다. 얼마동안 망설이다 소견대로 몇 마디 말을 하였으나 허락하지 않았다. 스님께서 위산 선사에게
"스님께서 말씀하여 주십시오."
"내가 내 소견을 말하더라도 너의 안목에는 아무 이익도 없을 것이 아니냐."
하시기에 스님은 방에 돌아와 기록해 두었던 그동안 좋은 법문이며 게송을 낱낱이 뒤졌으나 역시 대답을 구하지 못했다. 그리하여 그 책에다 그림의 떡으로만 배를 불릴 수 없다고 낙서하여 모두 불태웠다.

그런 일이 있은 뒤, '금생에 불법을 배우지 못하면 항상 밥중노릇을 면치 못하리라'고 생각하고 울면서 위산 선사를 하직했다. 남양(南陽)에 가서 혜충(慧忠)국사의 유적을 보고 그곳에서 수행하였다.
하루는 풀을 베다가 기왓장을 던져 대나무에 부딪쳐 나는 소리에 그동안 수행했던 의단을 확연히 깨달았다. 곧 돌아가 목욕하고 가사 장삼을 수하고 향을 사루어 위산 선사가 계시는 곳을 향하여 절하면서
"화상의 큰 은혜와 자비는 부모보다 더 큽니다. 그때 만일 나에게 이런저런 말씀 없었던들 어떻게 오늘 이 일이 있겠습니까?"
하며 앞의 오도송을 지었다.

어느 스님이 향엄지한 스님에게

"옛 사람이 서로 만날 때엔 어찌하였습니까?"

"노승은 옛 사람을 만난 적이 없다."

"요사이 혈맥이 끊이지 않은 경지를 어째서 부러워합니까?"

"부러워 할 일이 무엇인가."

"저는 부질없는 일을 묻지 않겠으니 화상께서 대답해 주십시오."

"나에게서 무엇을 더 찾는가?"

"부질없는 일을 위하는 것이 아닙니다."

"그대는 나를 보고 꼭 말을 하라는 것인가?"

"형제들이여, 부처도 티끌이요 법도 티끌이요, 종일토록 헤매어도 쉴 자리가 어디 있으리오. 다만 일상 가운데 감정을 끼우지 말고, 감정을 물건에 끼우지 말라. 선을 닦을 것 없고 악을 버릴 것 없나니, 그들의 올가미를 쓰지 않아야 그것이 비로소 배울 자리이니라."

하셨다.

천의의회(天衣義懷) 선사

一二三四五六七　　　萬仞峯頭獨足立
驪龍139)頷下奪明珠　　一言勘破維摩詰

하나 둘 셋 넷 다섯 여섯 일곱
만길 봉우리에 외발로 섰나니
검은 용이 턱 아래 밝은 구슬 지녀
한 마디 말씀에 유마힐을 감파하도다.

[해설]

스님(981~1053)은 절강성(浙江省)에서 태어났다. 성은 진(陳)씨
이다. 설두중현(雪竇重顯, 980~1052) 스님의 법제자로, 설두 스
님 문하에서 깨달음을 이루었다.

대대로 어업을 하는 가정이었다. 어릴 때 아버지를 따라 배에
올라 아버지가 고기를 잡아 스님으로 하여금 꿰게 하면 몰래 물
에 방생시키곤 했다. 아버지가 화를 내며 때려도 성내지 않았다고
한다.

경덕사(景德寺)에 입산하였다. 인종황제(仁宗皇帝)의 천성중(天聖
中)에 시경(試經)에 합격하여 대중 가운데 탁월하게 급제하였다.

---

139) 여용(驪龍): 온 몸이 검은 용.

출가한 뒤에 어느 선객의 지도를 받아 선에 뜻을 두게 되었다. 취봉(翠峯)에 가서 설두중현을 만났다. 설두 스님이 물었다.

"너의 이름이 무엇인가?"

"의회(義懷)입니다."

"어째서 이름의 뜻을 품지 않는가?"

"때가 되면 마땅히 얻을 것입니다."

"누가 너의 이름을 지었는가?"

"수계한지 십 년입니다."

"너의 행각에 짚신을 많이 낭비하였겠다."

"화상은 사람을 잘 속이지 마십시오."

"나는 허물을 잊었으니 너도 허물을 잊어야 하나니, 이때에 무엇을 지을 것인가?"

하였을 때 스님은 대답을 못하였다. 이런 문답이 몇 차례 있은 뒤 수두(水頭, 물을 관리하는 스님)가 되었다. 어느 날 물을 지고 가다가 물지게가 부러지는 바람에 홀연히 깨달아 앞의 송을 남겼다.

상당하여 말하였다.

"비유하자면 기러기가 허공을 지나갈 때 그림자가 찬 물 속에 잠기나 기러기는 발자취를 남길 뜻이 없었고, 물 또한 기러기 그림자를 맞이할 마음이 없었던 것과 같다.

만일 이와 같은 경지에 이른다면 비로소 '다른 류[異類] 가운데에서의 수행'을 깨칠 수 있다. 그렇게 되면 오리의 짧은 다리를 이어주느라 학의 긴 다리를 자를 게 없으며, 산을 무너뜨려 골짜기를 메울 것이 없다.

놓아주면 온갖 추태가 나오고, 거둬들이면 주먹을 꼭 쥐고 떨고 있다. 이를 쓰면 감히 팔대용왕(八大龍王)과 부를 겨룰 만하고 쓰지 않으면 반 푼어치도 안 된다. 참구하라!"

"수미산 꼭대기에서는 금종을 치지 않고 필발라(畢鉢羅)140) 바위에는 모여드는 사람이 없는데, 이 산승은 법당을 거꾸로 타고 여러분은 짚신을 신고 아침에는 단특산에서 놀다가 저녁에는 나부산을 찾아가니 주장자와 침통을 저마다 가져간다."

"밤사이 찬 서리에 몹시 추워서 항하수에 얼음 얼고 섬부(陝府)의 무쇠 소는 허리가 부러졌다. 모든 사람이 상고시대 여와씨(女媧氏)가 돌을 구워 구멍 난 하늘을 막는다 말하지만 서천 한 모퉁이의 구멍은 어찌하겠는가?
지금에 와선 내 여와씨와 함께 그곳을 막아볼까 하지만 온 누리 사람들이 숨 쉴 곳이 없을까 두렵구나. 그래서 한 구멍은 그대로 두고 온 누리 사람들에게 숨을 쉴 수 있게 하였다. 참구하라!"
항주 불일산(佛日山)에서 열반에 드실 때 남긴 게송이다.

紅日照扶桑　　寒雲封華嶽
三更過鐵圍　　拶折驪龍角

솟는 해 동쪽을 비치고
찬 구름 높은 산 막았어라
삼경은 철위를 지나는데
용의 뿔이 부딪쳐 부러지네.

---

140) 필발라(畢鉢羅): 부처님께서 좌선하시던 바위.

신조본여(神照本如) 선사

處處逢歸路　　頭頭是古鄕
本來現成事　　何必待思量

곳곳에서 돌아갈 길 만나고
곳곳마다 그곳이 고향일새
본래 다 완성되어 드러나는 것을
하필 생각함을 기다리랴.

[해설]

　신조본여(神照本如, 981~1050) 법사가 법지존자에게 물었다.
　"어떤 것이 경(經)중에 제일입니까?"
　존자가 말하였다.
　"그대가 나를 위하여 3년 동안 창고의 일을 맡아주면 그대에게
말하리라."
　본여 법사가 그 명을 공경히 받들어 3년을 마치고 다시 청하였
다.
　"지금 마땅히 설하여 주소서."
　법지존자가 "본여야!" 크게 부르는 한 소리에 홀연히 크게 깨달
았다. 위의 게송을 지었다.

석옥청공(石屋清珙) 선사

淸明時節雨初晴　　黃鶯枝上分明語

청명한 시절에 비가 개이고
노란 앵무새는 나무 위에서 노래하는 구나.

[해설]

　스님(1272~1352)은 소주(蘇洲) 출신으로 성은 온(溫)씨이다.

　20살 때 본주(本州)의 숭복사(崇福寺) 영유(永惟)스님을 의지하여 출가 하였다. 다시 3년 지나 구족계를 받았다.

　하루는 어느 스님이 지팡이 짚고 삿갓을 쓰고 지나가는데, 스님이 '어느 곳에 계시는가?'를 물었다.

　"나는 지금 천목산(天目山) 고봉원묘(高峰原妙, 1237~1295) 스님을 뵈러 가는 길이니 같이 가겠는가?" 하시기에 흔연히 함께 가서 고봉스님을 뵈었다.

　고봉스님이

　"너는 무엇하러 왔는가?"

　"큰 법을 구하러 왔습니다."

　"큰 법을 어찌 쉽게 구하겠는가?"

　"제가 오늘 스님을 뵈오니 큰 법을 어찌 숨깁니까?"

　고봉스님은 묵연히 법기임을 알고 '만법귀일(萬法歸一)'의 화두를 주었다. 3년을 정진하였으나 계합하지 못하여 다른 곳으로 떠

나려 하였다. 고봉스님이

"호주(湖州) 도량사(道場寺) 급암(及庵)스님에게 가서 수행하여라."

급암스님을 뵈니

"어디서 왔는가?"

"천목산에서 왔습니다."

"무엇을 지시하던가?"

"만법귀일입니다."

"네가 아는 것이 무엇인가?"

스님이 대답을 못하였다. 급암스님이

"이는 사구(死句)니라."

스님이 간절히 지시를 구하였다.

"부처님 계신 곳에 머물지 말고 부처님 없는 곳에 급히 달아나는 뜻이 무엇인가?"

스님이 대답하였으나 계합하지 못하였다.

"이것 또한 사구(死句)로다."

스님은 알지 못하는 사이에 땀이 흘렀다. 뒤에 입실하니 다시 앞에 있었던 이야기로 질문하셨다. 스님이

"마상견로(上馬見路)입니다."

스님이 웃으며

"6년을 머물러도 아는 게 이것뿐인가?"

하시는 말씀에 분발하여 떠났다가 길에서 머리를 들어 바람이 부는 것을 보고 활연히 깨달았다. 돌아와 급암스님에게

"부처님 계시는 곳에서 머물지 않으니 이것은 사구(死句)요, 부처님 머물지 않는 곳에서 급히 지나침도 사구입니다. 제가 오늘 활구(活句)를 알았습니다."

"네가 무엇을 알았는가?"

스님이 위의 게송으로 대답하였다.

그때야 스님께서 인가하셨다.

뒤에 하무산(霞霧山)에서 초암을 짓고 천호(天湖)라 이름 하였다. 여가에 게송을 엮었으니 〈산거가(山居歌)〉가 그것이다. 당호(當湖)에 복원선사(福原禪寺)를 새로 지어 스님을 모시려 하였으나 응하지 않았다. 그때 평산림(平山林)스님이

"승려란 마땅히 법을 펴는 게 중대한 의무인데 혼자서 한가히 지냄이 될 말이냐."

라고 하여 이에 후학들을 제접하기 7년간 하였다. 이때 우리나라의 백운경한(白雲景閑, 1299~1375) 스님과 태고보우(太古普愚, 1301~1382) 스님이 각각 전법제자가 되었다. 그 뒤 늙었음을 핑계하여 천호(天湖)에 다시 은거하였다.

원나라 순종(順宗)황제가 스님의 법과 덕을 사모하여 향(香)을 보내고 황후가 금란가사를 보냈다.

지정(至正) 12년(1352)에 세상 인연이 다했음을 알리고 남긴 열반송이다.

靑山不著髡尸骸　　死了何須掘土埋
顧我也無三昧火　　先前絶後一堆柴

청산이 썩은 시체를 두지 않나니
죽은 뒤 흙을 파랴
나를 돌아보며 삼매화 없고
앞을 보매 한 무더기 장작 없구나.

그리고 다음의 사세송(辭世頌)을 백운경한스님에게 전달해 줄

것을 부탁했다.

白雲買了賣淸風　　散盡家私撤骨窮
留得一間芽草屋　　臨行付與丙丁童

흰 구름을 사려고 맑은 바람을 팔았더니
살림살이가 바닥나서 뼈에 사무치게 궁색하네
남은 건 두어 칸 띠로 얽은 집 하나뿐이니
세상을 떠나면서 그것마저 불 속에 던지노라.

걸봉세우(傑峰世愚) 선사

時時觀面不相逢　　娘生氣力喫盡窮
夜半忽然忘月指[141]　　虛空撰出日輪紅

때때로 얼굴을 맞대어도 서로 만나지 못하고
부모에 받은 기력 바닥까지 다 하였네
깊은 밤 홀연히 달 가리킨 손 잊으니
허공은 한 바퀴 붉은 해를 선출했나니.

[해설]

　걸봉세우(傑峰世愚, 1301~1370)스님은 서안(西安)에서 출생, 속성은 여(余)씨다. 남악 아래 23세로 지암성(止巖成)선사의 법을 이었다.

　어머니의 꿈에 관음보살이 청의동자를 보내온 것을 보고 낳았다. 어려서부터 불탑에 예배하기를 좋아하더니, 20세에 고악(孤嶽)스님에게 나아가 축발하고 피를 뽑아 금강경을 사서(寫書), 공양하였다.

　스님은 처음 고애(古涯)선사 회상에서 수행하였다. 석문(石門)선사의 지도를 받기도 하였다. 하지만 얻은 바 없었다. 지암(止巖)선

---

141) 월지(月指): 달을 가리킨다. 경의 가르침이 마치 달을 가리키는 손가락과 같으니 만약 달을 보았으면 가리키는 손은 필경 달이 아님을 알라는 뜻.

사에게 참예하니 '마음도 아니고 부처도 아니고 물건도 아님'을 교시 받아 참구하니 의정(疑情)이 오롯하여 침식을 잊을 정도였다.

어느 날 좌선하고 앉았는데, 옆의 스님이 읽는 〈증도가〉 중 '망상도 제하지 아니하고 진(眞)도 구하지 아니한다.'는 구절을 듣고 활연 대오하였다. 그리하여 앞의 오도송을 남겼다.

지암스님의 인가를 받고 3년을 섬기다가 서안(西安) 복혜사(福慧寺)를 중창하였다. 시호는 '불지홍변(佛智弘辯)선사'다.

명 태조 3년, 군수 황씨의 수륙재에서 돌아와 대중에게 "힘써 정진하여 입도(入道)하라" 이르고, 다음의 임종게를 남겼다.

生本無生　　滅本無滅
撒手便行　　一天明月

남[生]이란 본래로 남이 없으며
죽음[死]이란 본래로 죽음 없는데
두 손 털고 빈손으로 훨훨 떠나니
중천엔 밝은 달이 꽉 찼구나!

수옹화엄(修顒華嚴) 선사

這一交這一交　　萬兩黃金也合消
頭上笠腰下包　　淸風明月杖頭挑

이 한 번의 곤두박질, 이 한 번의 곤두박질!
만 냥 황금을 쓴다 해도 괜찮지
머리 위에는 삿갓, 허리춤에는 보따리
청풍명월이 지팡이 끝에 걸렸네.

[해설]
　원조종본(圓照宗本, 1020~1099) 스님의 법제자이다.
　길을 걷다가 엎어지면서 깨달음을 이루고 위의 송을 지었다.

향계종범(香溪從範) 선사

迦葉上名衣　　披來須捷機
纔分招的箭　　密露不藏龜

높고도 이름난 가섭의 옷을 입으려면
민첩한 근기라야 하느니
과녁과 화살이 나뉘고 난 뒤엔
감추지 않던 거북이 은밀히 드러나네.

[해설]
　어느 때 스님에게 한 납자(衲子)가 왔기에
　"그대는 고산(鼓山)의 중이 아닌가?"
　"그렇습니다."
　"이마의 구슬은 왜 보이지 않는가?"
　그 스님이 대답이 없었다. 그 스님이 떠나려하므로 문에까지 따
라 나와서 "상좌여" 하고 불렀다. 그 스님이 고개를 돌리므로 스
님이
　"뱃속에 가득한 것이 모두 선이구나."
　"화상은 무슨 생각을 하십니까?"
　하고 그 스님이 물었을 때 스님은 웃기만 하였다.
　어느 때 옷을 입다가 깨달은 바 있어 앞의 송을 남겼다.

감진(鑑眞) 선사

淸風樓[142]上赴官齋[143]　　此日平生眼豁開
方信普通[144]年遠事　　不從葱嶺[145]帶將來

청풍루의 관에서 베푸는 재에 왔나니
이 날 평생의 눈이 열리었네
바야흐로 보통(普通) 때의 멀고 먼 일이
총령(葱嶺)을 거쳐서 온 것이 아닌 줄 알았네.

[해설]

　스님(?~1102)은 월주(越州) 제교현(諸翹縣)에 계셨다. 법명은 사정(師鼎)이다.

　처음 설봉(雪峰) 선사에게 참문하였으나 얻은 바 없었다.

　어느 날 민왕(閩王)이 청풍루에서 베푸는 공양에 참석하였다가 오래 앉았던 끝에 눈을 들어 햇빛을 보고 홀연히 깨닫고 앞의 송을 지었다.

　돌아와서 설봉 선사에게 아뢰니 인가하였다.

---

2) 청풍루(淸風樓): 그때 공양을 받던 누각 이름. 스님은 여기서 견성하였음.
　관재(官齋): 관청에서 베푸는 공양 제식.
　보통(普通): 양무제 때 연호이다. 달마 대사가 온 뜻을 말함.
　총령(葱嶺): 육조 스님이 지나쳤다는 언덕 이름.

어느 스님이
"어떤 것이 부처의 몸입니까?"
"그대는 어느 부처님의 몸을 물었는가?"
"석가 부처님의 몸을 물었습니다."
"혀가 삼천대천세계를 덮었다."

스님께서 임종할 때에 남긴 열반송이다.

眼光隨色盡　　耳識逐聲消
還源無別旨　　今日與明朝

눈의 빛, 빛 따라 다해지고
귀의 의식 소리 따라 사라지네
근원으로 돌아가도 별지는 없나니
오늘과 또는 내일 아침이니라.

장졸수재(張拙秀才) 선사

光明寂照遍河沙　　凡聖含靈[146]共我家
一念不生全體觀　　六根纔動被雲遮

광명이 고요히 항하사 세계를 비추니
뭇 중생이 나의 집이로다
한 생각도 나지 않아야 모두를 보고
육근이 움직이자 구름에 가려 버리네.

斷除煩惱重憎病　　趣向眞如亦是邪
隨順世緣無罣礙　　涅槃生死等空花

번뇌를 끊으려면 번뇌의 병은 더하고
진여에 나아가려 함도 또한 삿되나니
세상 인연 따라 걸림이 없으면
열반과 생사가 허공 꽃과 같나니.

[해설]
　생몰연대는 알 수 없다. 원래는 유학자였다.
　선월(禪月)선사의 소개로 석상경저(石霜慶諸, 807~888) 선사의
지도를 받았다.

---

146) 범성함령(凡聖含靈): 범부나 성인이나 저 미물이나 모두 다.

그때 석상 선사가 묻기를

"그대의 성은 무엇인가?"

"성은 장씨이며 이름은 졸(拙)입니다."

"교(巧)를 구함도 불가득인데 '졸'이 어떻게 왔는가?"

이 말씀에 스님은 깨달아 앞의 오도송을 남겼다.

과거에 급제해서인지 그에게 '수재(秀才)'라는 호칭으로 불린다.

용광(龍光) 선사

龍光山頂寶月輪　　照耀乾坤爍暗雲
尊者不移元一質　　千江影現萬家春

용광산 마루에 보배로운 달이
누리를 비추어 먹구름을 녹인다
존자는 옮기지 않는 한 몸뿐인데
천강엔 그림자 비쳐 집집마다 봄일세.

[해설]

　누가 스님에게 물었다.

　"인간의 왕과 법왕이 만났을 때엔 어떠합니까?"

　"월국(越國)의 군왕은 칼을 빼지 않고, 용광(龍光)의 한 구절은 이지러진 일 없다."

　또 어떤 이가 참문하였다.

　"어떤 것이 서쪽에서 오신 뜻입니까?"

　스님은

　"북쪽 바람이 건들하면 한(漢) 지방에서는 하나의 낌새[機]를 이룬다."

　스님이 손바닥을 문지르며 뒤를 돌아보았다.

　또 어떤 이가 물었다.

　"어떤 것이 용왕의 한 마디입니까?"

스님은

"불공견색(不空羂索)147)이니라."

"학인이 잘 모르겠습니다."

"암(唵)"

"어떤 것이 극칙(極則)으로써 남을 위하는 것입니까?"

"은근히 뒷사람에게 부촉해 본다."

"빈두로(賓頭盧)는 한 몸으로써 어찌 사천(四天)하에 가서 공양을 받았습니까?"

"천강이 모두 달 하나뿐이요, 만집이 똑같이 봄을 만난다."

이에 대사가 위의 게송을 지었다.

---

147) 불공견색(不空羂索): 보살 이름.

여체(如體) 선사

古曲發聲雄　　今時韻亦同
若教第一指　　佛祖盡迷蹤

옛 곡조가 웅장한 소리를 내더니
지금의 메아리도 여전하구나
제일의 자리를 가리키라 한다면
조사도 부처도 모두가 어리둥절하네.

[해설]

　스님은 복주(福州) 출신으로, 그 외의 모습은 알 수 없다. 다만
『전등록』 19권에 몇 줄 기록되어 있을 따름이다.

　부용산에 머물 때이다.
　어느 스님이 여체스님에게 물었다.
　"어떤 것이 옛 사람의 곡조입니까?"
　스님이 한참 말없이 있다가
　"들었는가?"
　"듣지 못했습니다."
　스님이 위의 게송으로 답하였다.

처진(處眞) 선사

一片凝然光燦爛　　擬意追尋卒難見
炳然擲著豁人情　　大事分明皆總辨

한 조각 엉기어 광채가 찬란한데
뜻을 내어 좇으면 끝내 보지 못하리
환하게 닥쳐와 인정을 열어주면
대사(大事)가 분명하여 모두를 끝낸다.

是快活無繫絆　　萬兩黃金終不換
任他千聖出頭　　從是向渠影中現

쾌활하구나, 얽매임 없구나
황금 만 냥과 바꿀 수 없구나
천만 성인이 세상에 나온대도
모두가 그것의 그림자 놀음일세.

[해설]
　양주 녹문산(鹿門山)의 화엄원에 주석했다.
조산본적(曹山本寂, 840~901) 선사의 법손으로 알려져 있다.

어느 스님이 스님에게 물었다.

"어떤 것이 화상의 가풍입니까?"

"소금은 있는데 식초가 없다."

"어떤 것이 도인입니까?"

"입이 있으나 콧구멍과 같다."

"갑자기 나그네가 오면 무엇으로 대접합니까?"

"사립문, 거적문을 지나가시는 것만이 고맙다."

"조사와 조사끼리 전하신 것이 무엇입니까?"

"금란가사(金襴袈裟)이니라."

"어떤 것이 함(函) 속의 반야입니까?"

"불전 옆의 시렁에 있는 600권이니라."

"화상께서 백 년을 마치신 뒤에 어디로 가시겠습니까?"

"산 밑 이씨 집의 소가 되리라."

"학인이 따라가기를 허락하시겠습니까?"

"그대가 따라오려면 뿔이 같지 않게 하라."

"예."

"어디로 가야 되겠는가?"

"불안(佛眼)으로도 가릴 수 없습니다."

"놓아버리지 않는다면 역시 까마득하리라."

어떤 이가 물었다.

"어떤 것이 녹문의 높고 험준한 곳입니까?"

"그대는 주산에 오른 적이 있는가?"

"어떤 것이 선입니까?"

"봉황이 닭의 둥우리에 들었다."

"어떤 것이 도입니까?"

"연 줄기의 실로 큰 코끼리를 끄는 것이다."

"그 겁이 무너질 때에 그것도 무너집니까?"

"벼랑 끝에서 범의 눈을 보니, 거참 한바탕 근심거리구나.

"어떤 것이 화상께서 몸을 돌린 곳입니까?"
"지난 밤 삼경에 목침을 잊었다."
"한 마디로 확 트일 때에는 어떠합니까?"
"그대는 뉘 집 자손인가?"

장로종색(長蘆宗賾) 선사

擧足上塼階　　分明這個法
黃楊木畔笑
呵呵
萬里靑天一輪月

발을 들어 전돌 뜰에 오름이
분명히 이 낱 법일세
누른 버드나무 가지의 웃음이여
하하
만 리 푸른 하늘의 달이여.

[해설]

　송대(宋代) 스님(1009~1092)으로 소주(沼州)에서 태어났다.
　운문종스님이다. 장로(長蘆)는 주석 산명. 속성은 손(孫)씨다.
　어려서 유학(儒學)을 배워 뛰어났다.
　29세 때 원통법수(圓通法秀, 1027~1090) 선사를 의지하여 출
가하였다.
　장로응부(長蘆應夫)의 법을 이었다.

　하루는 계단을 밟으며 뜰에 오르다가 홀연히 깨달았다. 그리하
여 앞의 게를 남기셨다. 광조선사에게 위의 게를 아뢰었더니 그대

로 인가하셨다.

뒤에 시제양외(侍制楊畏)는 스님을 청하여 진정부(眞定府) 소제선원(笑濟禪院)에서 설법케 하고 '자각선사(慈覺禪師)'라 시호하였다.

스님은 홍제선원의 주지로 있을 당시, 선종 사원의 독자적인 계율이라고도 할 수 있는 『선원청규(禪苑淸規)』 10권을 저술했다. 또 『좌선의(坐禪儀)』를 남겼다.

황룡혜남(黃龍慧南) 선사

傑出叢林是趙州　　老婆勘破沒來由
而今西海淸如鏡　　行人莫以路爲讎

자랑스런 총림의 조주여
노파감처(老婆勘處) 유래를 몰랐나니
이제 서해바다가 거울같이 맑음을 알았으니
행인을 막아 원수를 삼지 않으리.

[해설]

　스님(1002~1069)은 강서(江西)에서 태어났다. 성은 장(章)씨다.

　열한 살 때 신주 회옥사(懷玉寺) 지란(智鑾) 스님을 모시다가 열아홉 살 때에 득도하였다.

　여산(廬山) 귀종사(歸宗寺)의 노숙자보(老宿自寶)를 참알하고 다음에 서현사(棲賢寺) 징시(澄諟) 문하에서 3년간 수행했다. 이후 삼각산 회징(懷澄) 화상을 친견하니 스님의 그릇을 인증하셨다.

　뒤에 복엄(福嚴)에서 초원자명(楚圓慈明, 986~1039) 선사를 만나 정진 중 조주(趙州)가 대산의 파자(婆子)를 감파(勘破)하였다는 그 감파를 말하자, 스님은 뜨거운 땀을 흘리며 대답을 못하고 밖으로 뛰어나갔다.

　그 이튿날 다시 조실 방에 들어갔으나 꾸짖음만 들었다.

"스님은 알지 못하므로 자비법시(慈悲法施)를 구할 따름입니다."
고 아뢰니 스님은 더욱 꾸중하였다. 거기서 스님은 홀연히 깨달아
앞의 송을 남겼다.

지금의 강소성(江西省) 황룡산(黃龍山)에서 선종(禪宗)을 진흥시
켰는데, 법회 모임이 대단히 융성하여 '황룡혜남(黃龍慧南)'이라고
불렸다.
임제종의 '눈길 닿는 것이 모두 진(眞)이다.'라는 선풍(禪風)을
밝혔다. 배우는 사람들에게 항상 세 가지 말로 질문했기 때문에
'황룡삼관(黃龍三觀)'이라고도 불렸다.
첫째, 사람마다 모두 연(緣)을 낳는데, 상좌(上座)[148]가 낳은 연
(緣)은 어디에 있는가?
둘째, 나의 손은 왜 불(佛)의 손과 비슷한가?
셋째, 나의 다리는 왜 나귀와 비슷한가?'라는 내용이다.

시호(諡號)는 '보각선사(普覺禪師)'이고, 그 법통을 황룡파(黃龍
派)라고 한다.
저서로는 『황룡혜남선사어록(黃龍慧南禪師語錄)』, 『황룡혜남선사
어록속보(黃龍慧南禪師語錄續補)』 등이 있다.
법을 이어받은 제자로는 진정극문(眞淨克文, 1025~1102), 회당
조심(晦堂祖心, 1024~1110), 동림상총(東林常總, 1025~1091) 등
이 있다

---

148) 상좌(上座): 여기서는 문수보살 또는 빈두로존자를 뜻함.

오조법연(五祖法演) 선사

山田¹⁴⁹⁾一片閑田地　　　叉手¹⁵⁰⁾叮寧問祖翁¹⁵¹⁾
幾度賣來還自買　　　爲憐松竹引淸風

산밭 한 조각 한가한 밭에
차수하고 정녕히 조옹(祖翁)에 묻나니
몇 번이나 팔고 다시 돌려 샀는가
소나무가 푸른 바람을 끄나니.

[해설]

　스님(1024~1104)은 면주(綿州)에서 태어났다. 성은 등(鄧)씨다.
　서른다섯 살에 입산하였다. 오조산(五祖山)에 주석하여 '오조법
연(五祖法演)'으로 부른다.
　스님은 '조주무자(趙州無字)' 화두로 깨달음을 얻었다.
　성도(成都)에 가서 『유식론(唯識論)』과 『백법론(百法論)』 등을 배
운 후, 원조종본(圓照宗本, 1014~1099)과 부산법원(浮山法遠,
991~1067)에 의지해 공부했다.
　그 뒤 법원 선사는 스님을 백운산(白雲山) 해회원(海會院) 백운

---

149) 산전(山田): 산의 밭. 수행자의 마음자리를 비유한 말.
150) 차수(叉手): 총림에서 하는 예법의 하나. 중국의 공수(拱手)와 같
　　음. 왼손을 위에, 오른손을 밑으로 하여 마주 잡아서 가슴에 대
　　는 것. 또는 인도의 예법인 합장하는 것도 차수라 한다.
151) 조옹(祖翁): 옛 조사를 뜻함. 선문(禪門)에서 육조(六祖)를 말함.

수단(白雲守端, 1025~1072)에게 가서 공부할 것을 권유했다.

어느 날, 한 스님이 백운수단 선사에게 남전(南泉) 마니주화(摩尼珠話)를 물었다. 그 광경을 본 스님이 깨달음을 얻고 위의 게송을 지어 수단 선사에게 보였다. 백운수단 선사는 인가하여 그의 법을 이었다. 그리하여 양기파(楊技派)의 제3세가 되었다.

40여 년간 중생을 교화하다 황매산(黃梅山) 동선사(東禪寺)에서 입적하였다. 문하에 불과극근(佛果克勤) · 불감혜근(佛鑑慧懃) · 태평혜근(太平慧懃) · 불안청원(佛眼淸遠) 등, 유수한 선지식들을 많이 배출하였다.

스님의 행장은 『속전등록(續傳燈錄)』에 있다.
저서에 『법연어록(法演語錄)』이 있다.

동림상총(東林常聰) 선사

乾坤大地　　常演圓音
日月星辰　　每演實相

하늘과 땅 대지는
늘 원만한 소리를 내고
해와 달과 별들은
매양 있는 모습 그대로를 드러내는 도다.

[해설]

스님(1025~1091)은 송대 사람으로 동림은 주석했던 절 이름이다. 임제종 황룡파(黃龍派)에 속한다. 호를 '광혜(廣慧)'와 자의(紫衣)'라 했다.

열한 살에 보운사(寶雲寺)의 문조(文兆)선사를 따라 출가하여 8년이 지난 후 삭발을 했다. 사천(四川) 대중사(大中寺)에 계신 계은(契恩) 율사의 계율을 이어 받았다.

처음엔 강서(江西) 화산(禾山)으로 가서 선지재공(禪知才公)을 따랐는데, 일찍이 황룡의 선풍을 들은 바가 있어 바로 강서 여산(廬山)에 있는 귀종사(歸宗寺)로 갔다. 황룡혜남(黃龍慧南) 을 따른 지 20년이 지났으나 오래도록 깨달음을 얻지 못하여 물러나왔다.

그 후 귀종사에 화재가 나서 혜남(慧南) 스님이 호남(湖南) 석문

(石門)의 남탑사(南塔寺)로 옮겨가자 그를 따라갔다. 상총은 혜남을 따라 20여 년간 일곱 차례 옮겨 다니며 그의 법을 이었다.

원우(元祐) 3년(1088)에 서왕(徐王)이 '조각선사(照覺禪師)'란 호를 내렸다. 문하에 늑담응건(泐潭應乾), 개선행영(開先行瑛), 소동파 등이 있다.

설법 모임에는 항상 7백여 군중이 몰려 성황을 이루었다.

67세로 원적하였다.

다릉인욱(茶陵仁郁) 선사

我有明珠一顆　　久被塵勞關鎖
今朝塵盡光生　　照破山河萬朶

나에게 밝은 구슬 하나 있었는데
오래 티끌 속에 묻혀 있었나니
오늘 아침 티끌 속에서 빛을 내니
이 산하에 비쳐나리라.

[해설]
　스님의 자세한 행장은 알 길 없다.
　다만 백운수단(白雲守端, 1025~1072) 같은 훌륭한 제자를 길
렀다.
　백운수단 스님은 다릉인욱(茶陵仁郁) 스님 아래서 오랫동안 수
행하였다. 뒤에 양기방회(楊岐方會) 문하에서 깨달음을 얻었다.

백운수단(白雲守端) 선사

蠅愛尋光紙上鑽　　不能透處幾多難
忽然撞著來時路　　始覺平生被眼瞞

파리가 빛을 찾아 창호 위를 맴돌지만
아무리 애를 써도 종이를 뚫지 못하네
홀연히 부딪쳐 찾아낸 새로운 길 하나
평생 잘못 보고 산 걸 그때서야 알았네.

[해설]

　백운수단(白雲守端, 1025~1072)선사의 속성은 주(周)씨. 후난성 (湖南省) 형양(衡陽)사람이다. 어려서부터 책을 많이 읽어 문장을 지을 정도였으나 부끄러움을 많이 타는 성격이었다.
　스물네 살 때 다릉인욱(茶陵仁郁) 선사에게 출가하였다. 후에 양 기방회(楊岐方會)를 참방했을 때 양기방회가 물었다.

　"스승이 누구인가?"
　"다릉인욱 선사이십니다."
　양기방회가 다시 물었다.
　"다릉인욱 선사가 나귀를 타고 다리를 건너다가 미끄러져 떨어 지면서 크게 깨달았다고 들었다. 그때 선사가 읊은 오도송을 알고 있으면 들려주기 바란다."

"당연히 알고 있습니다."
수단이 게송을 읊기 시작했다

我有明珠一顆　　久被塵勞關鎖
今朝塵盡光生　　照破山河萬朶

내게 밝은 구슬 하나 있는데
오랫동안 흙 속에 묻혀 있었네
오늘에야 가진 빛 모두 발하여
하늘 아래 온갖 것을 밝게 비추네.

다 듣고 난 양기방회는 고개를 끄덕이며 웃더니 일어나 가버렸다. 스님은 멍하니 멀어지는 양기방회스님의 뒷모습을 바라보고 있었다. 그때 갑자기 절 밖에서 징과 북소리가 들려와서 나가보았다. 그곳에서는 두 무당이 춤을 추고 있었다.

한 사람은 귀신을 쫓아내는 모습이었고, 또 한 사람은 역귀로 분장하고 있었다. 그 옆에서 몇 사람이 징과 북을 치고 있고, 주변을 둘러싼 사람들은 두 무당이 주고받는 우스갯말과 동작을 보면서 즐거워하고 있었다.

승방으로 돌아온 수단은 양기방회의 웃던 모습을 생각하니 잠을 이룰 수 없었다. 다음날 아침, 일찍 일어난 스님은 양기방회를 찾아가 예를 드리고 물었다.
"어제 무슨 일로 제 대답을 듣고 웃으셨습니까?"
양기방회 선사가 대답했다.
"다릉인욱 선사의 오도송은 천하에 잘 알려져 있는데, 설마 내가 그것을 모르고 있었겠는가? 그대는 마땅히 그대 자신의 게를 말할 수 있어야 한다. 글자 하나 틀리지 않게 옮겨 말하는 것은 앵무새나 하는 일이다."

백운수단이 물었다.

"그런데 왜 깨우쳐 말씀해주시지 않고 웃기만 하셨습니까?"

대답은 하지 않고 양기방회가 물었다.

"그대는 어제 무당들이 춤추는 것을 보았는가?"

"예, 보았습니다."

"그대는 그들에 비해서도 한참 떨어진다."

얼굴이 붉어진 수단이 물었다.

"무슨 뜻입니까? 가르침을 주십시오."

양기방회가 말했다.

"그들은 사람들이 웃는 것을 좋아했지만, 그대는 사람들이 웃는 것을 두려워했다."

마치 봄바람이 부는 것처럼 마음이 시원해지면서 수단은 바로 깨닫고 위의 게송을 지었다. 몇 년간 양기방회 아래서 지낸 뒤 스물여덟 살 되던 해에 강주(江州, 지금의 江西省)에 있는 승천사(承天寺) 주지를 지내다가, 나중에는 서주(舒州, 지금의 안휘성)에 있는 백운원(白雲院)으로 자리를 옮겼다.

이때부터 '백운수단(白雲守端)'이라 부르기 시작했다.

본선(本先) 선사

非風旛動唯心動　　自古相傳直至今
今後水雲徒欲曉　　祖師眞實如知音

바람이나 깃발이 움직이는 것이 아니라 오직 마음이 움직이나니
예로부터 전하여 지금에 이르렀다
이 뒤로는 납자들이 공연히 깨닫고자 하지만
조사는 진실로 지음을 좋아한다네.

若是見色便見心　　人來問著方難答
更求道理說多般　　孤負平生三事衲

가령 색을 보면 문득 마음을 보는 것이지만
누군가 물으면 대답하기는 어렵네
더구나 도리를 따져 여러 가지로 말한다면
평생의 수행생활을 저버리는 것이다.

曠大劫來祗如是　　如是同天亦同地
同地同人作麼形　　作麼形兮無不是

광대한 겁으로부터 그저 이렇고
이렇듯이 하늘과 땅도 같다
땅과 하늘과 같다니 어떤 모양인가

어떤 모양이냐 하지만 아닌 것 없나니.

[해설]
　스님은 온주 영가(永嘉)에서 태어났다. 성은 정(鄭)씨다.
　어려서 고향에 있는 집경원(集經院)에서 득도하였다.
　천태(天台)의 국청사(國淸寺)에서 구족계를 받고 소(韶) 국사의
법을 이었다.
　처음 국사를 만나니, 국사께서 '바람이나 깃발이 움직이는 것이
아니라, 그대의 마음이 움직인다.'는 법문을 하였다. 그 자리에서
바로 깨달았다.
　첫째 수는, 바람도 깃발도 움직이는 것이 아니요, 그대의 마음
이 움직인다는 게송이다. 두 번째 수는, 물질을 보면 바로 마음을
안다는 내용이고, 그리고 세 번째는 자기를 밝힌 게송이다.

　스님은 시주에 엄격하였다. 마을로 나가지 않고 산에서만 머물
며 하루 한 끼씩 공양했다.
　대중상부(大中祥府) 원년(1008) 2월에 세상을 떠날 것을 예언하
셨다. 어느 날, 그날도 평시와 같이 설법하시고 방장실에 앉아 손
으로 보인(寶印)을 맺고 제자 여주에게
　"옛 사람이 호랑이 머리를 타고 앉아 꼬리를 쳤다 하였는데 중
간은 어찌 되었겠는가?"
　"여전히 여주 그대로입니다."
　"네가 내게 물어라."
　"범의 머리를 타고 꼬리를 쳤습니다. 중간을 화상께서는 어찌
하시겠습니까?"
　"나는 농담을 할 수 없다."
　이 말씀을 마치자 바로 눈을 감으셨다.

목암법충(牧庵法忠) 선사

目前色裏
水推石磨

굴리는 것이
러났구나
하냐고 묻는다면
아를 돌린다 하리.

代) 스님(1084~1149)으로 속성은 요(姚)씨.
살에 출가하였다.
의 일심삼관(一心三觀)의 이치를 깨달았으나 미진한 바가
(禪宗)의 여러 선지식들을 두루 찾아다녔다.
문(龍門)에서 불안청원(佛眼淸遠)선사를 참예하여 정진하
금도 시간을 허비하지 않으셨다.
물방앗간을 거닐다가 편액에 '법 바퀴가 항상 구른다.'
보고 크게 깨달아 앞의 오도송을 지어 불안 선사에게
그때 불안 스님은
운데 일이 어떠한가?"
이 항상 흘러 내려갑니다."
있는 말후일구(末後一句)를 너에게 일러주마."

하시므로 스님은 귀를 막고 돌아서셨다. 그 뒤에 노산(盧山) 나무둥지 속에서 단식하면서 정좌하여 정진을 게을리 하지 않으셨다.

어느 스님이 스님에게

"어떠한 것이 부처입니까?"

"밖을 향하여 찾지 말아라."

"어떠한 것이 마음입니까?"

"밖을 향하여 찾지 말아라."

"어떠한 것이 도입니까?"

"밖을 향하여 찾지 말아라."

"필경 어떠한 것입니까?"

"고요한 곳 사바하."

남악(南岳)의 16세 불안청원(佛眼淸遠) 선사의 법을 이었다.

불등수순(佛燈守珣) 선사

終日看天不擧頭　　桃花爛慢始擡眸
饒君更有遮天網　　透得牢關卽便休

종일 하늘을 보되 일찍이 머리를 들지 않더니
복숭아꽃이 난만한데 비로소 눈을 들었구나
비록 다시 천망으로 가리운다 하여도
굳은 관문을 뚫은즉 이젠 편히 쉬리라.

[해설]

　송대 스님(1079~1134)으로 하산수순(何山守珣)이라고도 한다.
하산(何山)은 주석 산 이름. 속성은 시(施)씨. 태평불감(太平佛鑑,
1059~1117) 선사의 법을 이었다.

　처음 광감행영(廣鑑行瑛) 선사를 의지하여 정진을 하였으나, 얻
은 바 없었다. 태평산(太平山)의 태평불감(太平佛鑑) 선사 문하에서
스스로 맹세하기를 '만약 금생에 철저히 깨치지 못하면 자리에 눕
지 않겠다.' 서원하고 장좌불와 77일을 했다. 그러기를 49일 만에
불감 선사가 상당하여
　"삼라만상이 한 법이 인한 바이다."
　는 법문을 듣고 깨달았다. 불감 선사는
　"아깝구나. 한 알의 밝은 구슬을 이 미친놈이 주었구나."

하시고 묻기를

"영운(靈雲)이 말하기를 '복숭아꽃을 한 번 본 뒤로는 지금까지 다시는 의심이 없다' 하였으니, 어떠한 곳이 네가 의심치 않는 곳이냐?"

"영운이 의심치 않았다고 하지 마십시오. 지금 제가 의심한 곳을 찾아도 얻을 수가 없습니다."

스님이 앞의 오도송을 지어 바쳤다.

불감 선사가 "잘 호지하여라." 하셨다. 그날 밤에 처음 이부자리를 펴고

"순 상좌가 편안히 잔다."

하고 큰소리로 말하였다. 그때 원오극근(圓悟克勤) 선사가 이런 이야기를 전해 듣고 깨달은 것을 의심하여

"내 감변을 지나가야 한다."

하시며 스님을 불러 함께 산으로 갔다가 물가에 이르러 별안간 스님을 물속으로 밀어 넣고 묻기를

"우두(牛頭)가 사조(四祖)를 아직 보지 않았을 때 어떠한가?"

"못이 깊으니 고기가 모여듭니다."

"본 뒤는 어떠한가?"

"나무가 높으니 바람을 부릅니다."

"볼 때와 보지 않을 때와 어떠한가?"

"발을 펴는 것이 발을 오므리는 데 있습니다."

이에 원오 선사가 크게 칭찬하였다.

불안청원(佛眼淸遠) 선사

刀刀林鳥啼　　披衣終夜坐
撥火悟平生　　窮神歸破墮

쨀 쨀 숲속에 새 우는데
옷 입고 밤새도록 앉아
불 밝혀 평생 일 깨달으니
정신이 다하니 파타에 돌아가누나.

事皎人自迷　　曲談誰能知
念之永不忘　　門開少人過

일은 분명하거늘 사람이 스스로 어두워
곡담(曲談)을 뉘라서 알랴
생각에 길이 있지 않으니
문이 열려도 지나가는 사람 적구나.

[해설]
　　스님(1067~1120)은 임공(臨功)에서 태어났다. 성은 이(李)씨다.
용문사(龍門寺)에서 머물러 '용문청원(龍門淸遠)'이라고도 한다.
　　열네 살에 입산하여 법화경을 읽다가 '시법(是法)은 비사량분별
지소능해(非思量分別之所能解)'라는 구절을 강사(講師)에게 문의하

였으나 시원한 대답을 못 들었다. 이에 스스로 '명상(名相)을 배워서는 생사대사(生死大事)를 벗어날 수 없다.'하고 황벽산(黃檗山) 진각유승(眞覺惟勝) 선사에게 참문한 뒤, 다시 오조법연 선사에게 참구하여 후에 그의 법을 이었다.

그 뒤 해회사(海會寺)에서 정진하였다. 하루는 『전등록』을 읽다가 파조타(破竈墮)의 인연담(因緣談) 구절에서 활연 대오하였다. 그리하여 앞의 오도송을 지었다.

이후, 대중에 나서지 않고 사면산(四面山) 대중암(大中庵)에서 은거하였다. 후에 용문산으로 옮겨서 개당 설법하였다.

스님의 덕망이 높아져 휘종(徽宗) 황제가 화주 포산사(襃山寺)에 머물게 하였다. 이때 '불안선사(佛眼禪師)'라는 호를 내렸다.

청량덕홍(淸凉德洪) 선사

靈雲一見¹⁵²⁾不在見　　紅白枝枝不着華
巨耐釣魚船上客　　卻來平地攄魚鰕

영운일견(靈雲一見)이 보는데 있지 않아
붉고 흰 가지마다 꽃이 없나니
어찌 능히 고기 낚는 배의 나그네가
평지에 와서 새우를 잡으랴.

[해설]

　스님(1071~1128)은 강남 균주 신창(新昌)에서 태어났다. 성은
유(喩)씨이다. 청량은 주석 사명(寺名). 자는 각범(覺範). '적음(寂
音) 존자'라고 불렸다. 혜홍(慧洪)이라고도 한다.

　열네 살 때에 부모가 돌아가시자 삼봉정(三峰靜)스님을 의지하
여 자랐다. 날마다 수천 마디의 말을 암기하므로 삼봉정 스님의
총애를 받았다.

　『성유식론(成唯識論)』을 배우고 자서(子書)에 능통하였다. 기이한
재주가 많았으며, 시(詩)로써 널리 이름을 얻었다.

　귀종사(歸宗寺)에 돌아가 늑담극문(泐潭克文)으로부터 심법을 배

---

152) 영운일견(靈雲一見): 영운스님이 복숭아꽃이 만발한 모습을 보고
　　오도한 일을 말함.

우며 7년간 참구하여 그의 법을 이었다. 그때 앞의 송을 얻었다.

휘종제(徽宗帝) 때 주세영(朱世英)이 청하여 임천(臨川)의 경덕(景德)에서 개당하였다. 그 사찰에서는 오래전부터 16나한도 가운데 한 축(一軸)을 잃어버렸으므로, 스님이 시(詩)로서 이를 조롱하였다. 어느 날 저녁 그 잃어버렸던 나한이 현몽하여 숨겨둔 사람에게 간청하여 찾게 되었다는 일화가 있다.

만년에는 많은 저술을 하며 여생을 보냈다.

저서에 『임간록(林間錄)』 2권, 『지증전(智證傳)』 10권, 『임제종종지(臨濟宗旨)』 1권, 『선림승보전(禪林僧寶傳)』 30권, 『고승전(高僧傳)』 12권 등, 그 밖에도 많이 있다.

불과극근(佛果克勤) 선사

金鴨香銷錦繡幃　　笙歌叢裏醉扶歸
少年一段風流事　　祇許佳人獨自知

금압에 향 사루며 비단 휘장 둘러놓고
꽃잎 술 노래 속에 취해 오누나
소년의 한 자리 풍류 일은
다 못 가인(佳人)만이 홀로 아나니.

[해설]

　스님(1063~1125)은 팽주(彭州) 출신이다. 성은 락(駱)씨이다. 대대로 유교를 섬기는 가문이다.

　남종(南宗)의 고종으로부터 '환오(圜悟)', 북종(北宗)의 휘종으로부터 '불과(佛果)'라는 호를 받았다. '원오극근'이라고도 한다.

　어려서 하루에 천 마디 말을 외우는 비상한 기억력을 가졌다. 우연히 묘적사(妙寂寺)에 가서 불교 경전을 읽다가 입산할 뜻을 스스로 세우고, 그곳 자성(自省) 화상을 은사로 득도하였다.

　문희(文熙) 법사에게 경전을 배웠다. 경전을 배우는 도중 갑자기 병을 얻어 죽음 직전에 놓였다. 그때 '모든 부처님의 열반의 길은 문자(文字)에 있지 않다. 내가 소리와 모양을 구하는 것은 죽음뿐이다.'하며 황벽산 진각(眞覺) 화상에게 갔다.

162

다시 운문(雲門)의 제5세 옥천승호(玉泉承皓), 석상원초(石霜圓楚) 선사의 문손(門孫)인 대위모철(大潙慕喆)·동림상총(東林常聰) 선사 등, 많은 선지식을 참예하였다.

회당조심(晦堂祖心) 선사로부터 "뒷날 임제의 법맥을 이어 줄 법기"라는 칭송을 받았다. 그 뒤에 법연(法演)선사의 시자로 들어갔다. 어느 날 부사(部使) 진씨(陳氏)가 법연선사에게 도를 물었을 때 오고 가는 대화 끝에 스님은 깨달았다. 그리하여 앞의 오도송을 남겼다.

법연선사는 오도송을 보고 인가하셨다. 그 후 법연 선사 문하의 3걸(三傑)이 되었다.

휘종제(徽宗帝)로부터 '불과선사(佛果禪師)'라는 시호를 받았다.

그 뒤 강왕(康王)이 스님에게 불법을 물었을 때

"계하(階下)는 효심으로 천하를 다스리고, 불법은 한 마음[一心]으로 천하를 다스리니, 진속(眞俗)이 비록 다르나 한 마음은 다름이 없나이다." 하였다. 그때 '원오선사(圓悟禪師)'라는 시호를 받았다.

다음은 열반송이다.

已徹無功　　不必留頌
聊爾應緣　　珍重珍重

평생 해놓은 것 아무것도 없어
마지막 말 남길 이유가 없네
오직 내가 지은 인연에 따를 뿐이니
그저 진중하고 진중할 뿐이네.

스님의 행장은 『속전등록(續傳燈錄)』 27권에 있다.

무문혜개(無門慧開) 선사

無無無無無　　無無無無無

無無無無無　　無無無無無

없고 없고 없고 없음도 없음이여

없고 없으니 없고 없음도 없음이여

없음이여 없고 없고 없어서 없음이여

없고 없고 없음도 없나니.

[해설]

　스님(1183~1260)은 남종(南宋) 효종황제 때 절강성 항주에서 태어났다.

　처음 남고봉(南高峰), 석실(石室)의 지도로 선정 익히기를 6년 만에 '조주무자' 화두로 깨달음을 이루었다. 워낙 고심참담했는지 앞의 송 역시 '무자(無字)'로만 이루어졌다.

　송이 너무나 특이하다.

　스님의 저서로 『무문관(無門關)』이 있다. 우리나라에도 많이 알려진 책이다. 옛날 중국 황제의 생일에는 신하들이 갖가지 물품을 진상하는데, 스님들은 경전을 서사(書寫)하여 올리기도 하였다. 스님은 이 『무문관』을 지어 올렸다.

　이종(理宗) 황제에게 법요를 설하고 비를 내리게 하는 기도를 행해, 그 공으로 금란 법의와 '불안(佛眼)'이라는 호를 받았다.
　스님의 정신적 경지를 엿볼 수 있는 좋은 송이 무문관 제 일칙 조주구자(趙州狗子)에 있다.

　狗子佛性　　全提正令
　纔涉有無　　喪身失明

　개의 불성이여
　온전한 제시 분명한 가르침
　있다 없다 사이에 머뭇거리면
　목숨까지 잃으리라.

경수교형(慶壽敎亨) 선사

日面月面[153]　　星流電轉
若更遲疑　　　面門著箭

일면불 월면불이
유성같이 흘러가네
머뭇머뭇 하다가는
얼굴에 화살 꽂히나니.

[해설]

　　스님(1150~1219)은 일곱 살에 본주(本州) 숭각원(崇覺院) 원(圓) 선사를 의지하여 입산하였다.

　　열다섯 살에 계를 받고 보조보공(寶照普公) 선사를 찾아갔다. 보조 선사는 꿈에 금색 구름이 하늘에 솟아오르고, 또한 금색 구름이 조각조각 하늘에서 비 오듯이 땅에 내려와 흩어지는 것을 보고

　　"이상도 하다. 내가 10년 동안 꿈이라곤 없었는데, 이제 이 꿈이 무슨 상서(祥瑞)냐."

　　하였다. 그날 스님이 찾아갔다. 보공 선사 문하에서 지극하고

---

153) 일면월면(日面月面): 일면불(日面佛), 월면불(月面佛)의 약자. 마조 스님이 병환으로 누워있는데, 원주(院主)가 와서 문안하기를 "화상 존후 근일 어떠하십니까?" 하였을 때 "일면불 월면불." 하였다.

간절한 수행을 했다. 어느 날 말을 타고 조도에 가는데 말 위에서 홀연히 깨친 바 있었다. 돌아와 보공 선사에게 아뢰었으나 인정하지 않으셨다.

다시 '일면불 월면불' 화두를 참구하게 하므로 용맹정진에 들어갔다. 하루는 운당에서 정좌하다가 판 두드리는 소리를 듣고 마침내 크게 깨달아 앞의 오도송을 지었다. 보공 선사께 바치니

"내가 너를 속일 수 없구나." 하시며 인가하셨다.

그 뒤 여러 곳에서 교화하셨는데, 항상 따르는 대중이 만 명이나 되었다고 한다.

무준사범(無準師範) 선사

見¹⁵⁴⁾猶離見非眞見　　還盡入還無可還
木落秋空山骨露　　不知誰識老瞿曇¹⁵⁵⁾

견(見)이 오히려 견(見)을 여의면 진견(眞見)이 아니며
돌아갈 것이 다 돌아감에 돌아갈 것이 없으며
나뭇잎 떨어진 가을 허공에 산 뼈가 드러나니
뉘 있어 늙은 구담(瞿曇)을 알으리.

[해설]

스님(1178~1249)은 촉(蜀)나라의 봉동(棒潼)에서 태어났다. 성은 옹(雍)씨다.

아홉 살에 음평산(陰平山) 도흠(道欽) 스님을 의지하여 입산하였다. 처음 모든 경전을 완파하였다.

그 뒤 명요(名堯) 화상을 만나 좌선하는 방법을 배웠다. 명요 화상이 '선이 무슨 물건이며, 앉은 게 누군가?' 하는 말씀을 받아

---

154) 견(見): 날인사양(捺湮捨襄), 달리슬치(達利瑟致)라 음역. 견해, 의견, 주장을 말한다. 이것이 정견과 사견에 통하나, 흔히는 편벽된 견해나 주장에 쓰인다.

155) 구담(瞿曇): 구답마(瞿答摩), 교답마(驕答摩), 구담(瞿具譚)이라고 번역하여 지최승(地最勝), 니토(泥土), 지종(地種), 암우(暗牛), 우분종(牛糞種), 멸악(滅惡). ① 사라드바트라고도 하는 옛적 선인의 이름으로 석가족의 조상 ② 교답마선인의 후예, 곧 석가 종족의 성 ③ 특히 석존을 가리키는 말.

밤낮으로 정진하니 하루는 조금 깨달은 바 있었다.

다시 파암조선(破庵祖先) 선사를 만나 수행하던 중, 조선(祖先) 선사와 영은(靈隱) 선사가 법에 관한 말씀을 나누는 것을 듣고 문득 깨달아 앞의 송을 남겼다.

스님은 파암조선 선사의 제일좌(第一座)가 되었다.
황제로부터 금란가사와 '불감선사(佛鑑禪師)'라는 호를 받았다.
순우(淳祐) 9년 3월에 열반송을 남기고 인연을 거두셨다.

來時空索索　　去也赤條條
更要問端的　　天台有石橋

올 때는 빈손으로 왔다가
갈 때는 알몸으로 가는 것
다시 이 밖의 사실을 묻는다면
천태산에는 돌이 있다 하리라.

몽산이(蒙山異) 선사

沒興路頭156)窮　　踏翻波是水
超群老趙州　　　　面目只如此

어느덧 갈 길 다 하였네
밟아 뒤집으니 물결이 물이로다
천하를 뛰어 넘는 노조주(老趙州)여
네 모습 이것뿐인가.

[해설]

　중국 원(元) 세조(世祖) 때 스님이다. 남악(南岳)의 21세 환산정응(皖山正凝) 선사의 법을 이었다.

　이름은 덕이(德異). 고균(古筠) 비구, 전산(殿山) 화상, 휴휴암주(休休庵主)라고도 하였다.

　20살 쯤 참선 수행이 좋음을 알고 발심하였다.

　어느 때 이질에 걸려 곧 죽을 지경에 이르렀다. 그때에 억지로 정신을 가다듬어 향로에 향을 꽂고 앉아 삼보에게 스스로 맹세하기를

　'이제까지 지은 모든 착하지 못한 업을 진심으로 참회하오니, 원하건대 이 몸의 수명이 다하였으면 반야의 힘을 빌려 좋은 곳에 태어나 일찍 출가하여 수행하게 하여 주시고, 혹 병이 완쾌되

---

156) 노두(路頭): 가는 길. 길머리.

면 출가하여 크게 깨쳐 널리 후학들을 제도하게 하여 주십시오.'

하였다. 그리고는 화두를 들고 정진하였는데, 그날 밤을 새우니 병은 오간 곳 없었다. 그런 뒤로 강릉에서 삭발하고 입산하였다.

33세 살이 될 때까지 많은 선지식들을 참예하였으나 참된 뜻을 몰랐다. 뒤에 환산 화상이 '무자' 화두를 내리며

"반드시 생생한 정신으로 지어가되 마치 고양이가 쥐를 잡을 때와 같이 하고, 닭이 알을 품듯이 하여 끊임없이 하라. 만약 투철하게 깨치지 못하거든 쥐가 나무 궤를 뚫듯이 하여 결코 화두를 바꾸지 말고 꾸준히 지어가라. 이와 같이 끌고 가면 결정코 발명할 시절이 있을 것이다."

하신 법문을 거울삼아 밤낮을 가리지 않고 수행하였더니 18일이 지난 어느 날 차를 마시다 문득 부처님이 꽃을 들어 보였을 때 가섭 존자가 미소한 도리를 깨달았다.

기쁨을 이기지 못하여 몇몇 스님에게 아뢰었으나 아무 말이 없었다. 어느 스님이 '해인삼매의 맑은 마음이 현전하여 일체법이 명랑하게 나타나니 그대로 공부하라'는 말씀을 믿고 2년간이나 지냈다.

잠이 오면 불전에 나가 참배하며, 잠을 자지 않았다. 처음엔 피곤하더니 몇 날 지나니 발이 공중에 떠 있는 듯하며, 홀연히 눈앞의 검은 구름이 활짝 열리는 것 같았다.

다시 승천(承天)의 고섬(孤蟾) 화상 회상에서 수행하였다.

어느 해 삼월 좌선을 하고 있는데, 어떤 스님이 방에 들어와 향을 사르다가 향합이 부딪치는 소리에 크게 깨달았다. 그때의 게송이 앞의 것이다.

고림청무(古林淸茂) 선사

來亦不遲　　去亦不早
打破虛空　　紅日杲杲

오는 것도 더디지 않고
가는 것도 이르지 않다
허공을 깨부수고 나니
붉은 태양이 떠오르네.

[해설]

　스님(1262~1329)은 절강 온주(溫州) 임(林)씨이다.

　자(字)는 고림(古林), 호는 금강당(金剛幢)이다. 휴거수(休居叟)라
고도 칭한다.

　천태(天台)의 고암(孤岩)을 따라 출가하였다.

　고암이 물었다.

　"너는 부모가 낳아준 몸으로 스승을 따라 불도에 들었으니 배고
픔과 추위를 면할 수 있고, 힘든 일을 하지 않아도 되게 되었다.
이러한 때 아직 수도가 깨달음의 경지에 이르지 않았는데, 출가한
것이 과연 어떠한가?"

　후일 횡천여공(橫川如珙, 1222~1289)의 법을 이었다. 횡천 스
님은 원나라 때 임제종 스님이다.

　스님이 운문에게 물었다.

"한 가지의 잡념도 일지 않았는데 잘못이 있습니까?"

운문이 말했다.

"수미산…"

하는 소리가 다하기도 전에 고림은 크게 깨닫는 바가 있었다.

소주(蘇州)의 천평사(千平寺)에 살다가 만년에 보령(保寧)에 살았다. 법석을 펼 때는 승속(僧俗)이 구름떼처럼 몰려들었다.

후일 『고림청무선사어록(古林淸茂禪師語錄)』이 간행되었다.

이암권(伊庵權) 선사

黑漆崑崙把釣竿　　古帆高挂下驚湍
蘆花影裏弄明月　　引得盲龜上釣舡

칠흑 같은 곤륜이 낚싯대 잡고
낡은 돛대 높이 올리고 쏜살같이 여울 내려가
갈대꽃 그림자 속에서 달구경 하다가
눈 먼 거북 당겨 올려 배 위에 실었노라.

[해설]
　스님(?~1180)은 강소성(江蘇省) 임안부(臨安府) 창화현(昌化縣))
사람으로 기씨(祁氏)다. 임제종 양기파에 속한다.
　어려서부터 몸가짐이 무게가 있고 의젓하여 어른 같았다.
　불교뿐 아니라 다른 학문에도 통달했다.
　14세에 무암법전(無庵法全) 스님을 의지하여 출가하였다.
　무암법전 스님은 야보천금강(冶父川金剛)스님의 제자이다.

　어느 날 밤새 정진하여 아침 공양 때 죽을 돌렸다. 그런데 스님
은 발우 펴는 것을 잊고 있으므로, 옆에 있던 스님이 손으로 건드
리자 깨달음을 이루고 위의 게송을 지었다.

174

대휴정념(大休正念) 선사

拈起須彌槌　　擊碎虛空鼓
藏身沒影跡　　日輪正當午

수미산 망치 집어 들고
허공을 두드려 부수니
몸을 숨겨 그림자 없구나
해는 하늘 가운데 있네.

[해설]
　스님(1215~1289)은 송대 절강 온주(溫州) 사람이다.
　영은사(靈隱寺)의 동곡광(東谷光)을 뵙고 앞의 게어를 바쳤다.
　석계심월(石溪心月)을 뵈었을 때 석계가 물었다.

　"달마가 곰의 귀를 물었는데 어느 쪽 귀가 돌아봤느냐?"
　대휴가 말하였다.
　"눈은 동남쪽을 바라보고 있으나 마음은 서북쪽에 있습니다."
　54살에 일본으로 건너가 복강(福岡)에 이르니 난계(蘭溪)가 그를
귀빈으로 맞이하였다. 장군(時宗)이 그를 애원(愛媛)의 선흥사(禪興
寺)로 모셔 살게 했다.
　일흔 다섯으로 원적하셨다.

무학조원(無學祖元) 선사

乾坤無地卓孤節　　喜得人空法亦空
珍重大元三尺劍　　電光影裏斬春風

건곤에 땅도 없는데 외로이 지팡이 꽂고
즐겁게 인공(人空)을 얻으니 법도 또한 空이라
대원(大元)의 삼척(三尺) 칼 잘 지녀라
번갯불 같은 그림자 속에 봄바람을 자른다.

一槌擊碎精灵窟　　突出哪佗鐵面皮
兩耳如聾口如啞　　等間觸着火星飛

한 번 쳐서 귀신굴을 부수니
나타한 철면피가 돌출하네
두 귀가 먹고 말문이 닫히니
별똥이 흐르는 것을 무심히 바라볼 뿐.

[해설]
　스님(1226~1286)의 자는 자원(子元)이다. 환오(圜悟)의 4대손으로 명주(明州) 경원(慶元) 사람이며, 무준사범(無準師範)의 아들이다.
　항주의 정자거간(淨慈居簡) 스님에게로 출가하였다. 무준사범을 모시면서 나무판 두드리는 소리에 깨달음을 얻었다.

대주(臺州) 진여사(眞如寺)에 살았다.

원(元)나라에서 난을 일으키자 온주(溫州)의 능인사(能仁寺)로 피했는데, 원(元) 병사가 칼날을 그의 목에 들이대어도 얼굴색 하나 변하지 않고 앞의 게어를 읊으니 병사가 칼을 쓰지 못하고 물러가 버렸다.

일본으로 건너가 건장사(建長寺)에 살았다. 시종(時宗) 장군이 원각사(圓覺寺)로 모셔 시조가 되었다.

시호는 '불광선사(佛光禪師)'이고 어록 몇 권이 남아 있다.

천동여정(天童如淨) 선사

通身是口掛虛空　　不管東西南北風
一等與渠談般若　　滴丁東了滴丁東

온 몸은 입이 되어 허공에 걸렸는가
동서남북 바람을 가리지 않고
바람과 더불어 반야를 노래하네
뎅그렁 뎅, 뎅그렁 뎅.

[해설]

　스님(1162~1228)은 절강(浙江)사람으로 자는 정장(淨長) 또는
장옹(長翁)이다. 명리를 탐하지 않고 호방한 성품을 지녀서 정장
(淨長), 키가 커서 장옹여정(長翁如淨)이라고도 불렸다.

　조동종의 계승자이면서도 대혜종고의 제자 졸암덕광(拙庵德光),
무용정전(無用淨全)에게도 배웠다. 또 임제종 선사들과도 가깝게
지냈다.

　천태학과 계율을 배우고, 여러 곳을 다니다 열아홉 살에 설두산
(雪竇山) 자성사(資聖寺)에서 조동종의 족암지감(足庵智鑑, 1105~
1192)선사를 찾아갔다.

　처음 대면하였을 때 지감선사가 물었다.

　"자네 이름이 무엇인가?"

"여정(如淨)이라 합니다."

"더럽혀진 적도 없는데 무엇을 깨끗이 한단 말인가?"

그러자 여정은 대답할 수가 없었다.

하루는 여정이 "제게 정두(淨頭, 청소를 전적으로 맡는 직무)를 시켜 주십시오."하고 청하자 지감이

"더럽지도 않은데 무엇을 청소한다고 하느냐? 만약 대답을 한다면 네게 정두 일을 시키마."

하자 또 대답할 수가 없었다. 몇 달이 지나자 지감은 여정을 방으로 불러들였다. 지감이 말했다.

"예전에 한 번 와서 손가락을 조이는 고문을 한 적이 있지, 말할 수 있겠느냐?"

하니 여정이 막 말을 하려는데 꾸짖으며 내쫓았다. 이렇게 하기를 몇 차례 하여 여정을 깨우치게 하였다. 하루는 여정이 주지스님(지감)에게 가서 말했다.

"제가 이제는 대답할 수 있습니다."

그러자 지감이

"울타리를 벗어났다고 네 마음대로 하는 거냐? 어떻게 대답할 터냐?"라고 말하자

여정이 말을 하려 하니 지감이 즉시 그를 때렸다. 그리하여 여정은 깨닫는 바가 있게 되어

"제가 대답할 수 있습니다."라고 연거푸 외치니 지감이 웃으며 그에게 정두 일을 시켰다.

이때 깨닫고 지감선사로부터 인가를 받았다.

천동선원에서 주지를 지낼 때도 밤 11시까지 좌선하고 오전 2~3시에 일어나 또 정진에 들어갔다. 후학들의 교육에는 아주 엄격해 이런 생활을 하루도 거르지 않았다고 한다.

강소성 건강부(建康府) 청량사(淸凉寺), 대주(臺州) 정토사(淨土寺), 항주 정자사(淨慈寺)에도 살았다. 1225년 황제의 명에 따라 천동(天童)에 산지 4년째, 입적하면서 남긴 게송이다.

西來祖意庭前柏　　鼻孔曜曜大眼睛
落地枯枝才踌跳　　松蘿吭隔笑掀勝

서쪽에서 온 조사의 뜻은 뜰 앞의 잣나무요
콧구멍 요요하여 푸른 눈동자를 대한다
마른 가지는 땅에 떨어지고 재주는 뛰어 넘치네
소나무 잘 어우러져 통쾌히 웃네.

저서로는 『여정선사어록』 2권, 『여정선사속어록』 1권이 있다.

독봉계선(毒峯季善) 선사

沈沈寂寂絶施爲　　觸著無端吼如雷
動地一聲消息盡　　觸髏粉碎夢初回

침침하고 적적하여 시위(施爲)가 끊어져
대질러 단서 없으나 우레 같나니
대지를 뒤흔드는 한 소리 다하니
촉루로 초회몽(初回夢)을 부수나니.

[해설]

스님(1443~1523)은 안휘 봉양(鳳陽)에서 태어났다. 성은 오(吳)씨다. 양기종(楊岐宗) 호구파(虎丘派)의 후손이다.

열일곱 살에 출가하여, 처음에 원명(源明)선사를 찾아가서 무자화두로 공부하였다. 스스로 '이 목숨을 다 바쳐 기필코 오도하리라'는 서원을 세웠다.

무제(無際) 오본(五本) 선사의 도풍을 흠모하다, 작은 토굴에서 문을 잠그고 수행했다. 어느 날 종소리를 듣고 활연 대오하였다.

45세 때 서호(西湖) 삼탑사(三塔寺)를 세워 개산(開山)하고, 오산(吳山)의 보련사(寶蓮寺), 남산(南山) 감로사(甘露寺)를 세웠다.

석실사(石屋寺)에 지내다가 자운령(慈雲嶺)의 천진사(天眞寺)를 창건하였다. 그곳에서 40년간 외부와의 접촉을 끊고 지내다 원적하셨다.

고봉원묘(高峯原妙) 선사

原來只是舊時人　　不改舊時行履處

원래 다만 옛 사람이
옛 가던 곳을 바꾸지 않네.

[해설]

　스님(1237~1295)은 임제종 양기파로 강소(江蘇) 사람이다.

　열다섯 살에 출가하여 열여덟 살에 법주(法住) 문하에서 천태(天台)를 배웠다.

　22살 때 단교묘륜(斷橋妙倫, 1201~1261))에게 가르침을 청하니, 묘륜은 그에게 '만 가지 법이 하나로 돌아가니, 하나는 어디로 돌아가는고(萬法歸一 一歸何處)?'의 화두를 주었다.

　또 앙산조흠(仰山祖欽, 1215~1287))을 찾아가니 '무엇이 너의 송장을 끌고 왔는가?'라는 무자(無字) 화두를 주었다.

　이 두 화두에 매달려 먹는 것과 잠을 잊은 채 참구했다. 24세 되던 어느 날, 그는 사람들을 따라 탑에 가서 경을 읊고 있다가, 오조법연 스님의 영정에 붙인 찬(讚)을 보게 되었다.

　'백 년 삼만 육천 일, 되풀이 되는 것이 원래 이 놈이다(百年三萬六千朝, 反復元年是無漢)'라는 구절을 읽는 순간, '송장을 끌고 다니는 이놈이 무엇인고? 라는 화두를 깨쳤다.

　또 어느 날, 도반 스님이 잠을 자다가 몸부림을 치는 순간 목침을 바닥에 떨어뜨렸다. 목침이 바닥에 떨어지며 소리를 내는 순간, 다시 한 번 깨달았다. 그 후 '사관(死關)'이란 글귀를 문 앞에 걸고 15년간 두문불출하며, 찾아오는 이들을 삼관(三關) 화두로 시험하였다고 한다.

첫째, 밝은 해가 허공에 떠서 비추지 않는 곳이 없거늘, 무엇 때문에 조각구름에 가리웠는가?

둘째, 사람마다 그림자가 있어서 한 걸음도 옮기지 아니하되, 무엇 때문에 밟혀지지 않는가?

셋째, 온 대지가 불구덩이이다. 무슨 삼매를 얻어야 불에 타지 않겠는가?

고봉원묘 선사는 계율에 엄격하였으며, 계율을 전수받은 사람이 수만 명에 이르렀다. 30년을 고봉산에 은거하여 '고봉고불(高峯古佛)'이라 불렸다.

저서로는 『고봉대사어록』 2권이 있다.

세수 58세(1295년)에 임종게를 남기고 좌탈입망하였다.

來不入死關　　去不出死關
鐵蛇鑽入海　　撞倒須彌山

와도 사관(死關)에 들어온 일이 없으며
가도 사관을 벗어나는 일이 없네
쇠로 된 뱀이 바다를 뚫고 들어가
수미산을 쳐 무너뜨리도다.

중봉명본(中峯明本) 선사

我相不思議　　佛祖不能視
獨許不小兒　　見得半邊鼻

아상은 불가사의하여
불조(佛祖)도 볼 수가 없구나
다만 불손한 아이를 허락하여
반쪽 코 밖에 볼 수가 없구나.

[해설]
　스님(1262~1323)은 절강(浙江) 사람이다. 열다섯 살에 출가하여 날마다 『법화경』·『원각경』·『금강경』 등, 여러 경을 읽었다. 천목산(天目山) 사자원(師子院)에 계신 고봉원묘(高峰原妙)를 만나니, 첫 대면에 마치 오래전부터 서로 아는 사이 같았다.

　스물네 살 때, 하루는 『금강반야경(金剛般若經)』을 읽던 중, '하담여래(荷擔如來)'가 적혀 있는 곳에 이르러, 갑자기 뜻을 이해하게 되었다.

　스물일곱 살 땐 흐르는 샘물을 보고 깨달은 바가 있어 바로 방장스님의 처소로 가서 아뢰었으나, 고봉 스님이 받아주질 않았다. 그 이후로도 태만함 없이 정진에 힘썼다.

　서른 살 때에 안휘(安徽) 지방 변산(辨山)에다 암자를 지으니,

학자들이 구름떼처럼 몰려들었다. 승속이 모두 존경하여 '강남의 고불(古佛)'이라 일컬었다.

　마흔 여섯 살에는 사자원의 주지를 맡았다. 쉰일곱에 천목산에 사니 원나라 인종이 '불자원조광혜선사(佛慈圓照廣慧禪師)'란 호를 하사하였다. 시호는 '보응국사(普應國師)'이고, 『중봉화상광록』 등, 어록 수십 권이 있다.

단애요의(斷崖了義) 선사

大地山河一片雪　　太陽一照便無踪
自此不疑諸佛祖　　更無南北與東西

대지여 산하여 한 조각 눈이로다
해가 한 번 비치니 자취조차 볼 수 없네
이로부터 모든 부처님 조사님을 의심하지 않나니
동서와 남북이 모두 없나니.

[해설]
　　스님(1263~1334)은 임제종 양기파. 속성은 탕(湯)씨. 절강성 호주(湖州) 덕청(德淸) 출신이다.
　　17세에 고봉원묘(高峰原妙, 1238~1295)의 상당법어를 듣고 참구하여 깨달음을 얻었다.
　　고봉원묘 선사의 법을 이었다.
　　고봉 선사로부터 만법귀일의 화두를 받아 수행하였다. 어느 날 크게 깨달아 앞의 오도송을 고봉 선사에게 보이니
　　"네가 뒤에 고봉 정상에서 크게 소리칠 것이다."
　　하시며 이름을 '요의(了義)'라고 고치게 하셨다.

　　어느 때에 상당 설법하셨다.
　　"만약 범부를 뛰어넘어 성위(聖位)에 올라 영영 진노(塵勞)를 벗

어나고자 하거든 가죽을 벗기고 뼈를 부수어 죽었다가 다시 살아나, 마치 찬 재[寒灰] 속에서 불꽃이 튀며 마른 나무에서 새싹이 나는 듯 하여야 하니, 어찌 쉬운 생각을 내는가.

내가 선사(高峰原妙) 회하에서 오랫동안 있으면서 늘 큰 방망이를 맞았으나 한 번도 싫은 생각이 없었으니, 오늘에 와서 전날 맞은 곳을 건드리니 불각 중에 눈물을 참을 수 없구나. 어찌 너희들이 약간 쓴맛을 보고는 머리를 흔들고 다시는 돌보지도 않음에 비교하랴."

스님의 시호는 '불혜원명정각보도대사(佛慧圓明正覺普度大師)'이시다.

노중무온(怒中無慍) 선사

狗子佛性無　　　春色滿皇都
趙州東院¹⁵⁷⁾裏　　壁上掛胡蘆¹⁵⁸⁾

개에게 불성이 없음이여
봄빛이 장안에 가득하구나
조주의 동원 속에
벽에 호로박을 걸도다.

[해설]

　스님(1308~1386)은 대주(臺州)의 임해(臨海)에서 태어났다. 성은 진(陳)씨다.

　경산(徑山)에서 원수행단(元叟行端, 1255~1341)선사에게 득도하였다. 호는 영산(靈山) 또는 공실(空室)이다.

　제방의 선지식들을 참알한지 10여 년이 지났으나 얻은 바 없었다.

　대주(臺州) 자택산(紫擇山)에 밀암함걸(密庵咸傑) 선사의 4대손인 축원묘도(竺原妙道) 선사에게 참문하였다. 그때 묘도 선사는 산에 머문 지 40년이나 되었다.

---

157) 동원(東院): 중국의 조주종심 선사가 관음원 동원에 오래 계셨다.
158) 호로(胡蘆): 물 떠먹는 쪽박.

스님이 '구자무불성(狗子無佛性)'의 화두를 묻고자 하므로 묘도 선사가 할을 하였다. 곧바로 견성하여 오도송을 지은 것이 앞의 송이다.

묘도 선사가 인가하였다.

홍무(洪武) 19년(1386)에 선에 관한 이야기를 나누다가 다음의 열반송을 남기고 원적에 들었다.

七十八年　　無法可說
末後一句　　露柱饒舌

칠십팔 년을
한 법도 얘기하지 않았는데
마지막 한 구절이
드러나 시끄럽네.

연지주굉(蓮池袾宏) 선사

二十年前事可疑　　三千里外遇何奇
梵香擲戟渾如夢　　魔佛空爭是與非

이십 년 전의 일을 의심하여
삼천 리 밖에서 무엇을 의지하랴
향을 사루어 던짐이 꿈과 같나니
마군과 부처의 공연한 다툼이여 옳고 그름이여.

[해설]

　스님(1535~1615)은 중국 항주(杭州) 인화(仁和)에서 태어났다.
성은 심(沈)씨다. 자(字)는 불혜(佛慧), 운서(雲棲)는 주석 산명. 호
는 연지(蓮池)이다.

　열일곱 살에 급제하여 학행으로 이름을 떨쳤다. 이웃집의 한 노
파가 매일 불명호(佛名號)를 수천 번씩 부르는 것을 보고 스님이
그 까닭을 물으니, 염불공덕의 불가사의함을 일러주는 말에 감동
하여 정토왕생에 뜻을 두었다.

　스물일곱 살에 어머니의 죽음으로 출가할 것을 결심하고, 서른
살에 오대산 성천리(性天里) 스님을 의지하여 입산하였다.

　여산편융(廬山徧融) 선사를 참방하였다. 뒤에 소암덕보(笑岩德寶,
1512~1581) 스님에게 법을 물으니, "삼천 리 밖에서 나에게 지

시를 구하나 나에게 무슨 개시(開示)할 게 있는가?"하시었다. 그 길로 동창(東昌)을 향하여 가다가 도중에 초루(樵樓)의 북소리를 듣고 홀연히 깨달아 앞의 송을 남겼다.

그 뒤 항주(杭州) 운서산(雲棲山)에 들어가 절을 짓고 염불삼매로써 정진하였다. 계율에 관심이 깊어 계단(戒壇)을 부흥하고, 수륙제문(水陸祭文)을 직접 지어 영가천도에도 많은 힘을 쏟았다.

정토(淨土)를 주장하여 『아미타불경소(阿彌陀佛經疏)』를 지었다.

스님은 『선관책진(禪關策進)』, 『승훈일기(僧訓日記)』, 『자지록(自知錄)』을 비롯하여 34권의 책을 저술하였다.

은원융기(隱元隆琦) 선사

古佛明明銅鐵心　　風吹解吼似鈴吟
眼聞耳見無師者　　白棒胡揮能縱擒

고불이 명명함은 동철의 마음이요
바람이 불어 울부짖으니 요령을 음미하는 것과 같다
눈으로 듣고 귀로 보니 스승이 없는 자요
흰 몽둥이 휘둘러 능히 새를 잡을꼬.

奇哉奇哉甚奇哉　　一朶燈花午夜開
覿露明明無向背　　騰今耀古絶安排

기이한지라 기이한지라 심히 기이한지라
한 송이 등불 꽃 낮밤으로 피었네
사방이 밝아 어두운 곳이 없으니
지금 오르고 옛 것을 밝혀서 안배함을 끊으리라.

[해설]

은원융기(1592~1673)스님은 명말(明末) 청초(淸初), 명나라에서 일본으로 건너간 대표적인 선승이다. 그는 중국 복건성 황벽산 만복사의 방장으로 임제선맥을 잇는 33대 선사이다.

일본의 흥복사(興福寺) 주지인 일연(逸然)이 중국에 건너가 황벽산의 융기(隆琦)를 찾아가 간절히 도일(渡日)을 청했다.

은원선사는 63세 때인 1654년 천여 명의 제자들에게 마지막 상당법어를 한 후에 30여명의 제자들을 데리고 일본으로 갔다.

은원선사는 기부 받은 토지에 중국 임제종 황벽산 만복사를 그대로 재현하였다. 그리고 수많은 사람들을 선의 깊은 세계로 이끌었다. 은원스님으로 인해 건축, 미술, 의학, 범패, 사찰요리, 전다법 등의 명대 문화가 일본문화 전반에 끼친 영향은 지대하다.

조동종(曹洞宗)의 철심(鐵心) 스님이 그를 찾아왔다.

철심은 그에게 물었다.

"눈이 보고 귀가 듣는 것은 다른 물건이 아니고 계곡 물소리와 산색은 광명을 발합니다."

이에 융기가

"무성무색(無聲無色), 소리도 없고 색도 없는 때는 무엇이 생기는가?"

"…."

"여전히 성색(聲色) 안에 있는 것과 같군."

"청천(靑天)이 땅에 떨어질 때 화상의 도를 향합니다."

"노승은 귀머거리요."

"…."

위의 게는 융기 화상이 이 같은 선문답을 주고받은 뒤 한없이 기뻐하면서 철심에게 지어준 것이다.

천황은 은원융기선사에게 '대광보조국사(大光普照國師)'라는 시호를 내렸다.

묘계행삼(峁溪行森) 선사

若溪屈曲水潺溪　　萬疊關山一境聞
乍雨乍晴雨散後　　滿天風月到人間

굽이진 시냇가의 잔잔한 물이여
만첩관산의 한 경계를 듣나니
잠시 비 오다 잠시 맑은 그 뒤
하늘에 가득한 풍월이 인간에 이르도다.

[해설]

　스님(1613~1677)은 혜주 박라(博羅)출신으로, 성은 여(黎)씨다.

　스물일곱 살 때에 장경(長慶)의 종보도독(宗寶道獨)에게 득도하
였다.

　처음 설박원신(雪膞圓信)에게 참문하였다.

　다음 대각통수(大覺通琇)에게 참알하였을 때, 통수 선사가 본래
면목을 송(頌)하라 하니 앞의 게를 보였다. 그때 통수 선사는 게
송을 보고 삼십방(三十棒)을 주겠다고 하였다.

　그때 스님은 "은혜를 갚기가 무척 어렵습니다."라고 응수하였다.

　항주에 당계암(堂溪庵)을 짓고 살았다.

　순치(順治) 16년에 옥림(玉琳) 통수가 산으로 돌아가고자 할 때,
모든 일을 스님에게 위촉하였다.

　'옹정중명정각(雍正中明正覺)선사'라는 시호를 받았다.

감산덕청(憨山德淸) 선사

瞥然一念狂心歇　　內外根塵俱洞徹
翻身觸破太虛空　　萬象森羅從此滅

문득 한 생각 어지러운 마음 쉬어
안과 밖 번뇌 죄다 사무쳐
몸을 뒤쳐 큰 허공 부수니
삼라만상은 스스로워라.

[해설]

　스님(1546~1623)은 금릉(金陵)에서 태어났다. 성은 채(蔡)씨다.
열 살에 출가의 뜻을 두었으나 아버지가 허락지 않았다.
어떤 경전이든 한두 번 들으면 외울 정도로 총명했다.

　열아홉 살에 서하산(栖霞山)의 운곡법회(雲谷法會)에 참예하여
『중봉광록(中峯廣錄)』을 읽고 참선에 뜻을 두었다.
　남경(南京) 보은사(報恩寺)의 영령(永寧) 선사를 의지하여 득도하
였다. 오로지 선으로만 수행하고자 하였으나, 선의 요체를 얻지
못하고 염불에 전념하였다. 하룻밤 꿈 가운데 아미타불이 공중에
현신함을 보고 스스로 수행할 것을 믿었다.
　후에 오대산의 북대(北臺)에 이르러 감산(憨山)의 빼어남을 보고
스스로 자호(自號)하였다.

무극명신(無極明信)법사를 의지하여 『화엄십현담(華嚴十玄談)』을 배워 십현문(十玄門)의 해인삼라상주처(海印森羅常住處)에 이르러서 법계(法界) 원융(圓融)의 뜻을 깨달았다.

운서주굉(雲棲袾宏, 1535~1615)선사와는 열 살이라는 나이차가 있지만 편지를 주고받으며 평소 친분이 두터웠다. 운서주굉 선사가 입적하자 그의 탑명을 쓰고 찬탄하는 시를 지었다. 평소 두 사람이 주고받은 편지는 덕청선사의 문집인 『몽유집(夢遊集)』에 수록되어 있다.

감산덕청, 운서주굉, 자백진가(紫柏眞可, 1543~1603), 우익지욱(藕益智旭, 1599~1655)선사와 더불어 명나라 4대 고승으로 부른다.

오대산에서도 가장 깊고 험준하다는 용문사 인근 토굴에서 밀기울과 산나물로 연명하며 정진하고 있었다. 그곳은 종일 바람이 휘몰아치고 세차게 흐르는 계곡물 소리로 시끄러웠다.

어느 날 다리 위에 앉아 홀연히 삼매에 들었다. 순간 한없이 고요한 세계가 열리며 안팎이 담연(湛然)해 졌다. 이때가 31살 때였다.

앞의 오도송은 그때 지은 것이다.

50살(1595년) 되던 해, 도교 사원의 터를 빼앗고 대장경 보관을 위해 내려 보낸 공금을 유용했다는 죄목으로 유배생활을 했다. 남쪽 변방인 뇌주(雷州)의 군사 주둔지에서 7년의 세월을 보냈다. 나중에는 모든 것이 그를 음해하기 위한 모략이었음이 밝혀졌다.

스님은 경전에 소(疏)를 붙이기도 하였고, 유교경전의 주석(註釋)까지 하였다. 노장(老莊)에 관한 저서도 있다.

77살 되던 해, 생이 오래 남지 않았음을 직감한 그는 대중들에게 "나고 죽는 일이 크다는 것을 항상 잊지 말아야 한다. 죽음은 누구에게나 금방 다가온다."라는 말을 남기고, 1623년 10월 초 단정히 앉아 입적에 들었다.

선사는 세상을 떠난 지 며칠이 지나도 마치 살아있는 듯했다. 제자들은 호감(護龕)에 시신을 모시고 땅에 묻었다. 그런데 20년이 지난 뒤 열어보니 결가부좌를 한 그대로, 마치 살아있는 사람 같았다고 한다.

위림도패(爲霖道霈) 선사

一水一山何處得　　一言一默總由伊
全是全非難背觸　　冷暖從來只自知

한 물, 한 산을 어느 곳에서 얻을까
말과 침묵, 다 한 곳에서 비롯되었나니
다 옳고, 다 글러 배촉(背觸)이 힘드나니
차고 더움을 스스로 알지니.

[해설]

　스님(1615~1688)은 복건(福建)에서 태어났다. 성은 정(丁)씨다.
　열네 살에 군동(郡東)의 백운사(白雲寺)에 입산하였다.

　열여섯 살 때부터 선문(禪門)에 정진하여 문곡광인(聞谷廣印) 선
사에게 생사를 벗어나는 길을 물으니, 염불의 길을 교시 받았다.
문곡광인 선사는 스님이 법기임을 알고 영각원현(永覺元賢)선사를
소개하였다. 영각 선사는 '정전백수자(庭前栢樹子)' 화두를 교시하
였다.

　그 뒤 강원에서 5년간 경전을 배웠다.

　하루는 『정법안장(正法眼藏)』을 읽다가 무위진인(無爲眞人)의 이
야기에 이르러 깨달은 바 있었다. 그러나 낙처(落處)가 분명치 않
았다.

　천동산(天童山)에 가서 밀운원오(密雲圓悟) 선사를 친견하였다.

원오 선사에게

"산하대지가 나와 같습니까? 다릅니까?"

하고 물으니 원오 선사는 스님을 두드렸다. 그러나 그 참뜻을 몰라 6개월간 고심하다가 어느 날 저녁 경행하시다 자리에 누울 때 활연히 깨달았다.

그때 앞의 오도송을 지어 원현(元賢)선사에게 바쳤다. 그러나 원현 선사는 '인정하지 않는다.' 하여, 더 힘쓸 것을 당부하므로 5년간 정진하였다. 어느 날 큰방을 나서다가 크게 깨달았다. 그때 나이 서른여섯이었다. 그리하여 영각원현(永覺元賢) 선사의 뒤를 이었다.

저서로는 『환산록(還山錄)』, 『보근염불방생문(普勤念佛放生文)』, 『보근염불문(普勤念佛文)』, 『정토혹문(淨土或問)』 등이 있다.

천기본서(天琦本瑞) 선사

濟山棒喝如輕觸　　殺活從茲手眼親
聖解凡情俱坐斷　　曇華猶放一枝新

제산의 몽둥이와 고함은 가볍게 부딪치고
죽이고 살리는 것도 이를 좇아 손과 눈이 친하네
성인이 범부의 실정을 알아 함께 끊으니
우담발화 피는 곳에 한 가지가 새롭구나.

[해설]

　스님은 강서(江西) 남창(南昌) 사람으로 아버지를 따라 상인이
되었다가 스무 살 때에 하북(河北) 형주(荊州)로 가서 무설능(無說
能)을 따라 출가하였다. 무설능이 그에게 '만법귀일' 구절을 참구
하게 하니 여러 방면으로 깊이 생각하였다.

　그가 수좌(首座, 좌선할 때 맨 상좌에 앉는 스님) 욱(昱)스님을
만났을 때였다.

　욱은 말하는 것을 허락지 않는 사람이었는데, 하루는 행랑에서
누군가가 말을 하고 있었다. 욱이 곧 그 사람을 때리자 그가 물었
다.

　"졸고 있었던 것도 아닌데 왜 때리십니까?"

　욱이 말했다.

　"졸지도 않으면서, 뭣을 들고 있는 게냐?"

또 한 번은 두 승려가 군자(裙子, 스님의 아래옷)를 마름질하며 쉴 새 없이 도량하고 있자 욱은 또 때리면서 말했다.

"네 눈이 멈춘 적도 없이 참선에 어찌 깨달음이 있겠느냐?"

이에 본서는 놀라며 깨달은 바가 있으니 생각하기를

"평일에는 잡념이 있으면 끊으라 하였거늘, 이렇게 마음을 써야 하는 줄 어찌 알았겠는가?"

그 때 이후로 본서는 눈이 진정으로 보는 것 같고, 귀는 진정으로 듣는 것 같으며, 글자 하나하나마다 뜻이 분명해졌으며, 구절마다 역력히 깨닫게 되었다.

보화통인(寶華通忍) 선사

不將一法與諸人　　正是婆心海樣深
曾憶香嚴擊竹後　　焚香遙禮謝恩師

한 구절의 법문도 모든 사람들에게 설하지 않음은
바로 노파심이 바다와 같이 깊은 까닭이로다
기억컨대 향엄(香嚴) 선사 대나무를 친 후
향불 사뤄 은사께 머리 숙여 감사 올린다.

[해설]

　스님(1604~1648)은 강소(江蘇) 상주(常州) 사람으로 호는 조종(朝宗)이다. 스물두 살에 강소성 장생암(長生庵)으로 출가. 금속(金粟)에서 밀운원오(密雲圓悟)를 뵈었을 때, 원오는 대천(大千) 선사의 말을 집어내어 물었다.

　"맹호는 먹이로 목숨을 잇고 사는데, 왜 자기 새끼는 먹지 않을까요?"
　통인이 말했다.
　"사람만이 스스로 하고자 하면 가까워질 수 있지요."
　원오가
　"그런가요? 다음 말을 아직 안 했군요."
　하자 통인이 웃으며 말했다.

"스님께서는 대천 선사의 자손 밖에 될 수가 없겠군요."
그리고는 다시 앞의 게어를 지어 올리니 원오가 미소 지었다.

통인은 강서 보화사(寶華寺) 등에서 수행했다.
저서로는 『조종선사어록(朝宗禪師語錄)』 10권이 있다.

무명승(無名僧)

簷頭159)雨滴　　分明歷歷
打破乾坤　　當下心息

추녀 끝의 빗방울 소리
분명하고 역력하여
누리를 쳐부술 때
당장 마음을 쉬었다.

[해설]
섭현의 성(省) 화상이 어느 스님의 법을 물었을 때
'뜰 앞의 잣나무' 화두를 들고 말하기를
"나는 너에게 설법하기를 사양하지 않는다. 너는 믿겠는가?"
하였다. 그 스님이
"화상의 소중한 말씀을 어찌 믿지 않겠습니까?"
"너는 저 추녀 끝의 빗방울 소리를 듣는가."
하는 말씀에 홀연히 깨달아 앞의 송을 남겼다.

『염송(拈頌)』의 기록을 의지하였다.

---

159) 담두(簷頭): 처마 끝.

용지통미(龍池通微) 선사

沒處藏
沒處藏
全身獨露在街坊
堪笑華亭擺渡漢
葛藤打得太郎當

숨길 곳이 없구려
숨길 곳이 없구려
온 몸이 드러나 거리에 있네
견디어 소화정에서 한수를 건너서
갈등을 쳐서 얻은 태랑의 마땅함이여.

[해설]
　스님은 절강(浙江) 가흥(嘉興)지방 장(張)씨의 아들로, 호는 만여
(萬如)이다. 숭정(崇禎) 13년에 여여원(如如院)과 강소(江蘇) 상주
(常州) 용지(龍池)에 살았다.
　하루는 그가 성내로 들어오는데 어떤 집에서 사동(使童) 아이를
때리며 "네 이놈 어디다 숨겼느냐?" 하는 소리를 들었다.
　그는 자기도 모르는 사이에 펄쩍 뛰어가 앞의 게어를 읊었다.
　그리고 그것을 원오(圓悟) 스님께 올리니 원오는 즉시 수긍하였
다 한다.

보은통현(報恩通賢) 선사

一池蛙鼓夜喧喧　　歷歷明明道口邊
報道五湖林下客　　從今不必更加參

한 못에서 개구리 울어 밤이 떠나갈 듯 하니
분명하고 분명하구나
천하의 선객에게 알리노니
이제부터 참방하지 않으리.

[해설]

　스님은 가흥(嘉興) 이(李)씨의 아들이다. 그러나 일설에는 성이
조(趙)씨이라고도 한다. 호는 부석(浮石)이다.

　소주(蘇州) 보은사(報恩寺)에 살며, 우연히 『칠현여관시다림인연
(七賢女觀尸陀林因緣)』을 읽고 깨달은 바가 있었다.

　또 천동밀운(天童密雲)을 찾아뵙고 부처님 가르침의 요지를 얻
었다.

석두자회(石頭自回) 선사

用盡工夫　　渾無巴鼻
火光迸散　　元在這裏

힘 다해 공부하였지만
가닥이 잡히지 않더니
불똥이 튀어 흩어지니
원래 여기에 있는 것을.

[해설]

　호는 석두(石頭). 송대 스님으로 생몰연대 미상.

　원래 석공(石工) 일을 하여 글을 배우지 못한 문맹이었다. 그러나 늘 『법화경』을 수지하였다. 후에 출가하여 대수원정(大隨元靜, 1065~1135)에게 참학하였다.

　어느 스님을 의지하여 수행하였는데, 어느 날 돌을 깨는데 불똥이 튀는 것을 보고 깨달음을 이루고 위의 게송을 지었다.

태원숭부(太原崇孚) 선사

平生底不受他瞞　　大地都盧鐵一團
劈破將來無寸土　　三更紅日黑漫漫

평생 동안 어떤 부끄러움도 받아들이지 않으니
도노(서역국명) 땅은 철로써 둘러쳐 있네
쪼개고 부수어 촌토(寸土)도 없이 하니
삼경에 붉은 태양, 캄캄하구나.

[해설]

　태원은 애초 대휴정념(大休正念)선사를 참견하고, 어느 날 밤 입
정에 들었는데 크게 깨달음을 얻었다. 이때 이 게를 방장스님에게
지어 보였다.

　방장 대휴가 물었다.

　"무엇이 평생 동안 부끄러움을 받지 않느냐?"

　태원이 답했다.

　"미개팔자(眉開八字)?"

　"무엇이?"

　"위로는 하늘을 뚫고 아래로는 황천(黃泉)을 관통합니다."

　"무엇이 촌토(寸土)가 없는 것이냐?"

　"대천날취(大千捏聚)"

　"삼경(三更)에 해는 없고 차차 어두워진다는 게 뭐냐?"

"할!"

이리하여 대휴는 향을 피워 증명하고는 친히 법을 건네주었다.

임제사(臨濟寺)에서 입적하였는데, '보주호국선사(寶珠護國禪師)'로 봉해졌다.

지도각(智度覺) 선사

家住孤峯頂　　長年半掩門
自嗟身已老　　活計付兒孫

외로운 산봉우리에 집 지어
문을 반쯤 열어 놓았다
이 몸 이미 늙었음을 스스로 탄식하며
아이들에게 살림살이 맡긴다.

[해설]
　스님은 담주(潭州)출신이다. 어려서부터 총명하고 지혜로웠다.
한 번 본 책은 다 외울 정도였다.
　『화엄경(華嚴經)』을 읽고 발심하여 출가하였다.

　『화엄경』의 〈여래현상품〉에서
　'부처님 몸은 태어남이 없건만, 그래도 능히 태어나시며, 법의
성품이 허공 같으시고, 모든 부처님 거기 계시네. 머무는 일도 가
는 일도 없건만, 가는데 마다 부처님 보며 광명이 미치지 않는데
없고, 크신 이름이 널리 들리네(佛身無有生　而能示出生　法性如虛空
諸佛於中住　無住亦無去　處處皆見佛　光明靡不周　名稱悉遠聞).'라는
구절을 읽다가 『화엄경』의 오묘한 경지를 깨달았다.
　그 후 대중을 위하여 『화엄경』 강의를 하였는데, 그를 능가하는

강사가 없었다.

어느 날 원오극근 스님이 지도각 스님에게
"나산(羅山) 선사가 말하기를, '말을 했다하면 호랑이 머리에 올라 타 호랑이 꼬리를 잡는 것처럼 첫 마디에 종지를 밝혀야 하며, 말이 없을 때는 번갯불처럼 기봉을 내보여야 한다.'고 하였다"
스님은 이 말 끝에 환한 느낌을 받아 위의 오도송을 지었다.

이 게송을 지은 후 다시 5년 동안 참구에 들어간 어느 날, 부산원(浮山 遠)선사의 책을 읽다가
'만일 깨달음에 멀고 가까움이 있다고 한다면, 전단향나무 숲에 악취 나는 잡초가 있다고 하는 것과 같은 것이니라. 조사들의 어김없는 말씀은 일찍이 괜히 한 말이 아님을 알아야 한다.'는 구절에서 그간 의심했던 것이 한꺼번에 풀려 원오선사에게 다음의 게송을 보였다.

숲속을 나와도 여전히 쑥밭으로 들어가
크나큰 하늘 그물 피할 길 없어
누가 믿으랴 업연이란 피할 수 없음을
다시 돌아오니 큰소리로 말하는 것 두렵지 않네.

분암주(分庵主) 선사

幾年個事掛胸懷　　問盡諸方眼不開
肝膽此時俱裂破　　一聲江上侍郞來

몇 년간 이 일이 마음에 걸려
제방 노숙에 물었으나 눈이 열리지 않아
오늘에야 갑자기 창자가 터져 무너지는 것 같다
강가에서 '시랑행차시오'하는 한 마디를 들었네.

[해설]

　분암주(分庵主)는 민(閩)사람이다. 어린 나이부터 도에 대하여 스스로 깨친 바 있어, 삭발을 하고 고향을 떠났다. 사람들은 그를 미쳤다고 하였지만 전혀 개의치 않았다. 처음엔 나암정수(懶菴鼎需, 1092~1153)스님을, 그 후엔 쌍경사 묘희 스님을 찾아갔다. 묘희 스님은 그가 미쳤다는 말을 듣고, 끝내 참당(參堂)을 허락하지 않았다.

　분암주는 분한 마음으로 산을 내려와 고향으로 돌아갈 생각을 하였다. 배를 빌려 절강정(浙江亭)가에 우두커니 서서 눈물을 흘리며, "내, 분주히 오령(五嶺)을 넘어 묘희스님을 찾아갔었지만 대중 속에도 들어가지 못함은 전생에 반야인연이 없기 때문이다." 하고 있는데 갑자기, "시랑(侍郞) 행차요!"하는 수행원의 소리가 들려왔다. 스님은 여기서 활짝 깨치고 송을 지었다.

그 길로 양서암(洋嶼菴)으로 돌아가 나암(懶菴)스님에게 귀의하니, 나암스님은 그의 깨침을 인가하였다. 그 후 얼마 안 되어 갑자기 그곳을 떠나가려 하자 나암스님이 게를 지어 그를 전송하였다.

江頭風急浪華飛　　南北相逢不展眉
獨有分禪英俊手　　等閑奪得錦標歸

강 머리 세찬 바람 물결이 나부끼는데
남북의 많은 사람 만나도 반갑지 않더니만
안분선자 유난히 뛰어난 수단 지녀
힘들이지 않고 장원급제 하였네.

자원(自圓) 선사

外國言不可窮　　起雲亭下一時通
口門廣大無邊際　　呑盡楊岐栗棘蓬

남의 나라말도 궁하지 않은데
구름 일어 잠시 통한다
입은 광대하여 가 없어
양기의 율속봉을 다 삼킨다.

[해설]

　호는 보운(普雲).

　열아홉 살 때 시경(試經)에 합격하였으나, 입산하여 먼저 율종
(律宗)을 익혔다.

　그 뒤 여러 선사들을 찾아다니며 참선하여 깨달음을 얻었다.

혜온(慧溫) 선사

拶出通身是口　　何妨罵雨揀風
昨夜前村猛虎　　咬殺南山大蟲

몸을 통하는 것은 입이다
무엇이 방해로워 비를 욕하고 바람을 탓하랴
어젯밤 앞마을에 무서운 호랑이들
남산 대충(大蟲)을 잡아먹었네.

[해설]
　호는 나암(蘿菴). 복주(福州) 사람이다.
　죽암(竹菴) 스님을 의지하여 수행하였다.

본무(本無) 선사

從教入禪今古有　　從禪入敎古今無
一心三觀門雖別　　水滿千江月自孤

교(敎)를 따라 선(禪)에 듦은 옛 부터 있어
선을 따라 교에 듦은 옛 부터 없네
한 마음 삼관(三觀) 문은 비록 다르나
물이 여러 강에 가득하니 달이 비치네.

[해설]

　태주(台州)에서 태어났다. 어려서 출가하였다. 적조(寂照) 스님을
의지하여 인도를 다녀왔다.

산당도진(山堂道震) 선사

白雲深覆古寒巖　　異草靈花彩鳳銜
夜半天明日當午　　騎牛背而著靴衫

흰 구름 깊은 골 차가운 옛 바위에
이름 모를 풀꽃들을 오색 빛 봉황이 바치고
한밤중에 날 밝아 중천에 해가 뜨니
소잔등에 올라타 신발 신고 옷입네.

[해설]
　승주(昇州)에서 태어났다. 호는 산당(山堂).
　각인(覺印) 스님을 의지하여 수행하다가, 뒤에 단하천연(丹霞天
然, 1064~1117)선사 문하에서 수행하였다. 황룡봉(黃龍峯)의 4세
조사이다.
　융흥부(隆興府) 황룡사(黃龍寺)에서 오래 살았다.
　후일 스님은 소산(疎山)에서 초당선청(草堂善淸)스님을 찾아갔는
데, 서로 간에 의가 맞아 이를 계기로 초당의 법을 이었다. 처음
백장산(百丈山)의 주지로 있다가 뒤에 황룡산으로 옮겨가면서 도
를 크게 떨쳤다.

긍당언충(肯堂彦充) 선사

爲人須爲徹　　殺人須見血
德山與巖頭　　萬里一條鐵

사람을 위함이 철저하여야 하고
사람을 죽이려면 피를 보아야 한다
덕산 스님과 암두 스님
만 리를 잇는 한 가닥 쇠.

[해설]
　호는 긍당(肯堂).
　어려서 의감(義堪) 스님을 의지하여 출가하였다. 5년간 율장을
배우고 바루 한 벌로 선지식을 찾아 나섰다.
　동림(東林) 스님이
　"어느 곳이 암두 스님이 비밀히 아는 곳인가?"
　"오늘은 늙은 도둑에게 졌다."

온능(蘊能) 선사

萬年倉裏曾饑饉　　大海中住儘長渴
當時尋時尋不見　　今日避時避不得

만년 창고 속 배고픔이여
큰 바다 가운데 긴 목마름이여
찾아도 찾아도 볼 수 없더니
오늘 아침 피하려 해도 피하지 못하였음이여.

[해설]

　온능(蘊能, ?~?) 선사는 송나라 때의 스님으로 미주(眉州, 현 사천(四川)) 출신이다. 속성은 여(呂)씨고, 호는 혜목(慧目)이다.

　어렸을 때는 유학을 공부했으며, 22살 때 우연히 선서(禪書)를 접하고 발심하여 출가했다. 이후 경전(經典)을 널리 연구했다.

　처음에 보승징보(寶勝澄甫)선사를 찾아가 문답을 나눴지만 뜻을 이루지 못했다. 다시 형호(荊湖)로 가서 대덕(大德)들을 두루 찾아다니다 대위춘(大潙瑃) 선사로부터 법을 이었다.

　어느 날, 바위굴 속에서 수행하다 깨달음을 이루었다.

　사천으로 돌아온 뒤 보은사(報恩寺) 주지를 지냈다. 이어 중암사(中巖寺)에서 30여 년 동안 설법했는데, 사람들이 기록하는 것을 허락하지 않아 자세한 기록이 없다.

법인(法因) 선사

巖上桃花開　　花從何處來
靈雲纔一見　　回首舞三臺

바위 위 복숭아꽃 피어
꽃은 어디서 오는가
영운 스님 겨우 한 번 보고
머리 돌리니 三臺가 춤추네.

[해설]
　평강부(平江府) 각해사(覺海寺) 스님이다.
　스물네 살에 입산하였다.
　혜일(慧日) 스님을 만나니, 스님이 영운지근선사가 복숭아꽃을 보고 깨달은 사연을 이야기 하는 것에 의심을 두고 수행하여 깨달음을 이루었다.

조주(祖住) 선사

虛空無面目　　無位强安排
話頭不話頭　　處處是如來

허공이 모습 없듯
영혼을 어디 두랴
화두가 화두 아니다
곳곳이 부처니라.

[해설]
　단도(丹徒)에서 태어났다. 어려서 출가하여 소주(蘇州) 화산(華
山)에서 오래 살았다.
　『대장경』을 읽다가 발심하여 수행하게 되었다.

세기(世奇) 선사

夢中聞版響　　覺後蛙嘛啼
蛙嘛與版響　　出嶽一時齊

잠결에는 목판소리가
깨고 보니 개구리 울음
청개구리 울음과 목판소리가
묏부리에 함께 울리네.

[해설]

임제종 양기파의 스님.

성도부(成都部) 서주(舒州) 용문사(龍門寺)에서 정진 중 졸고 있다가 개구리 떼 울음소리를 들었다. 그는 정발판(淨髮版)160) 소리로 잘못 알고 막 나가는데, 누군가 그것은 개구리 울음소리라고 알려 주었다.

그 인연으로 마음의 문이 열려 방장실로 찾아가 말씀드리니, 불안청원(佛眼淸遠, 1067~1120)선사가 같이 공부하기를 청했다.

그는 극구 사양하며 "저의 얕은 공부로 어떻게 남의 모범이 될 수 있겠습니까. 남의 결박을 풀어주는 일은 마치 금바늘로 눈에 낀 막을 긁어내는 것과 같아서, 조금이라도 잘못하면 눈동자까지 다치게 됩니다."

---

160) 정발판(淨髮版): 머리를 감으라고 알리는 판.

이에 불안선사는 이를 가상히 여겨, 칭찬하는 게송을 주었다.

有道只因頻退步　　謙和元自慣回光
不知已在靑雲上　　猶更將身入衆藏

도란 사양할 줄 아는 데 있고
겸손은 자기를 돌이켜 보는 데서 비롯되는 것
이미 청운 위에 있는 줄을 모르고
또 다시 대중 속에 몸을 숨기려 하는구려.

진자(眞慈) 선사

一顆明珠　　在我這裏
撥著動著　　放光動地

한 낱 밝은 구슬
나에게 있나니
빛을 내고 움직여
그 빛 땅을 움직이네.

[해설]
호는 원암(元庵)이다.
성도(成都) 정법원(正法院) 원정(圓頂) 스님을 의지하여 득도하여
대·소승계를 익혔다.
원각경에
'사대(四大)는 흩어져, 이 몸 어디 있는가. 필경 몸은 없는데 실지
로는 허깨비와 같은 것'
이라는 대목에서 깨달음을 얻었다.

오순(吳恂) 선사

中無門戶四無旁　　學者徒勞捉影忙
珍重故園千古月　　夜來依舊不曾藏

가운데엔 문이 없고 사방엔 옆이 없는데
학인은 부질없이 그림자 잡기에 바쁘네
옛 동산에 떠오르는 천고의 보배 달은
밤이 되도 변함없이 숨는 적이 없구나.

盧峰居士舊門人　　邈得師眞的的親
大地撮來成箇顔　　飜騰別是一般新

노봉 거사는 옛 문인이라
스승의 영정 얻어 가까이 모시구려
대지를 쓸어 잡아 하나의 눈 마련하고
높이 날아 올라보니 모든 게 새로워라.

[해설]
　원풍(元豊) 원년(1078)에 임제종 황룡파인 회당조심(晦堂祖心, 1025~1100) 스님의 법문을 듣고 공부를 하기 시작하였다.
　『전등록』을 읽다가 더욱 의심이 되어 회당 스님을 찾아뵙고 법문을 듣다가 깨달음을 얻었다.

단백(端伯) 선사

覿面絕商量　　獨露全剛王
若問安心處　　刀山是道場

얼굴을 보고 생각을 끊으니
금강왕이 드러났구나
만약 마음 편한 곳 묻는다면
칼산이 도량이라네.

[해설]

　스님의 성은 황(黃)씨다.

　관직을 물러나와 출가하였다.

　박산무이(博山無異, 1575~1630)선사의 입실제자다.

　혜경(慧經) 스님을 만나던 중 '백장야호(百丈野狐)' 이야기를 물어보자 혜경 스님이 말했다.

　"그건 아무 상관없는 이야기다."

　단백은 그 말을 들은 이후 깨달음이 있었다. 혜경 스님이 원적한 후 원래(元來) 스님에게 귀의하여 끝나지 않은 인연에 대하여 깊이 깨닫게 되었다.

　그 후 복왕(福王)이 남경(南京)에서 등극하고, 1646년 남경이 함락되었다. 그 때 단백은 능인사(能仁寺)에 있었는데 청(淸)나라

226

병사에게 잡혀갔다. 투항하라는 권고를 물리치고 투옥되어 옥중에서 『명이록(明夷錄)』을 지었다.

단백은 문 밖으로 끌려나오자, 북쪽을 향하여 머리를 조아리며 절을 한 후 꼿꼿하게 형 받을 준비를 하였다. 그 모습을 보고 집행자가 손을 떨면서 칼을 떨어뜨리니 단백이 말했다.

"내 심장을 찌르라."

그리하여 심장을 찌르니 즉사하였다.

신무언(信無言) 선사

新菴小谿上　　英俊頗浩浩
從渠作佛祖　　任渠會禪道
荷鋤向東園　　事蔬誓畢老

소계에 새 암자 지으니
순수한 인재 자못 호탕하구나
그들을 따라 불조로 삼고
그들 마음대로 선도를 깨치게 하리
어깨에 호미 메고 동쪽 채소밭에서
채소를 가꾸며 일생을 마치겠노라 맹서하였다.

乘月始抱甕　　破午正殺草
芥藍被蟲食　　秋茄亦旱槁
齋盂從此去　　但願蔓菁好

달빛 타고 비로소 항아리 같은 달그림자 껴안고
정오가 지나니 풀을 죽이는 듯한 무더위로다
푸른 겨자는 벌레가 뜯어 먹고
가을 가지는 가뭄에 메말랐으니
이제 바리때 버려야 할 참이라
무 만이라도 잘 커 줬으면….

　남창(南昌)땅 신무언 스님은 일찍부터 시를 잘 쓴다고 명성이
자자했다. 그가 천남(泉南) 소계암(小谿庵)으로 대혜 스님을 찾아
가 강(康) 도인, 남(南) 도인 두 분과 채소밭 일을 하였다.

　한 번은 밭을 매다가 남(南) 도인이

　"호미를 가지고 한 마디 해 보라" 하였다.

　이어 신(信) 선사는 호미 끝을 들어 세웠다.

　강(康) 도인이 흙덩이를 던져 호미자루를 맞추자, 이에 신 선사
가 깨닫고 위의 계송을 지었다.

　그는 평소에 지은 작품을 『남창원부집(南昌園夫集)』이라 했다.

구산미광(龜山彌光) 선사

當機一搩怒雷吼　　驚起法身藏北斗
洪波浩渺浪滔天　　拈得鼻孔失却口

기연 만나 부딪히고 천둥소리 으르렁대니
놀라 일어난 법신 북두성에 몸 숨기네
드넓은 물결 위에 성난 파도는 하늘에 닿고
콧구멍을 뽑아내니 입을 잃었구나.

[해설]
묘희 방장실에 입실하니
"죽을 먹고 바리때를 씻었으면 이것저것 가릴 것 없이 한 마디
일러라."
미광이
"찢어버리겠다"고 소리쳤다.
묘희 스님이 무서운 얼굴로
"또 다시 여기서 선을 말할 것이냐?"라고 하였다.
그때 쓴 투기송(投機頌)이다.
묘희 스님이 인가하면서 미광에게 준 게송은 다음과 같다.

龜毛拈得笑哈哈　　一擊萬重關鎖開
慶快平生是今日　　孰云千里賺吾來

거북이 털을 뽑고 나서 하하하 웃는구나
일격에 만 겹의 관문사슬을 열었도다
평생에 경사스러운 날 바로 오늘이로세
누가 말하랴, 나를 되팔아 먹으려고 천 리 길을 왔었다고.

법제자로 혼원담밀(混源曇密, 1120~1188)이 있다.

허운(虛雲) 선사

杯子撲落地　　響聲明瀝瀝
虛空粉碎也　　狂心當下息.

잔이 바닥에 탁 떨어져
깨지는 소리 분명하고 뚜렷하니
허공은 산산이 부서지고
허황된 마음 그 자리에서 고요히 쉬었네.

湯着手打碎杯　　家破人亡語難開
春到花香處處秀　　山河大地是如來

끓는 물이 손에 튀어 잔을 깨뜨리니
집이 부서지고 사람은 죽은 듯 입이 있어도 할 말을 잊었네
봄이라 꽃향기 곳곳마다 가득하니
산하대지가 그대로 부처로세.

[해설]
　허운(虛雲, 1840~1959)화상은 복건성 천주(泉州)에서 출생하였다. 19세 때 고산 용천사에서 출가했다.
　강소성과 절강성의 명산대찰의 선지식을 참방하고 경과 교를 연구하고 참선에 주력하다가 56세에 양주 고민사에서 큰 깨달음

을 얻고, 법인(法忍)선사로부터 인가를 받았다. 문화혁명을 피해 선지식들이 대만으로 피신할 때도 대륙에 남아 불교를 수호하셨다. 이후 많은 고찰을 많이 중흥시켰다.

중국 선종 오가의 법을 받아 모두 전수하였다. 중국 근세의 대선지식이라고 칭송된다. 임제종 제43대 조사다.

1895년 스님이 56세 때 저녁 무렵, 사미가 다관으로 따라 주는 차를 받다가 뜨거운 찻물이 손에 튀어 찻잔을 떨어뜨렸다. 이때 잔이 깨지는 소리에 홀연 깨달음을 얻고 위의 오도송을 읊었다.

허운선사가 저술한 『참선요지(參禪要旨)』에는,
참선하는 수행인이 갖추어야 할 조건으로
첫째, 인과를 깊이 믿어야 한다. 둘째, 계율을 엄격히 지켜야 한다. 셋째, 부처님이나 조사에 대한 견고한 믿음이 있어야 한다. 넷째, 참선수행을 통해 깨달음을 얻어야 함을 설하고 있다.

또 참선 방법에 대해서는
첫째, 좌선에 전념해야 한다. 둘째, 수행에 최선을 다해야 한다. 셋째, 화두를 참구하고 의심을 가져야 함을 강조하고 있다.

승랍 101세, 세수 120세로 오른쪽 옆구리를 바닥에 대고 누워서 입적했다.

월계(月溪) 선사

本來無佛無衆生　　世界未會見一人
究竟了解是這個　　自性還是自己生

본래 부처도 중생도 없는데
세계에 한 사람도 보지 못했다
끝내 이것을 알면
스스로의 성품이 오히려 그대로이네.

[해설]

　스님(1878~1965)의 어머니 육(陸)씨는 평소 채소를 먹고 항상
염불 생활을 하였다. 스님은 열두 살에 『난정집서(蘭亭集序)』를 읽
다가 '나고 죽음이 또한 큰일이다. 어찌 통탄하지 않으랴' 하는
구절에서 생사 문제에 의혹을 가졌다.

　그의 선생에게, '어떻게 하여야 나고 죽지 않는가?' 하고 물었
다. 선생은 공자의 말씀인 '태어난 것도 모르는데 어찌 죽음을 알
랴'며, "나고 죽음은 불가(佛家)에서 배워야 한다."고 일러 주었다.

　열아홉 살에 진단대학(震旦大學)을 졸업하고 출가를 결심하였다.
　부처님 앞에서 손가락 두 개를 연비하면서 발원하여 스물네 살
에 우수산(牛首山) 철암대덕(鐵巖大德)에 참문하였다.
　그 해 8월 어느 날 밤, 바람이 불어 오동잎 흔들리는 소리에

깨달아 위의 송을 읊었다.

　홍콩 만불사(萬佛寺) 창건, 현재 그곳에 등신불로 남아있다.

　1965년 3월 23일, 스님이 열반에 들기 전에 그의 제자에게
"내가 열반에 든 뒤 8개월 되는 날 관을 열어 보아 내 육신이 깨
끗하면 그대로 금을 입혀 모셔라."하는 유언을 남겼다.

　홍콩은 아열대 기후라 8개월간 시신이 썩지 않는다는 것은 불
가능한 일이다. 그러나 스님이 예언한 8개월이 된 11월에 관을
열어 보니 오관(五官)이 모두 깨끗하므로 그대로 금을 입혀 등신
불로 모셨다.

　다음은 스님의 열반송이다.

　講經說法數十年　　度生無生萬萬千
　待等此日世緣盡　　徧滿虛空大自在

　여러 해 동안 부처님 말씀 전하여
　지은 인연 많구나
　오늘 이승 인연 다하여
　저 허공에 자유로워라.

무착도한(無着道閑) 선사

因我禮你　　魚腮鳥觜
更問如何　　白雲萬里

나로 인해 너에게 절한다 함은
물고기의 아가미 새의 부리로다
다시 무어냐고 물으면
흰 구름이 만 리라 하리라.

[해설]

　무착도한 선사가 처음 운거산 운거사(雲居寺) 고암선오(高菴善悟, 1074~1133)) 선사를 찾아갔을 때 고암 선사가 물었다.
　"고향이 어디냐?"
　"천태(天台)입니다."
　"천태의 돌다리가 무너졌다고 하는데 정말이냐?"
　스님이 고암 스님 겨드랑이를 부축하니 고암 선사는 웃을 뿐이었다.
　고암 선사는 평소에 현묘(玄沙) 스님이 설법한 '나로 인해 너에게 절한다.'는 화두를 즐겨 말했는데 한(閑) 선사가 이 설법을 듣다가 깨달음을 얻고 위의 송을 남겼다.

수료(水寮) 선사

也大奇也大奇
百千三昧無量妙義
只向一毛頭上便識得根源去

신기하고 신기하도다
백 천 삼매와
한량없는 묘한 이치가
오직 한 털끝에서
그 근원이 다 드러났구나.

[해설]
  마조 스님에게 참문 할 때
  "무엇이 서쪽으로부터 온 분명한 뜻입니까?"를 묻다가, 마조 스
님에게 한 번 걷어 채여 넘어지다가 깨달음을 이루었다. 그때 읊
은 게송이다.

요연(了然) 비구니

五蘊山頭古佛堂　　毘盧晝夜放毫光
若知此處非同異　　卽時華嚴遍十方

오온의 망상 무더기가 그대로 고불당인데
비로자나 부처님이 주야로 백호광명을 항상 놓고 있네
만약 여기에서 차별 없는 이치를 안다면
곧 이 화엄장엄이 시방세계에 두루 하리라.

[해설]
　당(唐)나라 때, 고안대우(高安大愚) 선사의 제자로 알려져 있다.
그 외 요연 비구니의 자세한 행적은 알 수 없다.
　다음은 『임제록(臨濟錄)』에 기록되어 있는 내용이다.
　처음에는 계율과 화엄을 공부하다 참선에 뜻을 두고 여러 선지
식들을 찾아다니며 참구하다가 황벽희운 스님을 찾아갔다. 황벽스
님은 고안대우(高安大愚) 스님을 찾아가라고 하여, 그곳에서 크게
깨달았다는 기록이 있다.

　『전등록』에는 요연(了然) 비구니가 날카로운 기봉으로 선객들을
쩔쩔매게 한 여장부로 기록되어 있다. 그는 말산(末山)에서 수행하
고 있었으므로 '말산요연(末山了然)'이라 불렸다.
　요연스님이 말산에 있을 때였다.

관계지한(灌溪志閑 ?~895) 스님이 선지식을 찾아다니다가 그곳 승당 안으로 들어가며 말했다.

"만일 상당하면 머물 것이요, 그렇지 않으면 선상을 뒤집어엎으리라."

요연 비구니가 시자를 보내 물었다.

"스님은 산에 유람하러 왔습니까? 불법을 공부하러 왔습니까?"

관계 화상은 '불법을 위하여 왔노라'고 대답했다. 요연 비구니가 법상에 올라앉으니 관계 화상이 앞에 나아가 뵙자, 요연 비구니가 말했다.

"스님은 오늘 어디서 떠났습니까?"

"길 어귀[路口]에서 떠났습니다."

"왜 엎어버리지 않았습니까?"

여기서 길 어귀는 지명도 되고, 길 어귀를 가리키는 이중의 뜻을 담고 있다. '왜 엎어버리지 않는가?'라는 뜻은 '길 어귀를 어슬렁거린다는 것은 할 일이 없다는 것이 아닙니까?'라는 공격이다.

이 말에 관계지한 선사는 말이 막히고 말았다. 관계 선사는 자존심이 상했고, '비구니가 아무리 잘 나도 남자 보다 안목이 뛰어날 수 없지 않은가?' 하는 편견이 있었다. 이에 관계 선사는 재차 날카로운 질문을 던진다.

"어떤 것이 말산(末山)입니까?"

"꼭대기가 드러나지 않은 것입니다."

"어떤 것이 말산의 주인입니까?"

"남자 모양도 여자 모양도 아닌 것입니다."

그러자 관계 선사가 '할'을 하면서 "어째서 변하지 못합니까?" 하니 "귀신도 아니고 도깨비도 아니거늘 변한다는 것이 무엇입니까?" 하고 대답했다.

'말산'은 곧 말산요연 스님의 본성(本性)을 묻는 것이다.

관계 선사가 다시

"남자도 여자도 없다고 하는데, 스님은 여성이지 않은가? 어째서 여성을 초월하지 못 하는가"

"어떻게 그런 가당찮은 질문을 하는가? 본래 성품은 귀신도 도깨비도 아니라네."

즉, 불성은 남녀와 노소가 따로 없이 평등하다는 것을 이 때 깨우치고, 요연 스님은 위의 송을 남겼다.

관계 선사는 이 절에서 3년간 원두(園頭)의 소임을 맡아 수행했다. 후에, 임제의현 선사의 법을 이었다.

소동파(蘇東坡) 처사

溪聲161)便是長廣舌　　山色豈非淸淨身
夜來八萬四千偈　　　　他日如何擧似人

시냇물 소리 바로 장광설이요
산빛이 어찌 청정법신이 아니리
밤새 팔만사천 게송을
다른 날 어떻게 들어 보이랴.

[해설]

　소동파(1036~1101)는 너무나 잘 알려진 당송(唐宋) 2대의 8대 문장가의 한 사람이다. 사천 아미산 출신. 시·서·화에도 뛰어났지만 벼슬은 항상 변두리를 맴돌았다. 그리하여 불교에 관심을 두어 많은 선지식들을 만나 참선 수행을 하였다.

　처사님이 형남에 계실 때이다. 그곳 옥천사(玉泉寺) 승호(承晧) 선사를 찾아갔다. 승호 선사가 먼저 정중하게

　"그대의 존함은 무엇입니까?"

　"나의 성은 칭(秤)가요."

　"칭가라니요?"

　"천하 선지식을 달아보는 칭가(秤哥)란 말이요."

---

161) 계성(溪聲): 시냇물 소리. 소동파는 시냇물 소리를 듣고 개오하였음.

처사의 안하무인격인 이 말이 떨어지자 승호 선사는 '악' 하며 일갈(一喝)을 하였다.

"그러면 이것은 몇 근이나 됩니까?"

소동파는 그만 말을 못하고 말았다.

또 항주에 계실 때이다. 그곳 여산 귀종사(歸宗寺) 불인요원(佛印了元, 1031~1098) 선사와 두터운 친교가 있었다. 어느 날 처사님이 선사를 찾아가니

"잘 오셨습니다. 오늘은 날씨가 화창하니 밖에서 쉴까요? 이곳은 의자가 없으니 아무데나 앉지요."

하고 선사가 웃으며 말하였다.

"좋습니다. 그러나 아무데나 앉을 수 없으니 화상의 사대(四大)를 빌어서 의자 대용으로 쓰십시다."

하고 처사님이 빠르게 받아 넘겼다.

"사대를 빌어서 의자 대용으로 쓰시겠다는 데, 사대란 본래 공한 것인데 어디를 빌어 의자로 쓰겠습니까?"

이런 선사의 말씀에 눈앞이 캄캄하였다. 처사님이

"스님께서 자비를 베풀어 주십시오."

하고 간절히 가르침을 구하니 선사께서

"일체 사량을 쉬고 또 쉬어 갈지어다."

하고 담담히 말씀하셨다. 이런 일이 있은 뒤부터 독실하게 참선 수행을 하셨다.

66세 때 불교에 입문하여 동림상총(東林常聰, 1025~1091)의 법문을 듣고 득법했다.

어느 날 동림 흥룡사 상총 선사를 찾아갔다.

"스님을 뵙게 되어 참으로 영광입니다. 원하건대 이 미(迷)한 중생을 위하여 법을 설하여 주십시오."

하고 공손히 청법하였다.

선사는 단정히 앉은 그대로 한참 말씀 없더니,

"그대는 어찌 무정설법(無情說法)은 듣지 않고 유정설법(有情說法)만을 청하십니까?"

이런 법문을 듣자 모든 생각이 없어지고 오직 무정설법, 유정설법, 이 네 글자의 삼매에 빠졌다.

처사님이 나귀를 타고 산 계곡을 굽어 돌아오는데 찬연히 흐르는 시냇물 소리를 듣고 활연 대오하였다.

나귀에서 내려 상총 선사가 계시는 곳을 향하여 합장 배례하고 앞의 오도송을 지었다.

조변(趙抃) 거사

默坐公堂虛隱几　　心源不動湛如水
一聲霹靂頂門開　　喚起從前自家底

묵묵히 공청에 앉아 괜스레 책상에 기대니
마음 근원은 깊은 물같이 움직임 없었네
벼락 치는 소리에 정수리 훵히 열리니
본디 변함없는 내 밑천을 불러 일으켰구나.

擧頭蒼蒼喜復喜　　刹刹塵塵無不是
中下之人不得聞　　妙用神通而已矣

머리 들어 하늘을 보니 기쁘기 그지없다
삼라만상 온 누리가 다 그러한 데
중하근기 사람들은 들을 수 없으니
신통묘용이란 그저 이러할 뿐이라네.

[해설]

　청헌공(淸獻公) 조변(趙抃)은 마흔의 나이에 세속을 멀리하고 정
에 마음을 두어 운문종의 구주(龜州) 남선사(南禪寺) 불혜법천(佛
泉) 스님을 의지하여 수행하였다.
　청주(靑州) 자사로 있으며 일 보는 틈틈이 참선하는데, 하루는

벼락소리에 놀라며 확연히 깨닫고 위의 게송을 지었다.

　법천 스님이 듣고 말하기를
　"황홀경을 두드렸구나."
　라고 하며 인가하였다.

진문혜공(陳文惠公) 거사

殿古寒爐空　　流塵暗金碧
獨坐了無人　　又得眞消息

옛 법당엔 차가운 화로 덩그렇고
너저분한 티끌 금박에 얼룩졌는데
사람 없는 이곳에 홀로 앉아 있다가
여기에서 참 소식을 얻었노라.

[해설]
　이름은 진요좌(陳堯佐).
　평소 불교에 관심을 두었는데 절에 놀러갔다가 갑자기 깨달음을 얻고 게송을 지었다.
　경우(景祐. 1034~1037) 때 재상을 지냈으며, 태자의 스승을 마지막으로 정주(鄭州)의 농장에서 살다가 4년 만에 세상을 떠났다.

방(龐) 거사

十方同聚會　　個個學無爲
此是選佛場¹⁶²⁾　心空及第歸

시방이 한 자리에 모여서
저마다 무위도를 배우니
이것이 부처를 가리는 마당이요
마음이 공한 것을 깨달아 급제함이로다.

[해설]

거사(?~808)님은 성이 방(龐)이요, 이름은 온(蘊)이다. 지금까지
방거사로 부른다. 자는 도현(道玄)이고 형양(衡陽)에서 태어났다.
아버지는 태수(太守, 지금의 군수)였다. 원래 부자로 잘 살다가 견
성오도한 후에 전답은 가난한 사람들에게 나누어 주고 가재도구
는 동정호(洞庭湖)에 내던져 버렸다고 한다.

집 부근에 암자를 짓고 대바구니를 팔아 생계를 유지하며 수행
하였다. 마조도일 문하다.

처음에 석두희천(石頭希遷)선사를 찾아가서 정중히 예배를 올리
고

"만법과 더불어 벗하지 아니한 사람이 어떤 사람입니까?"

---

162) 선불장(選佛場): ① 계율을 일러주는 곳 ② 교법(敎法)을 닦는 곳.

하고 물었더니 석두 선사는 아무 말 없이 손바닥으로 거사의 입을 틀어막았다. 여기서 거사는 깨달았다.

그 뒤 어느 날 석두 선사가 거사에게

"그대는 이 노승을 만나본 뒤로 매일 하는 일이 어떠한 것인가?"

하였더니 거사가

"만약 일용사(日用事)를 물으신다면 입을 열어 답할 말이 없습니다."

"그런 것을 내가 알기 때문에 내가 지금 묻는 것이 아닌가?"

하고 선사가 다그쳤더니, 거사가 다음의 게송을 지어서 바쳤다.

日用事無別　　惟吾自偶諧
頭頭非取捨　　處處勿張乖

날마다 하는 일 다른 것이 아니니
오직 나 스스로 어울려서 노네
어느 것이라도 취하거나 버릴 것이 아니고
어느 곳에서도 마음에 맞거나 어길 게 없네.

朱紫誰爲號　　丘山絶點埃
神通竝妙用　　運水及搬柴

높은 벼슬 부귀영화 다시 일러 무엇하랴
큰 산 작은 산이 모두가 먼지인 것을
신통과 묘용이여
물 긷고 나무 하는 것이로다.

석두 선사는 거사의 이 게송을 보고 그대로 인가하였다.

"자네는 앞으로 중이 될 것인가? 그대로 속인으로 눌러 살 것인가?"

"생각나는 대로 하겠습니다."

그 뒤 마조도일(馬祖道一) 선사를 찾아가 물었다.

"만법으로 더불어 벗하지 않는 자가 이 무슨 사람입니까?"

"네가 한 입으로 서강(西江)의 물을 다 마시면 비로소 너에게 그것을 말해 주리라."

하셨다. 거사는 이 말에 크게 깨달아 앞의 오도송을 남겼다. 거사님의 부인과 딸, 그리고 아들까지 수행하여 견성하였다고 한다.

거사가 어느 날 집에서 조리를 엮으며

"어렵고, 어렵고, 어렵구나. 열 섬의 깨알을 나뭇가지 위에 펴는 것 같구나."

하였더니 부인이 말하기를

"쉽고, 쉽고, 쉽구려. 침상에서 내려와 발로 땅을 밟는 것과 같구려."

한다. 그랬더니 딸 영조가 말하기를

"또한 어려운 것도 아니요, 쉬운 것도 아니다. 백초두상에 조사의 뜻이로다."

라고 하였다.

수많은 선사들과 문답을 주고받으며, 승려가 아닌 거사로 일생을 마쳤지만, 독자적인 깨달음의 경지를 얻어 '유마거사'라고 불렸다.

여암(呂岩) 거사

棄却瓢囊撼碎琴　如今不戀水中金
自從一見黃龍後　始覺從前錯用心

표랑을 던지고 거문고를 부수고
이제부터는 물 가운데 금을 생각하지 않으렵니다
스스로 한 번 황룡을 친견한 뒤로는
비로소 전에 잘못 마음 쓴 것을 깨달았습니다.

[해설]
　당말(唐末) 때의 인물이다. 여암진인(呂岩眞人)이라고도 한다. 자는 동빈(洞賓), 호는 순양자(純陽子)이다. 신선술을 배워 선인(仙人)이 되었다. 중국 팔선(八仙)중의 한 사람이다.
　하루는 여산 귀종사(歸宗寺) 종루(鍾樓)를 지나가다가 벽에 글이 있기에 보니,

　　一日淸閒自在身　六神和合報平安
　　丹田有寶休尋道　對境無心莫問禪

　이 글을 읽고 며칠 지난 어느 날 황룡산에 갔다. 이 산의 황룡 (黃龍) 선사가 설법을 시작하려고 하였다.
　여암 거사가 청법 대중에 섞여 있었다.

황룡 선사가 상당설법을 하기 앞서 큰소리로

"나의 법회에 법 도둑놈이 숨어 있다."

하니 여암 거사가 나와 묻기를

"한 낱 곡식 가운데 세계를 감추고, 반 되 되는 솥 안에 산천을 삶으니(一粒粟中藏世界 半升鐺內煮山川), 이 의지가 어떤 것입니까?"

하고 물었다.

"송장 지키는 귀신[守屍鬼]이로군."

"내 주머니 속에 장생불사약(長生不死藥)이 있는 것은 어찌 하겠습니까?"

"넉넉히 팔만 겁을 지낼지라도 마침내 이 공망(空亡)에 떨어진다."

하니 여암 거사가 선사의 가슴을 향하여 칼을 던졌다. 그러나 칼이 선사의 몸에까지 오지 않았다. 거사가 황송하여 머리를 숙이고 두 번 절하고

"저의 잘못을 용서하여 주시고 잘 지도하여 주십시오."

"반 되 되는 솥 안에 산천을 삶는 것은 묻지 않으려니와, 어떤 것이 한 낱 곡식 가운데 세계를 감추는 것이냐?"

하는 말씀에 거사가 활연히 계합하였다.

이고(李翺) 거사

練得身形似鶴形　千株松下兩函經
我來問道無餘說　雲在靑天水在瓶

백발노인인 스님의 모습은 학과 같나니
일천 그루의 소나무 밑에 두어 함 경전이 놓여 있네
내가 와서 도를 물었더니 다른 말이 없고
구름은 하늘에 있고 물은 병에 있다고 하셨네.

[해설]

　거사(772~841)의 자는 습지(習之), 시호는 문(文).

　성격이 강직하고 급해 다른 사람들보다 진급이 더뎠다. 사람들은 그의 학문은 존경했지만 과격함을 싫어했다.

　그가 낭주(朗州) 자사(刺使)로 있을 때였다. 약산유엄(藥山惟儼, 745~828)선사가 그 지방에서 크게 도풍을 떨치고 있어 많은 사람들이 찾아들었다. 어느 날 그가 찾아갔으나 선사는 만나주지 않았다.

　만나기를 간절히 기다리며 그도 쉽게 포기하지 않고 며칠을 기다렸다. 그런데 정작 만나는 순간 바짝 마른 몰골에 실망하고 말았다.

　'별스럽게 생기지도 않은 유엄이 나를 며칠이나 기다리게 하다니…'

그러면서

"얼굴을 보는 것이 이름을 듣는 것만 못하구나[見面不如聞]." 하고 중얼거렸다.

스님은 이 말을 듣고 지그시 그를 바라보며

"그대 귀는 귀하게 여기고, 눈은 천하게 여기는가?[君何貴耳眼賤]?"

이고 자사는 '아차!' 싶어

"어떤 것이 도입니까? 저의 소원은 참다운 도를 얻고자합니다."

하고 물었다. 약산 스님은 다만 손으로써 하늘과 땅을 가리키면서

"알겠는가?" 하시었다.

거사는 대답하되,

"모르겠습니다." 하였다. 다시 약산 스님이

"구름은 푸른 하늘에 있고, 물은 병 속에 있느니라(雲在靑天水在瓶)."

하니 즉시 깨달아 앞의 송을 남겼다.

이 글을 본 약산 선사는 아무 말 없이 머리를 끄덕였다. 이로써 '운재청천수재병(雲在靑天水在瓶)'이라는 화두가 나왔다.

약산유엄선사는 석두희천(石頭希遷, 700~790)의 제자다.

저서로 『이문공집(李文公集)』이 있다.

인종(仁宗) 황제

若問主人公　　眞寂合太空
三頭幷六臂　　臘月正春風

만일 주인공이 누구냐고 묻는다면
참으로 고요하여 태초의 허공과 합친다 하리
머리는 세 개 팔뚝이 여섯이라
엄동설한 섣달에 봄바람이 훈훈하구나.

[해설]

　인종(仁宗, 1010~1063) 황제의 이름은 정(禎)이다. 송(宋)나라
진종(眞宗)의 아들이다.

　『투자어록(投子語錄)』을 보다가 한 스님이 투자 스님에게
　"무엇이 큰 길의 흰 소 입니까?"
　라고 묻자 투자 스님이 그를 꾸짖었다는 구절에서 깨달음을 얻
었다. 그리고 위의 게송을 지어 대각회련(大覺懷璉, 1007~1090)
스님께 보였다. 스님은 성품이 고매하여 인종황제는 스님을 존경
했다.

　삼보를 찬탄하는 글 「찬삼보문(讚三寶文)」과 학문을 권하는 글
「권학문(勸學文)」이 있다.

유언수(劉彥修) 거사

趙州無字大無端　　境上推尋也大難
處處綠楊堪繫馬　　家家門前透長安

조주의 무자는 큰 단서가 없네
경계 위에 찾으려니 크게 어렵네
곳곳의 푸른 버들 말을 맬 수 있나니
집집 문 앞이 장안으로 통하였나니.

[해설]
　동생 유언충과 함께 거사로써 수행하며 위의 게송을 남겼다.

법진(法眞) 할머니

夢跨飛鸞上碧虛　　　始知身世一遽盧
歸來錯認邯鄲[163]道　　山鳥一聲春雨餘

꿈속에 봉황 타고 푸른 허공에 올라가니
비로소 이 몸이 한 초막임을 알겠네
돌아와 보니 그간의 감단이 잘못 되었음을 알았으니
한 마디 산새소리 봄비가 흡족하구나.

[해설]

　할머니의 성은 허(許)씨요, 송나라 고종 임금 때 사람이다. 남편
은 장태사였고, 아들 장덕원은 정승이 되었으므로 '진국태(秦國太)
부인'이라 하였다. 30세에 홀로 된 후, 불법을 좋아하여 사십 년
동안 집에서 수행하였으나 별 소득이 없었다.

　한 번은 도겸 스님을 만나 무자화두를 듣고는 밤낮으로 무자를
참구하였다. 그러면서도 경전도 읽고 예불도 하였는데, 도겸 스님
이 대혜 선사의 말을 인용하여 할머니에게 말하였다.

163) 감단(邯鄲): 감단몽(邯鄲夢)의 준말. 사람의 일생과 부귀영화는 한
바탕 꿈과 같이 허무하다는 말. 여생이란 소년이 한단이란 제자
에서 도사인 여옹(呂翁)을 만나 빈곤함을 탄식하니 여옹이 주머
니에서 베개를 내어주며 '이것을 베면 영달을 마음대로 하리라.'
하여 베고 잤다. 꿈에 연국공(燕國公)이 되어 30년 동안 부귀를
누리다 깨어나니 처음 짓기 시작한 기장밥이 아직 익지 않았다
는 고사에서 비롯되었다.

"화두를 참구하려면 경을 보고 예불하는 일을 쉬고, 일심으로 참구하여 한 생각이 계합한 후에, 다시 경도 읽고 예불도 하는 것이 좋습니다."

할머니는 이 말을 듣고 일심으로 참선하였다.

어느 날 잠자다가 놀라 깨면서 홀연히 깨치고 게송을 지었다.

할머니는 이 게송을 대혜 선사에게 보냈는데 대혜 선사는 이렇게 말하였다.

"아들이 재상이 된 것은 그리 귀할 것 없지만, 쓰레기통에서 여의주를 얻은 것은 참말로 귀하니라. 그러나 이것도 집착하지 말아야 하나니, 집착하면 다시 자비심을 일으켜 중생을 제도할 수 없느니라."

장구성(張九成) 거사

春天夜月一聲蛙　　撞破虛空共一家
正恁諏時誰會得　　嶺頭脚痛有玄妙

봄 하늘 달밤에 한 마디 개구리 소리가
허공을 때려 깨서 한 집을 만들도다
바로 이런 때를 뉘라서 알겠는가
산꼭대기 곤한 다리에 현묘한 도리 있도다.

[해설]

　시랑(侍郞) 장구성(張九成) 거사는 젊어서부터 일하는 여가 틈틈이 참선 공부에 마음을 쏟았다. 영은사(靈隱寺)의 오명(悟明) 선사를 의지하여 수행했다.

　오명선사는

　"지금 열심히 공부해서 이름을 날려야 할 때인데, 어찌 생사 문제를 참구할 수 있겠는가?"

　거사가 말하였다.

　"옛 어른이 말씀하시기를, '아침에 도(道)를 깨달으면 저녁에 죽어도 좋다' 하였습니다. 그러나 세간과 출세간의 법이 처음부터 다른 것이 아니어서, 옛날 훌륭한 신하 중에도 선문(禪門)으로 도를 얻은 사람이 부지기수이니 유교와 불교가 무엇이 다르겠습니까? 불교의 어른이신 스님께서 어찌 말로 저를 막으려 하십니까?"

오명선사는 그 정성이 갸륵해서 그를 받아주며 말했다.

"이 일은 생각 생각에 놓아서는 안 되니, 오래오래 인연이 무르익어 때가 되면 저절로 깨치게 된다."

그리고는 '뜰 앞의 잣나무'라는 화두를 주었다. 그러나 거사는 오래도록 깨닫지 못하였다. 그리하여 호문정공(胡文定公)[164] 을 찾아가서 '마음 쓰는 법'에 대해 자세히 물었다.

호문정공은 "논어 맹자에서 인의(仁義) 부분에 그 요점이 있다"고 대답하였다.

거사는 그 말을 잠시도 잊지 않았다.

하루 저녁은 변소에 가서 '측은히 여기는 마음은 인(仁)이 비롯되는 곳이다〔惻隱之心仁之端〕'라는 구절을 깊이 생각하였다.

묵묵히 생각에 잠겼는데, 그때 홀연히 개구리 울음소리를 듣고 느낀 바 있어 게송을 지었다.

---

164) 호문정공(胡文定公)은 북송의 사상가(1073~1138)이다. 숭안(崇安) 출신으로 이름은 안국(安國), 자는 강후(康侯), 호는 무이선생(武夷先生)이다. 학문을 중히 여겼다. 저서에 『춘추전(春秋傳)』, 『통감거요보유(通鑑擧要補遺)』 등이 있다.

장문정공(張文定公) 거사

一念存生滅　　千機縛有無
神鋒輕擧處　　透出走盤珠

한 생각에 생멸 있으면
천 가지 일이 유무에 묶이는데
신검의 칼끝을 가볍게 드는 곳에
쟁반 위의 구슬이 튀어나오네.

[해설]
　송나라 태종(太宗) 때 총신의 벼슬을 하였다. 본명은 장안도(張安道)다. 『능가경(楞伽經)』으로 사대부를 교화했다.
　그는 전생에 낭야산(琅耶山) 낭야사(琅耶寺)의 장경각에서 경전에 관한 일을 맡아보는 소임을 하고 있었다. 『능가경(楞伽經)』 사경을 하다가 다 하지 못하고 죽게 되자 '내생에 꼭 다시 쓰겠다.'고 발원하였다.

　뒤에 제주(濟州)의 지사(知事)가 되어 낭야산에 왔다가 도량을 돌아보는데, 어쩐지 발걸음이 떨어지지 않았다. 이윽고 장경각에 이르자 순간 느껴지는 바가 있었다. 대들보 사이의 경(經) 상자를 보는 순간, "저것은 내 전생의 일이다!" 하고는, 그 상자를 들여다보니 과연 『능가경』이 들어 있었다.

260

글씨체가 금생과 똑같았다. 한 번은 그 경을 읽다가

'세간이 생멸을 떠난 것이 헛꽃 같은 일이며, 지혜는 유무가 있을 수 없어도 자비심을 일으킨다.'고 한 대목까지 읽고 마침내 깨달음이 있어 위의 게송을 지었다.

만년에 이 경을 꺼내 소동파(蘇東坡) 거사에게 보여 주면서 그 내력을 이야기하였더니, 소동파가 경 끝에 제(題)를 달고 그것을 비문에 새겼다.

오설초(吳契初) 거사

驀然覰破祖師機　　開眼還同合眼時
從此聖凡俱喪盡　　大千元不隔毫釐

조사의 기봉을 단번에 간파하니
눈을 뜨고 감음이 한결같도다
이로부터 성인이고 범인이고 다 없어져
대천세계는 원래 털끝만한 거리도 없다.

[해설]

　오설초(吳契初)는 요주(饒州) 주양(朱陽) 사람이다. 하청(河清) 군수를 지냈다. 처음엔 도교를 믿었으나, 원각경을 읽고 느낀 바 있어 생각을 바꾸어 정진하기 시작하였다. 그 후 동선법종(東禪法悰) 스님에게 법은(法恩)을 입고 깨달았다.

　한번은 우연히 서악(西岳)에 갔다가 자양진인(紫陽眞人)을 만났다. 자양진인이 말하기를,
　"그대가 얻은 바가 훌륭하기는 하나 만일 성품도리를 밝히지 못하면 헛수고일 뿐, 아무 소용없는 일이다"하니, 오설초가
　"나는 2기(二氣, 음양)를 황도(黃道)165)에서 추적할 수 있고 3성(三性, 心中의 三精)을 원궁(元宮, 단전)에 모을 수 있어서 어떤 경

---

165) 황도(黃道): 태양이나 인체 음양의 운행법칙.

계를 대하여도 여여하게 마음이 흔들리지 않는데 더 이상 무슨 성품도리를 운운 하는가."

그러자 자양진인이 『원각경(圓覺經)』을 보여 주면서

"이것이 불교의 심종(心宗)인데 깊이 음미해 본다면 뒷날 나아갈 길을 알게 될 것이고, 내 말이 빈 말이 아님을 믿게 될 것이다."라고 하였다.

오설초는 그 말을 믿고 『원각경』을 받았는데, 하루는

'적정(寂靜)하기 때문에 시방 여래의 마음이 거울 속에 상이 비치듯이 그 가운데 뚜렷이 드러난다.' 하는 대목을 읽다가

"이제까지는 내가 문을 닫고 살아 왔는데 오늘에사 팔을 휘저으며 거리를 활보하게 되었다"고 하였다.

이때부터 법회를 두루 다니다 동선법종(東禪法悰) 선사를 뵙고 물었다.

"불성이 엄연히 드러나 있건만 상(相)에 집착하여 미혹한 생각[情]을 내기 때문에 보기 어려우니, 만약 본래 '나'가 없음을 깨달으면 내 얼굴은 부처님의 얼굴과 어찌됩니까? 학인들이 깨달았다고 하면 깨달은 것이겠지만 어찌해서 부처님 얼굴을 보지 못합니까?"

그 말을 듣자 동선선사는 주장자로 오설초를 두들겨 내쫓아 버렸다. 오설초가 막 문을 열고 나서는데 활짝 깨닫고는 송(頌)을 지었다.

이단원(李端愿) 거사

三十八歲　　懜然無知
及其有知　　何異無知

서른여덟 살 되었어도
흐리멍텅하여 앎이 없었다
앎이 있다 하여도
무지함과 다를 게 무엇인가.

滔滔汴水　　隱隱隋堤
師其歸矣　　箭浪東馳

도도히 흐르는 강물
은은히 둑을 따른다
스승에 귀의함은
화살 같은 풍랑이 동으로 가네.

[해설]
　이단원(李端愿)이 달관(達觀)스님에게 물었다.
　"사람이 죽은 후에 '식(識)'은 어디로 갑니까?
　"삶을 모르고서 죽음을 어떻게 알겠는가?"
　"삶은 이미 알고 있습니다."

264

"삶이 어디에서 왔는가?"

이단원이 머뭇거리자 달관스님은 그의 가슴을 쥐어박으며 말했다.

"오직 이 속에 있는데 무엇을 생각하는가?"

"알겠습니다. 오직 갈 길만을 탐내었지 잘못 들어선 줄 깨닫지 못했습니다."

달관스님은 다시

"인생 백년이란 한낱 꿈이니라."

"지옥이란 정말로 있는 것입니까, 없는 것입니까?"

"많은 부처님께서는 없는 데서 있는 것을 설명하시니 허공꽃(空華)을 보는 것과 같고, 그대는 '있음'에서 '없음'을 찾으니, 그것은 물속의 달그림자를 잡으려는 격이니 웃을 일이다.

눈앞의 지옥을 보고서도 피하지 않고 마음 밖에서 천당을 찾아 태어나고자 하니, 이는 기쁘고 즐거운 일이 마음에 달려 있고, 선과 악이 경계를 이루는 줄을 모르는 것이다.

태위여! 자신의 마음을 깨치면 저절로 의혹이 없어지게 될 것이다."

이단원이 이어서 물었다.

"어떻게 하면 마음을 깨칠 수 있습니까?"

"선악을 모두 생각하지 말라."

"생각을 하지 않은 후엔 마음은 어디로 돌아갑니까?"

"태위여! 집으로 돌아가게나."

장계(張戒) 거사

天不戴兮地不知　　誰言南北與東西
身眠大海須彌枕　　三筍抽條也太奇

하늘도 땅도 나는 모를래라
그 누가 동서남북을 말하는가
수미산을 베개 삼아 바다 속에 잠이 드니
돌 죽순에 돋아난 가지 정말 신통하구나.

[해설]
　소남(小南) 스님(여산 나한사)을 의지하여 참선 정진하다가 깨달음을 이루었다. 위의 게송을 소남 스님께 보이니 소남 스님도 다음의 게송을 지어 칭찬하였다.

頭戴烏巾著白襴　　山房借汝一年閑
出門爲說來時路　　家在黃陂翠靄開

하얀 옷에 검은 수건을 쓰고
일 년 동안 한가히 산사를 빌려 썼구나
산문을 나서거든 왔던 길을 말해보오
그 집은 누런 들판, 푸른 아지랑이 속에 있느니.

이문화(李文和) 거사

學道須是鐵漢[166]　　着手心頭便判
直趣無上菩提　　　一切是非莫管

도를 배우려면 이런 철한이어야 하네
마음에 손을 대자 곧 판단하나니
바로 더없는 보리로 나아가
일체의 시비에 관계하지 않는구나.

[해설]
생몰연대는 알 수 없고, 도위(都尉)라는 벼슬을 하였다.
석문사(石門寺)의 자조온총(慈照蘊聰)선사에게 나아가 참구하다
가 임제의 종지를 깨닫고 앞의 송을 남겼다.
자조온총은 수산성념(首山省念, 926~993)의 제자다.

---

166) 철한(鐵漢): 강직하여 굽히지 않는 사람.

월단문재(月丹文載) 거사

劈面欄腮
電光石火捻拈
立命安身絶影踪
臘月蓮花開朶朶

얼굴을 가릍듯한 뺨 세례를 맞는 것이
전광석화와도 같이 재빠르도다
立命安身의 생각이 그림자를 거두니
섣달 연꽃이 송이 송이 피었구나.

[해설]

  광녕(廣寧) 왕(王)씨의 아들이다.

  가종(可從)을 만났을 때였다. 문재가 물었다.

  "스승님의 말씀에 이런 것이 있었습니다. '사람이 참선을 함에
깨달음을 얻는 것은 밖으로부터 얻어지는 것이 아니라 다만 자기
의 흉금으로부터 솟아오르는 것이로다.'"

  문재 거사가 말을 다 끝마치기도 전에 가종이 손바닥으로 얼굴
을 치니 문재는 놀라서 깨달은 바가 있었다. 그리하여 앞의 송을
읊었다.

  가정(嘉靖) 갑신년에 일흔 살로 시적하였다.

부정공(富鄭公) 거사

一見顯師悟入深　　因緣傳得老師心
江山千里雖云隔　　目對靈光與妙音

수옹 스님을 한 번 보고 깊이 깨달아
이 인연으로 노스님의 심법을 전해 받았으니
천리강산이 가로막혀 있다 해도
신령스런 그 모습 오묘한 그 음성이 눈앞에 선하외다.

[해설]
　부정공(富鄭公)은 송나라 때의 사람이다. 성은 부(富), 이름은 필
(弼)이다. 젊어서 불교에 귀의했다.
　호주(毫州)를 다스릴 때, 화엄선원(華嚴禪苑)의 수옹화엄(修顯華
嚴) 스님에게 항상 도를 물으며 수행하였다.
　어느 날 수옹 스님이 법상에서 좌우를 돌아보는 모습을 보고
깨쳤다. 수옹화엄 스님은 원조종본(圓照宗本, 1020~1099) 선사의
법제자이다.
　벼슬을 그만두고 낙(洛)에 살면서 자신의 생각을 게송에 실어
수옹 선사의 전법스승인 고소사(姑蘇寺)의 원조(圓照) 선사에게 보
낸 것이 위의 송이다.

화경(華瓊) 거사

三十六年顚倒　　今日一場好笑
娘生鼻孔豁開　　放出無毛鐵鷄

서른여섯 해나 전도되어
오늘에사 한바탕 호쾌하게 웃어제끼니
어머니께서는 콧구멍을 벌름 열어
털 없는 닭 새끼를 낳았도다.

[해설]
게송은 전하나 거사에 대한 자료는 찾을 수 없다.

한국편

원효(元曉) 성사

心生則種種法生　　心滅則觸髏不二
三界唯心萬法唯識　　心外無法胡用別求

마음이 나면 갖가지 법이 나고
마음이 없으면 해골도 둘이 아니다
삼계가 오직 마음이요 모든 법이 오직 앎에 있는데
마음 밖에 아무것도 없는 것을 어찌 또 따로 구해 무엇하리.

[해설]

　스님(617~686)은 신라 진평왕 6년에 지금의 경산군 자인면에서 태어났다. 속성은 설(薛)씨이며 이름은 서동(誓憧)이다. 아버지는 담날(談捺)이다.

　어머니의 꿈에 유성(流星)이 뱃속으로 들어오는 것을 보고 임신하였다고 한다. 또 스님이 태어날 때 오색구름이 땅을 덮었다고 한다.

　영특한 기질은 배움에 선생이 필요 없을 정도였으며, 일찍이 화랑으로써 전쟁에도 참가하였다.

　스물아홉 살에 스님이 되어 경주 황룡사(皇龍寺)로 가면서 스님이 살았던 집을 희사하여 초개사(初開寺)라는 절을 만들었다. 스님이 태어난 곳에도 절을 세워 묘라사(妙羅寺)라 하였다.

　영취산(靈就山)의 낭지(郞智)와 흥륜사(興輪寺)의 연기(緣起) 및 고구려 반룡산(盤龍山)의 보덕(普德) 등을 찾아다니며 정진 수행하였다.

스님의 도반으로 사복(蛇伏) 스님이 있었는데, 사복이 12살 때 그의 어머니가 돌아가셨다. 사복은 원효대사를 모시고 장례를 치렀다. 원효대사가 사복의 어머니 장례식에서 한 법문이다.

莫生兮其苦　　莫死兮其苦

태어나지 말라 그 죽는 것이 괴롭다
죽지 말라 그 사는 것이 괴롭다.

뒤에 스님의 나이 서른세 살 때에 의상(義湘)과 더불어 당나라에 수행하러 가다가 요동에 이르러 날이 저물어 쉬는데 무덤 사이였다.

한밤중에 갈증이 심하여 물을 찾아 한 그릇 시원히 마셨는데 다음날 날이 밝은 뒤 보니, 해골 속에 담겼던 더러운 물임을 알고 급히 토하려 심기(心機)가 열려 깨닫고 위의 송을 읊었다. 이때 '마음이 일어나므로 갖가지 현상이 일어나고 마음이 사라지니 땅막과 무덤이 둘이 아님을 알았다(心生則種種法生 心滅則龕墳不二)'라고 깨닫고, 유학을 포기했다.

하여 의상 스님만 당나라로 떠나고 스님은 발길을 돌렸다.

어느 날 거리에서 한 수의 노래를 지어 불렀으니

誰許沒柯斧　　我斫支天柱

누가 자루 없는 도끼를 허락한다면
하늘을 받칠 기둥을 만들리라.

보통 사람들은 이 말이 무슨 뜻인지 이해하지 못했으나, 태종무열왕이 이 노래를 전해 듣고 원효가 나라에 크게 쓰일 인재를 낳고자 함을 알고 나서 과부였던 둘째 딸 요석공주(瑤石公主)와 원효를 이어주었다. 그는 요석공주와의 사이에 후일 대학자가 된 설총(薛聰)이라는 아들을 두었다.

원효는 계를 어긴 후에는 스스로 '소성거사(小姓居士)'라 자칭하면서 지방의 촌락, 길거리를 바가지를 두드리며 돌아다녔다.

『화엄경』의 '모든 것에 걸림 없는 사람이 한 길로 생사를 벗어났도다.'라는 구절로 시와 노래를 지어 부르면서 그야말로 무애행을 하며 자유자재한 생활이었다. 그 뒤 통불교(通佛敎, 元曉宗, 芬皇宗, 海東宗)를 제창하여 불교를 포교하는데 힘썼다.

스님은 의상 스님과 윤필(尹弼)거사와 더불어 신라 삼성(三聖)으로 불리어지기도 한다.

불교뿐 아니라, 당대의 지배적인 사상이었던 유교와 도교, 법가사상 등에도 해박했다. 그는 불경을 대중적으로 쉽게 풀어 주석(註釋)을 하는 데 힘써서 100여 종 240여 권(또는 85종 170여 권)으로 알려져 있지만, 현존하는 것은 일부이다. 연구범위도 대·소승, 경·율·논 등, 거의 모든 부문을 망라하고 있다.

현존하는 것은 『대승기신론소(大乘起信論疏)』 2권, 『금강삼매경론(金剛三昧經論)』 3권, 『화엄경소(華嚴經疏)』 3권, 『십문화쟁론(十門和諍論)』, 『기신론별기(起信論別記)』, 『법화경종요(法華經宗要)』, 『열반경종요(涅槃經宗要)』, 『무량수경종요(無量壽經宗要)』 등이다.

원효의 사상은 화엄사상으로, 곧 '화쟁(和諍)' 사상이다. 이 사상은 중국과 일본의 불교계뿐만 아니라 외국에도 큰 영향을 미쳤다. 서울에 있는 원효대교와 원효로는 원효의 이름을 기리기 위해 명명된 것이다.

스님은 70세 신라 신문왕 6년 3월 30일, 경주 혈사(穴寺)에서 입적하였다고 전한다. 그러나 확실한 근거는 없다.

고려 숙종은 스님께 '대성화정국사(大聖和靜國師)'라는 시호를 추증하였다.

영조(靈照) 선사

占得幽居地　　萬松嶺上庵
入禪看不二　　探道喜成三
采玉人誰到　　含花鳥自喃
翛然無外事　　一味法門參

높은 산 깊은 골에 터를 골라서
숲속에 암자 하나 짓고 사노라
선정에 들어 불이를 보고
도를 탐구하여 삼학(三學)을 이루네.
옥 캐는 사람 중에 뉘 이르렀노
꽃을 물고 오는 새만 지저귀는구나
세상 일 모두 잊고 소연히 앉아
한 맛인 법문 참구하노라.

[해설]
　부설(浮雪)거사와 함께 수행하던 두 도반이 영조(靈照)와 영희(靈熙) 스님이었다.
　부설거사는 신라 진덕여왕 때 다섯 살의 나이로 출가하여 원정 선사로부터 받은 법명이다.
　세 스님은 지리산에서 3년 동안 경전 공부를 하고 다시 천관사에서 5년 동안 참선 공부를 하다가 문수도량인 오대산 상원사로

276

향하던 중, 김제를 지나게 되었다. 구무원이라는 거사 집에 머물게 되었다. 부설스님이 구거사의 딸과 연을 맺자 그 뒤 두 도반들은 실망한 채 구거사의 집을 떠났다.

결혼을 한 부설 거사는 아들 등운(登雲)과 딸 월명(月明)을 낳고 살았으나 성불을 향한 정진은 멈추지 않았다. 공부의 깊이도 날로 더해 갔다.

그러던 어느 날 오대산으로 떠났던 두 스님이 돌아왔다.

그날 저녁 부설은 두 스님이 공부한 경지가 궁금하여 물을 가득 담은 병을 천장에 매달아 놓고 두 도반 스님에게 그 병을 깨뜨려 보라고 하였다.

두 도반 스님이 차례로 병을 치자 병이 깨지면서 물이 쏟아졌다. 이번에는 부설거사가 병을 내리쳤다. 그러나 병은 깨져 떨어졌지만 병 속의 물은 응고된 채 천장에 대롱대롱 매달려 있는 것이었다. 깜짝 놀라 이를 바라보는 두 도반 스님에게 부설 거사가

"우리의 몸뚱이는 저 깨진 병의 껍데기와 같고, 응고되어 매달린 채 움직이지 않는 물은 우리의 성품(性品)과 같다. 이 성품은 변함이 없어 흔들림이 없고 항시 여여(如如)한 것이다."

두 도반인 영조와 영희스님은 마침내 부설거사 앞에 머리를 숙이고 제자가 되었다고 한다.

부설거사는 말을 마치고 나서 열반송을 남기고 홀연히 입적에 들었다.

두 스님은 묘적암 남쪽 기슭에 부도탑을 세우고 부설 거사의 사리를 봉안하였다.

영희(靈熙) 선사

雲收歡喜嶺　　月入老松庵
慧劍精千萬　　心源蕩再三
洞天春寂寂　　山鳥曉喃喃
咸佩無生樂　　玄關不用參

구름 걷힌 환희령 고갯마루에
달 돋아 숲 속 암자 비추는데
지혜의 칼 천만 번 갈고 닦아서
마음 구석 쓸어내길 몇 번을 하였네.
동천에 찾아든 봄 호젓도 한데
산새는 새벽마다 재잘거리네
모두들 무생락을 지닌 바에야
오묘한 도를 참구하는 것도 부질없구나.

[해설]

　한국의 부설거사(浮雪居士)는 인도의 유마거사(維摩居士), 중국의
방거사(龐居士)와 더불어 불교사의 3대 거사로 부른다.

　신라 때 경주에서 부설거사와 함께 수행하던 세 스님 중의 한
분이라는 것 외에 더 자세한 기록은 없다.

신행(神行) 선사

微言宴應　　卽心無心

부처님의 미묘한 말씀 그윽이 통하는 것이나,
마음은 항상 즉해 있으면서도 본래 없는 것이다.

[해설]

　신행(神行, 704~779)선사는 속성이 김씨(金氏)다. 경주에서 왕족의 아들로 태어났다. 원래는 벼슬길로 가려하다가 30세 때 성덕왕(聖德王) 32년(733)에 운정(運精)스님을 은사로 출가했다.

　열심히 정진하던 어느 날 운정선사는 법랑(法朗) 선사를 찾아가 공부하기를 권했다. 법랑선사 문하에 있다가 청도(淸道) 호거산(虎踞山)으로 가 다시 3년간을 수행하던 중, 어느 날 스승이 "우주의 법칙은 무엇인고?"하고 물었다. 그 순간 신행(神行)스님의 마음에 환한 등불이 켜짐을 느끼고 위의 송을 지었다.

　이후 스님은 당나라로 건너가 옥천신수(玉泉神秀, 606~706)의 문하인 지공(志空, ?~?) 선사 회상에 나아가 3년 만에 지공 선사로부터 심인(心印)을 얻었다. 귀국하여 지리산 단속사(斷俗寺)에서 불법을 펴고, 북종선(北宗禪)을 알리는데 힘썼다.

　그의 법맥은 구산선문(九山禪門)의 하나인 희양산문(曦陽山門)을 개창(開創)한 도헌지증(道憲智證, 824~882)에게로 이어졌다.

적인(寂忍) 선사

佛本無佛强以立名　　我本無我未嘗有物
見性之了是了　　　　喩法之空是空
默默之心是心　　　　寂寂之慧是慧

부처란 본래 없는 것이나 억지로 이름 지었을 뿐이요
나도 본래 없는 것이나 물건으로 있다고 할 뿐이로다
성품을 끝까지 보았으면 끝난 일이요
법이 허공 같음을 알면 바로 허공이니
잠잠한 마음이 곧 이 마음이요
고요한 지혜가 곧 이 지혜이니.

[해설]
　적인(寂忍, 785~816)스님은 경주에서 태어나셨다.
　스님의 자는 체공(體空)이다.
　선문구산(禪門九山)의 동리산파(桐裏山派)의 개산조(開山祖)이다.
　나이 열다섯에 스님이 되어 부석사(浮石寺)에서 수학하다가 개
탄하며 앞의 송을 읊으셨다.

　그 뒤 당나라에 수행하러 가셨다. 방공산의 서당(西堂) 지장(地
藏)대사에게서 심인을 얻었는데, 그때 스님은 서른 한 살이었다.
서당이 입적한 뒤에 서주의 부사사(浮沙寺)에 이르러 3년간 목침

을 베지도 않고 자리에 앉지도 않는 수행을 하셨다.

스님의 나이 55세에 무주의 쌍봉난야(雙峰蘭若)에서 여름 안거를 하셨다.

곡성(谷城) 동리산(桐裏山) 태안사(太安寺)에서 법회를 열었을 때, 학자들이 사방에서 구름 모이듯 하였다.

스님이 쌍봉난야에서 여름에 수행을 하실 때, 큰 가뭄이 들어서 산천의 초목이 마를 즈음 주사(州司)가 와서 비를 빌기를 앙청하므로, 스님이 응하고 내실에 고요히 앉아 향을 피우고 있으니 감우(甘雨)가 쏟아졌다.

또 동리산 태안사를 창건할 때 사람이 살 수 없을 만큼 모기와 벌레들이 많았는데, 스님의 신통력으로 없앴다는 전설이 남아있다.

무염(無染) 국사

筏師旣捨矣　舟子何繫焉

큰 배를 이미 버렸거늘,
어찌 작은 배에 매여 있으리오.

[해설]

　무염(無染, 801~888)국사는 신라 무열왕의 8대손으로 태어났
다. 속성은 김(金)씨, 법명은 낭혜(朗慧), 법호는 무염(無染), 휘호
는 백월보광(百月寶光)이다.

　어머니가 팔이 긴 천인으로부터 연꽃을 받는 꿈을 꾸고 잉태하
여, 법장이라는 서역(西域) 스님이 십호계(十護戒)를 주는 꿈을 꾸
고 낳았다고 한다. 어릴 때부터 합장하는 습관이 있었으며, 놀이
를 할 때에도 언제나 불상(佛像)을 그리고 탑 쌓기를 즐겼다고 한
다. 아홉 살 때에는 불경을 읽고 외워 '해동신동(海東神童)'으로
불렸다.

　12세에 설악산 오색석사(五色石寺)의 법성(法性)스님에게 출가했
다. 어느 날, 스승이 아무 말도 없이 나뭇가지를 손에 쥐어주고
홀연히 열반에 들었다. 이에 무염국사는 천지가 진동하는 듯한 깨
달음을 얻었다.

　다음은 무염 선사와 구정(九鼎)이라는 제자와의 일화다.

구정은 원래 글을 알지 못했는데, 어느 날 무염 선사를 찾아가 물었다

"어떤 것이 부처입니까?"

"즉심이 불이니라(卽心是佛)."

즉 '마음이 부처이다'는 뜻이다. 그런데 워낙 무식한 구정이라 '즉심이 부처'라는 말을 '짚신이 불(佛)'이라는 말로 알아들었던 것이다.

'짚신이 불이라? 짚신이 부처라고? 우리 스승은 부처님 같으신 분인데 허튼 말을 했을 리 없다. 부처를 물었는데 어째서 짚신이라고 대답하셨을까? 짚신이 어째서 부처인고?'

뭔가 이상하다는 생각을 하면서도 스승의 말을 그대로 받아들였다. 그날부터 자기 짚신을 머리에 이고 다니면서 오나가나 앉으나 서나

'이 짚신이 어째서 부처인고? 짚신이 어째서 부처인고?'

하는 생각을 놓지 않았다.

하루는 산에 올라가 나무를 한 다음 짚신을 두 손으로 움켜쥐고

"짚신아, 어째서 네가 부처냐? 짚신아, 네가 어째서 부처냐?"

하다가 삼매(三昧)에 들었다.

시간이 가는지, 앉았는지 서 있는지도 모를 정도였다.

오직 "짚신아, 네가 어째서 부처냐?"하며 소리를 지르다가 짚신의 끈이 뚝 끊어지는 순간 홀연히 깨달았다는 것이다.

스님은 평소 빨래와 공양, 모든 것을 스스로 했다. 그 이유를 제자들이 물으니, "산이 나를 위하여 더럽혀졌는데 내가 어찌 몸을 편안히 할 수 있겠는가."라고 말씀하셨다.

진성여왕 2년 법랍 65세, 세수 89세로 성주사에서 입적했다.

동진(洞眞) 선사

自有靑山路　　白雲那得留

나그네 가슴에 푸른 산의 길이 있거늘
흰 구름이 어떻게 잡을 수 있으리까.

[해설]

　동진(洞眞, 868~948)선사 법명은 경보(慶甫), 자는 광종(光宗),
법호는 동진(洞眞), 속성은 김씨(金氏)이다.

　전남 영암군 구림(鳩林) 출신이다. 신라 경문왕 8년(868) 7월에
모친의 꿈에, 흰 쥐가 푸른 유리구슬 한 개를 물고와 "이 구슬은
매우 드물고 기이한 보물이며 불가의 최고 보배다. 품안에 있으면
부처님의 호념(護念)이 따를 것이고, 나오면 틀림없이 광채를 발할
것"이라고 하였다.

　어린나이로 부인산사(夫仁山寺)로 가서 출가하여 교학 공부에
정진하다가 중국 무주(撫州) 소산(疎山)에 주석하고 있는 광인 선
사를 찾아갔다. 광인 선사는 선사를 대하여 "이리 가까이 오라.
그대는 신라의 용 새끼인가?"하고 물었다.
　동진스님과의 선문답으로 광인 선사는
　"동방사람으로서 눈으로 대화할 수 있었던 사람은 오직 그대뿐
이라" 말하고 심인(心印)을 얻었다.

선사는 다시 강서(江西)의 노선 화상을 찾아가 법을 구하였다. 노선 화상 회상에서 가르침 받기를 2년 만에 가을날 쪽빛 하늘에 떠있는 구름 한 조각을 보고 노선화상께서 스님을 보고 물었다.

"흰 구름이 쇠사슬 되어 나그네의 길을 끊었도다(白雲鎖斷行人路)."

이에 선사께서 확철대오 하여 위의 송을 읊었다.

동진선사가 고국으로 돌아오니 견훤은 완산주(完山州, 지금의 전주)의 남복사로 모시고자 청했다. 선사는 "새도 머물 나무를 가릴 줄 아는데, 내 어찌 박이나 오이처럼 한 곳에만 매달려 있어야 한단 말이오."라고 하며 떠났다.

고려 정종 3년(948), 세수 80세 법랍 62세로 백계산 옥룡사 염화실에서 입적하였다

정진(靜眞) 선사

十介禪子同及第　　榜頭若過摠得閒
雖然一介不回頭　　自有九人出世間

열 사람 선객이 함께 급제했으니
방 붙은 머리에 모두가 한가하다
비록 한 사람은 돌아보지 않으나
스스로 아홉 사람은 출세하리라.

[해설]

스님(878~956)은 공주(公州)에서 아버지 양길(亮吉), 어머니 김씨 사이에 태어났다. 스님의 휘(諱)는 긍량(兢讓)이며, 성은 왕(王)씨이다.

스님의 조부는 항상 어질고 의로움을 실천하였으며, 음덕을 많이 쌓았다.

스님의 나이 아홉 살에 입산할 것을 아버지께 아뢰었다. 아버지의 승낙을 받고 공주 남혈원(南穴院) 여해(如解)선사에게 출가했다. 항상 공부를 잊지 않고 열심히 수행하셨다.

계룡산 보원정사(普願精舍)에서 부동(不動)의 서원이 섰다. 그 뒤 서혈원(西穴院)에서 양부(揚孚)선사를 만나 속 깊은 혼이 서로 마주치게 되었다.

스님은 더욱 큰 뜻을 세우고 23살(900년)에 당나라에 갔다. 그

때 스스로 '세월이 흘러가는 것이 화살 같으니 언덕에 누운 소처럼 꾸물대기만 하고, 자라가 바다 물결에 떠도는 것처럼 한다면 어느 때에 피안에 도달하랴.'라고 하셨다. 이때 스님의 나이 스물 셋이었다.

당나라 설봉산(雪峰山)에서 어느 스님이 춘목(椿木, 참죽나무)을 손으로 가리키며,

"말라죽은 나무가 저 혼자 정(定)에 들었으니, 봄이 와도 다시 영화롭지 못하구나."

라고 하기에 스님이

"티끌세상 밖을 향한 듯 하고, 늙어 도정(道情)을 즐기는 듯 합니다."

라고 대응하였다.

그 뒤 석상경저(石霜慶諸, 807~888)의 제자인 곡산도연(谷山道緣)을 찾아가

"석상(石霜) 화상의 종지 의미는 어떤 것입니까?"

도연 스님이

"대대로 일찍이 이어지지 않았노라."

라고 하셨다. 이 말씀에 스님이 크게 깨달으시고 앞의 오도송을 지어 바쳤다.

도연 스님은 경탄하시며 기뻐하셨다.

스님이 관음사에 이르러 면창(面瘡)이 극심하여 위독하였다. 스스로 열반당에 앉아 보살에게 발원하였다. 어떤 노스님이 문으로 들어와서 물로 면창을 씻어주니 그 뒤 깨끗이 나았다.

경애왕 원년(924)에 귀국하여 광주(廣州) 백암사(伯巖寺)에 머무니 곳곳에서 학자들이 많이 찾아왔다. 그때 왕은 칙사를 보내어 '봉종대사(奉宗大師)'라는 시호를 내렸다.

스님은 희양산 봉암사(鳳岩寺)에서 선풍을 크게 날렸다.

경종(景宗)은 스님을 '증공대사(證空大師)'라 추증하고, 탑호를 '원오(圓悟)'라 하였다.

그리고 입적하시기 전에

"내가 서쪽에 가서 배우고 동쪽으로 돌아오니 장차 삼기(三記)를 보내고자 한다. 산을 택하여 주(住)함으로써 후인을 청산 백운 속에 인도하고, 길 잃고 헤매는 무리를 인도하리니, 왕이 모르는 바를 깨우쳐 나라를 도와 복연(福緣)을 지어야 한다.

바람 앞에 등불이 오래 가지 못하듯, 나도 오래 살 수 없다. 이제 가려 한다. 각자는 스스로 마음을 잡고 부처님 가르침을 힘쓸 지어다."

하시고 세상 인연을 거두셨다.

진각(眞覺) 국사

行年忽忽167)急如流　　老色看看日上頭
只此一身非我有　　休休168)身外更何求

세월은 물 흐르듯 빠르나니
머리에 노색(老色)이 보이네
다 못 이 몸, '나'가 없음이여
쉬고 쉬어라 이 몸 밖에 무엇 구하랴.

[해설]
　스님(1178~1234)의 휘(諱)는 혜심(慧諶)이요, 자는 영을(永乙)이
라 불렀다. 호를 무의자(無衣子)라 하기도 하였다. 속성은 최(崔)씨
이며 이름은 식(寔)이다. 고려 명종(明宗) 8년(1178) 전남 화순(和
順)에서 태어나셨다.
　어머니 배(裵)씨가 천문(天門)이 활짝 열리며, 벼락이 세 번 내
리치는 것을 꿈꾸고 잉태하였다. 잉태한지 열 두 달 만에 태어났
는데 태를 두른 모습이 마치 스님이 가사를 두른 듯 하였다. 태어
난 지 일주일간 울지도 않고 눈도 뜨지 않았으며, 젖을 먹여 누이
면 어머니를 등지고 눕곤 하였다.

---

167) 홀홀(忽忽): 세월이 빠름을 뜻함.
168) 휴휴(休休): 마음이 너그러움. 상냥함. 선가(禪家)에서 번뇌스런
　　 마음을 쉬라고 할 때 이름.

어려서 아버지를 여의고 세상의 허무함을 깊이 느껴 출가하여 수행하고자 어머니께 아뢰었으나, 어머니의 만류로 실패하였다.

승안(承安) 6년에 사마시(司馬試)에 합격하여 태학(太學)에서 공부하던 중, 어머니의 병환으로 고향에 돌아왔다. 그때부터 불교에 깊은 관심을 가지고 관불삼매(觀佛三昧)와 불경 탐독에 여념이 없었다.

어머니가 세상을 떠나자, 조계산 송광사 보조(普照)국사를 찾아가 사십구재를 올리고 그 자리에서 입산하였다. 후에 지눌의 법을 이어받았다.

그날 보조 국사는 중국의 유명한 선승인 설두중현(雪竇重顯, 980~1052)선사가 들어오는 꿈을 꾸었다고 한다.

전남 구례 오산(鰲山) 사성암(四聖庵)에 있으면서, 역대 선지식들의 법어를 묶어 『선문염송(禪門拈頌)』이라는 저서를 남겼다. 이때 새벽 오경(五更)에 시를 읊는데, 그 소리가 너무나 청아하여 십리 밖 마을 사람들이 듣고 잠을 깨기도 하였다.

1205년(희종 1)가을, 보조 국사가 억보산(億寶山)에 계실 때였다. 선객 몇 사람과 함께 보조국사를 친견하고자 찾아가다가 그 산 밑에서 쉬었다. 아직 암자까지 가지도 않았는데 보조 국사가 시자를 부르는 소리가 들리므로 스님은 이런 게송을 지었다.

呼兒響落松蘿霧　　煮茗香傳石徑風

아이 부르는 소리는 송라의 안개에 떨어지는데,
차 달이는 향기는 돌길의 바람에 풍겨오네.

보조지눌을 친견하고 이 게송을 보였더니 지눌은 머리를 끄덕이며 수중의 부채를 주었다.

이때 스님이 다시 게송을 지어 국사에게 바쳤다.

昔在師翁手裡　　今來弟子掌中
若遇熱忙奔走　　不坊打起淸風

전에는 스승의 손에 있더니
지금은 제자의 손안에 있네
만일 더위에 허덕이며 다닐 때면
맑은 바람 일으킨들 그 어떠하리.

이에 보조 국사는 크게 기뻐하시며 말씀하시기를,
"내가 이미 너를 얻었으니 이제 죽는다 하여도 한이 없구나. 이
제 네가 불법을 스스로 맡아 본원(本願)을 바꾸지 말아라."하셨다.
지눌이 조계산 수선사의 법석을 그에게 전하려 했으나, 사양하고
지리산 금당암에 들어가 더욱 정진하였다.
어느 날 문득 앞의 게를 읊으셨다. 앞의 게송을 식심게(息心偈)
라고도 한다. 쉽게 말하면 중생의 마음을 쉬었다는 뜻이기도 하
다. 오도송을 다른 말로 식심게라고 표현하기도 한다.

그 뒤 보조 국사가 입적하므로 수선사(修禪師)의 제2세가 되었
다. 고종은 스님에게 '선사(禪師)'의 호를 내리고 다시 '대선사(大
禪師)'의 칭호를 내렸다. 학인이 너무 많이 몰려와 선원을 왕명에
의하여 크게 지었다. 왕이 법요를 물으므로 『심요(心要)』를 책으로
지어 올렸다.
스님은 항상 "불법이란 사량분별로 해득할 바가 아니며 의로(義
路)를 넓게 따지자면, 만륜천경(萬輪千經)이 있겠지만 진원을 찾으
려면, 오직 무심무사(無心無思)로 오성(悟性)을 직접 깨닫는 묘경
에 들어가야 한다."고 주창하셨다.

衆苦不到處　　別有一乾坤
且問是何處　　大寂涅槃門

온갖 고통이 이르지 않는 곳에
따로 한 세계가 있나니
그곳이 어디냐고 묻는다면
아주 고요한 열반문이라 하리라.

위의 임종게를 남기고 쉰일곱에 열반에 들었다.
저서에 『진각국사어록(眞覺國師語錄)』, 『심요(心要)』, 『선문염송
(禪門拈頌)』, 『무의자시집(無衣子詩集)』이 있다.

일연(一然) 선사

乃知三界如幻夢　　見大地無纖毫碍

삼계가 꿈과 같음을 알지니
이 세상 바라보니 털끝만큼도 걸림 없어라.

[해설]

　스님(1216~1289)은 고려 희종(熙宗) 2년에 현재 경산군에서 태어나셨다. 속성은 김씨이다. 어머니 꿈에 해가 방 안에 들어와서 배에 비치는 것을 보고 잉태하였다고 한다.

　스님의 휘는 견명(見明), 자는 회연(晦然)이며, 뒤에 일연(一然)이라 고쳤다. 호는 무극(無極) 또는 목암(睦庵)이다.

　나라에서는 '보각국존(普覺國尊)'이라 시호하였다.

　어려서 총명함이 뛰어나 아홉 살에 해양(海陽)의 무량사(無量寺)에 가서 글공부를 시작하여 열네 살에 진전사(陳田寺)의 대웅(大雄) 스님에게서 머리를 깎고 구족계를 받았다. 뒤에 전국의 선원을 두루 찾아다니며 수행하였다.

　고종(高宗) 14년 선불장(選佛場)에 나아가 상상과(上上科)에 올랐으나 염두에 두지 않고 포산(包山) 보당암(寶幢庵)에 은거 수행하였다.

　고종 23년 병란이 일어났을 때, 문수보살 오자주(五字呪)를 염

송하였던 바 문수대성이 현신하여,

"무주(無住)에 살아라."

하시므로 묘문암(妙門庵) 뒤 무주암(無住庵)에 살았다.

스님은 이곳에서 '생계불감(生界不減) 불계부증(佛界不增)'의 화두를 참구하여 어느 날 활연 대오하였다. 그때에 앞의 오도송을 남겼다.

이 해에 나라에서 스님에게 '삼중대사(三重大師)'라는 호를 내렸으며, 고종 23년에 '선사(禪師)'를 다시 내렸다.

고종 46년에 '대선사(大禪師)'가 되고 원종(元宗) 2년(1261) 왕의 부름을 받아 서울 선월사(禪月寺)에서 개당하여, 멀리 목우자(牧牛子) 스님의 법을 이어받았다.

원종 5년에는 경북 포항의 오어사(吾魚寺)에 머무셨다. 또한 원종 9년(1268)에는 조정의 지시를 받아 선교(禪敎)의 고승 백 명을 모아 운해사(雲海寺)에서 대장락성회(大藏落成會)를 베풀었다. 이 법회는 낮에는 독경을 하고, 밤에는 종취(宗趣)를 담론하여 제가(諸家)의 의심되는 것을 풀어주는 법회다.

충렬왕(忠烈王, 1236~1308) 3년(1277) 운문사(雲門寺)에 머무를 때, 충렬왕이 스님을 공경하여 보낸 시가 있다.

密傳何必更摳衣　　金地逢攙亦是奇
欲乞璉公邀闕下　　師何長戀白雲枝

심오한 뜻을 전함에 어찌 옷을 걷을 필요가 있겠는가
부처님 땅에서 만나 부르며 기이하도다
그대를 궐 아래 맞아들이고자 하나
스님은 어찌 흰 구름 나뭇가지를 길이 애태우게 하는가.

294

충렬왕 7년에는 친히 스님의 법문을 듣기도 하였다. 그리고 왕사(王師)로 모시기를 간청하였으나 굳이 거절하였다. 나중에 '국존(國尊)'으로 책봉하였으며, 호를 '원경충조(圓徑沖照)'라 하였다.

스님은 노모에게도 극진한 효도를 보였다.

스님이 인각사(麟角寺)에 머물면서 구산문도회(九山門徒會)를 열어 총림의 면모를 갖추었다.

충렬왕 15년(1289)에 열반하셨는데, 그날 밤 큰 별이 방장실에 떨어지더니 그 이튿날 새벽 열반에 드셨다.

열반에 드시는 날 목욕하고 대중을 모아,

"내 오늘 가려 하는데 혹시 겹친 날이 아니냐?"

"아닙니다."

"그렇다면 되었다."

그리고는 법고를 울려 산중대중을 모이게 하고 법당 앞에 나와서 선상(禪床)에 걸터앉아 국사(國師)의 인보(印寶)를 봉하여 장선별감(掌選別監) 김성고(金成固)에게 명하였다.

그리고는 방장실에 돌아와 손으로 금강인(金剛印)을 맺고 좌탈입망으로 원적에 들었다.

저서로는 『어록(語錄)』 2권, 『대장수지록(大藏須知錄)』 3권, 『제승법수(諸乘法數)』 7권, 『조정사원(祖廷事苑)』 30권, 『선문염송사원(禪門拈頌事苑)』 30권, 『게송잡저(偈頌雜著)』 5권, 『삼국유사』 5권 등이 있다.

원진(圓眞) 국사

妙明眞性　　　清淨眞性
我爲大法王　　於法悉自在

묘하고 밝은 참된 성품이여
청정한 참 성품이여
내가 대 법왕이 되어
모든 법에 자재하다.

[해설]

원진(圓眞, 1187~1221)국사는 고려중기의 스님으로 경북 문경 산양에서 태어났다.

속성은 신씨(申氏), 휘는 승형(承逈), 자는 영회(永廻), 법호는 원진(圓眞)이다.

일찍 부모님을 여의고 일곱 살 때, 청도 운문사 연실(淵實)스님에게 출가, 13세 때 희양산 봉암사의 동순(洞純)스님에게 법을 배웠다.

희종 4년(1208년) 금강산 유점사에 머물다가 고종 3년(1215년)에 대선사가 되어 포항 보경사를 중창하고 주지가 되었다.

우리나라 최초로 단차(團茶)169)를 만들어 보급하기도 했다.

---

169) 단차(團茶): 차잎을 뭉쳐 벽돌 모양으로 만든 것, 보통 떡차라고 부른다.

스님은 운수납자로 떠돌던 어느 날 춘천 청평사에 발길을 멈추었다. 문수보살 전에 참회 발원하고 선정을 닦는데, 17일 되던 날이었다.

어떤 보살이 광명을 비추는데 천지가 환해졌다. 그리고는 오른 팔을 펴 스님의 정수리를 만지며 "장하도다. 게으름 없는 너의 수행이여. 너는 나를 따르라" 하고서 『능엄경』을 내어 주면서 "여기에 심성(心性)의 본바탕을 찾는 지름길[要路]이 있다"하고 사라졌다.

선정에서 깨어난 국사는 『능엄경』을 읽다가,
'이 우주만유가 지(地)·수(水)·화(火)·풍(風)·공(空)·견(見)·식(識), 일곱 가지 원인으로 구성되었는데, 그 7대 원인이 본래 자연이 아니고 인연도 아니며 본래 여래장(如來藏)의 묘진여성(妙眞如性)이다'고 한 구절에서 크게 깨우쳤다.

왕실의 신임을 받아 우왕이 '국사'로 추증하고 시호를 '원진(圓眞)'이라 하였다.
포항 보경사에 '보경사원진국사비(寶鏡寺圓眞國師碑)'가 보물 제252호로 남아있다.

원감충지(圓鑑沖止) 국사

春日花開桂苑中　　暗香170)浮動小林171)風
今朝果熟沾甘露　　無限人天一味同

봄날 꽃이 계수나무 동산에 피니
그윽한 향기는 소림의 바람을 일으키고
오늘 아침 익은 과일은 감로조차 머금고
무한한 인천은 한 가지 맛이러니.

[해설]

스님(1226~1292)은 고려 고종(高宗) 13년(1226) 정안(定安)에서 태어나셨다.

속성은 위(魏)씨이며, 이름은 법환(法桓)이라 했다가 원개(元凱)라 하였으며, 다시 충지(沖止)라 고쳤다. 호는 밀암(密庵)이다.

열아홉 살에 문과에 장원급제하여 벼슬길에 올랐다. 일본에 사신으로 다녀오기도 하였다. 그러나 항상 선림생활을 염원하여 티끌세상 생활 벗어나기를 바랐다. 마침 원오(圓悟)국사가 선원사(禪源寺)에서 사찰의 규모를 확장하고 중수하여 선풍을 드날림을 알고, 이에 결연히 세상사를 벗어나 구족계를 받고 스님이 되었다.

---

170) 암향(暗香): 그윽한 향기, 은은한 향내.
171) 소림(小林): 달마 대사가 계시던 곳을 소림굴이라 한다. 중국 하남성 하남부 등봉현의 서북쪽 숭산의 별봉인 소실산의 북쪽 기슭에 있던 절. 흔히 선가(禪家)를 뜻할 때 소림이라고 씀.

마흔 한 살 때에 김해 감로사(甘露寺)에 계시다 원오국사가 입적하므로, 그의 뒤를 이어 조계의 6세 법주(法主)가 되었다. 그 무렵 수행 끝에 앞의 송을 지으셨다.

충렬왕 18년 스님의 나이 육십 칠 세에 갑자기 대중스님을 모아놓고,
"삶과 죽음은 인간 세상의 의당한 일이니, 나 역시 마땅히 그 이치에 따르리라." 하시며 열반송을 남겼다.

閱過行年六十七　　及到今朝萬事畢
故鄕歸路坦然平　　路頭分明未曾失
手中纔有一枝节　　且喜途中脚不倦

지나온 세월 예순 일곱 해
오늘 아침 이르러 모든 일 마쳤다
고향으로 돌아가는 길 넓고 평탄해
앞길이 분명하니 헤맬 일 없겠다
내 수중엔 겨우 지팡이 하나뿐이지만
발걸음 가볍게 하리니 이 역시 기쁘다.

시호는 '원감국사(圓鑑國師)', 탑호는 '보명(寶銘)'이다.
저서로는 『원감국사가송(圓鑑國師歌頌)』, 『조계원감국사어록(曹溪圓鑑國師語錄)』1권, 『해동조계밀암화상잡저(海東曹溪密庵和尙雜著)』1권이 있다.

백운경한(白雲景閑) 선사

黃面瞿曇不良久　　室中維摩亦不默
恰似吹毛新發硏　　外道天魔處不得

금빛 얼굴의 부처님은 유구한 세월도 없나니
방장실의 유마힐도 침묵하지 않도다
선의 본바탕은 새로이 연마한 취모리
외도와 천마(天魔)도 넘보지 못하네.

[해설]

  백운경한(白雲景閑, 1298~1374) 스님은 전라도 고부에서 태어났다. 어려서 출가하여 스승 없이 전국의 사찰을 다니면서 수행하다가 법을 위하여 1351년 중국 원나라로 갔다.
  그곳에서 인도 출신으로 원나라에 머물던 지공(指空)화상에게 법을 묻고, 하무산(霞霧山) 천호암(天湖庵)에 주석하고 있던 석옥 청공(石屋淸珙) 선사의 법맥을 이어받았다.
  태고보우(太古普愚)와 나옹혜근(懶翁慧勤)스님과 함께 국운이 시련을 맞았을 때 당시 불교계를 이끌었다.

  1353년 정월 어느 날 정진 중에, 영가현각 스님의 〈증도가〉 중

  '망상을 버리려 하지도 말고

진실을 구하려 하지도 마라

무명의 실성(實性)이 곧 불성이요,

환화(幻化)의 공신(空身)이 곧 법신이다'

라는 구절이 생각났다. 그 말을 깊이 음미하였을 때, 마음에 맺혔던 의심이 얼음처럼 풀렸다고 한다.

석옥청공스님이 이를 보고 인가하였다.

1353년 석옥청공이 임종하면서 임종게를 지어서 제자 법안(法眼)에게 '백운스님에게 전할 것'을 당부하였다. 이듬해에 법안스님이 고려에 와서 이를 전했다. 석옥청공 스님의 임종게는 다음과 같다.

人生七十歲　　古來亦希有

七十七年來　　七十七年去

處處皆歸路　　頭頭是故鄕

何須理舟楫　　特地欲歸鄕

我身本不有　　心亦無所住

作灰散四方　　勿占檀那地

인생 칠십은

예로부터 드문 일이다

칠십칠 년 살다가

칠십칠 년에 가나니

곳곳이 다 돌아갈 길이요

머리 두는 곳이 바로 고향이거늘

무엇하러 배와 노를 이끌어

특히 고향에 돌아가고자 하리

내 몸은 본래 없는 것이요

마음 또한 머무는 곳 없나니

재를 만들어 사방에 뿌리고

시주의 땅을 범하지 마라.

1374년 여주 취암사에서 77세로 입적했다.

훗날 그의 어록 서문을 썼던 이구(李玖)는 '천진하고 거짓이 없어 형상을 빌려 이름을 팔지 않았으니, 진경(眞境)에 노니는 사람이었다.'고 스님을 표현하고 있다.

『백운화상어록』과 『불조직지심체요절(佛祖直指心體要節)』의 저서가 있다.

나옹혜근(懶翁惠勤) 국사

禪佛場[172]中坐　　惺惺[173]着眼看
見聞非他物[174]　　元是舊主人[175]

선불장 가운데 앉아
번쩍이며 눈을 들어보니
보고 들음이 다른 물건 아니라
본래 옛 주인이로다.

[해설]

　스님(1320~1376)은 경북 영해(寧海) 사람이다. 속성은 아(牙)씨
요, 이름은 원혜(元惠)이며, 호를 강월헌(江月軒)이라 하였다.

　어머니 꿈에 금빛 나는 매가 날아와서 머리를 쪼고 알을 품안
으로 떨어뜨리는 것을 보고 스님을 잉태하였다. 출생하니 골격이
기이하고 외모가 비범했다.

　어려서 출가하고자 하였으나 부모가 만류하였다. 스무 살 되던

---

172) 선불장(禪佛場): 계율을 가르쳐 주는 곳. 선법(禪法)·교법(教法)
　　을 닦는 곳.
173) 성성(惺惺): 정신을 항상 깨끗하게 한다는 뜻. 흔히 명령하는 뜻
　　으로 쓰이기도 함.
174) 비타물(非他物): '다른 물건이 아니다.'라는 뜻은, 둘이 아닌 혼연
　　일체된 상태를 뜻함.
175) 구주인(舊主人): 옛 주인. 쉽게 말하면 본래 내가 나의 주인이란
　　뜻.

해에 어느 날, 이웃 친구가 죽는 것을 보고 마음이 편치 않더니 어른들에게 묻기를, "사람이 죽으면 어디로 가느냐?"고 했으나 아는 사람이 없으므로 비통한 생각을 품고 있었다. 그러다가 홀연히 집을 벗어나 문경 공덕산 묘적암(妙寂庵)의 요연(了然)선사에게 가서 있더니, 하루는 삭발하고 입산을 허락해 줄 것을 간청하였다. 그때 요연 선사가

"무엇하러 삭발하는가?"

"삼계를 초월하여 중생을 이롭게 하려고 합니다."

"여기 온 물건은 무엇이냐?"

"듣고 말하고 하는 것이 왔거니와 보려 해도 볼 수 없고, 들으려 해도 들을 수 없고, 찾으려 해도 찾을 수 없으니 어떻게 닦아야 합니까?"

"나도 너와 같아서 알 수 없으니 다른 스님께 가서 물어라."

하였다.

그리하여 스님은 그 날로 그곳을 떠나 여러 곳을 찾아다니며 양주의 회암사(檜岩寺)에서 4년간 참선을 하여 깨달은 바 있었다. 그때 일본 스님 석옹(石翁)이 선상(禪床)을 두드리며,

"대중들은 듣느냐?" 하고 물었을 때 스님은 앞의 오도송을 보였다. 스님은 스스로의 정신적 경지를 직감할 수 있는 자찬(自讚)이란 송이 있다.

打破虛空出骨　　閃電光中作窟
有人問我家風　　此外更無別物

허공을 찢어서 뼈다귀를 드러내고
번쩍하는 저 빛 속에 굴을 판다
누가 내 가풍이 무엇인지 묻는다면

이 밖에 또 다시 별다른 것 없도다.

그 뒤 중국에 들어가 연경(燕京)에 있는 법원사(法源寺)의 지공(指空) 스님을 만나 2년간을 참구하였다.
지공 스님을 만났을 때 묻기를

"어디서 오는가?"
"고려에서 왔습니다."
"배로 왔나 육지로 왔나 또는 신통력으로 왔나?"
"신통력으로 왔습니다."
"한 번 신통력을 보이렴."
하므로 스님은 아무 말 없이 지공 스님 가까이 가서 두 손을 맞잡고 서 있었다. 지공 스님은 다시 묻기를,
"고려에서 왔으면 동해를 보고 왔는가?"
"아니 보고 어찌 올 수가 있습니까."
"12개방자(十二個房子)를 가지고 왔는가?"
"가지고 왔습니다."
"누가 화상을 오게 했는가?"
"스스로 왔습니다."
"무엇하러 왔는가?"
"뒷사람들을 위하여 왔습니다."
이런 문답이 있은 뒤 고개를 끄덕이며 입실을 허락하고 게를 읊었다.

禪無堂內法無外　　庭前柏樹認人愛
淸凉臺上淸凉日　　童子數沙童子知

선에는 안이 없고 법은 밖이 없건만

뜰 앞의 잣나무 사람의 정을 아누나
청량대 위에는 밝은 해
동자가 헤아린 모래는 동자가 알리라.

이 게를 듣고 난 스님이 화답하는 게를 지어 올렸다.

入室堂內出無外　　刹刹塵塵禪佛場
庭前柏樹更分明　　今日夏初四月五

들어감에 안이 없고 나감에 밖이 없어
나라마다 티끌마다 선불장이요
뜰 앞의 잣나무가 다시 분명하니
오늘이 사월 오일이로다.

지공 스님은 스님이 큰 법기임을 알고, 사제의 관계를 맺었다.
그 뒤 평강(平江)의 휴휴암(休休庵)을 거쳐 평산처림(平山處林, 1270~1361) 선사를 뵈니,
"어디서 온 스님인가?"
"서울에서 왔습니다."
"어떤 사람을 보고 왔는가?"
"서천지공(西天指空)을 보고 왔습니다."
"지공은 날마다 무엇을 하는가?"
"날마다 천검(千劍)을 쓰고 있습니다."
"지공의 천검은 두고 너의 일검(一劍)을 가져오너라."
하였을 때, 스님이 좌구(坐具)를 들어 쳤다. 그때 평산 스님은 "이 도적놈이 나를 죽이는구나." 하였다. 이에 스님이 평산 스님을 일으키며,
"나의 칼은 사람을 죽이기만 하는 게 아니라 살리기도 합니다."

이에 평산 스님은 크게 기뻐하여 스님에게 차를 대접하였다. 이후 법의와 불자(拂子)를 표신으로 주었다.

그 뒤 지공 스님에게서도 법의와 불자를 받고 1358년 귀국하셨다. 1371년 왕사(王師)가 되었다.

저서로는 『나옹화상가송(懶翁和尙歌頌)』, 『나옹화상어록(懶翁和尙語錄)』 각 1권이 있다.

다음은 열반송이다.

七十八年歸故鄕　　天地山河盡十方
刹刹塵塵皆我造　　頭頭物物本眞鄕

칠십팔 년 고향으로 돌아가나니
이 산하대지 온 우주가 다 고향이네
삼라만상 모든 것은 내가 만들었으며
이 모든 것은 본시 내 고향이네.

태고보우(太古普愚) 국사

趙州古佛路　　坐斷千聖路
吹毛覿面提　　通身無孔竅

조주에 사는 옛날의 조사
앉은 채 천성의 길 끊었네,
칼날을 바로 눈앞에 대어도
온몸엔 하나의 구멍도 없네.

一亦不得虛　　踏破家中石
回看沒破跡　　看者亦已寂

하나도 얻는 것 없는 곳에서
집안 돌 모두 밟았네
돌아보면 밟을 자취도 없고
본다는 것도 이미 고요 하여라.

了了圓妥妥　　玄玄光朔朔
佛祖與山河　　無口悉吞却

분명하고 둥글어 한 곳으로 치우치지 않는데
그윽하여 광명은 빛나네
부처와 조사 그리고 산하까지도

308

입 없이 모두 삼켜 버렸네.

狐兔絶潛蹤　　翻身獅子露
打破牢關後　　淸風吹太古

여우와 토끼도 자취 감춘 듯
문득 뛰어드는 사자 한 마리
철벽같은 그 관문 때려 부수니
맑은 바람 태고 적 부는 그 바람.

[해설]

　스님(1301~1383)은 충남 홍성 출신이다. 성은 홍(洪)씨이며 이름은 보우(普愚)이다. 호를 태고(太古) 또는 보허(普虛)라고도 하였다. 어머니 정(鄭)씨 꿈에 해가 배를 비추는 꿈을 꾸고 스님을 잉태하였다.

　열세 살 나이에 양주 회암사 광지(廣智)선사에게 출가했다. 가지산(迦智山) 총림에서 '만법귀일'의 화두를 가지고 수행했다.

　스물여섯 살 때에 화엄선(華嚴選)에 합격하였다. 용문산 상원암(上院庵)과 성서(城西) 감로사(甘露寺)에서 고행정진을 하여 의단을 타파하였다. 그때 십이대원(十二大願)을 세우고 관음보살께 예배하였는데, 7일 동안 자리에서 움직이지 않고 정진에 들었다.

　잠시 조는 사이에 청의동자(靑衣童子) 두 사람이 와서 병과 잔을 받들고 이상한 백탕(白湯)을 스님에게 드리니 받아 마셨다. 그로부터 깨달음이 있어 게송을 지었다.

　그리고도 계속 정진하였다. 송도 채중암(蔡中庵)의 전단원(栴檀院)에서 동안거를 하는 때에 조주화상(趙州和尙)의 무자(無字) 화두

를 들고 정진을 하다가 다시 한 번 크게 깨달은 바 있어, 오도송
을 적으셨는데, 그것이 마지막의 넷째 수다.

이에 다시 1,700 공안을 모두 연구하다가 암두(岩頭)화상의 '밀
계덕산화(密啓德山話)에서 깨닫지 못하고 있다가 그것마저 깨닫고,

岩頭雖善射　　不覺露濕衣

암두가 비록 쏘기는 잘 쏘았으나
이슬에 옷이 젖음을 깨닫지 못하였네.

라는 오도송을 읊었다. 이때 스님의 나이 서른여덟이었다. 그때
중국 스님 무극(無極)의 권유로 임제(臨濟) 정맥(正脉)인 석옥청공
(石屋淸珙)을 만나기로 하고 중국에 갔다. 그때 스님의 나이 마흔
여섯이었다. 중국 왕실에서 설법하기도 하였다.

호주(湖州) 하무산(霞霧山)의 석옥청공 스님을 뵙고 스스로 지은
〈태고암가(太古庵歌)〉를 바쳤다. 이에 석옥 스님은 극찬하며 인가
하였다. 이로써 우리나라 임제종의 초조(初祖)가 되었다. 그때 석
옥 화상이 붙인 찬(讚)이다. 일흔 여섯이었을 때다.

先有此菴　　方有世界
世界壞時　　此菴不壞

菴中主人　　無在不在
月照長空　　風生萬籟

이 암자가 먼저 있고
세계가 생겼으니
세계가 파괴되어도

이 암자는 안 무너져.

암자 속의 주인공은
있지 않은 데가 없어
큰 허공에 달 비추듯
일만 피리 바람 일듯.

그 다음해에 귀국하여 용문산 소설암(小雪庵)에 묻혀 있으니, 공
민왕이 사신을 보내어 법을 묻고 왕사(王師)를 삼았으나 거절하고
소설암으로 돌아갔다.
스님의 나이 여든 둘 어느 날, 목욕 후 옷 갈아입으시고 남긴
임종게다.

人生命若水泡空　　八十餘年春夢中
臨終如今放皮袋　　一輪紅日下西峰

사람의 생명은 물거품처럼 헛되어
팔십여 년이 한바탕 봄꿈이었네
죽음에 이르러 이제 가죽포대 버리니
붉은 해가 서산으로 떨어지네.

경기도 고양시 신도동 북한산 중턱에 탑과 비석이 있다. 탑호는
'보월승공(寶月昇空)'이고, 시호는 '원증(圓證)'이다.

태고암가(太古庵歌)

吾住此庵[176]吾莫識　　深深密密無壅塞
函盖乾坤沒向背　　　　不住東西與南北

내가 사는 이 암자 나도 모르나니
깊고 세밀하나 막힘이 없네
누리를 모두 가두었으니 앞뒤가 없고
동서남북 어디에도 머물지 않네.

珠樓[177]玉殿未爲對　　少室[178]風規亦不式
爍破八萬四千門　　　　那邊[179]雲外靑山碧

주루와 옥전도 비교할 바 아니고
소실의 풍규를 본받지 않았어도
팔만 사천의 법문 부수었거니
구름 밖 저쪽 청산이 푸르네.

山上白雲白又白　　山中流泉滴又滴
誰人解看白雲容　　晴雨有時如電擊
誰人解聽此泉聲　　千回萬轉[180]流不息

---

176) 차암(此庵): 스님이 머무셨던 암자. 태고암(太古庵).
177) 주루(珠樓): 보석으로 장엄한 누각. 아주 호화로운 누각.
178) 소실(少室): 소림사를 가리킴. 중국 하남성 등봉현 고산의 별봉 (別峰)인 소실에 있는 절로서 보리달마 대사가 9년간 참선하던 곳.
179) 나변(那邊): 저쪽
180) 천회만전(千回萬轉): 굽굽이 감돌아 흐르는 것.

산 위의 흰 구름 희고 또 흰데
산 속의 맑은 샘물 흐르고 또 흐르네
흰 구름 저 모습 뉘라서 봐서 알까
개었다 비가 오고 번개도 치고
이 샘물 소리를 누가 들을 줄 아랴
천 굽이를 돌고 만 굽이를 굴러서 쉬지 않고 흐르나니.

念未生時181)早是訛　　更擬開口成狼籍182)
經霜經雨幾春秋　　　有甚閑事知今日

생각이 나기 전에 이미 그르쳤나니
다시 입을 연다면 어지러우리
봄비, 가을 서리, 몇 해를 지냈는가
부질없는 일이었음을 오늘에야 알겠네.

麤也湌細也湌　　　　任儞人人取次喫
雲門胡餅183))趙州茶184)　何似庵中無味食

---

181) 염미생시(念未生時): 한 생각 나기 이전. 본래 깨끗한 마음에는
　　한 생각 내는 그 자체가 번뇌임.
182) 낭적(狼籍): 어수선함. 낭자함. 어지러움.
183) 운문호병(雲門胡餅): 화두로써 어느 스님이 운문에게 "어떤 것이
　　부처와 조사를 초월한 말입니까?" 하고 물었을 때, 운문 스님이
　　"호병이니라." 한데서 나온 화두.
184) 조주다(趙州茶): '조주끽다거'라는 화두에서 나온 이야기. 조주가
　　어느 스님에게 "이곳에 와 보았는가?" "와 본 적이 없습니다."
　　"차 마시고 가거라." 또 어느 스님에게 물었을 때 "와 보았습니
　　다." 하니 조주 스님은 "차 마시고 가거라." 하였다.
　　원주가 말하기를 "화상은 항상 스님에게 물어서 와 보았다거나
　　와본 적이 없다거나 간에 차 마시고 가라 하시니 그것은 무슨
　　뜻입니까?" 하였다. 조주 스님은 "원주" 하자 원주가 "예" 하니
　　조주 스님은 "차 마시고 가게." 한데서 나온 화두.

거칠어도 음식이요, 정갈해도 음식이니
그대들 사람 따라 먹기에 맡겨둔다
운문의 호떡과 조주의 차라 해도
이 암자의 맛없는 음식만 하랴.

本來如此舊家風　　誰敢與君論奇特
一毫端上太古庵185)　寬非寬兮窄非窄

본래부터 이러한 옛 가풍을
뉘가 감히 새삼스레 기특하다 자랑하랴
하나의 털끝 위에 태고암이나
넓은 듯 넓지 않고 좁은 듯 좁지 않네.

重重刹土箇中藏　　過量機186)路衝天直
三世如來都不會　　歷代祖師出不得

중중한 화장세계 이 속에 들어 있고
과량기 곧은 길이 하늘까지 트였구나
삼세의 부처들도 도무지 알 수 없고
역대의 조사들도 나올래야 되지 않네.

愚愚訥訥187)主人公　　倒行逆施無軌則
着卻靑州破布衫188)　藤羅影裏倚絶壁

---

185) 태고암(太古庵): 스님이 머물러 계시면서 이 시를 지었던 암자.
186) 과량기(過量機): 비교하여 말할 수 없는 근기니 몰량대인(沒量大人)이라고도 쓴다.
187) 우우눌눌(愚愚訥訥): 어리석고 어리석어 말도 제대로 못하고 느림.
188) 청주파포삼(靑州破布衫): 화두의 하나임.

어리석고 어눌한 이 암자의 주인공은
함부로 마구 행하여 법도가 없네
청주의 헤어진 베옷을 입고
우거진 칡넝쿨 속 절벽에 기대서서.

眼前無法亦無人　　旦暮空對靑山色
兀然無事謌此曲　　西來音韻愈端的[189]

눈앞에 법이 없고 사람도 없나니
아침저녁 부질없이 푸른 산만 바라보네
일 없이 오뚝 앉아 이 곡조를 노래하니
서쪽에서 온 가락이 더욱 분명하고녀.

偏界有誰同唱和　　靈山少實謾相拍
誰將太古沒絃琴　　應此今時無孔笛[190]

온 세계 그 누가 이 노래에 화답하리
영산과 소실은 부질없이 손뼉 치네
누가 태고의 줄 없는 거문고를 가져와서
구멍 없는 피리에 지금 응답하랴.

君不見
太古庵中太古事[191]　　只這如今明歷歷
百千三昧在其中　　利物應緣常寂寂

---

189) 단적(端的): 꼭 그것. 분명함. 명확함.
190) 무공적(無孔笛): 구멍 없는 피리. 선가에서 쓰는 용어.
191) 태고암중태고사(太古庵中太古事): 태고 스님이 태고암 가운데서
　　 있는 스스로의 일. 일체번뇌에 흔들리지 않는 일.

그대는 보지 못했는가
태고암 가운데 태고의 일을
이것이 이제까지 분명하고 역력해서
백 천 가지 삼매가 그 속에 들어있고
인연 따라 중생제도 적적한 그대로일세.

此庵非但老僧居　　塵沙192)佛祖同風格
決定說君莫疑　　　智亦難知識莫測

이 암자는 나 혼자만 사는 곳이 아니라
모든 세상 부처님과 함께 사나니
결정된 이 말을 그대여 의심마소
지혜로도 모르고 의식으로도 못 헤아리지.

回光返照193)尙茫茫　　直下承當猶滯跡
進問如何還大錯　　　如如不動如頑石

빛을 돌이켜 비추어 보아도 오히려 아득하고
당장 그대로 알았다 해도 자취를 남기며
무엇인가 물어도 크게 어긋나거니
움직이지 않아 여여하기가 굳은돌과 같네.

放下着194)莫妄想　　卽是如來大圓覺

---

192) 진사(塵沙): 모든 세상. 모래알 같은 세계.
193) 회광반조(回光返照): 언어 문자에 의지하지 않고 자기를 회고 반
　　성하여 바로 심성을 조견(照見)하는 것.
194) 방하착(放下着): 내려놓으라는 뜻의 화두다. 엄양 스님이 조주 스
　　님에게 "한 물건도 가지고 오지 않았을 때에 어떠합니까?"하니
　　조주 스님이 "방하착 하라."한다. 다시 엄양 스님이 "한 물건도
　　가져 오지 않았는데 무엇을 방하착합니까?" 하니 조주 스님 "그

歷劫何曾出門戶　　暫時落泊今時路

전부를 놓아 버려 망상을 하지 않으면
이가 곧 부처님의 큰 깨달음일새
오랜 겁의 그 어느 때, 이 문을 일찍 나왔던가
잠시 지금의 이 길에 떨어져 머물고 있네.

此庵本非太古名　　乃因今日云太古
一中一切多中一　　一不得中常了了

이 암자 본 이름 태고암 아니지만
오늘이 있으므로 태고라고 이름했네
하나 가운데 여럿이고 여럿 가운데 하나이니
하나라 해도 맞지 않네 언제나 뚜렷한 것.

能其方　亦其圓　　隨流轉處悉幽玄
君若問我山中境　　松風簫瑟月滿川

모날 데는 모가 나고 둥글 데는 둥글어서
흐름 따라 곳곳마다 언제나 유현하오
이 산중 경계를 그대 만일 묻는다면
솔바람 불어오고 달은 시내에 찼네.

道不修　禪不參　　水沈[195]燒盡爐無煙
但伊騰騰[196]任麼過　何用區區[197]求其然

러면 가지고 가거라." 하신 데서 나온 화두.
195) 수침(水沈): 향나무를 잘라 물에 오래도록 넣었다가 만든 향.
196) 등등(騰騰): 기세를 뽐내는 모양. 마음에 느낀 바를 나타내는 태
　　도가 단단함.

도도 닦지 않고 참선도 하지 않고
수침향 다 탄 뒤에 향로엔 연기 없네
그저 등등하게 이렇게 지나거니
무엇하러 구차스레 그러하기를 구하랴.

徹骨淸兮徹骨貧　　　活計自有威音198)前
閑來浩唱太古歌　　　倒騎鐵牛199)遊人天

뼛속을 사무친 맑음이여 뼛속 사무치게 가난하나니
살아갈 계책은 절로 위음왕불 앞에 있네
한가하면 태고의 노래 소리 높이 부르며
무쇠 소 거꾸로 타고 인천에 노니네.

兒童觸目盡伎倆200)　　　曳轉不得徒勞眼皮穿
庵中醜拙只如許　　　可知何必更重宣
舞罷三臺201)歸去後　　　靑山依舊對林泉

아이들이 보기에는 큰 재주 같지만
끌고 몰기 잘 안 되어 눈 껍질만 피로하다
이 암자가 이렇게 추하고 못났거니

---

197) 구구(區區): 각각 다름. 변변하지 못함. 작고 용렬함.
198) 위음(威音): 위엄왕불(威音王佛)의 약자. 위음왕불은 법화경 상불경보살품에 있다. 공겁(空劫) 때에 맨 처음 성불한 부처님. 한없이 오랜 옛적, 또 맨 처음이란 뜻으로 씀. 종문(宗門)에서는 '본분향상(本分向上)', '실제이지(實際理地)'의 뜻을 나타내는 말.
199) 철우(鐵牛): 중국 하(夏)나라 우왕(禹王)이 쇠로 소를 만들어 황하의 재변을 진압하였다는 고사. 선종에서는 움직이지 않거나 정식(情識)을 떠났다는 뜻으로 씀.
200) 기량(伎倆): 재주놀이. 놀음놀이
201) 삼대(三臺): 무대의 세 번째. 제 3막.

아는 일을 무엇 새삼 중언부언 말하리
서너 바탕 춤을 추다 모두들 돌아간 뒤
푸른 산만 여전히 임천을 마주하네.

무학(無學) 대사

靑山綠水眞我面　　明月淸風誰主人
莫謂本來無一物　　塵塵刹刹法王身

푸른 산 푸른 물이 나의 참모습
밝은 달, 맑은 바람의 주인은 누구인가
본래부터 한 물건도 없다 이르지 마라
온 세계 티끌마다 부처님 몸 아니런가.

[해설]

　무학대사(1327~1405)는 경남 합천 출생, 속성은 박(朴)씨다.

　호는 무학(無學) 또는 계월헌(溪月軒)이다. 법명은 자초(自超). 조
선 최초이자 최후 왕사이다.

　조선을 건국한 이성계가 조선을 건국한 후, 태조와 계룡산과 한
양(漢陽)을 오가며 도읍을 한양으로 옮기는 데 결정적 역할을 하
였다. 18세에 소지선사(小止禪師)에게로 출가, 구족계를 받고, 혜
명국사(慧明國師)에게서 불법을 배웠다.

　진주(鎭州) 길상사(吉祥寺)·묘향산 금강굴 등에서 수도하다가,
1353년(공민왕 2)에 원(元)나라 연경(燕京)에 유학하여 그때 원에
와 있던 나옹혜근(懶翁惠勤)과 인도의 지공(指空, ?~1363)스님으
로부터 가르침을 받았다.

　위의 게송은 충남 태안에 있는 간월암(看月庵)에서 달을 보고

깨우침을 얻어 남긴 게송이다. 훗날 '간월암'이란 이름은 이로 인하여 붙여진 이름이다.

1356년에 귀국하여 천성산 원효암에 머물다가 태조가 즉위하자 왕사(1392)에 임명되었다. 양주 회암사에는 변계량이 비문을 쓴 탑이 있다.

1397년(태조 6) 양주 회암사 감주(監主)가 되었다가 이듬해 사직하고, 금강산 금장암(金藏庵)에 머물다가 입적했다.

함허득통(涵虛得通, 1376~1433)이 스님의 법을 이어받았다.

함허득통(涵虛得通) 선사

行行忽迴首　　山骨立雲中
惟此一事實　　餘二則非眞

가다가 갑자기 머리를 돌리니
산의 뼈가 구름 가운데 섰도다
오직 이것은 한 개의 사실
둘이면 참이 아닐세.

[해설]

　스님(1367~1433)은 전라도 남원 출신이다. 성은 유(劉)씨이며, 이름은 수이(守伊)다. 휘(諱)는 기화(己和), 호는 득통(得通) 또는 무준(無準)이다. 거처하시던 방(房)의 이름은 함허당(涵虛堂)이라 하였다.

　스님의 부모가 아들을 두지 못하여 관세음보살께 아들 두기를 원하여 기도하였다. 관세음보살께서 친히 동자를 데리고 와서 품에 넣어주는 꿈을 얻고 스님을 잉태하였다고 한다.

　스물두 살 때, 이웃 친구의 죽음을 보고 무상함을 느껴 관악산 의상암(義湘庵)에 가서 삭발 입산하였다. 그 이듬해에 양주 회암사에 가서 무학왕사(無學王師)를 뵙고 법요를 들었다. 여러 곳에서 수행하다 다시 회암사에 돌아와 정진하였다.

　천마산 관음굴 불희사(佛禧寺)에서 정진하던 어느 날, 자신도 모르게 앞의 송 두 구절을 읊으셨다. 그리고 해우소에 들어갔다가 나와 통(桶)을 씻으며 문득 뒤의 두 구절을 다시 읊었다.

그 후 오대산 영감암(靈鑑庵)에서 나옹 스님을 위하여 천도식을 올리니, 그날 밤 한 스님이 현몽하기를 스님의 이름을 '기화(己和)'라 하고 호를 '득통(得通)'이라 하라 하였다.

그 뒤 희양산 봉암사를 중수하였다.
세종대왕 15년 4월 1일 정좌하여 다음의 임종게를 남기셨다.

湛然空寂本無一物　神靈光赫洞徹十方
更無身心受彼生死　去來往復也無罣碍
臨行擧目十方碧落　無中有路西方極樂

고요하여 공적하니 본래 한 물건도 없으며
신령스러운 빛이 밝고 밝아 온 세상에 뚜렷하여라
다시는 몸과 마음이 생사를 받음 없으니
오고 감에 아무런 거리낌이 없나니
나아가려다 눈을 뜨니 온 세상이 뚜렷하여라
없는 가운데 길이 있으니 서방극락이로다.

저서에 『원각경소(圓覺經疏)』 3권, 『금강경오가해열의(金剛經五家解說誼)』 2권, 『현정론(顯正論)』 1권, 『반야참문(般若懺文)』 2권, 『윤관(綸貫)』 1권이 있다.
가평군 현등사에 부도가 있고, 봉암사에는 비가 있다.

설잠(雪岑) 김시습(金時習) 선사

滿庭秋月白森森　　人靜孤燈夜已深
風淡霜淸不成夢　　紙窓簾影動禪心

뜰에 가득한 가을 달 밝은 빛이 창창한데,
사람 없어 고요하고 외로운 등, 밤은 깊었다
바람은 담담하고 서리 맑아서 꿈 못 이루는데,
종이창의 발[簾] 그림자에 선심(禪心)이 무엇인지를 깨달았구나.

[해설]

설잠(雪岑)선사 김시습(金時習, 1435~1493)의 법호는 설잠(雪岑), 자는 열경(悅卿)이다. 호는 매월당(梅月堂)·청한자(淸寒子)·동봉(東峰)·벽산청은(碧山淸隱)·췌세옹(贅世翁)…, 등으로 무수히 많다.

서울 성균관 부근에서 태어났다. 생육신의 한 사람이다.

3살 때 외조부로부터 글자를 배우기 시작하여 5세 때 이미 한시를 짓는 천재였다. '신동(神童)'이라는 소문이 국왕인 세종에게까지 알려졌다. 세종이 승지를 시켜 시험을 해보고는 '장차 크게쓸 재목이니 열심히 공부하라'고 하며 선물을 내렸다고 하여 '오세(五歲, 5세)'라는 별호를 얻게 되었다.

세 살 때 어머니를 여의자 15세의 나이로 외가의 농장 곁에 있는 어머니의 무덤 옆에서 여막을 짓고 3년 상을 치렀다.

어머니의 죽음으로 무상함을 깨닫고, 삼각산(三角山) 중흥사(重興寺)로 들어가 불교공부를 시작했다. 21세 때인 1455년(세조 1) 수양대군(首陽大君, 세조)의 왕위찬탈로 일어난 계유정란(癸酉靖難) 소식을 듣고, 3일간 통곡을 하고 보던 책들을 모두 모아 불사른 뒤 스스로 머리를 깎고 승려가 되어 전국 각지를 유랑하였다.

문경새재에 있는 깊은 곳에 은거하여 용맹 정진하였는데, 그의 부도가 있는 혜국사로 추정된다. 그곳에서 어느 날 선실에 켜져 있는 등불을 보고 크게 깨달았다.

그의 자세한 행적에 대해서는 이루 말할 수 없이 많다.

많은 시와 저서를 남겼다.

우리나라 최초의 한문소설 『금오신화(金鰲新話)』를 비롯하여, 『매월당집』·『매월당시사유록(梅月堂詩四遊錄)』·『화엄법계도주(華嚴法界圖註)』·『법화경별찬(法華經別讚)』·『십현담요해(十玄談要解)』 등이 있다.

벽송지엄(碧松智嚴) 선사

一衣又一鉢　　出入趙州門
踏盡千山雪　　歸來臥白雲

한 벌 옷 한 벌 바루
조주의 문을 드나들며
천산의 눈 다 밟아
돌아와 흰 구름에 누웠나니.

[해설]

　스님(1464~1534)은 전라도 부안(扶安)에서 태어났다. 성은 송씨이며, 휘는 지엄(智嚴), 호는 야로(埜老) 또는 야로(野老). 거처하시던 방을 '벽송당(碧松堂)'이라 하였다.

　어머니 왕(王)씨 꿈에 스님이 와서 예경을 올리고 머물기를 원하는 태몽이 있었다.

　성종(成宗) 22년 북방(北方)에 왜구들이 침략했을 때 종군하여 공을 세웠다. 그러나 심지(心地)를 닦지 못함을 탄식하다가 계룡산 상초암 조징(祖澄) 스님을 의지하여 입산했다.

　이후 황악산의 벽계정심(碧溪正心)스님을 찾아갔다.

　스님은 하루 종일 일을 하다가 겨우 짬을 내어 스승에게 도를 물으면, 대답이 한결 같았다.

　"도란 멀리 있는 것이 아닐세. 행주좌와에 '내 마음이 무엇인

326

고?'라고 궁구하게나. 밖에서 찾지 말고 정진에만 힘쓰라"고만 하였다.

수개월간 땔나무를 지고 김천시장에 내다팔면서 '내 마음이 무엇인고?'를 골똘히 참구했다. 다시 물으면, 스승의 대답은 언제나 똑같았다. 마침내 지엄은 스승의 무성의한 대답에 하산하기로 마음먹었다.

산을 내려가는데, 스승이 쫓아오면서 계속 이름을 불렀지만 들은 채도 않고, 걸음을 재촉했다. 이때 스승이 "나를 보고 가게나!"라고 소리치자, 지엄이 고개를 돌렸다. 이때 스승이 말했다. "옜다, 내 법을 받아라!"지엄은 스승의 말을 들으며 주먹을 보는 순간, 활연 대오했다.

벽계정심 선사는 다음의 전법게로 심인을 전수했다.

心卽能知心　　法卽可知法
法心付法心　　非心亦非法

마음 곧 능히 마음을 아나니
법 곧 가히 법을 알지로다
법 이제 마음 법을 부촉하노니
마음도 아니고 또한 법도 아니다.

많은 제자들을 두었는데 부용영관(芙蓉靈觀), 휴옹일선(休翁一禪) 등이 있다.

중종(中宗) 29년 수국암(壽國庵)에서 문인들에게 『법화경』〈방편품〉 강의를 하다가 문을 닫고 들어가더니 입적에 들었다.

저서로는 『벽송집(碧松集)』이 있다.

부용영관(芙蓉靈觀) 선사

空費悠悠憶小林[202]   因循衰鬢到如今
毘耶[203]昔日無聲臭   摩竭[204]當年絶響音

似机能防分別意   如痴必禦是非心
故將妄計飛仙外   終日忘機對碧岑

헛되이 소림만 생각하며 세월 보내니
수염만 쇠하여 여기까지 이르렀네
비야리 옛날에 소리도 냄새도 없는데

---

202) 소림(小林): 소림굴(小林窟)의 준말. 중국의 달마 스님이 거처하시
던 곳. 즉 선법(禪法)의 본거지를 뜻함.
203) 비야(毘耶): 비야리(毘耶離), 비사리(毘舍離), 폐사리(吠舍離), 유야
리(維耶離)라고도 쓰며 광엄성(廣嚴城)이라 번역함. 중인도에 있
던 나라. 항하를 사이에 두고 남방으로 마갈타국과 상대, 옛적에
마갈타국과 대치하였던 종족 발기인의 도성.
부처님이 계실 때에 자주 이곳에 다니며 교화하여 유마경, 보문
다라니경 등을 설하여 유마힐, 암몰라녀, 장자, 보적 등을 교화
한 곳. 지금 벵갈 지방의 서쪽 바르나시의 북쪽 27마일에 있는
베사르촌.
204) 마갈(摩竭): 마경타(摩逕陀), 중인도에 있던 옛 왕국. 그 나라의
성은 둘레 8백마일. 북쪽은 항하에 이르고, 서쪽은 베나레스. 불
교와 가장 관계가 깊은 나라.
부처님 생존 시에는 빈비사라왕이 왕사성에 서울을 정하고 이
나라를 다스려 문화가 크게 발달하였다. 부처님은 이 나라의 니
련선하에서 성도하였다. 임금은 부처님을 위하여 죽림정사를 지
었다. 그의 아들 아사세왕도 불교의 외호자가 되었다.

마갈타국에 음향이 있으랴
책 궤는 분별하는 뜻을 방해하니
어리석은 듯 시비심을 막으리라
옛적 망념되이 신선을 꾀했으나
종일토록 푸른 산 향하여 망기를 잊었노라.

[해설]
　스님(1485~1571)의 속성은 원(袁)씨요, 호는 은암(隱庵), 또는 연선도인(蓮船道人)이다. 경남 삼천포에서 출신이다.
　여덟 살 때에 아버지를 따라 낚시를 갔다가 고기 바구니를 맡았는데, 산 고기는 모두 물에 놓아주니 아버지는 화를 내며 때렸다. 그러나 스님은 '사람이나 짐승이나 목숨이 아깝기는 마찬가지라 여겨서 그랬다'고 천연스럽게 말하였다고 한다.

　어느 스님이 스님의 집에 와서 부모에게 입산을 권유하였다.
　열세 살에 부모 몰래 집을 나가 덕이산(德異山)으로 들어가 고행(苦行)스님에게 의지하여 3년간 공부하다가 출가했다. 열일곱 살 때에 신총(信總)스님에게서 교학(敎學)을 공부하고 위봉(威鳳)·조우(祖愚)·학매(學梅)스님에게서 선리(禪理)를 배웠다. 그 뒤 지리산의 무주구천동으로 들어가 벽송지엄을 만나 20년간의 의심을 깨쳤다.
　그러나 반야지에 대한 뜨거운 집념은 변함없어 앞의 결의송(決意頌)을 남기고, 가지고 있던 책과 일체 필수품을 불태우고 9년간 정진하여 깨달음에 이르렀다.
　사실상 앞의 송은 오도송이 아닌 결의송이다. 여기 수록한 것은 이런 사실도 있다는 것을 시사하기 위해서이다.
　그 뒤 지리산 벽송(碧松)스님을 뵙고

"영관이 멀리서 법풍(法風)을 따라 왔으니 원하옵건대 거두어 주십시오."

하고 아뢰었다.

벽송 스님이

"영(靈)도 감히 올 수 없거늘 관(觀)이 어디서 왔단 말인가?"

"청컨대, 스님께서 감찰(鑑察)하소서."

벽송 스님이 웃으며

"조탁(彫琢)할만 하구나."

태고보우(太古普愚)스님의 법맥을 이었으며, 이를 서산휴정(西山 休靜)스님에게 전법하여 조선불교의 정통을 이루게 하였다.

선조 4년, 여든 일곱 살에 앉아서 세상 인연을 거두셨다.

경성일선(慶聖一禪) 선사

趙州露刀劍　　寒霜光錟錟
擬議問如何　　分身作兩段

조주의 칼 뽑음이여
서릿발 같은 빛이 나는구나
여하를 묻는 이 있으면
몸을 두 쪽으로 내리라.

[해설]

스님(1488~1568)은 울산 출신이다.

호는 휴옹(休翁), 당호를 경성(慶聖 또는 敬聖)이라 하고, 선화자(禪和子)라고도 하였다. 출가 당시 입었던 누더기 한 벌로 평생을 보냈다고 한다.

어머니가 꿈에 영롱한 구슬을 받아먹는 태몽이 있은 후, 스님이 태어나셨다. 어려서 부모를 잃고 돌봐주는 사람이 없어 이곳저곳을 떠돌다, 열세 살에 경주 단석산(斷石山) 해산(海山) 스님에게 입산하였다.

열여섯 살에 구족계를 받고 스물네 살에 묘향산 문수암(文殊庵)에서 옷 한 벌과 발우 하나로 수행에 전념하기를 3년 되던 어느 날, 작은 구멍으로 들어오는 빛을 보고 깨달았다.

그 뒤 지리산 벽송지엄(碧松智嚴) 대사에게 게송을 보이니, 단번에 법기임을 알고 다음의 게송을 스님에게 주었다.

風颼颼月皎皎　　雲冪冪水潺潺
欲識這個事　　須參祖師關

바람은 솔솔 불고 달빛은 교교히 밝으며
구름은 자욱하고 물은 잔잔하도다
이러한 도리를 알려거든
반드시 조사의 관문에 들어가라.

묘향산 보현사 관음전(觀音殿)에 계실 때, 어느 날 밤에 문인(門人)들을 모아놓고,

"대저 공부하는 사람으로 활구(活句)를 참구하지 않고 다만 똑똑함과 영리함을 믿고 말과 귀로 학문을 닦아 세상에 뽐내며 자랑하는 부류들이 있다.

그들은 실속 있는 공부[實地]에 접하지 못함으로 인하여 말과 행동이 엇갈리고 이곳저곳 산수(山水)를 찾아다니며 헛되이 밥만 축낼 뿐 아니라 경론을 배운답시고 일생을 졸면서 보내기가 예사다. 그리하여 마침내 지옥 찌꺼기로 전락하여 세상 사람들을 제도(濟度)하는 배가 되지 못한다. 또 어떤 사람들은 한가롭게 노는 버릇이 성품으로 굳어져 바른 스승을 찾지 않고 여우 굴속에 들어앉아 졸면서 입으로만 화두를 중얼거리니 참으로 불쌍한 노릇이다.

몸에는 생로병사가 있고 마음에는 생주이멸(生住異滅)이 있고 세계에는 성주괴공(成住壞空)이 있으니, 나는 이제 부사의령(不思議嶺)을 향하고자 하니 나의 시체를 산야에 버려 새와 짐승들이 먹게 하여라."

입적을 하자 몸에서 오색 광명이 일어나 일주일간 비쳤다고 한다.

332

다음은 임종게다.

年逾八十似空花　　往事悠悠亦眼化
脚末跨門還本國　　故圓桃李已開花

어느 듯 흘러 간 여든 해에
지난 일 모두가 환영이네
문을 나서기 전에 이미 고향에 이르렀나니
옛 동산엔 지금도 복숭아꽃 배꽃이 활짝 피었네.

스님의 입적 후, 선조 1년(1568) 겨울, 휴정(休靜)은 경성 스님을
찬(讚)하는 글을 남겼다.

師初來也　　一顆明珠
師今去也　　五箇神珠
入火不變　　入水不
常寂常照　　劫石須臾

스님이 처음 올 때는
하나의 밝은 구슬이더니
이제 떠난 뒤에는
다섯 개의 신비스런 구슬이라
불 속에 들어가도 변치 않고
물속에 들어가도 젖지 않네
늘 고요하고 늘 비추니
겁석(劫石)도 잠시였어라.

허응보우(虛應普雨) 선사

爾名山意欲觀　　杖藜終日苦攀
行行忽見山眞面　雲自高飛水自湲

도라 이름 지은 산을 보고 싶어서
지팡이 짚고 하루 종일 고생고생 기어오르니
가고 또 가다가 홀연히 산의 참모습 보았노라
구름 절로 높이 날고 개울 물 절로 졸졸 흐르네.

[해설]

　허응보우(虛應普雨, 1509~1565)스님의 고향이나 출생지에 대한 자세한 기록은 전해지지 않는다.

　법명은 보우(普雨), 법호는 나암(懶庵), 당호가 허응당(虛應堂)이다. 어려서 부모를 여의고, 양주 용문사에 들어가 지행 선사의 행자로 지내다 15세에 금강산 마하연으로 출가했다. 이곳에서 정진하기를 6년이 되는 해 어느 날, 흐르는 물소리를 듣고 활연대오하여 위의 송을 남겼다.

　당시는 배불정책으로 많은 사찰이 사라지고, 수행자들이 핍박받던 불교의 암흑시기였다. 이때 명종(1545~1567)이 12세에 즉위하여 문정왕후가 수렴청정을 했다. 신심이 돈독한 문정대비는 불교중흥을 위하여 양주 회암사에 있는 허응보우(虛應普雨)를 맞아들였다.

문정왕후의 두터운 신임을 받고, 쇠망하는 불교를 부흥시키기 위해 혼신의 힘을 기울였다. 그러나 보우의 처벌을 요구하는 유생들의 상소가 끊이지 않았다. 문정왕후가 죽자 '희대의 요승(妖僧)'으로 몰려 제주도로 귀양을 갔다. 그곳에서 제주목사 변협에 의해 참형되었다. 이때 스님의 나이 56세였다.

다음은 『허응당집』에 실린 임종게다.

幻人來入幻人鄕　　五十餘年作戲狂
弄盡人間榮辱事　　脫僧傀儡上蒼蒼

허깨비가 허깨비 마을에 들어가
50여 년 간 미치광이 놀이를 하였네
인간 세상 온갖 영욕을 다 겪고
중의 탈을 벗고, 푸른 하늘에 오르네.

저서로는 『허응당집』 상·하, 『나암잡저(懶庵雜著)』, 『수월도량몽중문답(水月道場夢中問答)』, 『권념요록(勸念要錄)』 각 1권이 전한다. 『허응당집』은 스님이 평생 쓴 시를 엮은 것이다.

정관일선(靜觀一禪) 선사

好在金剛山　　長靑不起雲
簞瓢宜早去　　風雪夜應分

금강산에 있기를 좋아했나니
항상 푸르러 구름 일지 않구나
표주박 들고 일찍 거닐었으니
눈보라는 밤에 분분 하였어라.

[해설]

　스님(1533~1608)은 중종(中宗) 28년에 태어났다.

　속성은 곽(廓)씨. 연산(連山) 사람이다.

　어머니 이씨 꿈에 어떤 사람이 쌍 구슬을 주기에 받는 태몽이
있었다고 한다.

　열다섯 살에 입산하여 백하선운(白霞禪雲) 스님 회상에서 『법화
경』 및 경전을 배웠으나, 늦게 서산대사를 만나 심인을 전수받았
다.

　앞의 송은 서산 스님을 뵙기 전에 쓴 것으로, 금강산 희봉암(喜
奉庵)에서 7년간 정진할 때였다. 어느 날 봄 산을 바라보며 쓴 것
으로, 오도송은 아니지만 스님의 정신적 경계를 살피는데 좋은 거
울인 것 같아 수록한다.

　보개산(寶蓋山)에서 문도들에게 마지막 법문을 하고 난 후, 남긴

게송이다.

平生慙愧口喃喃　　末後了然超百億
有言無言俱不是　　伏讀諸人須自覆

평생을 부끄럽게도 입으로만 나불대었으나
최후에 남김없이 모든 경계 넘고 보니
말을 해도 안 해도 마지막에는 옳은 것이 아닐지니
여러분께 엎드려 청컨대 모름지기 이를 잘 깨달으시길.

『정관집(靜觀集)』이란 어록이 있다.

청허휴정(清虛休靜) 대사

髮白心非白　古人曾漏洩
今聞一聲鷄　丈夫能事畢

터럭은 희어도 마음은 희지 않다고
옛 사람이 누설 했나니
이제 닭소리 한 번 들으니
장부의 할 일을 다 했어라.

忽得自家底　頭頭只此爾
萬千金寶藏　元是一空紙

홀연히 내 것[自心]을 알고 보니
일마다 다만 이것이구나
천만 보장(寶藏)이
원래가 빈 종이일세.

[해설]
　스님(1520~1604)은 전북 완산(完山)에서 태어났다. 성은 최씨
이다. 자는 현응(玄應), 이름은 여신(汝信)이며, 스스로 호를 청허
(清虛)라 하였다. 오랫동안 묘향산(西山)에 머물러 있었으므로 서
산(西山)이라 하게 되었다. 법명은 휴정(休靜)이다.

세 살이 되는 해 사월 초파일에 아버지가 등(燈) 아래 취해 잠들었는데 한 노인이 나타나 '꼬마 스님을 뵙고자 왔을 뿐'이라고 하며 두 손으로 어린애를 번쩍 들고서는 몇 마디 주문을 외운 다음 아이의 머리를 쓰다듬으며 "이 아이의 이름을 운학(雲鶴)이라 하시오." 하였다. 그러므로 스님의 어릴 적 이름은 운학이라 하였다.

어릴 때 돌을 세워놓고 부처님이라 하기도 하고, 모래를 쌓아올리고서는 탑이라고 하며 놀기도 하였다. 아홉 살 때 부모가 세상을 떠나 이사증(李思曾)의 양자로 입적되었다.

지리산에서 부용영관 선사의 설법을 듣고 가슴의 멍울이 풀어지는 느낌이 있어 많은 경전을 읽었다. 그리하여 숭인(崇仁)에게 삭발 입산하였다. 경성일선으로 수계사(授戒)를 받고 21살 때 부용영관의 법을 이었다.

정진에 몰두하던 어느 날, 낮에 닭 울음소리를 듣고 문득 마음의 문이 활연히 열려 앞의 오도송을 지으셨다.

다음은 금강산 미륵봉 아래 암자를 짓고 수행하다 기쁨이 솟아나 지은 송이다.

主人夢說客　　客夢說主人
今說二夢客　　亦是夢中人

주인은 객에게 제 꿈 이야기 하고
객은 주인에게 제 꿈을 이야기 하누나
이제 두 꿈 이야기하는 나그네
이 또한 꿈속의 사람일세.

이 밖에도 송이 있으니

十年不下擁心城　　慣得深林鳥不驚
昨夜松潭風雨惡　　魚生一角鶴三聲

십년동안 단정히 앉아 마음의 성을 지키니
깊은 숲의 새도 익숙해져 알고 놀라지 않네
어젯밤 소나무 연못 비바람 사납더니
물고기에 한 뿔이 생기고 학이 세 번 울었다네.

스님의 나이 서른 살 때 승과(僧科) 중 중선과(中禪科)에 합격하
고 대선(大選)을 거쳐 선교양종판사(禪敎兩宗判事)에까지 올랐다.
　서른일곱 살 때 선교양종판사를 반납하고 금강산·두륜산·태백
산·오대산·묘향산을 다니며 수행했다.
　선조 25년 임진왜란 때, 73세의 나이로 전국 각 사찰에 격문을
돌려 승군(僧軍)을 모집, 왜적을 물리치는데 큰 공을 세웠다.
　저서로는 『선가귀감』, 『청허어록』 등의 저서가 있다.

　선조 37년 묘향산 원적암에서 설법을 마치고 남긴 임종게다.
입적 후 삼칠일 동안 방안에 이상한 향기가 가득하였다고 한다.

千計萬思量　　紅爐一點雪
泥牛水上行　　大地虛空裂

천 가지 계획과 만 가지 사량도
벌겋게 달아오른 화로 위 한 점의 눈 같은 것
진흙소가 물 위를 가니
대지와 허공이 갈라지는구나.

선하자(禪荷子) 선사

托鉢精誠感羅漢　　供養什物上般來
祈禱一念化文殊　　一發銃聲通大道

탁발정성이 나한님을 감동시켜
공양집 물을 절로 올라오게 하더니
한 생각 빈 마음에 문수보살 나타나
한 발의 총성으로 대도를 성취케 하였도다.

[해설]
　조선 선조 임금 때의 스님이다. 울산 출신이다.
　일찍 부모님을 여의고 16세에 출가했다. 벽송지엄 스님의 제자
이다.
　열심히 정진하여 깨달음을 목표로 삼았으나, 생각만큼 쉽지 않
았다. 24세가 되던 해에, 여러 차례 관세음보살의 현신이 있었다
는 묘향산에 들어 백일 정진을 하기로 마음먹었다.
　하루는 산책을 하고 있다가 건너편 선령대(仙靈臺)에서 흰 옷을
입은 노인이 거닐고 있는 것을 보았다. 아무리 보아도 사람은 아
닌 것 같아 쫓아갔지만 그 노인은 흔적도 없었다. 아무리 살펴보
아도 그 족적을 찾을 수 없었다. '이는 틀림없이 성현의 현신일거
라'는 생각을 하고, 그는 기도하여 기필코 그를 직접 만나보기로
결심하였다.

그리하여 스님은 백일동안 정진에 필요한 양식을 탁발하여 등에 지고 묘향산 비로암으로 올라오면서 일보일례(一步一禮)를 하였다. 비지땀을 흘리며 산 중턱쯤 올라가니 조그마한 아이들 열대 여섯 명이 놀고 있다가.

"저희들이 올려다 드리겠습니다."

하고 스님의 짐을 받아 절에까지 들어다 주었다. 나중에 안 일이지만, 그 아이들은 선하자의 정성에 감동하여 나타난 16나한들이었다.

선하자 스님은 절에 이르러 정성껏 마지를 지어 올리며 백일기도를 시작하였다.

아침부터 저녁까지 밤낮을 쉬지 않고 "관세음보살" 정근을 했다. 기도를 시작한지 백일 되는 회향 날이었다. 마지를 담은 불기를 들고 법당으로 올라가며 큰 소리로 "관세음보살" 정근을 하는데, 갑자기 커다란 망태기를 짊어진 사냥꾼이 나타나 애원했다.

"스님, 여러 날 동안 굶어 배가 고파죽겠으니 그 밥을 나에게 주십시오."

"포수 영감님, 딱한 사정으로 보아서는 먼저 드리는 것이 마땅하오나, 오늘은 백일기도를 회향하는 날입니다. 조금만 기다리면 기도를 마치고 공양하도록 하겠습니다."

매일 그 시간이면 어김없이 부처님께 공양을 올리기 때문에 도리어 사정을 했다. 그러나 포수는 강경하였다.

"스님께서 공양을 올리는 그 시간이 지나면 나는 이미 배가 고파 죽고 맙니다. 자비로써 이 불쌍한 중생을 도와주십시오."

"그렇긴 하지만 내 마음에 이미 약속한 바가 있어 그러니 죄송합니다."

하고 선하자스님이 백배 사정하였다. 그러나 포수는 길을 막고 화를 냈다.

"정히 그러시다면 내가 이 총으로 스님을 죽이고 이 밥을 빼앗아 먹을 수밖에 없습니다."

"지금까지 굶었는데 잠깐 사이를 참지 못한다면 어찌 사람이라 하겠습니까?"

하고 선하자 스님은 그를 떨치고 길을 올라갔다.

그때 포수는 갑자기 방아쇠를 당겨 버렸다.

순간 선하자스님은 그 총소리를 듣고 마음이 툭 터져버렸다 너무도 기뻐 한참을 큰소리로 웃다가 정신을 차려보니 포수는 간곳이 없었다. 그 포수가 관세음보살의 현신이었다고 한다.

제월경헌(霽月敬軒)선사

飄如雲不繫　　皓大明無痕
採藥蓬萊島　　烹茗方丈雲

구름처럼 나부껴 매이지 않고
달처럼 밝아 그 흔적 없네
봉래도에서 약을 캐고
방장의 구름에 차를 달이네.

[해설]
　제월경헌(霽月敬軒, 1542~1632)스님은 전남 장흥에서 태어났으며, 속성은 조씨(曹氏)이다.
　법명은 경헌(敬軒), 자는 순명(順命), 법호는 제월(霽月)이다.

　어릴 적부터 골상이 빼어나고 성품이 덕스러웠다. 또래들과 어울릴 때는 불사(佛事)놀이를 즐겨했다. 10살 때 부모를 여의고 할아버지 슬하에서 자랐는데, 15세에 장흥 천관사로 들어가 옥주선사를 은사로 출가했다.
　지리산 현운중덕스님에게 삼장(三藏)을 배우고, 1576년 묘향산 서산대사에게 참학하였다. 문자에 얽매여 있던 스님은 서산대사의 부처님 법으로 달마가 서쪽에서 온 뜻을 밝히자, 한꺼번에 의문이 풀렸다.

다시 금강산 내원동에 들어가 묵언으로 용맹정진을 했다. 그로부터 3년이 지난 늦은 봄, 비가 온 뒤 온 누리를 밝게 비추는 보름달을 보고 크게 깨달았다.

30년을 금강산에서 납자를 제접하다 치악산 영은사로 옮겼다. 2년 후 세수 91세, 법랍 76세로 입적에 들며 남긴 임종게다.

진흙소가 바다에 들어 그저 멀리 아득하나,
삼생의 한 큰 인연을 환히 깨쳤거니,
무슨 일로 번뇌로운 생각이 다시 일어나,
재각(齋閣)에 달려와서 묵은 시를 청하는가.

『제월당집』에 많은 선시를 남겼다.

사명유정(四溟惟政) 선사

西風吹動雨初歇　　萬里長空無片雲
虛室戶居觀衆妙　　天香桂子落粉紛

서쪽바람이 불어오자 비로소 비 개이니
높고 넓은 하늘에 조각구름 한 점 없네
빈 선실에 고요히 앉아 모든 묘리를 생각하니
천향의 계수 열매가 어지럽게 떨어지네.

[해설]

사명유정(四溟惟政, 1544~1610)선사의 법명은 유정(惟政), 자는 이환(離幻), 법호는 종봉(鍾峯) 또는 송운(松雲), 시호는 자통홍제존자(慈通弘濟尊者)이다.

풍천 임씨로, 경남 밀양출신이다. 어려서부터 유난히 총명하였다. 일찍 부모를 여의고 김천 직지사(直指寺)의 신묵(信默)스님에게로 출가하였다. 그 뒤 묘향산 보현사(普賢寺)의 서산휴정(西山休靜)을 찾아가서 선리(禪理)를 참구하였다.

1586년 43세 되던 해 봄, 옥천산 상동암(上東庵)에서 정진하던 중이었다. 수미단의 부처님 법신에서 서광(瑞光)을 보고 깨달음을 얻었다.

1592년에 임진왜란이 일어나자 승병을 모아 혁혁한 공을 세웠다. 선조는 그의 공을 포상하여 '선교양종판사(禪教兩宗判事)'를 내렸다. 1610년 8월 26일, 설법한 후 결가부좌한 채 열반에 들었다. 다음은 임종게다.

四大假合　　　今將返眞
何用屑屑往來　勞此幻軀
吾將入滅　　　以順大化也

흙과 물, 불과 바람이 모여서 된 이 몸
이제 참된 나로 돌아가려 하네
무슨 까닭에 부질없이 왔다 갔다 하면서
이 허깨비 같은 몸을 수고롭게 하리오
내 이제 죽음을 맞이할까 하노라
법신의 덕화(德化)를 따르겠노라.

해인사 홍제암(弘濟庵) 옆에 부도와 비가 있다.
저서로는 『사명당대사집』 7권과 『분충서난록』 1권 등이 있다.

청매인오(靑梅印悟) 선사

江涵旗影動　山帶劍光高
却憶曾棲息　千峰片月孤

깃발 그림자 강물에 일렁이나니
산에 칼 빛 어리었네
돌이켜 일찍 깃들인 곳을 생각하니
봉우리마다 걸린 조각달 외로워라.

[해설]

스님(1548~1623)은 청허휴정의 제자다.

휘는 인오(印悟), 호는 청매(靑梅), 자는 묵계(默契). 성명과 본관은 상세히 알 수 없다. 선조 25년(1592) 임진왜란 때 3년간 승병장으로 싸워 공을 세웠다.

교화와 관련하여 수많은 일화를 남긴 스님은, 서산 대사로부터 심인을 받았다

스님은 그림에 소질이 있었다. 광해군 9년(1617) 스님의 나이 서른두 살 때, 왕명을 받들어 벽계(碧溪)·벽송(碧松)·부용(芙蓉)·청허(淸虛)·부휴(浮休)스님의 초상을 그리고 제문을 지었다.

앞의 송은 서산 스님의 시봉으로 임진왜란을 치르고 돌아와 수행할 때였다. 스님은 항상 험준한 산에서 혼자 살기를 좋아했다.

삼봉산과 법화산을 잇는 능선을 넘어 함양장터까지 약 150여리를 하룻길에 왕래하다가, 어느 날 고개 마루에서 깨달음을 얻고 읊은 송이다. 그 뒤로 그 고개를 '오도재[悟道峙]'로 부르게 되었다.

　스님의 '십무익송(十無益頌)'이 있다. 그 핵심은 올바른 방향과 길을 모르고 수행을 하면 아무리 열심히 공부하고 수행을 해도 이익이 없다는 말이다
1. 자신의 마음을 돌이켜 보지 않으면 경전을 읽어도 이익이 없다(心不返照看經無益).
2. 자성이 공한 줄을 알지 못하면 좌선을 하더라도 이익이 없다(不達性空坐禪無益).
3. 정법을 믿지 않으면 고행을 하더라도 이익이 없다(不信正法苦行無益).
4. 아만을 꺾지 않으면 불법을 배워도 이익이 없다(不折我慢學法無益).
5. 스승 노릇할 덕이 없으면 대중들을 거느려도 이익이 없다(欠人師德濟衆無益).
6. 참다운 덕이 없으면 밖으로 위의를 세워도 이익이 없다(內無實德外儀無益).
7. 마음이 진실하지 못하면 말을 잘하더라도 이익이 없다(心非信實巧言無益).
8. 인을 짓지 않고 과보만 희망하면 도를 구하여도 이익이 없다(輕因望果求道無益).
9. 뱃속에 든 것이 없으면 교만하여 이익이 없다(心腹無識我慢無益).
10. 일생토록 자기의 고집을 버리지 못하면 대중과 함께 하더라도 이익이 없다(一生乖角處衆無益).

다음은 스님의 정신적 경지를 알 수 있는 시가 있다.

般柴運水野情　　參究玄關性自空
日就萬年松下坐　　到東天日掛西峯

땔나무 해오고 물 길어 오는 일 외엔 하는 일 없네
나를 찾아 현묘한 도리 참구에 힘쓸 뿐
날마다 변함없이 소나무 밑에 앉았노라면
동녘 하늘의 아침 해가 어느덧 서산에 걸려 있네.

왜군이 물러가자 부안(扶安) 요차봉(了嵯峯) 마천대(摩天臺) 기슭에 월명암(月明菴)을 짓고 살다가 인조 원년(1623)에 지리산 연곡사에서 세상 인연을 거두셨다.
『청매집(靑梅集)』이란 시문집이 있다.

소요태능(逍遙太能) 선사

一人生二口　　數立幾番成
千里逢金客[205]　庭前枯木榮

한 사람이 두 입을 가졌으니
자주 섰지만 몇 번 이루었으랴
천 리 먼 길에 금객을 만나니
마당 앞에 고목이 되살아나는구나.

[해설]

　스님(1562~1649)은 조선 명종 17년에 전남 담양에서 태어났다. 성은 오씨, 호는 소요(逍遙), 법명은 태능(太能)이다.
　어머니 꿈에 신승(神僧)을 보고 스님을 잉태하셨다.
　열세 살에 전북 백양사(白羊寺) 진(眞) 화상을 찾아가 축발하였다. 부휴선수(浮休善修)에게 경전을 배웠다.

　스무 살에 묘향산의 서산대사를 뵈었을 때 서산 대사는 다음의 송을 지어 심인을 전했다. 서산 문하의 소요문파(逍遙門派)의 제1세가 되었다.

可笑騎牛者　　騎牛更覓牛

---

205) 금객(金客): 견성을 뜻함. 성불의 의미. 스님 스스로를 뜻함.

斫來無影樹　　憔眞水中漚

가히 우습다, 소를 탄 자여
소를 타고서 소를 찾고 있구나
그림자 없는 나무를 베어다가
물 가운데 거품을 녹일지니라.

　20여 년간의 두타 행을 그만두고 스승 휴정이 있는 묘향산을
다시 찾아 용맹정진에 들었다. 영하 40℃의 추위가 계속되는 한
겨울 어느 날, 국사는 눈바람에 나뭇가지가 부러지는 모습을 보고
깨달음을 얻었다.
　다음은 지리산 연곡사에서 수행하실 때 지은 시다. 연곡사는 스
님이 중창했다.

一竿脩竹建精藍　　瑞氣祥雲擁石龕
香火金壇修敬盡　　身心寂滅豈萌貪

한 줄기 기다란 대나무로 정갈한 가람을 세우니
상서로운 기운과 구름이 돌 감실을 둘러싸네
불단에 향불 피워 공경함을 다하여
몸과 마음이 고요하니 어찌 탐욕의 싹이 트리오?

그 뒤에도 스님의 정신적 경계를 여실히 드러낸 송이 있다.

花笑階前雨　　松鳴檻外風
何須窮妙旨　　玆個是圓通

뜨락에 내리는 비에 꽃은 웃음 짓고

난간 밖 바람에 소나무 운다
참선을 해야만 깨닫는가
있는 그대로가 원만한 깨달음인 것을.

병자호란 때에 인조가 남한산성으로 피난하였을 때, 서성(西城)을 수축하였다. 인조 27년(1649) 11월 21일 스님의 나이 여든여덟에 문인들을 모으고 임종게를 말씀하셨다.

解脫非解脫　　涅槃豈故鄕
吹毛光爍爍　　口舌犯鋒鋩

해탈이 해탈이 아닌데
열반이 어찌 고향인가?
취모검 빛이 빛나고 빛나느니
입으로 말을 뱉으면 그 칼날에 베리.

그런데 임종게가 다음과 같이 다르게 기록되어 있는 곳도 있다.

金鎚影裡裂虛空　　驚得泥牛過海東
珊瑚明月冷相照　　今古乾坤一笑中

보개산 심원사, 지리산 연곡사, 두륜산 대둔사에 부도(浮屠)가 있으며, 연대사에 비석이 있다.

진묵(震黙) 대사

天衾地席山爲枕　　月燭雲屛海作樽
大醉居然仍起舞　　却嫌長袖掛崑崙

하늘을 이불로 땅을 자리로 산을 베게로 삼고
달을 촛불과 구름을 병풍 삼고 바다를 술통삼아
크게 취해 거연히 일어나 춤을 추니
도리어 긴 소매가 곤륜산에 걸릴까 꺼려지네.

[해설]

　진묵대사(震黙大師, 1562~1633)는 전북 김제 출신.

　1568년(선조1)에 봉서사(鳳棲寺)에서 출가하였는데, 사미승일 때 신중단(神衆壇)의 향을 피우는 직책을 맡았다. 그날 밤 주지의 꿈에 '부처가 향을 피우니 제천(諸天)은 받을 수 없노라'는 말을 들었다고 한다. 그때부터 진묵의 신이로움이 세상에 알려지게 되었고, 그 뒤 일정한 주처 없이 천하를 유람하였다.

　변산(邊山)의 월명암(月明菴), 전주의 원등사(遠燈寺), 대원사(大元寺) 등에 있었다. 신통력을 많이 가지고 있어서 이적(異蹟)을 많이 행하였다고 전한다.

　『능엄경(楞嚴經)』을 즐겨 읽었고, 좌선삼매에 빠져 끼니를 거르

기 일쑤였다. 특히 술을 좋아하여 늘 만취하였으므로 스스로 비승
비속(非僧非俗)임을 자처하였다.

저술은 없다. 초의선사가 구전되어 오던 것을 정리하여 『진묵조
사유적고(震默祖師遺蹟考)』라는 책을 남겼다.

전북 완주군 봉서사(鳳棲寺)에 부도가 있다.

편양언기(鞭羊彦機) 선사

雲走天無動　　舟行岸不移
本是無一物　　何處起歡悲

구름이 달리지 하늘은 움직이지 않는 법
배가 갈뿐 언덕은 가지 않는 것을
본래 아무것도 없는데
어디에 기쁨 슬픔 있으리오.

雲邊千疊嶂　　檻外一聲川
若不連旬雨　　那知霽後天

구름 가에는 천 겹의 산봉우리
난간밖에는 철철철 개울물 소리
만일에 장맛비가 아니었다면
어찌 비개인 청정하늘을 알았으랴.

[해설]

　　편양언기(鞭羊彦機, 1581~1644) 선사는 선조 14년 경기도 안
성에서 태어났다. 법호는 '편양당(鞭羊堂)'이다.

　　평안도 어느 목장에서 양치기 생활을 하면서 얻은 이름이다. 임
진왜란이 일어난 해인 11세에 유점사의 현빈(玄賓)선사에게 출가,

19세에 금강산 백화암(白華庵)에서 깨달음을 얻었다.

스님은 선과 교를 함께 가르쳐 명성을 떨쳤다.

시문(詩文)이나 선과 교에 대한 법문은 간결하고 쉬웠다.

숯장수와 물장수를 하면서 시정(市井)에 나와 중생을 교화하였다.

편양언기 스님의 법맥은 서산대사 유정(惟政, 1544~1610) - 청허휴정(淸虛休靜, 1520~1604) - 편양언기 - 풍담의심(楓潭義諶, 1592~1665) - 월담설제(月潭雪霽, 1632~1704) - 환성지안(喚醒志安)으로 이어진다.

묘향산 내원암(內院庵)에서 입적했다.

『편양당집』 2권이 있다.

석실명안(石室明眼) 선사

龍門206)春暖化爲龍　　雷雨飛騰上碧空
鼷鼠207)脫來頭角聳　　早知終不在池中

용문이 따사로워 용이 되고
비바람에 푸른 하늘 오르니
늙은 쥐 털 벗어 머리에 뿔 나니
끝내 연못 속에 있지 않았어라.

[해설]

　스님(1646~1710)은 경남 진주에서 태어났다.

　성은 장(張)씨이다. 스님의 휘는 명안(明眼), 자는 백우(百愚), 석실(石室), 호는 설암(雪巖)이다.

　어머니께서 흰 소가 하늘로 올라가는 태몽이 있었다고 한다.

　열두 살 때에 출가할 뜻이 있었으나 부모의 반대로 뜻을 이루지 못하였다.

　지리산 덕산사(德山寺) 성각(性覺)장로에게 축발하였으니, 그때가 열다섯 살 때이다. 엄비(掩鼻)대사에게 구족계를 받았고, 무영(無影)선사를 의지하여 정진하였다.

　부처님 경전은 백암(柏菴)스님에게 배웠다.

---

206) 용문(龍門): 선문(禪門)을 뜻함. 선원을 의미함.
207) 수서(鼷鼠): 늙은 쥐가 털을 벗다.

무영 스님 문하에서 10년간 정진하다가 스님이 돌아가시자 백암화상으로부터 화엄학을 전수받았다.
　청매 스님의 심인을 이었다.

　만년에는 지리산 칠불암(七佛庵)에서 염불로만 정진하였다.
　스님의 나이 예순 다섯, 법랍 52년 되던 해에 서쪽을 향하여 아미타 염불을 하다가 절 세 번 하고 앉아서 원적에 들었다.
　스님의 유명한 염불가가 있다.

월파태율(月波兌律) 선사

其中虎巖法師[208]之功尤極深重
而重山岳而難報
書海墨而難記也
於戱平生所願於斯畢矣

호암 법사의 깊고 무거운 공이
산 보다 무거워 은혜 갚기 어려우니
바닷물로 글을 써도 다 기록하지 못하리
기쁜지라 평생의 소원을 이에 마치었구나.

[해설]
　스님(1695~?)은 전주 출신이다.
　열다섯 살에 불문에 뜻을 세웠으나 부모님들의 반대가 극심했다. 끝내 허락을 얻어 묘향산 불지암(佛智庵) 삼변(三卞)스님에게 사기(史記)를 배워 입산, 회정(懷淨) 스님에게 구족계를 받았다.
　스무 살 때까지 모든 경전을 이수하고, 운봉(雲峯)·혜월(慧月)·환암혼수(幻庵混修) 스님 등을 참예하였다.

---

208) 호암법사(虎巖法師): 조선시대 때 호암체정 스님(1687~1748)을 말한다. 호는 호암(虎巖), 법명은 체정(體淨).
　　열여섯 살에 스님이 되어 환성지안(喚醒志安) 스님의 법을 이었다. 해인사, 통도사에 오래 계셨다. 항상 수백 명의 제자들이 따랐다. 조선 영조 24년 금강산 표훈사의 내원동에서 원적하셨다.

스물아홉 살 때, 향산(香山) 안심암(安心庵) 암주(庵主)로 있을 때 어머니가 세상을 떠났다. 이를 계기로 일대사인연(一大事因緣)을 결정짓기로 하였다.

안릉(安陵) 원적사(圓寂寺)의 환몽(幻夢)스님과 석학인 무경자수(無竟子修, 1664~1737)·남악(南岳)·호암(虎巖)·영해(影海)·상월(霜月) 스님 등을 만났다.

호암 스님과 환몽 스님의 법을 이었다.

서산 대사의 제6세 법손이다.

앞의 송은 정신적 경지를 체험하고 난 뒤 호암 스님의 은혜에 지극한 정성을 나타낸 특이한 글이라 수록하였다.

『월파집(月波集)』이란 어록이 있다.

월저도안(月渚道安) 선사

三月年年花滿山　　紅紅白白間斑斑
如何此日非前日　　雪滿千峰萬壑間

해마다 삼월에는 꽃이 산에 가득하여라
붉고 흰 점들이 사이 사이 피었구려
어찌하여 오늘은 전날과 같지 않은가
눈만이 여러 봉우리에 가득하구나.

[해설]

　스님(1638~1715)은 선조 15년 평양에서 태어났다.

　아버지 유보인(劉輔仁)과 어머니 김씨 사이에 오랫동안 아들이
없어 금강산 어느 사찰에서 기도를 하였다. 하루는 해가 쌍으로
뜨는 꿈을 꾸고 잉태하였다.

　아홉 살에 스스로 입산의 뜻을 굳혀 소종산(小鐘山) 천신(天信)
스님을 의지하여 입산하였다.

　뒤에 금강산 풍담의심(楓潭義諶) 화상 문하에서 20년간이나 산
을 나오지 않고 수행하였다.

　그때 어느 날 깨달음의 경계를 읊은 것이 앞의 송이다.

　화엄경 「회현기(會玄記)」는 스님의 스승 편양언기(鞭羊彦機) 스
님, 그리고 은사이신 풍담 스님, 그리고 스님에 이르러 3대에 완

성을 본 명저(名著)이다.

『화엄경』과 『법화경』에 유달리 밝았다. 그리고 대승경전을 많이 인경(印經)하여 각처에 배포하기도 하였다.

효종(孝宗) 6년(1715) 4월 1일, 묘향산 진불암(眞佛庵)에서 입적하며 남긴 임종게다.

浮雲自體本來空　　本來空時太虛空
太虛空中雲起滅　　起滅無蹤本來空

뜬 구름 자체가 본래 공이라네
본래 빈 것은 큰 허공이고
큰 허공 가운데 구름 일어났다 사라지고
일어났다 사라짐 본래의 공을 따름일세.

서산 대사 문하의 편양파(鞭羊派)의 법을 이었으며, 당대의 많은 선덕(禪德)들을 배출하였다.

『월저집(月渚集)』이란 어록과 『불조종파지도(佛祖宗派之圖)』가 있다.

설암추붕(雪巖秋鵬) 선사

讚極忘形二十年[209]　　一朝功透入寥天[210]
虛空發焰燒三界　　　　劫海[211]生烟涸九天

이십 년을 이 몸 잊고 노력하였나니
오늘 아침 공을 이뤄 요천에 들었네
허공이 불꽃을 튀김에 삼계를 태워
겁의 바다에 연기가 풍겨 구천을 말리누나.

[해설]

스님(1651~1706)은 선조(宣祖) 24년, 원주에서 태어났다.

열 살 때 원주 법흥사(法興寺) 벽계구이(碧溪九二) 스님을 의지하여 입산하였다. 뒤에 월저도안(月渚道安) 스님 밑에서 선교(禪敎)를 익혔다.

스승인 도안스님보다 열세 살이 아래였다. 그러나 먼저 입적하여 스승인 도안스님이 비문을 쓰는, 보기 드문 일이 있었다.

시문에 능하여 많은 선시를 남겼다. 특히 화엄학에 능하여 대둔사의 13대 강사 중 5대 강사였다. 계행이 아주 청정하고 언변이 좋아 화엄학 강의에는 전국에서 많은 학인들이 모여 들었다.

---

209) 이십년(二十年): 정진하기 스무 해.
210) 요천(寥天): 적멸의 세계. 해탈의 경지.
211) 겁해(劫海): 사바세계를 뜻함.

『설암잡저(雪巖雜著)』3권과 『설암집(雪巖集)』이 있다.

인조 24년 8월 금화산(金華山) 징광사(澄光寺)에서 원적에 들었
다. 그때 나이 쉰여섯이었다.

환성지안(喚惺志安) 선사

壁破南通北　　簷疏眼近天
莫謂荒凉苦　　迎風得月先

벽을 무너뜨리면 남북이 통하나니
처마 성글어 눈은 하늘에 가까우리
쓸쓸함이 괴로움 아니니
바람으로 먼저 달을 얻나니.

[해설]
　스님(1664~1729)은 강원도 춘천에서 태어났다.
　성은 정(鄭)씨, 법명은 지안(志安), 자는 삼락(三諾), 호는 환성
(喚惺)이다.
　열다섯 살에 미지산(彌智山) 용문사(龍門寺)에서 출가, 상봉(霜峰)
선사에게 구족계를 받았다. 열일곱 살에 월담설제(月潭雪齊) 선사
를 만나 정진을 하였는데, 월담 스님은 첫 눈에 법기임을 알았다.
그때 마음의 경계를 읊은 게 앞의 송이다.

　경전에 대한 학식이 뛰어나 설법할 때는 정연한 논리로 사람들
에게 감동을 주어 수많은 제자들이 몰려들었다.
　27세 때 직지사에서 개설한 화엄법회에 참석하였는데, 당시 화
엄강주였던 모운진언(慕雲震言, 1622~1703) 스님은 지안 스님의

학덕과 깊은 선지를 보고 법석을 물려주고 떠났다.

춘천 청평사(清平寺)에 계실 때 연못에 물이 갑자기 막혀 연못을 파 보니 비석이 하나 있었는데, '유충관부천리래(儒衷冠婦千里來)'라고 적혀 있었다. 유충(儒衷)은 지(志), 관부(冠婦)는 안(安), 천리(千里)는 중(重), 래(來)는 래(來)의 뜻으로, 즉 '지안이 다시 온다'는 뜻이다.

1729년 금산사(金山寺)에서 열린 화엄법회에는 1,400여 명이 모였다. 법회관계의 일로 무고를 받아 호남의 옥에 갇혔다가 곧 풀려났으나, 반대 의견 때문에 다시 제주도에 유배되었다. 도착한 지 7일 만에 병을 얻어 입적에 들었다.
나이 65세, 법랍 51세로 입적할 당시 남긴 임종게다.

山鳴三日　　海水騰沸

산이 사흘을 울고
바닷물이 넘쳐 오른다.

법맥은　청허(清虛休靜)-편양언기(鞭羊彦機)-풍담의심(楓潭義諶)-월담설제(月潭雪齊)-지안-호암체정(虎巖體淨)-설파상언(雪坡尙彦)으로 이어진다.
저서로는『선문오종강요(禪門五宗綱要)』1권과『환성시집(喚惺詩集)』이 있다.

벽허원조(碧虛圓照) 선사

斜日穿朱閣　　斷雲依玉峯
鈴搖千古塔　　風發百年松

지는 햇빛은 붉은 누각에 비치고
끊어진 구름은 옥봉(玉峯)을 의지했네
천고의 탑에서 방울소리 흔들리고,
백년 된 소나무에 바람소리 웅웅거리네.

[해설]

　벽허원조(碧虛圓照, 1675~1753)스님은 평양출신이다.

　법명은 원조(圓照), 자는 한영(寒影), 법호는 벽허(碧虛), 속성은
한씨(韓氏)다.

　어머니께서 금 까마귀 한 쌍이 날다가 한 마리가 떨어져 품속
에 들어오는 꿈을 꾸고 잉태하여 선사를 낳았다.

　10살 때 평양 태청산 석수암에 주석하고 계신 각형스님에게 출
가했다.

　법맥은　청허휴정(淸虛休靜) - 상월새봉(霜月璽菶)으로　이어진다.
벽허 스님과 상월새봉은 설암추붕(雪巖秋鵬)의 제자이다.

　스님은 삼장(三藏)을 다 익혀 더 이상 가르칠 수 없는 경지에
이르자, 은사스님께서 "월나라 작은 닭은 큰 흰 새의 알을 부화시

킬 수 없다. 너는 구름도 헤쳐 나갈 운이 있으니 하루빨리 의남(宜南)의 큰 스승에게 가르침을 받아라."고 하였다.

출가 후 지금까지 공부하던 석수암을 떠나 월저도안(月渚道安, 1638~1715) 선사를 찾아 떠났다. 월저 문하에서 참구하기를 몇 년 후, 월저 선사께서

"나는 이미 늙었다. 용의 새끼를 기를 수 없으니, 너의 비늘이 돋아날 수 있는 곳이 있으니 그곳으로 가라"고 하였다. 그곳은 바로 설암추붕(雪巖秋鵬, 1651~1706)선사가 주석하고 계신 묘향산 내원운사이다. 그때 설암스님은 삼장(三藏)을 통달했다고 알려져 있었다.

설암 선사 회상에서 정진하기를 4년째 되는 정월 초하루였다. 스승 설암 선사께서는 떡국을 드시다가 선사에게 "법성원융(法性圓融)이란 무슨 뜻인고?"라고 물었다. 이에 선사는 "적일(赤日: 붉은 햇빛)입니다" 하고 깨달음을 얻었다.

영조11년(1753) 묘향산 동산사(東山寺)에서 세수 78세, 법랍 67세로 입적하였다.

설봉회정(雪峰懷淨) 선사

平生消日無拘檢　　酒肆茶坊信意遊
漢地不收秦不管　　又騎驢子過楊州

평생 소일하여도 소탈함에 얽히지 않았도다
술집 다방에 놀아
한나라 진나라가 간섭하지 않음은
나귀 타고 양주를 지날 뿐이로다.

[해설]

　스님(1678~1738)은 전남 영암에서 태어났다.

　속성은 조(曹)씨, 이름은 회정(懷淨)이며, 호는 설봉(雪峰)이다.
자는 윤중(允中)이다.

　아홉 살 때에 달마산의 조명(照明) 화상에게 출가하여 열여섯 살
에 구족계를 받았다.

　밖으로 꾸밈을 싫어하여 옷이 떨어져도 꿰매지 않았고, 머리와
수염이 길게 자라도 깎지 않고 지냈다.

　화악문신(華嶽文信, 1629~1707) 선사에게 전법을 받았다. 그
당시 스님의 정신적 경계를 나타낸 게송이 앞의 송이다.

　스님의 나이 예순 하나(영조 40년), 다음의 열반송을 남기고 앉
아서 원적에 들었다.

浮雲來無處　　去也亦無踪
細看雲去來　　只是一虛空

뜬구름은 본래 오는 곳이 없으며
가는 곳 또한 자취를 남기지 않네
고요히 바라보니 구름만 오고가고
이젠 단지 하나의 허공만 남네.

상월새봉(霜月璽岑) 선사

身遊一片仙巖寺　夢想千秋月鶴亭
霜後幾看新竹綠　雪中惟對古松靑

이내 몸 일편단심 선암사에 머물고,
꿈속같이 끝없는 세월 달 아래에 학처럼 깃들어 있네
서리가 내린 후 바라보니 댓잎은 더욱 푸르고
눈이 온 후에 생각하니 소나무 더욱 청청하다.

[해설]

　상월새봉(霜月璽岑, 1687~1766)스님은 전남 순천에서 태어났다. 법명은 새봉(璽岑), 자는 혼원(混元), 법호는 상월(霜月), 속성은 손(孫)씨다.

　11세 되던 해에 조계산 선암사의 극준(極俊)스님에게 출가하여, 16세에 화악문신(華岳文信)스님에게 구족계를 받았다. 18세에 설암추붕(雪巖秋鵬, 1651~1706)의 문하에서 정진하다 의발을 전해 받았다.

　서산휴정-편양언기-풍담의심-월저도안으로 이어지는 법맥을 계승했다

　26세 되던 해 가을, 달빛 아래서 학(鶴)이 노니는 모습을 보고서 깨달음을 얻었다.

1713년에 선암사에 돌아와 강원을 개설했는데, 많은 학인들이 구름처럼 몰려들었다. 이를 본 무용수연(無用秀演)스님은 당대 최고 강백으로 이름이 높던 '환성지안 이후 제1인자'라 칭송했다.

영조 24년(1766) 10월에 남긴 임종게다.

水流元歸海　　月落不離天

물은 흘러서 바다로 돌아가고
달은 져도 하늘을 떠나지 않도다.

함월해원(涵月海源) 선사

範圍天地大　　絶對有何悰
可笑觀心者　　量空又繫風

돌아보니 천지는 삼천대천세계
견줄 수 없는 마음 어떻다 말하리
이렇게 맑고 밝은 마음
그 크기와 무게를 어떻게 논하리.

[해설]
　함월해원(涵月海源, 1691~1770)스님은 함경남도 함흥 출신이다.
　법명은 해원(海源), 자는 천경(天鏡), 법호는 함월(涵月)이다.
　어머니 조씨(趙氏)가 큰 물고기를 잡는 꿈을 꾸고 임신하여 12달이 지나서야 낳았다고 한다.
　세 살 때 어머니를 여의고, 14세 때 함경도 도창사(道昌寺)에서 출가하여, 영지대사(英智大師)에게서 구족계를 받았다.
　그 뒤 여러 선지식을 두루 찾아 법을 구하던 중, 지안대사(志安大師)의 법맥을 이었다.

　용맹정진 10년만인 가을의 어느 날 밤 입정에 들어있는데, 갑자기 불어온 회오리바람에 낙엽이 창에 떨어지는 모습을 보고 깨달음을 얻었다.

삼장(三藏)에 해박하였으며, 특히 『화엄경』·『염송(拈頌)』에 밝았다. 또한, 수행과 지계(持戒)가 엄정하고 인욕행(忍辱行)이 남달라서 모든 사람의 존경을 받았다.

40년을 한결같이 정진하면서 이타행(利他行)을 실천하여 굶주린 사람이나 헐벗은 사람에게 자신의 의복과 음식을 공양하였다.

안변 석왕사에서 세수 79세, 법랍 65세로 염불을 하면서 남긴 임종게다.

身與白雲來幻界　　心隨明月向何方
生來死去惟雲月　　雲自散兮月自明

몸은 구름과 더불어 이 사바세계에 왔는데
마음은 밝은 달을 따라서 어디로 향하는고
나서는 오고, 죽어서는 가는 것, 구름과 달 같나니
구름은 스스로 흩어지고 달은 스스로 밝아라.

석왕사(釋王寺)에 탑, 대둔산(大芚山)에 비가 있다.
저서로는 『천경집』 2권이 전한다.

만화원오(萬化圓悟) 선사

了知諸行皆如幻　　見法惟心心自閑
無際性空知日滿　　無靜無作獨團團

모든 행이 거짓이나니
법을 보는 것이 오직 마음이니 마음이 스스로 한가로워
가없는 성품이 비어
고요함도 지음도 없이 둥글고 둥글리라.

[해설]

　스님(1694~1758)은 해남 우수영에서 태어나셨으며, 호는 만화(萬化)이다.

　젊었을 때는 수군(水軍)의 공생(貢生, 지금의 해군병사의 보조)이었다. 대둔사 스님이다.

　환성지안(喚醒志安) 스님에게 출가, 호암체정(虎巖體淨) 스님에게 강론과 율장을 공부하였다. 화엄학의 대가였다. 서른 살 무렵 경전의 대의를 모두 파악하였다. 화엄경 39품의 종지를 밝혀 '화엄보살'이라 부르기도 하였다.

　스님의 명성을 듣고 전국에서 사람들이 모여들어 가르침을 청하자 "나 자신의 업도 분명히 알지 못하거늘, 어찌 남을 가르칠 수 있느냐"며 사양했다.

376

묘향산과 오대산에 오래 계셨다.

몸을 돌보지 않고 철저한 수행과 자비행으로 '살아있는 보살'로도 불렸다. 학문으로서 진리를 밝힐 수 없다 하여 만년에 들어 참선수행에 정진, 어느 겨울밤 호랑이 울음소리를 듣고 깨달음을 얻었다.

영조 34년에 열반하셨다.

용담조관(龍潭慥冠) 선사

一衲松窓月212)　　無言獨坐時
箇中無限意　　　誰許鬼神窺

누더기 입은 스님이 창가에
말없이 홀로 앉아있어
이 가운데 끝없는 뜻
귀신이 엿봄을 허락하랴.

[해설]
　스님(1700~1762)은 숙종(肅宗) 26년 전남 남원 출신이다. 어머
니 서(徐)씨께서 용이 승천하는 태몽이 있은 후 태어났다.
　열다섯 살까지 유교의 경전을 배우다가 열여섯 살에 아버지께
서 세상을 떠난 후, 감로사(甘露寺) 상흡(尙洽) 장로를 의지하여
출가했다. 대허취간(大虛就侃)스님에게 구족계를 받았다.
　스물한 살에 화엄사 상월(霜月)선사를 뵈니, 한 눈에 법기임을
알고 입실을 허락하셨다.

　지리산 견성암(見性菴)에서 『기신론(起信論)』을 읽다가 홀연히
부처님 말씀의 근본을 확연히 깨닫고, 그 당시 느낌을 절실히 표
현한 것이다.

---

212) 송창월(松窓月): 승방의 창문.

영조 25년(1749)년에 상월 스님이 의발(衣鉢)을 전하며 내린 전
법게다.

從上傳來道具　　傳付於龍潭　　龍潭休忽也

위로부터 전해 내려오는 도구를
용담에게 전하노라.
용담은 소홀히 하지 말라.

다음은 스님이 남긴 시 중에 한 편을 옮겨 보았다.

山雨處　　　　鳥語時
返觀心起滅　　風動老松枝

산비 그윽이 내리는 곳
새소리 지저귀네
마음 물결 일고지는 것 돌아보니
노송의 가지에 바람이 움직이네.

영조 38년(1762)에 세수 63세, 법랍 44세에 실상사(實相寺)에
서 남긴 열반송이다.

先登九品蓮臺上　　仰對彌陀舊主人

먼저 구품의 연화대에 올라
미타의 옛 주인 우러러 대하네.

『용담집(龍潭集)』이란 어록이 있다.

월정(月精) 선사

築以瓦甀覆以沙　　中央種菊養朝霞
丹華帶露風前嫩　　綠葉凌霜秋後嘉
彭澤籬邊無盡色　　羅含宅裏有餘花
看來獨坐禪窓下

벽돌을 쌓고 모래를 덮고
그 가운데 국화를 심어 아침 노을 즐기네
붉은 꽃송이 이슬을 머금으니 바람 앞에 연약하고
푸른 잎 서리를 능멸하나 가을이 되어야 아름다운 것을
깨끗한 연못의 울타리엔 그 빛깔 끊임없고
울타리 없는 집 안에는 많은 꽃이 피어있네
선실의 창문 아래 홀로 앉아 있노라면 어느덧 해 저문다.

[해설]

　월정(月精, 1710~1778)스님은 숙종 36년에 출생했다.

　법명은 비은(費隱), 법호는 월정(月精), 속성은 김씨이다.

　어릴 때부터 총명했다. 13세에 출가했다.

　철저히 계율을 지키고, 평생 일의일발(一衣一鉢)로 무소유를 실천했다.

　월정 선사는 서산 대사의 법손이다.

　27세 때 전남 장성 대은암에서 용맹정진 중, 6년째 되던 해 늦

가을 국화꽃을 보고 크게 깨달았다.

스님의 경지를 볼 수 있는 또 한 편의 시가 있다.

天開寶界藏無盡　　削立圭峰勢欲崩
榮辱人間消息斷　　白雲常護坐禪僧

하늘이 극락정토를 열어 다함없는데
깎아지른 듯한 마음의 끝은 무너질 듯한 형세일세
영예와 치욕이 있는 인간의 소식 끊어지니
흰 구름이 늘 좌선하는 나를 안아주네.

묵암최눌(默庵最訥) 선사

盡道明星夜夜廻　　當寒須信雪中梅
塵沙久却云成佛　　何用如今正覺來

밝은 별이 밤마다 돌아온다고 모두를 말하는데
추위가 와야 비로소 눈 속의 매화를 볼 수 있네
진사(塵沙)213)의 오랜 겁 전에 부처됐다 하거니
무엇하러 아직까지 깨치려 하는가.

洗沐春山古澗濱　　虛明無復可洗塵
本來清淨何須浴　　但滌多生罪業身

봄 산골짝 오랜 시냇물에 목욕하나니
텅 비고 환히 밝아 다시 씻을 티끌 없다
본래 맑고 깨끗한데 무엇 때문에 목욕을 하는가
다만 여러 생 죄업의 몸을 씻을 뿐이네.

[해설]

　묵암최눌(默庵最訥, 1717~1790) 선사는 숙종 44년 전남 고흥에서 태어났다. 법명은 최눌(最訥), 자는 이식(耳食), 법호는 묵암(默庵), 속성은 박씨다.

---

213) 진사(塵沙): 재물이 티끌과 모래처럼 많다는 뜻.

14세에 증광사에서 출가, 만리(萬里) 대사에게서 구족계를 수지했다.

순천 송광사에 주석하고 계신 풍암세찰(楓巖世察, 1688~1765) 화상에게 5년 동안 수학하며 여러 경전을 두루 공부했다. 그리고 호암체정(虎巖體淨), 회암미광(晦庵彌光, 1685~1741), 용담조관(龍潭慥冠, 1700~1762), 상월새봉(霜月璽篈, 1687~1766)선사 등을 찾아 정진했다.

명진수일(冥眞守一) 선사와 영해약탄(影海若坦, 1668~1754)선사에게서 격외(格外)의 선지를 깨우쳤다. 용맹정진 2년째인 정월, 이르게 핀 매화꽃을 보고 깨우쳤다.

풍암세찰스님은 어린 나이에 출가해 당대 화엄학으로 이름을 떨치던 무용수연(無用秀演)스님의 문하에서 수학했다. 무용 스님이 입적한 후, 영해 스님의 제자가 되었다.

풍암스님 문하에 4걸(四傑)로 불리는 스님으로, 묵암최눌(黙庵最訥), 응암낭윤(應庵朗允, 1718~1794), 제운해징(霽雲海澄), 벽담행인(碧潭幸仁)이 있다.

정조 14년(1790) 조계산 보조암에서 좌탈입망하였다.

세수 73세, 법랍 54세였다.

괄허취여(括虛取如) 선사

山中人方在空谷　　坐蒲團方女蘿衣
翠丈環而爲屛　　白雲飛而爲有
朝採葉方落松　　暮採秀方燁芝
石泉兮冷冷　　我齒方自潔
杳然方與世相違　　風埈方不到丈室

산 속 사람이 빈 골짜기에 사노라니
부들 방석에 앉아도 비단옷일세
푸른색 높은 산 둘러 병풍이요
흰 구름 날아 휘장이 되네
아침에 채취한 잎은 낙락송인데
저녁에 뜯은 잎은 향초로다
바위틈에서 솟은 물은 차고도 찬데
내 이를 닦으니 스스로 맑아졌다
아득한 자연 속세는 더욱 멀고
저 세상 회오리바람도 내 방에는 못 드네.

[해설]

　괄허취여(括虛取如, 1720~1789)선사는 경북 문경시 산양면에서
태어났다. 법명은 취여(取如), 법호는 괄허(括虛)이다.
　어려서부터 매우 영민하여 경서(經書)를 한 번 배우면 모두 외

웠다고 한다. 14세 때 문경 사불산(四佛山) 대승사(大乘寺)에서 능파(凌波)스님을 은사로 출가, 진속(眞俗)선사에게서 구족계를 받았다. 그 뒤 환암(幻庵) 스님에게 선을 배우고, 담숙(曇淑) 스님의 법을 이었다. 계율을 지킴에 있어서 티끌만큼도 어긋남이 없었다.

영남의 여러 사찰에서 법을 가르쳤다. 상주 남장사와 사불산 운봉사(지금의 금룡사)를 중수하는 등, 불교의 중흥에 힘을 기울였다. 운봉사에서 정진하고 계실 때 산의 그윽하고 깊은 모습을 보고 확철 대오하여 위의 송을 남겼다.

정조13년(1789)에 세수 69세, 법랍 57세로 경북 운봉사(雲峯寺) 양진암(養眞庵)에서 가부좌에 합장한 모습으로 입적에 들며 남긴 송이다. 저서로는 『괄허집』 1권이 있다.

七十年間事　　依稀夢中人
澹然同水月　　何有去來身
幻來從幻去　　來去幻中人
幻中非幻者　　是我本來身

칠십년간의 일이
어렴풋한 꿈 속 사람으로
담연한 물 속 달과 같이
어떻게 가고 오는 몸이 있을까?
허깨비로 와서 허깨비를 좇아가니
오고가는 것이 허깨비 사람으로
허깨비 가운데 허깨비 아닌 것이
이것이 나의 본래 몸이다.

아암혜장(兒庵惠藏) 선사

定中見解最高圓　　更把乾坤比一拳
七冊金文開次第　　這船心事淨如蓮

선정에서 얻은 견해 원만한 지혜인데
또다시 하늘과 땅을 한 주먹에 비하노라
부처님 팔만경전 일곱 책을 한 권 한 권 펼쳐보니
맑아진 마음에 다시 피어난 연꽃 한 송이로다.

[해설]

아암혜장(兒庵惠藏, 1772~1811)스님은 전남 해남군 화산면에서 출생. 법명은 혜장(惠藏), 법호는 연파(蓮坡) 또는 아암(兒庵), 자는 무진(無盡)이다.

어려서 대둔사(大芚寺)로 출가하고 춘계천묵(春溪天黙) 스님에게서 공부했다. 그는 몸집이 작고 어리석은 듯이 보였지만, 여느 스님과는 기품이 달랐다.

스님은 유달리 고집이 세고 자존심이 강했다. 다산(茶山) 정약용(1762~1836)이 "자네도 어린아이처럼 유순할 수 없겠나?"하고 책망하자, 스스로 호를 아암(兒菴)이라고 지어 불렀다고 한다.

다산과 초의(草衣)스님에게 처음 차 생활을 알게 했던 분이다. 신유년(1801) 겨울, 다산이 강진에서 유배생활을 할 때 혜장스님은 백련사 주지였다. 당시 혜장스님은 34세, 다산은 44세였지만 나이를 초월해 누구보다 가까이 지냈다. 두 사람은 학문적 교류를 하며 평생 서로에게 많은 도움을 주었다.

혜장 스님은 해마다 다산에게 차를 보냈다. 백련사 부근에서 자라는 차를 잘 법제하여 다산에게 차 양식을 공급(?)했던 것이다. 그런데 미처 차가 오지 않으면 다산은 혜장 스님에게 차를 간절하게 요청하는 '걸명(乞茗)' 시가 있다.

스님은 특히, 주역·논어와 『능엄경』·『기신론』에 대한 학문이 뛰어나 대둔사의 강석(講席)을 지냈다.

혜장스님이 정암 스님 회상에서 정진하던 26세 때의 초가을, 연못가를 거닐다가 해맑게 피어난 연꽃 한 송이를 보고 깨달음을 얻었다.

시와 술, 차를 유난히 즐기며 자유자재의 생활을 즐겼다. 1811년(순조11년) 가을에 술병을 얻어 북암(北菴)에서 세수 40세로 입적했다.

많은 시와 글을 남겼다. 문집 『아암집(兒庵集)』이 있다.

영파성규(影波聖奎) 선사

七日關中亦有言　　威音雷若震乾坤
欲聆無說傳千古　　秋夜寒鐘掛寺門

칠일 동안 관중에서 부처님의 법음소리 들었네
위엄스런 우레 소리 천지를 진동하네
말없이 말한 천고의 진리를 알고 싶었는데
가을밤 찬 종소리 절문에 걸렸도다.

[해설]
　영파성규(影波聖奎, 1728~1812)스님의 법명은 성규(聖奎), 자는 회은(晦隱), 법호는 영파(影波), 속성은 전씨(全氏)이다.
　대둔산 대흥사의 13대 강사(講師) 가운데 제5대 강사였다.
　어느 날 어머니의 꿈에 큰 별이 하늘에서 떨어져 품안으로 들어오는 꿈을 꾸고 태어났다.
　글씨를 잘 썼으며, 글씨는 힘이 넘쳤다. 보물 14호인 '팔공산 거조암'이란 글씨를 썼다.
　15세에 청량암에서 책을 읽다가 스님들이 절하는 모습을 보고 오묘한 느낌을 받아 출가의 뜻을 굳혔다. 이후 1747년(조선 영조 23) 용천사 환응(喚應)스님에게 축발했다.

　해봉(海峰)·연암(燕岩)·용파(龍坡)·영허(影虛) 등, 당대 최고

의 선지식을 찾아다니며 가르침을 받으며 정진하였다. 그로부터 9
년이 지나 선사는 황산퇴은(黃山退隱)스님으로부터 『화엄경』을 받
고, 『화엄경』의 깊고 오묘한 이치를 궁구(窮求)하는 데에 30년의
세월을 하루같이 전념하였다.

『화엄경』을 공부한 지 30년 만에 끝을 맺고 함월해원(涵月海源,
1691~1770) 회상에게 참구하던 중, 가을밤에 가람의 종소리를
듣고 깨달았다.

함월 선사에게서 의발을 전해 받고 그 법을 이었다.

순조12년(1812)에 세수 85세, 법랍 66세로 은해사(銀海寺)에서
입적하였다.

이 글은 예천 용문사에 소장된 영파성규 선사 진영에 실린 자
찬(自讚)이다. 영파스님이 완성된 자신의 진영을 보고 지은 것이다

爾是眞耶	我是眞耶
若據本來人面目	則二皆非眞
咄 秋水連天	乾坤若無
廓落無影	色相何求

네가 참모습이냐
내가 참모습이냐
만약 본래 모습에 의거한다면
둘 다 참 모습이 아니다
아! 가을 물은 하늘과 이어져
하늘과 땅이 없는 것 같구나
성곽이 무너져 그림자도 없으니
색과 모양에서 무엇을 구하려는가?

화담경화(華潭敬和) 선사

我今解了知來性　　如來今在我身中
我與如來無差別　　如來卽是我眞如

내가 지금 여래성을 알았음은
여래가 나의 몸에 있음이로다
나와 여래가 차별 없음은
여래가 곧 나의 진여이니라.

[해설]

　스님(1768~1848)은 정조10년, 경남 밀양에서 태어났다.

　속성은 박씨다. 법명은 경화(敬和), 법호는 화담(華潭)이다.

　어려서부터 파, 마늘, … 등을 먹지 않았다고 한다.

　열여덟 살에 양주(楊州) 화양사(華陽寺) 월화(月華) 스님을 의지하여 입산하였다.

　농월율봉(弄月栗峰)선사에게서 구족계를 받고, 화악지탁(華嶽知濯, 1750~1839)선사의 법을 이었다. 화엄법회를 55회나 주관하는 화엄강백으로 유명했다. 스승 지탁스님 역시 화엄학의 최고봉이었다.

　지탁스님이 내린 전법게다.

　빈손에 한 자루의 칼을 든 나그네

전해 줄 물건이 없네
법왕의 대보인(大寶印)
이미 참 제자에게 전했네.

지리산·금강산·가야산·보개산 등에서 40여 년간 솔잎과 죽을
먹고 장좌불와 정진을 했다.

『화엄경』·『열반경』·『팔양경(八陽經)』등, 여러 경전에 주석(註
釋)을 달 정도로 교학에도 뛰어났다. 문장에도 뛰어나 추사 김정
희와도 나이차를 넘어 친분이 두터웠다. 계행을 철저히 지켜 율사
로도 이름이 높았다.

스님의 법맥은 휴정-편양-풍담-월담-환성-완월-한암-화악으로
이어진다.

가야산 해인사에서 수행하실 때 명월(明月)을 씹어 삼키는 꿈을
꾸고 깨달음이 열려 앞의 오도송을 남겼다.

세수 63세, 법랍 45세로 가평 현등사(懸燈寺)에서 원적에 들었
다. 절 북쪽에 부도가 있다.

스님의 진영은 양산 통도사, 문경 김룡사, 밀양 표충사, 서울
국립중앙박물관 등에 모셔져 있다.

백파긍선(白坡亘璇) 선사

頭鬅鬆兮眼卓朔　　此豈老僧眞面目
上柱天兮下柱地　　佛祖元來覓不得

더벅머리에 눈을 높이 뜨니
이게 노승의 참모습인가
하늘을 버티고 땅을 버티나니
불조는 찾아도 찾아지는 게 아니구나.

[해설]
　스님(1767~1852)은 전라도 전주의 전주이씨 가문에서 출생했
다. 휘는 긍선(亘璇), 호는 백파(白坡)다.
　어려서 특별한 교육은 받지 않았지만 천성이 지극히 유순하였
다. 열두 살 때에 '한 사람이 출가하면 구족(九族)이 모두 천상(天
上)에 태어난다.' 라는 말에 감명을 받고 입산의 뜻을 굳혔다. 선
은사(禪隱寺)의 시헌(時憲)을 은사로 출가했다.

　연곡(蓮谷)화상에게서 수계하고, 지리산 영원암 설파상언(雪坡尙
彦, 1707~1791))에게서 구족계를 받았다.
　앞의 송은 오도송은 아니고 자찬(自讚)이라 하여 스님의 노경에
스스로 정신적 경지를 드러낸 것이라 여겨진다.
　26세 때에 백양산 운문암(雲門庵)에서 개당(開堂)하여 20여 년

동안 후학들을 지도하였다. 1811년에 "불법의 진실한 뜻이 문자에 있지 않고 도를 깨닫는데 있는데도, 스스로 법에 어긋난 말만을 늘어놓았다."고 하면서 참회한 뒤, 정읍의 용문암(龍門庵)으로 들어가서 5년 동안 수선결사운동(修禪結社運動)을 전개하였다.

1840년부터 화엄사(華嚴寺)의 선사 영당 옆에 작은 암자를 짓고 좌선 중에 86세로 입적하셨다.

저서로는 『선문수경(禪門手鏡)』, 『정혜결사문(定慧結社文)』, 『오종강요기(五宗綱要記)』, 『선문염송기(禪門拈頌記)』, 『금강경팔해경(金剛經八解經)』,『송계효행록(松溪孝行錄)』등이 있다.

스님의 법맥은 서산휴정-편양언기-풍담의심-월담설제-환성지안-호암체정(虎巖體淨)- 설파상언-백파긍선으로 이어진다.

인파유안(仁坡由安) 선사

樹樹皆生新歲葉　　花花爭發去年枝
故鄉千里眞消息　　今日明明的的知

나무마다 새해 되면 새잎이 나지만
꽃은 언제나 묵은 가지에서 피네
고향 천리 참 소식
이제 더욱 분명하게 알겠노라.

[해설]

　인파(仁坡, ?~1846))스님은 해인사 백련암에 주석하시며 도풍을
떨친 몇 몇 스님 중의 한 분이다. 백낙천의 후신이라 할 만큼 시
와 글씨가 뛰어났다. 방광(放光) 하셨다는 방광석이 남아있다.
　스님에 대한 유명한 일화가 있다.

　어느 해, 가뭄이 심해서 백성들의 원성이 자자했다. 이때 합천
관리가 해인사에 인파라는 도인이 있다는 말을 듣고 찾아왔다.
　"도인 인파를 만나려고 하니 인파스님은 나오라."
　그때 인파스님은 백련암에 계셨다. 해인사 주지는 인파스님이
계시는 백련암에 올라가 이 사실을 고하자 인파스님이
　"나를 보러 왔거든 자기가 올라올 일이지."
　하시는 것이다. 주지스님은 다시 내려와 관리에게 그대로 말했

다. 관리는 노여움이 가득차서 "그래 그러면 내가 올라가지"하고 올라갔다. 이때 인파스님은 대중들과 함께 정진 중이었다.

관리가 백련암에 도착해도 영접하러 나오는 사람이 없었다. 그렇잖아도 기분이 언짢았는데 울화가 더 치밀었다. 관리는 들어서자마자

"인파 있는가?"하고 언짢은 음성으로 불렀다.

인파스님은 "어이 잘 왔는가."하고 대답하니

"날씨가 이렇게 가무는데 비가 오게 할 수 있는가?"

인파스님은 "그러면 공양미 백 석을 올리거라."하시니, 관리는

"만약 비가 오지 않으면 어떻게 하겠는가?"

인파스님 말씀하시기를

"그것은 자네 마음대로 하되, 비를 오게 하면 어찌할 것인가?"

"그럼 공양미 백 석을 올리겠다."

"그러면 비가 오게 하지."

하시더니 죽비를 들고 마당 앞의 커다란 바위를 한 걸음에 성큼 올라가서 정좌하시고 죽비를 세 번 치고 30분 정도 가만히 앉아 계셨다. 하늘에서 검은 구름이 뭉실뭉실 일어나기 시작했다. 이때 또 죽비를 세 번 치고 일어나자마자 비가 내리기 시작하였다. 관리는 그만 놀라서

"참다운 도인스님을 몰라보고 경솔하게 처신한 죄를 용서해 주십시오."하고 사죄를 하니 인파스님이 말씀하시기를

"장부가 한 번 말한 것은 실천해야지."

"예 약속대로 하겠습니다."하고, 그 길로 공양미 백 석을 올렸다고 한다.

그 후 이러한 소문이 조정에까지 알려져, 중국에 가는 사신은 반드시 인파스님을 만나고 가라는 명을 내렸다.

어느 사신이 중국으로 가게 되어 인파스님에게 찾아오니, 인파 스님이 편지 한 장을 써 주시면서,

"중국에 가거든 아무개 선생에게 이 편지를 전해주고 오라"는 부탁을 했다. 그런데 편지의 필적을 보니 높은 사람 앞에 내놓기 부끄러울 정도의 필적이었다. 인파스님 앞에서는 내색을 못하고, 집에 와서 자신이 대필한 서신을 전했다. 그 서신을 보고나더니

"이것이 인파의 친필인가?"하고 묻길래 사신은 "솔직히 아닙니다."라고 대답했다.

"그러면 인파의 친필을 내어보게"

사신은 혹시나 해서 친필을 지니고 갔었는데, 인파스님의 친필을 받아 보더니

"그러면 그렇지, 이 정도는 돼야지. 이 분은 보살로서 너의 나라를 위해 세 번이나 태어나셨으니 부처님같이 잘 모시게."하였다고 한다.

시문집이 있다고 하나 현재는 전해지지 않는다.

해인사 백련암의 원통전 주련에 있는 스님의 임종게다.

橫抽寶劍案靈臺　　殺活奇權手端開
龍將雲雨飛神變　　風得虛空任往來

비껴 찬 보검 뽑아 영대 위에 놓으니
생사의 기이한 방편이 손끝에 열리고
용이 비구름을 이끌고 신이를 일으키니
바람은 허공을 얻어 마음대로 다니네.

영허선영(映虛善影) 선사

松窓土壁溪邊地　　白首緇衣懶一翁
意到忽然心自樂　　朗吟閑步任西東

창밖에 푸른 솔이 보이는 시냇가 초암에
흰머리 검은 승복 게으른 늙은이 하나
마침내 한 경지 다다르고 보니 마음이 절로 즐거워
낭랑한 목소리로 경 읊조리며 한가로이 거니네.

[해설]

　영허선영(映虛善影, 1792~1888)선사는 서울 운현동(雲現洞)에서 태어났다. 어느 날 어머니 꿈에 불상에서 서광이 몸 안으로 들어오는 꿈을 꾸고 잉태하였다.

　법명은 선영(善影), 자는 무외(無畏), 법호는 영허(映虛), 당호는 역산당(亦山堂)이다. 속성은 임(林)씨이다.

　12세에 경기도 양주 학림암(鶴林庵, 지금 서울 노원구) 용운승행(龍雲勝行)선사에게 출가했다.

　참선수행에 정진하던 중, 21세 되던 해 한여름 천둥번개를 동반한 장대같은 비가 내렸는데, 3일째 되는 날 벼락 치는 소리에 크게 깨달았다.

　이후 주로 남쪽 지역에서 주석하다가 세수 89세 법랍 77세로 함경도 안변 설봉산 석왕사 내원암에서 입적했다.

운파(雲坡) 선사

靑來藍表靑　　絳來茜表絳

푸른 물감이 쪽에서 나왔으나 쪽보다 더 푸르고,
붉은 물감이 꼭두서니에서 나왔으나 꼭두서니보다 더 붉다.

[해설]

　운파(雲坡, 1818~1875)선사는 전남 완도군에서 출생했다. 법명
은 익화(益化), 법호는 운파(雲坡), 속성은 문씨(文氏)이다.

　14세에 해남 두륜산 영철(永哲)스님에게 출가했다. 지허(知虛)스
님에게 계를 받았다. 영철스님이 일찍 입적함에 따라 양성(養性)선
사를 의지하여 공부하였다.

　양성스님께서 운파에게 "나는 이제 늙어서 너를 가르칠 수 없구
나. 대둔사 진불암(眞佛庵)의 철선혜즙(鐵船惠楫, 1791~1858)선사
를 찾아가 법을 구하여라."고 하셨다.

　당시 철선 선사는 수룡색성(袖龍賾性, 1777~?) 선사의 법맥을
계승한 당대 최고의 명 강백으로 명성이 자자했다. 운파선사는 진
불암으로 철선 선사 문하에서 공부하다가, 다시 북암(北庵)의 문암
(聞庵) 강백을 찾아가 깊이 배웠다.

　두륜산 깊은 골짜기에 토굴을 마련해 솔잎을 먹으면서 정진하
기를 수년, 하늘에 떠있는 구름이 흩어졌다 모이고 모였다가 다시

398

흩어지는 모습을 보고서 깨달음을 얻고 읊은 송이다.

'푸르다고 생각하니 더욱 푸르고, 붉다고 생각하니 더욱 붉다(靑靑赤赤)'고 한 것은, 깨치고 보니 깨달음이 더욱 깊고, 깨달음에는 그 끝이 없다는 뜻일 것이다.

스님은 범음(梵音)에 능하여 이를 배우려는 사람들이 인산인해를 이루었다고 한다. 오늘날 전해지고 있는 범패는 스님의 가르침으로 인한 것이다.

고종 12년(1875) 세수 58세, 법랍 41세로 입적하셨다.

범해각안(梵海覺岸) 선사

參盡名家最後尋　　因緣厚薄可知今
長春浪送長春洞　　梵海勤求梵海心
詩和竹間題竹葉　　宴開松下廳松琴
去留有數庸何挽　　桂月團團照兩襟

몸과 마음을 다하여 도를 생각함으로
길고 깊은 인연 오늘에까지 이어졌네
장춘을 물처럼 흘려보냈는데 다시 장춘동일세
범해가 일구월심 구하는 것이 범해 마음인데
대나무 속에서 시와 함께 찻잔만 기울인다
소나무 아래서 소나무와 벗하여 거문고 소리 즐기다 보니
덧없이 세월만 가고 낡은 수레바퀴처럼 되었고
팔월의 교교한 달빛만 양 가슴속에 남았네.

[해설]

　범해각안(梵海覺岸, 1820~1896)스님은 전라남도 완도에서 태어났다. 경주 최씨. 법호는 범해(梵海), 법호는 두륜산인구계(頭輪山人九階). 자는 환여(幻如), 법명이 각안(覺岸)이다.

　집안이 가난해 학문을 익히지 못하고 어릴 적부터 사찰 등으로 한지를 팔러 다녔다고 한다. 그러나 매우 총명하여 한 번 배우면 그 이상의 것을 알았다고 한다.

1833년 두륜산 대둔사의 호의시오(縞衣始悟)스님을 은사로 출가했다. 초의(草衣)스님으로부터 구족계를 받았다.

1846년에 호의스님의 법을 이어 진불암(眞佛庵)에서 개당하여 『화엄경』과 『범망경(梵網經)』을 강설하고, 22년간 전국의 사찰에서 선리(禪理)를 가르쳤다.

일생을 참선과 더불어 글을 쓰고 시를 지었다. 초의 선사의 법을 이었다. '차 생활이 곧 부처님의 생활이라고' 할 정도로 평생 차와 더불어 정진했다. 많은 시와 차시(茶詩)를 남겼다. 주석하셨던 대둔사에 '다화일여(茶話一如)'라는 글귀가 남아 있다.

저서로는 고승전인 『동사열전(東師列傳)』을 비롯하여 『범해선사유고(梵海禪師遺稿)』·『범해시고(梵海詩稿)』·『경훈기(警訓記)』·『유교경기(遺教經記)』·『사십이장경기(四十二章經記)』·『사략기(史略記)』·『동시선(東詩選)』 등이 있다.

세수 77세, 법랍 64세로 입적하면서 임종게를 남겼다.

妄認諸緣希七年　　窓蜂事業摠茫然
忽登彼岸騰騰運　　始覺浮漚海上圓

헛된 인연 잘못 알고 살아온 77년이여!
창가에 부딪치는 벌처럼 해온 일도 부질없어라
훨훨 털고 문득 저 언덕에 올라가면서
비로소 바다 위에 거품인 줄 이제 알았네.

경허성우(鏡虛惺牛) 선사

忽聞人語無鼻孔　　頓覺三千是我家
六月燕岩山下路　　野人無事太平歌

문득 사람이 콧구멍 없다는 말 듣고
몰록 깨달으니 삼천세계가 나의 집이구나
유월 달 연암산 아래 길을 걸으니
야인은 일이 없어 태평가를 부르네.

[해설]
　스님(1846~1912)은 전주에서 태어났다. 속성은 송씨, 처음 이름은 동욱(東旭).
　아홉 살 때 경기도 의왕 청계사 계허(桂虛) 화상을 의지하여 입산하여 동학사 만화(萬化)스님 문하에서 부처님 경전을 배웠다.
　스무 살 때 동학사에서 스님들을 가르치는 강사가 되었다.

　어느 날 청계사로 가는 도중, 홍역이 극심한 마을을 지나다 생사에 대한 자신의 무력함을 깊이 깨달았다. 발걸음을 돌려 동학사로 돌아와 학중(學衆)들을 해산시킨 뒤, 자신도 강사의 자리를 사양했다. 그리고는 두문불출하고 불철주야 참선에 몰두하였다.

　큰 칼을 세워 턱에 받치고 백일을 기약하고 용맹정진하고 있던 어느 날, '사람이 죽어서 소가 되어도 콧구멍 없는 소가 된다'는 이처사(李處士)의 말을 듣고 깨달으셨다. 스님의 나이 서른한 살 때이다.

홍주 천장사 용암혜언(龍巖慧彦, 1779~ ?) 화상의 법을 이었다.

만공·혜월·수월·방한암 스님 등, 많은 제자를 두었다.

어록으로 『경허집(鏡虛集)』이 있다.

59세에 자취를 감춘 후, 머리를 기르고 유관(儒冠)을 쓰고 스스로를 '난주(蘭州)'라 하다가 갑산(甲山) 웅이방(熊耳坊)에서 입적하면서 남긴 열반송이다.

心月孤圓　　光呑萬像
光境俱忘　　復是何物

마음 달이 외로이 둥글게 빛나니
빛이 만상을 삼켰도다
빛과 경계를 함께 잊으니
다시 이것이 무엇인고.

학명(鶴鳴) 선사

前生誰是我　　來生我爲誰
今生始知我　　還迷我外我

전생에는 누가 나며
내생에는 내가 누구일까
금생에 나를 집착해서
참된 나를 잊었구나.

[해설]

　학명(鶴鳴, 1867~1929)스님은 전남 영광군 불갑면에서 태어났다. 성은 백씨(白氏)이다.

　법명은 계종(啓宗), 자호는 백농(白農), 법호가 학명(鶴鳴)이다.

　원래 스님은 붓 장사를 했다. 20세 되던 해 부모가 돌아가신 후 붓 상자를 메고 명산 각지를 방랑하던 어느 날, 전북 순창군에 있는 구암사(龜岩寺)에 이르렀다. 여기서 당대의 강백(講伯)인 설두(雪竇)스님 설법을 듣고 감명 받아 출가를 결심했다.

　고향으로 돌아와 불갑사(佛岬寺)의 환송(幻松)스님에게 출가했다.

　그 후 지리산 영원사와 벽송사, 조계산 선암사와 송광사 등지서 10여 년간 선지식을 모시고 경·율·론 삼장(三藏)을 통달했다.

　30세 되던 해인 1900년, 금화화상의 법을 이었다.

불교의 궁극적인 목표가 경전공부만으로는 부족하다는 것을 느끼고, 용맹 정진에 들어갔다. 32세 되던 해 가을, 홀연히 깨달음을 얻고 위의 송을 읊었다.

절 살림살이의 자급자족을 위해 황무지를 개간해 많은 전답과 농토를 확보했다. 수좌들에게 "농사를 지으면서 참선을 해야 한다"는 반농반선(半農半禪)을 주창하여, '놀고먹는 중'이라는 비난을 듣지 않도록 당부했다. 스스로도 농사일을 하면서 수행의 모범을 보였다. 달마도를 잘 그렸다 한다.

1929년 3월 27일, 목욕을 마친 후 달마도 6장을 그렸다. 그리고 제자 운곡(雲谷)스님을 불러『원각경』의 '보안장(普眼章)'을 독송케 하고, 가부좌를 한 후 입적에 들었다.
입적하던 날 저녁 한 줄기의 흰 광채가 하늘 서쪽까지 3일 동안 뻗쳤다고 전한다.
내장사에 사리탑이 있다. 석전(石顚) 박한영(朴漢永) 스님이 비명(碑銘)을 썼다.

『백농유고(白農遺稿)』라는 저서를 펴내기 위해 준비하는 과정에서 원고가 전량 소실되었다고 한다.

한용운(韓龍雲) 선사

男兒到處是故鄉[214]　　幾人長在客愁[215]中
一聲喝破三千界　　　　雪裡桃花片片紅[216]

남아란 어디메나 고향인 것을
그 몇 사람 객수 속에 길이 갇혔나
한 마디 고함 소리에 삼천 세계 흔들리니
눈 속에 점점이 복사꽃 지네.

[해설]

　스님(1879~1944)은 충남 홍성군 서부면 용호리에서 태어났다.

　스님의 호는 만해(萬海(卍海)), 법명은 용운(龍雲), 계명(戒名)은
봉완(奉玩).

　뒤에 환속해서는 성북학인(城北學人)·목부(牧夫)·실우(失牛) 같
은 아호를 쓰기도 했다.

　열여덟 살에 의병에 가담하였다. 설악산 백담사에서 출가, 서른
살에 강원도 유림사 서월화(徐月華)스님에게 화엄경을 배웠다.

---

214) 남아도처시고향(男兒到處是故鄉): 곳마다 고향이라는 이 '고향'은
　　우리들의 마음의 고향인 본원적인 도(道)의 세계를 가리킨 것.
　　모든 사물이 있는 그대로 도의 모습이요, 일체 중생이 본질에
　　있어서 부처라고 보는 게 불교의 견해이다.
215) 객수(客愁): 무명, 미혹의 경지를 비유한 말.
216) 편편홍(片片紅): 붉은 꽃잎이 흩날리는 모양.

이곳 백담사에서 『조선불교유신론』을 탈고, 서른네 살 때는 『불교대전』을 집필하였다.

서른아홉 살 때 오세암(五歲庵)에서 참선하시던 중, 바람에 물건이 떨어지는 소리를 듣고 앞의 오도송을 읊었다.

1918년 월간지 『유심(惟心)』을 창간하여 신시(新詩) '심(心)'을 발표하고, 오세암에서 『십현담주해(十玄談註解)』와 장편소설 『죽음』을 집필했다. 백담사에서 「님의 침묵」을 탈고하고 시집으로 출간했다.

독립운동에 가담하여 마흔 한 살 때 민족운동 33인 중 한 사람이 되어 투옥되었다.

쉰 세 살 때 건봉사 및 건봉사 말사 『사기(史記)』를 편찬하고, 쉰일곱 살 때 조선일보에 장편소설 「흑풍(黑風)」을 연재하셨다.

1944년 6월 29일 심우장에서 인연을 다하셨다.

스님은 시인으로, 사상가로, 너무나 큰 삶을 누리셨다. 스님의 전서(全書)는 『만해한용운전집』 7권으로 간행되었다.

용성진종(龍城震鍾) 선사

金烏千秋月　　洛東萬里波
漁舟何處去　　依舊宿蘆花

금오의 달은 천년 그대로인데
낙동강의 파도는 만 리이런가
고깃배는 어디로 가고
갈대꽃만 옛날 그대로구나.

[해설]

　스님(1864~1940)은 전북 남원에서 태어났다.

　어머니 백(白)씨의 꿈에 한 스님이 찬란한 법복을 입고 방으로 들어오는 태몽이 있었다. 법명은 진종(震鍾), 법호가 용성(龍城)이다.

　어려서부터 자비롭고 슬기로웠다. 성격이 무척 정갈스러워 비리고 냄새나는 것, 시끄러운 것을 싫어하였다.

　열여섯 살 때 해인사 극락전 화월(華月)스님을 은사로 출가했다. 선곡(禪谷)율사로부터 비구계와 보살계를 받고, 칠불암(七佛庵) 대은(大隱)율사의 법맥을 이었다.

　독립운동 33인 가운데 한 사람이기도 하다.

　23세 되던 해 선산 금오산에서 용맹결사 정진 끝에 깨달음을 성취하고 오도송을 읊은 것이 위의 오도송이다.

이후 스님은 몇 번의 깨달음이 있었다.

경북 의성 고운사(孤雲寺)에서 수월(水月)선사로부터 첫 번째 깨우침을 얻었다.

다시 금강산 표훈사(表訓寺)에서 무융(無融)선사에게서 무자(無字) 화두를 받고 보광사 도솔암에서 정진하다가 두 번째 깨우침을 얻었을 때의 게송이다.

挑雲獲霧尋文殊　　始到文殊廓然空
色色空空還復空　　空空色色重無盡

먹구름을 물리치고 망상의 안개로 문수를 찾아
비로소 진실 본성에 이르러니 확연히 공이로다
물질과 공공인 다시 공으로 돌아가네
실체가 없고 물질이 없고 거듭 대함이 없도다.

그 뒤 지리산 금강대(金剛臺)와 순천 송광사 삼일암(三日庵)에서 하안거 중, 『전등록』에 나오는 청원행사(淸原行思)의 법어를 보다가 세 번째의 깨달음을 얻었다.

五蘊山中尋牛客　　獨坐虛堂一輪孤
方圓長短誰是道　　一團火炎燒大千

오온 산 가운데서 불성인 소를 찾는 나그네가
텅 빈 집에 홀로 앉았는데 달이 훤하게 비추도다
모나고 둥글고 길고 짧은 이것이 누구의 도인가
한 덩어리 불꽃이 대천 번뇌를 불태우는구나.

1940년 음력 1월 21일 용성스님이 서울 대각사에서 제자 스님을 찾았다.

"이제 절단 나버렸구나. 쇠에서 녹이 슬어 쇠가 상하게 되었구나"

스님은 같은 해 2월 23일 다시 제자스님에게

"나는 내일 새벽 관음재일에 가련다. 그 동안 수고가 많았구나. 더욱 더 수고해 다오."

다음날 스님은 목욕재계 한 뒤, 제자들을 불러 놓고

"수법제자여, 시자여, 대중이여, 그동안 수고했도다. 나는 간다." 라는 말씀과 임종게를 남기고 원적에 들었다.

諸行之無常　　萬法之俱寂
匏花穿籬出　　閑臥麻田上

모든 행이 떳떳함이 없고
만법이 다 고요하도다
박꽃이 울타리를 뚫고 나가니
삼밭 위에 한가로이 누웠도다.

만해스님이 찬(撰)한 사리탑이 해인사 용탑선원(龍塔禪院) 옆에 있다.

『화엄경』 12책, 『능엄경』, 『금강경』, 『대승기신론』, 『원각경』, 『팔상록』, 『선문촬요』, 『금강삼매경』, 『범망경』, 『지장경』 등, 역경 사업에도 많은 공헌을 하셨다.

앞의 송은 석정 스님의 제공으로 기술하였다.

만공월면(滿空月面) 선사

空山理氣[217]古今外　　白雲淸風自去來
何事達摩越西天　　鷄鳴五時[218]寅日出[219]

공산의 이기(理氣)는 세월 밖에 있나니
흰구름 맑은 바람에 스스로 오가네
무슨 일로 달마는 서천에서 왔나
닭은 축시에 울고 해는 인시에 뜨나니.

[해설]

　스님(1872~1946)은 전북 태인군 태인읍 출신이다.

　스님의 어머니 김씨의 꿈에 영룡(靈龍)이 구슬을 토함에 빛이 황홀한지라 그 빛을 받는 태몽이 있었다.

　열 세 살 되던 겨울(1883), 절에 가서 과세(過歲)를 하면 장수하고 신수가 좋다는 말을 듣고 처음으로 금산사(金山寺)에 갔다. 부처님 상(像)과 스님들을 보니 기쁜 마음이 샘물처럼 솟아, 그 뒤 집에 돌아와 출가할 뜻을 세웠다.

---

217) 이기(理氣): 참다운 기운, 즉 진리를 뜻함.
218) 계명오시(鷄鳴五時): 축시에 닭이 운다고 함. 축시는 새벽 1시부터 3시 사이.
219) 인일출(寅日出): 인시에 해가 돋는다고 함. 인시는 오전 3시부터 5시 사이.

부모님 몰래 전주 봉서사(鳳棲寺)에 갔다. 그곳에서 쌍계사(雙溪寺) 진암(眞岩)노사를 찾아가라고 권하므로 쌍계사에 갔으나, 노스님은 동학사(東鶴寺)로 옮겼다 하여, 다시 동학사에 가서 입산하였다. 뒤에 다시 천장사 태허(泰虛)스님에게 가서 경허(鏡虛)스님으로부터 사미계를 받았다.

스물세 살 때부터 '만법귀일(萬法歸一)은 일귀하처(一歸何處)'라는 화두로 공부하기 시작하였다.

어느 날 온양 봉곡사(奉谷寺)에서 정진 중, 서쪽 벽을 바라보는데 갑자기 벽이 공(空)하고 일원상(一圓相)이 나타났다. 마음에는 오직 일원상이 있을 뿐이었다.

그 다음날 새벽 쇠송을 할 때 '응관법계성(應觀法界性) 일체유심조(一切唯心造)'를 외우다가 홀연히 마음이 열리어 앞의 오도송을 읊었다.

그 뒤 스물여섯 살 때 서산 부석사의 경허스님을 뵙고 지금까지 있었던 공부 이야기를 올리니, "불꽃 가운데서 연꽃이 피었다"고 극찬하셨다.

통도사 백운암에서 '조주무자(趙州無字)' 화두로 정진하던 중, 여름 장마철이었다. 새벽 종소리를 듣고 또 한 번 깨달았다.

서른한 살 때 경허 스님을 뵙고 그동안의 정진을 알리니 인가하시고 다음의 전법게와 함께 '만공(滿空)'이란 호를 내렸다.

雲月溪山處處同　　叟山禪子大家風
慇跧分付無文印　　一段機權活眼中

구름 달 시냇물 산 곳곳마다 같은데
수산선자의 대가풍이여

은근히 무문 인을 부촉하노니
한 조각 권세기틀이 눈 속에 살았구나.

1905년에 덕숭산에 작은 암자를 지어 금선대(金仙臺)라 이름한
한 칸 띳집을 짓고 지내셨다.
1946년 10월 20일에 목욕 단좌한 후 거울에 비친 자기 모습을
보고,
"자네와 내가 이제 이별할 인연이 다 되었네 그려."하고 껄껄
웃고 문득 입적에 들었다.
『만공어록』이 있다.

운봉성수(雲峰性粹) 선사

山門驀然寒徹骨　　豁然消却胸滯物[220]
霜風月夜客散後　　彩棲獨在空山水

산문에서 언뜻 뼈에 사무침을 느끼니
가슴의 응어리를 활연히 씻었나니
서리 내리고 바람 부는 달밤 손들이 돌아간 뒤
누각에 홀로 있으니 산과 물이 비었네.

[해설]

　스님(1899~1946)은 경북 안동에서 태어났다.

　열세 살에 아버지를 따라 영천 은해사에 불공드리러 갔다가 발심하여 김일하(金一荷) 스님을 의지하여 입산하였다.

　스물다섯 살이 지나서 참선을 하기 시작했다.

　계해년(癸亥年) 겨울, 참선 수행한지 십 년 째 되는 해였다.

　백양사(白羊寺) 운문암(雲門庵)에서 새벽녘에 문 밖에 나갔다가 먼동이 트는 것을 보고 타파하였다.

　앞의 송은 그때 남긴 것이다.

---

220) 흉체물(胸滯物): 가슴이 답답하도록 막힌 물건. 여기서는 번뇌를 뜻함.

운봉스님은 혜월(慧月) 스님의 인가를 받아 전법제자가 되었다.
다음은 혜월스님이 내린 전법게다

一切有爲法　　本無眞實相
於相若無相　　卽名爲見性

일체의 유위법은
본래 진실 된 모양이 없으니
저 모양 가운데 모양이 없으면
곧 이름하여 견성이라 함이라.

1946년 2월 그믐날 제자 향곡(香谷)스님에게 법을 전하고 입적
하셨다. "돌아가신 다음 어디로 가십니까?" 묻는 제자의 질문에
"동쪽 마을 시주네 집에 물소가 되어 가리라"고 말씀하셨다.
열반송 대신 육자배기를 읊으셨다고 한다.

'저 건너 갈마봉에 비가 묻어오는 구나
우장 삿갓을 두르고서 김을 매러 갈거나.'

한암중원(漢巖重遠) 선사

着火廚中眼忽明　　從玆古路[221]隨緣淸
若人問我西來意　　岩下泉鳴不濕聲

부엌에서 불 지피다 홀연히 눈 밝으니
이를 따라 옛길 인연 분명하여라
누가 서래의를 묻는다면
바위 밑 우물 소리 젖지 않나니.

村犬亂吠常疑客　　山鳥別鳴似嘲人
萬古光明心上月　　一朝掃盡世間風[222]

마을 개 짖는 소리에 손님인가 의심하고
산새의 울음소리 나를 조롱하는 듯
만고에 빛나는 마음의 달이
하루아침에 세상 버릇 다 쓰나니.

[해설]
　스님(1876~1951)년 강원도 화천에서 태어났다.
　원래 인자한 성품이지만 수행에는 서릿발 같았다. 스님의 속명

---

221) 고로(古路): 옛길. 여기서는 옛 부처님과 조사들의 마음자리를 뜻
　　함.
222) 세간풍(世間風): 세상에 있는 버릇.

은 중원(重遠). 경허스님 법맥을 이었다.

아홉 살 때 『사략(史略)』을 읽다가 반고씨 이전에 누가 있었을까 하는 의심은 그 후 10년 동안 유교의 경(經)·사(史)·자(子)·집(集)을 공부하고 있을 때도 뇌리에 남아있었다.

스물한 살 때 금강산 장안사 금월행름(錦月行凜) 스님을 의지하여 득도하였다.

입산하면서 '스스로 내 마음의 참모습을 찾을 것', '부모의 은혜를 갚을 것', '극락으로 가는 것', 세 가지를 결심하였다.

스님은 1899년부터 37세가 되던 1912년까지 네 차례의 오도(悟道)과정이 있었다고 한다.

첫 번째는 금강산 신계사에서 보조지눌스님의 『수심결(修心訣)』을 읽다가,

두 번째는, 청암사 수도암에서 경허(鏡虛)스님을 만나 『금강경』의 '범소유상 개시허망 약견제상비상 즉견여래(凡所有相 皆是虛妄 若見諸相非相 卽見如來)'라는 법문을 듣고 나서 다음의 송을 지었다. 이때의 나이 불과 스물네 살 때이다.

脚下靑天頭上巒　　跛者能行盲者見
本無內外亦中間　　北山無語對南山

다리 밑에 하늘이 있고, 머리 위에 땅이 있네
절름발이가 걷고, 소경이 봄이여
본래 안팎이나 중간은 없는 것
북산은 말없이 남산을 대하고 있네.

세 번째는, 『전등록(傳燈錄)』을 보다가 약산화상이 석두화상에게 설한 법어 가운데 '한 물건도 작위하지 않는다(一物不僞)'는 대목에 이르러 또 다시 깨달았다.

네 번째는, 통도사 백운암에서 정진하다가 입선을 알리는 죽비 소리에 마치 물통 밑이 빠지는 것 같은 깨달음을 경험했다고 한다. 서른 살 때 양산 통도사 내원선원(內院禪院)에서 조실로 5~6년 머물다가 그 뒤 평안도 맹산 우두암에서 홀로 정진하였다.

어느 날 부엌에서 불을 지피다 갑자기 마음의 문이 크게 열렸다. 지난날 청암사 수도암에서 있었던 것과 같았다. 그때 앞의 오도송을 남겼다.

쉰 살 때 서울 봉은사 조실로 있었다. 일제의 조선불교 말살정책과 식민지 현실에 가슴 아파하며, "차라리 천고에 자취 감춘 학이 될지언정 춘삼월에 말 잘하는 앵무새의 재주는 배우지 않겠다."고 하시며 오대산으로 들어갔다.

그 후 27년간 산문 밖으로 나서지 않았다. 1936년 조계종 초대 종정에 추대되었다. 한국전쟁이 일어났지만 상원사를 떠나지 않고 위법망구의 정신으로 국군의 상원사 소각을 막은 일화는 유명하다.

1951년 3월 21일(음력 2월 14일) 오전, 좌탈입망 자세로 열반에 들었다. 법랍 54세, 세수 75세.

저서로는 『일발록(一鉢錄)』이 있으나 전해지지 않으며, 1990년 명정 스님이 편역한 『한암집』이 간행되었다.

석두보택(石頭寶澤) 선사

毘盧223)登毘盧　　東海望東海
毘海雙忘處　　　一萬二千峰

비로봉에서 비로봉에 오르고
동해에서 동해를 바라본다
비로봉과 동해가 다 없는 곳에
일만 이천 봉이나니.

[해설]

스님(1882~1952)은 함경도 명천군에서 태어났다.

어려서 병법을 배워 장군이 되리라 마음먹고 병법에 탁월한 선
생을 찾아갔다. 그로부터 "얼굴은 장군이 되겠는데 눈썹을 보아하
니 스님이 되는 게 낫겠다."고 권유하므로 장군 되는 것을 포기하
고 석왕사(釋王寺)에 갔다.

스님이 열일곱 살 때에, 당대 제일 선지식으로 소문난 용악혜견
(龍嶽慧堅, 1830~1908) 스님을 찾아 갔다. 그러나 용악대사는 양
산 통도사로 옮겨갔으므로, 그 상좌인 백하청민(白荷晴旻) 스님을
의지하여 입산하였다.

석두스님이 입산하는 날 백하스님의 꿈에 용이 하늘에 오르는

---

223) 비로(毘盧): 금강산 비로봉에서 이 송을 지었음. 비로봉을 뜻함.

꿈을 꾸었다. 그리하여 즉석에서 법명과 당호까지 지으셨다.

석두스님은 3년간 염불로써 수행하다가, 황악산 제산(霽山) 스님 회상에서 무자화두로 참선수행을 하기 시작했다.

가야산 해인사에 계실 때는 수마(睡魔)를 항복시키지 못해 키와 똑같은 길이의 큰 두루마기를 해 입고 장경각을 경행하기도 했다. 잠결에 두루마기 자락을 밟으면 그대로 넘어져 잠을 깨우기 위해서였다.

25살 겨울에 해인사 퇴설당에서 제산스님을 모시고 정진하던 중 크게 느낀 바가 있었다. 그러나 그 때 남긴 글은 없는 것 같다. 앞의 오도송은 금강산 비로봉에 머물며 깨달아 남기신 것 같다.

항상 미륵불을 원불로 모셨다.

스님은 평소 법문이나 후학들에게 가르침을 줄 때, 다음의 '달마조사송(達磨祖師頌)'을 많이 인용했다.

財色不忘莫聞道　　貢高自是體參禪
煩惱斷盡生死斷　　更無別法與人傳

재물과 색을 저버리지 못하거든 도를 묻지 말고
내 잘난 생각 갖고는 참선을 하지 말라
번뇌 망상 끊어지면 생사도 끊어지는 것이니
이밖에 다른 법은 일러줄 것이 없다.

47세 되던 해(1928) 효봉스님에게 내린 전법게다.

春至百花爲誰開　　東行不見西行利
白頭子就黑頭父　　兩個泥牛戰入海

봄이 오니 온갖 꽃, 누굴 위해 피나
동으로 가면 서로 가는 이익 보지 못하리
흰머리 아들이 검은머리 아버지께 나아가니
두 마리 진흙 소가 다투다 바다에 들어가네.

1954년 4월 25일 오후 8시 30분, 통영 미래사에서 열반에 들었다. 세수 73세, 법랍 57세다.

효봉학눌(曉峰學訥)스님을 비롯해, 향봉향눌(香峰香訥), 화봉유엽(華峰柳葉), 계봉무아(溪峰無我), 해봉석정(海峰石鼎), 석봉인선(石峰仁善), 은봉원광(隱峰圓光) 등의 제자를 두었다.

불화장(佛畫匠)인 삼락자(三樂子) 석정(石鼎, 1928~2012)스님이 그 아들이다.

법안(法眼) 선사

虛空骨中　有相無相
相中無佛　佛中無相

허공 골 중의
유상 무상이여
상 속에는 부처가 없고
부처 속에는 상이 없다.

[해설]

　법안(法眼, 1902~1955)스님은 일타스님의 큰외삼촌이다.

　법안스님을 선두로 일타스님 집안의 41명이 출가하는 계기가
되었다.

　처음 만공(滿空)스님을 찾아가 출가의 뜻을 밝히자, 만공스님은
사형 혜월(慧月)스님의 제자가 될 것을 권했다.

　23세 때 혜월선사를 은사로 출가했다.

　그 뒤 오대산·금강산·천성산·지리산 등에서 오직 발우 하나, 누
더기 한 벌로 정진에 매달렸다. 어느 때는 시를 지으며 스스로의
경지를 점검하였다. 다음은 스님이 금강산 토굴에서 지은 시다.

千峰頂上一間屋　半間老僧半間雲
有時西風雲飛去　一窓明月來相照

일천 봉우리 위의 한 칸 집이여
반 칸은 노승이 반 칸은 구름이 차지했구나
어느 때 서쪽 바람 불어 구름이 날아가면
하나뿐인 창으로 밝은 달이 서로 찾아와 비추네.

이렇게 10여 년을 정진하다가 35세가 넘어 해인사 백련암으로
들어와 '영구천(靈龜泉)'이라는 조그마한 샘을 파고 깨달음에 이를
때까지 지장기도에 마음을 모으기로 했다. 그러기를 9년이 되었을
때, 법안스님은 말할 수 없는 희열을 느끼고 법당을 뛰쳐나오며
외쳤다. "허공 뼈(虛空骨)를 보았다! 허공의 뼈를 보았다!"

그 때 백련암 스님들은 기도 성취를 축하하면서 '영구천구년지
장기도기념비(靈龜泉九年地藏祈禱紀念碑)'를 세웠는데, 지금도 백련
암에 남아 있다.
1955년 가을, 서울 도선사 석불 뒤의 바위 위에 앉아 아무도
모르게 입적하였다.

만암종헌(曼庵宗憲) 선사

寶刀飜遊刃   明鏡無前後
兩般一樣風   吹到無根樹

보배 칼을 마음대로 쓰고
밝은 거울은 앞뒤가 없도다
두 가지 몰아 한 바람이
뿌리 없는 나무에 불어 닿는다.

[해설]

　만암종헌(曼庵宗憲, 1875~1957) 스님은 전북 고창에서 태어났다. 속성은 송(宋)씨이며, 법호는 만암(曼庵)으로, 목양산인(牧羊山人)이라 불렀다. 일찍 부모님을 여의고 1886년 백양사 취운도진(翠雲道珍) 스님에게 출가했다.

　환응(幻應)스님과 한영석전(漢永石顚, 1879~1948)스님에게 수학하고, 25살 때 해인사 강백으로 후학을 지도했다.

　백양사 운문선원에서 '이뭣고' 화두를 들고 정진하기를 7년, 당대의 선지식인 백학명(白鶴鳴, 1867~1929) 스님을 등에 업고 덩실덩실 춤을 추면서 깨달음의 노래를 불렀다.

　평소 '받는 불교'가 아니라 '주는 불교'가 되어야 한다며 직접 농사를 짓는 선농일치의 삶을 사셨다. 칡넝쿨과 싸리나무, 대나무로 소쿠리를 만들어 사용하며 이웃에게도 나누어 주었다.

한암스님에 이어 제2대 종정을 지내셨다.

1957년 1월 22일 제자들과 차 한 잔 나눠 마신 뒤, "마지막 입는 옷에는 주머니가 없다"는 말과 함께 가지고 있던 모든 물품을 제자들에게 나누어 주었다.

세수 82세, 법랍 71세로 좌탈입망 했다.

제자 서옹(西翁)스님에게 다음의 전법게와 함께 '석호(石虎)'라는 법명을 내렸다.

白岩山上一猛虎　　深夜橫行夜殺人
颯颯淸風飛哮吼　　秋天皎月冷霜輪

백암산 위 한 사나운 범이
한밤중에 돌아다니며 사람을 다 물어 죽이네
서늘하고 맑은 바람을 일으키며 날아 울부짖으니
가을하늘에 밝은 달빛은 서릿발처럼 차갑다.

석우보화(石友普化) 선사

山攝爲籬水用扉　　行人到此世情稀
孤庵懶客還多事　　淨掃閒雲補弊衣

산으로 울타리 삼고 물로 싸리문 만드니
나그네가 여기 오면 세상일을 모르더라
외로운 절에 게으른 손님이 도리어 일이 많나니
구름도 쓸고 해진 옷도 꿰매 입도다.

[해설]

석우보화(石友普化, 1875~1958)선사는 경상남도 의령 출신이
다. 법명은 보화(普化), 법호는 석우(石友). 속성은 설씨(薛氏)이다.

어려서부터 사서삼경을 비롯하여 의서(醫書)와 노장철학(老莊哲
學) 등을 공부하여 조예가 깊었다.

38살 때 금강산 장안사(長安寺) 연담응신(蓮潭凝信)스님에게로
출가했다.

부산 범어사에서 보조지눌(普照知訥)의 『수심결(修心訣)』 첫 대
목 '삼계를 윤회하는 고통은 마치 불난 집과 같은데, 어찌 그대로
참고 머물며 오랜 고통을 받으려 하는가. 윤회를 벗어나려면 부처
님을 찾는 길밖에 없다. 만약 부처님을 찾으려면 이 마음이 곧 부
처님이니…(三界熱惱 猶如火宅 其忍淹留 甘受長苦 欲免輪回 莫若求

426

佛 若欲求佛 佛卽是心…)'라는 구절을 읽고 출가를 결심했다.

그리고 나서 '불각낙루(不覺落淚)하고, 대도(大道)는 실로 이 문중(門中)에 있구나.'라는 생각에 홀연히 깨달음을 얻었다고 한다.

성품이 매우 청렴하여 신도들의 시주 물에 대한 경계가 엄격했으며, 제자들을 가르칠 때도 조금도 위의(威儀)에 어긋나지 않도록 다스렸다.

석우스님의 모친은 장남을 찾기 위해 나섰다가 출가했다. 용공사(龍貢寺)에 머무는 모친 경담(鏡潭)스님과 우연히 상봉한 일화가 있다.

1954년 조계종의 초대 종정으로 추대되었다. 경남 사천(泗川)의 다솔사(多率寺)에 머물다가, 남해의 해관암(海觀庵)을 창건했다.

1958년 2월 15일, 팔공산 동화사(桐華寺)에서 입적, 세수 84세, 법랍 45세였다. 동화사의 비로전(毘盧殿) 앞에 부도와 탑비가 있다

다음의 임종게를 남겼다.

囊括乾坤方外擲　　杖挑日月袖中藏
一聲鍾落浮雲散　　萬朶靑山正夕陽

주머니에 하늘과 땅을 집어넣어 시방 밖에다 던져 버리고
소매 가운데에 해와 달을 따 넣어 감춰버림이라
종 한 소리 떨어지매 뜬 구름이 흩어지니
일만 푸른 산봉우리 이미 다 석양이로다.

고봉경욱(古峰景昱) 선사

罪福元無性　　生佛謾虛名
門前寂光土　　春來草自靑

죄와 복이 원래 성품이 없나니
중생이네 부처이네 부질없는 헛된 이름
문 앞이 적광토이니
봄이 오면 풀잎은 스스로 푸르나니.

[해설]

스님(1890~1961)은 대구 지동에서 태어났다. 사육신 박팽년의 8대 후손이다.

열다섯까지 유학을 배우다가 1911년 상주 남장사(南長寺) 혜봉(慧峰) 스님을 의지하여 입산하였다.

고봉스님은 평소 행동과 말에 거침이 없고, 일체 틀에 사로잡히지 않았다. 평생을 자유자재의 삶을 살았다.

출가 4년째인 1915년, 팔공산 파계사 성전암에서 수행을 하던 4월 어느 봄날이었다. 아침에 꿩 한 쌍이 서로를 부르며 울어대는 소리가 귓전에 닿는 순간, 가슴 속에서 응어리가 사라지고 그를 둘러싼 철벽이 자취를 감추었다.

1922년 덕숭산 정혜사에서 만공 스님으로부터 인가를 받았다.

만공선사는

"법은 꾸밈이 없는 것, 조작된 마음을 갖지 마라."며 인가 법어를 내렸다.

고봉스님은 서울 화계사에서 입적에 들었다.

"다만 알지 못할 것인 줄 알면 그것이 곧 견성"이라는 말을 남겼다. 제자로 숭산스님을 두었다.

문도회에서 간행한 법어집 『겁외가(劫外歌)』가 있다.

인곡창수(麟谷暢洙) 선사

多年山中覓鯨魚　　添得重重碍膺物
暗夜精進月出東　　忽然擊碎虛空骨

다년 간 산중에서 고래를 찾음에
첩첩이 마음에 답답함만 더하더니
캄캄한 밤 정진 중에 달이 솟아오름에
홀연히 허공의 뼈를 쳐부수도다.

[해설]

　인곡스님(1895~1961)은 전남 영광군 출신이다.

　법호는 인곡(麟谷), 대대로 불심이 깊은 집안에서 태어났다.

　1908년 고창 문수사에서 금성 화상을 은사로 출가, 1914년 백양사에서 금해(錦海) 율사를 계사로 구족계를 받았다. 이 후 만공, 한암(漢巖) 회상에서 정진했다.

　스님은 원래 천진무구 그 자체였다. 일생동안 수행 정진에만 몰두했을 뿐, 자신의 흔적을 남기거나 드러내려 하지 않았다.

　성불의 대서원(大誓願)을 위해 팔공산의 금당 탑 앞에서 백일간의 용맹정진에 들어갔다. 백일이 가까워 온 어느 날 스님은 비몽사몽간에 상서로운 꿈을 꾸었다. 가사 한 벌을 받아 입는 꿈이었다. 이때 생각하기를

430

'부처님의 가르치심이 세상을 제도하는 치료 방책이긴 하나, 좋은 약은 아니다'라는 깨달음을 얻고 위의 송을 읊었다.

스님은 지팡이, 짚신 한 켤레, 바랑 하나만 매고 다시 정진의 길로 나섰다. 도봉산 망월사에 주석하시던 용성 스님을 찾아 인사를 올렸다. 용성스님이 인곡 스님의 그릇을 알아보고 대뜸
"무슨 물건이 이렇게 왔는고?"
이에 스님이 주먹을 불쑥 내밀며
"이러한 물건이 이와 같이 왔습니다."
그러자 용성 화상이 크게 웃으며 "옳고 옳도다."하며 '인곡(麟谷)'이라는 법호와 함께 다음의 게송을 내렸다. 인곡스님의 나이 서른이 채 되지 않았을 때다.

仁心抱天地　　玄谷又明明
造化從斯起　　亘古不生滅

어진 마음이 하늘과 땅에 두루 하니
깊은 골짜기 또한 밝고 밝음이로다.
온갖 조화가 이를 좇아 일어나니
영원히 생멸하지 않음이로다.

1926년(32세) 백양사 운문선원의 조실로 추대되었다.

스님은 출가해서 계를 받는 초심자들에게
"자신을 내세우려 하지 말고 언제나 하심(下心)하는 마음으로 정진에 힘쓰라. 청정한 계행을 잘 지키고 넓고 큰 인연을 닦으며, 선정을 잘 닦아서 물러서지 않으면 반드시 큰 광명이 있을 것이다."

"머리를 만져보고 법의를 돌아보고 중노릇 잘 하거라."며 후학들을 격려했다.

평소 시주나 공양물을 받아도 소유하지 않고 받는 즉시 대중에게 나누어 주었다. 입적했을 때도 염주와 바루, 주장자와 『선문촬요』한 권, 가사 장삼이 전부였다.

권위를 내세우기보다는 항상 부드럽고 천진한 법담을 즐겨했다. 특히 제자들에게는 '무자' 화두를 내리며,

"세간의 논과 밭은 제한된 양의 식량을 생산하지만 무(無)자의 밭은 영원한 양식을 생산한다. 재미가 없는 가운데 맛보는 재미가 최고로 훌륭한 맛이니 모름지기 무자의 맛으로 선열을 맛보라."고 당부했다.

어느 날 제자 혜암(慧庵)스님을 불러 "지옥의 고통은 고통이 아니다. 가사 아래에서 사람 몸을 잃는 것이 비로소 고통이니라."는 수행자의 정신을 말한 후, 혜암스님에게 내린 전법게다.

只此一段事　　古今傳與授
無頭與無尾　　分身千百億

다만 이 한 가지 일을
고금에 너에게 전하니
머리도 없고 꼬리도 없음이로되
천 백억으로 몸을 나누네.

스님에 대한 일화는 많다. 그 중에서도 임종에 대한 일화다. 1961년 7월 14일 스님은 문도들에게 자신의 임종을 알렸다.

"오늘이 14일, 삭발하는 날이지? 나도 삭발을 해야겠다. 나는 오늘밤 만물이 잠들었을 때 조용히 가겠노라."

문도들이 사후의 일을 묻고 염불을 시작하자. "모든 것을 주지 자운(慈雲)에게 부탁해 놓았으니 염려 말라."고 이른 후, "내 염불은 내가 다 하고 가니 나를 위해 염불을 하지 말라."고 당부했다. 다음은 임종게다.

夢幻空華六十七年　　麟谷煙沒流水連天

허깨비 꿈과 67년 세월이여
나 이제 가노니 흐르는 물이 하늘에 뻗침이로다.

임종 시간이 다가오자 옆에 좌정하고 있던 제자 포공스님이 "스님, 기왕에 가실 바엔 내일 15일, 해재일이자 우란분절로 좋은 날이니 내일 가시면 어떻겠습니까?"라고 물었다.
이에 스님은
"이날이 그날이며 그날이 이날인데, 좋고 나쁜 날이 어디 있겠느냐. 나는 그대로 가겠노라."고 했다.
포공스님이 다시 "그래도 미혹한 중생들에겐 좋은 날이 좋은 것이니, 스님께서 입적 시간을 더 연장할 수는 없습니까?"고 거듭 간청하자,
스님은 "아, 자네들이 그토록 원하니 그러면 내일 가기로 하지."라고 했다.
15일 아침이 되자 스님은 "나 이제 가노라."고 말한 후, 오전 8시 해인사에서 입적에 들었다.

스님이 입적하자 생전 그를 존경하던 통도사 구하(九河) 스님이 애틋함을 담아 조문을 지었다.

麟雲碧海秋聲起　　谷月蒼空瑞影寒

昌法眞緣何處去　　洙痕無障亦無門

푸른 바다 조각구름 가을을 재촉하니
창공에 뜬 조각달의 상서로운 그림자 차갑구나
스님의 진면목은 어느 곳으로 갔습니까
발자취 걸림 없으니 또한 오고 감이 없도다.

또 당시의 종정 동산(東山)스님도 애도의 시를 남겼다.

麟谷禪師何處去　　漢陽城外水東流

인곡 선사여, 어디로 가셨습니까?
서울 바깥의 물이 동쪽으로 흐르도다.

구하천보(九河天輔) 선사

心塵未合同歸宿　　五體投空共歸依

마음에 티끌이 따로 없어 같이 존재하고,
오체를 공중에 던지니 함께 귀의 한다네.

[해설]

　구하(九河, 1872~1965)스님은 울산시 울주군 두동면에서 태어났다. 법호가 구하(九河), 법명은 천보(天輔)다.

　어려서 신동으로 불릴 만큼 총명했다. 12살(1884년)때 부모에게 출가의 뜻을 밝히고 집을 떠났다. 1889년(17세)때 천성산 내원사에서 경월도일(慶月道一) 스님을 은사로 사미계를 수지, 표충사의 만화(萬化)스님에게 비구계를 수지했다(1896년).

　1900년 통도사에서 성해(聖海)스님의 법제자가 되었다. 이때 받은 법호가 구하(九河)다.

　1905년 통도사 옥련암에서 정진하던 스님은 마음의 문이 열렸다. 이때 지은 것이 위의 게송이다.

　1911년 40세의 나이로 통도사 주지로 취임한 스님은 '각 지역 포교당 설치', '인재양성', '조선불교 혁신', '선교양종 확립 등, 근대불교의 개혁 13가지를 약속했다. 초대중앙총무원장(1950년)에 취임하면서 불교정화에 헌신했다스님은 인재양성이 불교의 미래이며, 조국의 희망이라는 생각으로 경남지역에 많은 학교를 지어 인재양성에 힘썼다. 또한 독립운동을 위해 자금을 마련하여 조국해방에도 많은 힘을 기울였다.

스님은 1932년 4월 17일 통도사를 출발해 8월 26일 금강산을 순례하며 명승지와 사찰 30여 곳의 모습과 느낀 소감 등을 꼼꼼하게 기록하기도 했다. 하여 90여 편의 시를 남겼다.

다음의 시는 금강산 신계사를 참배한 스님의 소감이다.

집선봉 위 가을하늘 구름 한 점 없이 맑고
땅이 넓고 평평하여 걸음 또한 편하도다
골짜기 외진 곳에 승려들의 집을 지으니
그윽하고 한가로워 물소리만 들리누나.

다음의 게송은 열반송인지는 확실치 않으나 수록하였다. 입적을 예감하고 직접 지은 만사(輓詞)다.

此身不欲百年生　　了達淸眞脫世情
心契彌陀三聖願　　神馳兜率一輪明

紅爐點雪歸何處　　白月香風震法城
無去無來元體性　　逍遙自得任縱橫

이 몸은 백 년의 삶을 원하지 아니하고
세정을 벗어나 청진을 요달코자 했도다
마음이 아미타 삼성의 원과 계합하고
정신이 도솔천으로 달리니 둥근 달이 밝네.

화로 속의 눈은 어느 곳으로 돌아가는가
밝은 달 향기로운 바람 법성에 떨치네
원래의 체성은 감도 옴도 없나니
종횡으로 소요함을 임의대로 맡기노라.

구하스님은 1965년 11월 24일 한낮, "스님들 있으니 그윽하고 한가로워 물소리만 들린다. 나 이제 갈란다. 너무 오래 사바에 있었어. 그리고 다시 통도사에 와야지."라는 말을 남기고 세수 94세, 법랍 82세로 열반에 들었다.

동산혜일(東山慧日) 선사

書來書去幾多年　　筆頭落處活猫兒
盡日窓前滿面睡　　夜來依舊捉老鼠

그리고 그린 것이 몇 해던가
붓끝이 닿는 곳에 살아 있는 고양이로다
하루 종일 창 앞에서 늘어지게 잠을 자고
밤이 되면 예전처럼 늙은 쥐를 잡는다.

[해설]

스님(1890~1965)은 충북 단양군 단양읍 상방리에서 태어났다.
휘는 혜일(慧日)이요, 법호는 동산(東山)이다.

일곱 살에 향숙(鄕塾)에 들어가 열세 살 때까지 공부하였다. 열
아홉 살에 고향의 익명학원(益明學院)을 졸업하고 다음 해에 서울
의 중동학교(中東學校)에서 외국어를 익혀 다시 의학전문학교에
들어가 공부하였다.

1912년 3월 고모부인 위창(葦滄) 오세창(吳世昌)의 소개로 대
각사(大覺寺)의 용성(龍城)선사를 찾아갔다가 그의 법문을 듣고 큰
감화를 받았다. 이후 불교를 공부하다 마침내 1912년 10월 범어
사 주지 성월(惺月)스님을 찾아가 출가하였다.

마흔 살에 김천 직지사 천불선원에서 3년 용맹정진결사를 마쳤

438

다. 1934년 8월 범어사 금어선원(金魚禪院)에서 하안거 중이었다. 방선 시간에 동쪽 대나무 숲을 지나다가 마침 불어오는 바람에 댓잎이 서로 부딪치는 소리를 듣고 확연히 깨달으셨다.

은사 용성스님께서 바로 인가 하셨다.

마흔 한 살 때 범어사 금강계단에서 보살대계(菩薩大戒)를 전수한 이래, 1943년 전계대화상으로 수많은 불제자를 배출하였다. 대한불교 조계종 종정에 추대되었다.

1965년 범어사에서 음력 3월 23일 열반에 드셨다.

범어사 보살계산림을 시작으로 연3일간 설법을 한 3월 23일, 방생법회를 마지막으로 대중들에게

"다시는 이 자리에 오르지 못한다."는 말씀과 "부귀영화는 뜬구름이요, 벼슬도 재물도 풀잎 위의 이슬이라, 항상 깨끗하고, 당당하게, 자비롭게, 착하게 살라"는 부탁의 말씀을 남기셨다.

그날도 전과 다름없이 대중과 함께 예불, 공양, 도량청소를 한 후, 오후 6시 입적하시니 세수 76세, 법랍 53세였다.

효봉학눌(曉峰學訥) 선사

海底燕巢鹿抱卵　　火中蛛室魚煎茶
此家消息誰能識　　白雲西飛月東走

바다 밑 제비집에 사슴이 알을 품고
타는 불속 거미집엔 고기가 차 달이네
이 집안 소식을 뉘라서 알랴
흰 구름은 서쪽으로 달은 동쪽으로.

[해설]

　스님(1888~1966)은 평남 양덕에서 태어났다.

　어려서 남달리 영특하였으며, 열두 살까지 『사서삼경』을 할아버지께 배워 익혔다.

　평양고보를 거쳐 일본 와세다 대학에서 법학을 배웠다.

　서른다섯 살까지 서울, 함흥의 지방법원, 평양의 복심법원에서 법관 생활을 하였다. 평양의 복심법원에서는 한국인 최초의 복심법원(고등법원) 판사였다.

　법관생활 10년째 되던 서른다섯 살 때, 사형선고를 내리는 판결을 하게 되면서 '과연 인간이 인간을 벌할 수 있는가?'라는 문제에 회의를 일으켜 판사직을 그만 두었다. 생계를 위해 엿장수를 하며 전국을 떠돌아다니다 서른여섯 살 때, 금강산 신계사의 석두(石頭)선사를 찾아가 입산하였다.

석두(石頭) 스님으로부터 '원명(元明)'이라는 법명을 받았다.
늦깎이로 시작된 정진 생활은 누구보다 치열했다.

스님은 '조주 무자' 화두로써 정진하였다.
'깨치지 않고서는 절대 나가지 않으리라' 결심을 하고 토굴에서의 정진이 시작되었다. 1931년 여름 어느 날, 1년 6개월 동안 들어가 용맹정진했던 금강산 법기암 토굴의 벽을 차고 나왔다. 그리하여 앞의 오도송을 지으셨다.
이를 은사이신 석두스님에게 말씀드리자, '운봉(雲峰)'이라는 법호(法號)와 함께 다음의 전법게를 내리셨다. 이때가 1928년이다.

春至百花爲誰開　　東行不見西行利
白頭子就黑頭父　　兩個泥牛戰入海

봄이 오니 온갖 꽃, 누굴 위해 피는고
동으로 가면 서로 가는 이익 보지 못하리
흰머리 아들이 검은머리 아버지께 나아가니
두 마리 진흙 소가 다투다 바다에 들어가네.

1954년 통영 미래사를 창건하고, 1962년 정화운동 이후 첫 종정으로 취임했다.
1966년 10월 15일 오전 10시, 밀양 표충사 서래각(西來閣)에서 입적에 들며 남긴 임종게다.

吾說一切法　　都是早倂拇
若問今日事　　月印於千江

내가 말한 모든 법

그거 다 군더더기
누가 오늘 일을 묻는가
달이 일천 강을 비치리.

　사리를 거두어 스님과 인연이 많았던 밀양 표충사에는 천진보
탑(天眞寶塔)을 세웠으며, 통영 미래사, 송광사에도 탑과 비석이
있다.
　『효봉어록(曉峰語錄)』이 있다.

호은(湖隱) 선사

卽聞將來騎牛聲　　頓覺三千是吾家
不增不減般若峰　　自去自來太平歌

곧 탄 소를 데려오라는 소리 듣고
문득 삼천대천세계가 내 집임을 깨달았네
더하지도 않고 덜하지도 않는 반야봉에
스스로 오가며 태평가를 부르노라.

[해설]
　스님의 법명은 축함(竺函)이고 법호는 호은(湖隱)이다.

　구례 화엄사 삼일암엔 박성월(朴性月) 스님이 조실로 계셨다. 성
월스님은 견성도인으로 알려져, 안거 때면 전국에서 수많은 수좌
들이 모여 들었다.
　어느 날 동안거 하루 전에, 근처 천은사(泉隱寺)의 주지로 있던
70세의 호은 노장이 찾아와
　"출가한지 수십 년 동안 강당이나 염불당 또는 기도처를 옮겨
다녔으나 선원에서 참선수행은 해본 적이 없으니, 이번에 소승도
큰절 오르내리며 참선공부를 할 수 있게 해 주십시오." 하며 간청
을 했다.
　호은 노장의 등장으로 삼일암 선방은 어수선했다. 모두들 결사

반대였다. 이유는 간단했다. 대처승에다 술 잘 마시는 주태백이라 평소에도 수행자로 여기지 않았기 때문이다. 그런데도 성월스님은 이왕이면 아주 들어와서 공부하라며 입실을 허락한 것이다.

그러자 호은 스님은

"빌려준 돈과 쌀 문서를 지켜야하고, 술도 마셔야 하고, 더구나 마누라를 떠나서는 살 수 없으니, 천은사에서 오르내리면서 공부를 하겠습니다."

이 말을 들은 선승들 실망은 이루 말할 수 없었지만, 조실 스님의 허락이라 어쩔 수 없었다. 당장 이튿날부터 시간도 안 지키고, 술에 취해 새벽에 들어오는 등, 말이 아니었다.

어쨌든 이런 가운데 한 달 반이 지난 어느 날이었다. 조실 스님이 법문을 마치고나서 삼삼오오 둘러앉아 차를 마시고 계셨다. 그때 수덕사에서 오신 혜암(慧庵)스님이 6년 전 해인사 혜월(慧月)스님 회상에서 들은 법문이 생각나기에 성월 조실스님께 여쭈어 보았다.

"어떤 젊은 수좌가 혜월 스님께 와서 '소를 타고 소를 찾는다 (騎牛·覓牛)는데 그것은 어떤 도리입니까?'하니

혜월 스님은 그를 보시고

"'왜 그런 소리나 외우고 다니느냐?'고 하셨는데, 혜월 스님의 대답이 잘한 것입니까?"

하였다. 그때 상월조실은

"그 늙은이가 그래가지고 어떻게 학인들의 눈을 뜨게 하겠는가?"고 하셨다.

"그럼 조실스님 같으시면 그때 뭐라고 말씀하시겠습니까?"

하고 묻자, 조실스님은

"그 젊은 수좌가 혜월 스님에게 물은 것과 똑같이 그대가 내게 물어보라."

하시어 혜암 스님이 가사 장삼을 수하고 큰절을 세 번 드린 뒤에 성월스님께

"소를 타고 소를 찾는다는데 그것은 무슨 도리입니까?"

하고 여쭈었다. 조실스님은

"그대가 소를 타고 소를 찾는다 하니, 그 찾는 소는 그만두고 탄 소나 이리 데리고 오너라."

하셨다. 이때 혜암 스님은 어리둥절해 하며 앉아있는데, 여러 선객들도 묵묵부답이었다.

그때 옆에 있던 호은스님이 덩실덩실 춤을 추며 큰소리로

"대중 스님네는 다 몰라도 나 혼자만은 알았습니다."

그 때 대중스님들은 모두들 그를 비웃으며 "이젠 제대로 미쳤다"고 했다. 조실스님은 '놀리지 말라'며, 호은스님을 데리고 방장실로 들어갔다.

조실스님은 불조의 공안에 대해 하나하나 물었으나, 조금도 막힘이 없어 그 자리에서 인가하였다.

앞의 오도송은 그때 지은 것이다.

그 해 동안거 해제가 되기 전에 호은 스님은 전답을 모두 소작인들에게 나누어주고 부인과도 헤어져 금강산 석왕사 조실스님으로 초대되어 떠났다.

나머지 생을 교화로 보내다 세상 인연을 거두셨다.

금오태전(金烏太田) 선사

透出十方界　　無無無亦無
個個只此爾　　覓本亦無無

시방세계를 꿰뚫고 나니
없고 없다는 것 또한 없구나
낱낱이 모두 그러하기에
아무리 뿌리를 찾아봐도 없고 없을 뿐이다.

[해설]

　스님(1896~1968)은 전남 강진에서 태어났다.

　스님의 휘는 태전(太田)이요, 호는 금오(金烏)이다.

　스님은 어릴 적부터 천성이 영민하고 기질이 출중하여 서당에
서 공부하는 학동들 중에서 언제나 앞서고 무엇을 하든지 주인노
릇을 하였다.

　1912년 스님의 나이 열여섯 되던 해의 3월 15일, '세상을 한
번 멋지게 살아보리라'는 원대한 꿈을 안고 금강산 마하연 선원에
서 도암긍현(道庵亘玄)스님을 의지하여 입산하였다.

　스물아홉 살 때에 예산 보덕사(報德寺) 보월성인(寶月性仁) 선사
를 찾아 갔으나 쉽게 제자로 거두어 주지 않았다.

　그러자 금오스님은, 보월선사에게 그 동안 공부한 경계(境界)를

위의 송으로 보인 것이다.

의기가 서로 통하여 바로 인가를 받고 그의 법을 이었다.

보월성인(寶月性印, 1884~1924) 선사 회상에서 2년간 수행하다 선사께서 갑자기 입적하시므로, 그 이듬해(1925년) 덕숭산 정혜사에서 보월 선사의 스승 만공 선사로부터 보월 선사의 사법(嗣法)임을 증명하는 건당식(建幢式)을 가졌다. 그때 만공 선사는 다음의 송을 지어 주셨다.

德崇山脈下　　今付無文印
寶月下桂樹　　金烏徹天飛

덕숭 산맥 아래
무늬 없는 인(印)을 지금 전하노라
보월은 계수나무에서 내리고
금오는 하늘 끝까지 날으네.

보월 선사가 제자(금오스님)에게 전법식을 미처 못 하고 입적하였으므로, 만공 선사께서 대신 전법게를 내리셨던 것이다. 전법게와 함께 '금 까마귀'라는 뜻으로 '금오(金烏)' 법호를 받았다.

1968년 10월 8일, 법주사 사리각에서 제자들을 향해 오른손을 펴 보이자 제자 월산스님이 글을 적어 바쳤다. 스님은 벽에 걸린 '불(佛)'자를 가리키며 월산스님을 돌아보았다. 이것이 월산스님에게로의 전법이었다.

오후 7시 15분, 속리산의 고요 속으로 떠나셨으니, 세속나이 73세, 법랍은 57세였다.

『금오집(金烏集)』이란 어록이 있다.

설봉학몽(雪峰鶴夢) 선사

劃東指西霧中行　　始到鷄龍便卽休
若人問我趙州意　　日落西山月出東

동으로 서로 안개 속을 헤매다가
계룡산에 와서야 문득 쉼을 얻었네
만약 누가 조주의 뜻을 묻는다면
해가 서산에 지고 달이 동녘에 솟느니라.

[해설]

　스님(1890~1969)은 함북 부령(富寧)에서 태어났다.

　1902년 한성중앙학교를 거쳐 공업전문학원에 들어가 신학문을
배우고, 1910년 스무 살 되던 해에 조선총독부 문관(文官)으로 취
직했다. 그러나 얼마 되지 않아 항일운동에 관련되어 검거되었다.
이후 조선총독부에서 파면된 후, 투옥 또는 도피 생활을 하다
1915년 25세에 함경남도 안변의 석왕사(釋王寺)로 출가했다.

　1920년 만공(滿空) 스님의 법을 이었다.
　앞의 오도송은 충남 계룡산 동학사에서 홀연히 깨닫고 지은 오
도송이다.

　이런 일화가 있다.

어느 날 성수 스님(1923~2012, 황대선원 조실)이 부산 초량 금수사에 들렀더니, 한 노승이 붉은 가사를 입고 심지법문(心地法門)을 설하고 있었다. 성수 스님은 그냥 갈 수 없어서 노승이 단에서 내려온 후에 인사를 드리고 나서 이렇게 물었다.

"현재 하신 법문이 당신 거요, 남의 거요?"
"내 것도 무진장(無盡藏)인데, 남의 재산 탐하겠소?"
"누더기 속의 옥동자로구나."
"요즘 선방에 장값(찬값)하는 중이 있구려."
이렇게 말하며 스님이 미소를 띠자, 성수 스님은
"모양은 남루하나 정신은 살아 있네."

1969년 4월 17일 선암사에서 세수 80, 법랍 55세로 원적에 들었다.
원전을 현토 주석한 『선문촬요』, 『선관책진』, 『선문염송』 등이 있다.
스님의 법어를 모은 『설봉대전』과 『설봉학몽대선사 선문염송 법문집』이 있다.

고봉태수(高峰泰秀) 선사

一杖穿雲歸故里[224]   四顧能無識我人[225]
道峰山下伸脚臥   無生一曲[226]太平歌[227]

한 지팡이로 구름을 헤치고 고향에 돌아가니
사방을 돌아봐도 아는 이 없네
도봉산 아래서 다리를 펴고 누워
무생곡 한 가락으로 태평가를 부른다.

[해설]

스님(1901~1969)은 황해도 장연 출신이다. 속성은 강(姜)씨.
어려서 남달리 영특해 한학을 배웠으며, 글재주는 누구도 당하
지 못하였다. 13세에 혼인하여 17세에 부인이 죽자 방랑을 거듭
하다 개성에 정착하여 포목상을 경영했다.

---

224) 고리(故里): 고향 마을. 여기서는 중생심을 떠난 진여를 뜻함.
225) 사고능무식아인(四顧能無識我人): 아무도 나를 모른다는 뜻은 나
　　의 정신적 경지를 모른다는 뜻임. 왜냐하면 어제까지 번뇌에 싸
　　여 있다가 이제는 반야의 세계에 있기 때문이다.
226) 무생일곡(無生一曲): 모든 법의 실상을 한 가닥 노래에 실었음을
　　뜻함.
227) 태평가(太平歌): 태평스러운 노래. 깨우침의 경지의 세계는 번뇌
　　에 흔들리지 않으므로 태평가라 함.

서울 종로 대각사 백용성(白龍城) 스님을 은사로 득도하였다. 이 때가 스물다섯 살 때이다.

도봉산 망월사(望月寺)에서 만일결사(萬日結社) 도량을 열어 용성 스님과 함께 동참하였다.

그 뒤 양산 천성산 내원사로 옮겨 수행하였다. 마하연 석왕사 선원에서 정진하다가 마음에 깨달으신 바 있었다. 그래서 앞의 오도송을 지으셨다.

그 뒤 통도사에서 해련(海蓮) 스님에게 경전을 배우고 서른네 살 때에 해인사 강사로 부임, 해인사에 오래 계셨다. 만공(滿空)스님과 더불어 법거량을 하기도 하였다. 제자로 우룡(雨龍)스님, 고산(杲山)스님 등이 있다.

노경에 김천 청암사에 옮겨 1969년 가을 청암사 극락전 염화실에서 인연을 다하셨다.

청담순호(青潭淳浩) 선사

上來佛祖鈍痴漢　　安得了知茲邊事
若人間我向所能　　路傍古塔傾西方

옛 부터 불조(佛祖)는 어리석었나니
어찌 이 일을 알으랴
만약 나에게 능함을 묻는다면
길가에 옛 탑이 서쪽으로 기울다 하리.

[해설]
　스님(1903~1971)년 경남 진주 출신이다.
　스님은 진주농업학교 재학 중이던 1923년(22세), 진주 호국사에서 포명스님을 만나 처음 불교와 인연을 맺는다.
　고성 옥천사에서 출가해, 이곳에서 박한영(朴漢永)스님으로부터 경전을 배웠다.

　청담스님은 금강산 마하연에서 만공선사 문하에서 '시심마' 화두로 3년간 정진을 하다가, 오대산 적멸보궁에서 백일참회 기도를 하는 중, 마음의 참모습에 계합하여 앞의 송을 지었다.
　만공선사로부터 인가 받아 '청담(青潭)'이란 법호와 함께 받은 전법게다.

452

傳也三十棒　　受也三十棒
棒也三十棒　　付與228)子

전한다는 것은 삼십방이요
받는다는 것도 삼십방이니
또한 삼십방의 방을
올연 수행자에게 부쳐 주노라.

1930년 50여명의 청년 승려를 모아 전국학인대회를 결성하여 식민지 종교정책에 항거하기도 했다. 1954년 불교정화운동에 효봉 스님, 동산 스님과 함께 앞장서서 일했다.
초대 총무원장을 거쳐 종정에 추대되었다. 항상 대승 자비사상을 몸소 실천하셨다.
1971년 11월 15일, 도선사에서 사바세상의 인연을 거두었다.
저서로는 『반야심경강의』, 『금강경대강좌』 등이 있다.

---

228) 올연(兀然): 청담스님의 또 다른 법명.

해안봉수(海眼鳳秀) 선사

鐸鳴鍾落又竹篦　　鳳飛[229]銀山鐵壁[230]外
若人間我喜消息　　會僧堂[231]裡滿鉢供[232]

목탁소리 종소리 죽비소리 울리니
봉황새가 은산철벽 밖으로 날으도다
누가 즐거운 소식 묻는다면
스님들 모여 만발(滿鉢) 공양하는 것이라 하리.

[해설]

　스님(1901~1974)은 전북 부안군 산내면 격포리에서 태어났다.
　유년시절 서당에서 한학을 배우던 무렵, 어떤 붓 장수로부터 변
산의 내소사(來蘇寺)라는 절에 『맹자』를 천 번이나 읽은 고매한
학자가 있다는 말을 들었다.

---

229) 봉비(鳳飛): 스님의 속명이 봉수(鳳秀)이므로, 스스로를 가리키는
　　뜻임.
230) 은산철벽(銀山鐵壁): 은과 철은 뚫기 어렵고, 산과 벽은 높아 오
　　르기 어려움을 나타낸 것. 손도 대어 볼 수 없고, 이도 안 들어
　　간다는 뜻.
231) 회승당(會僧堂): 스님들이 모이는 큰 방. 여기서는 백양사(白羊寺)
　　큰 방을 뜻함.
232) 만발공(滿鉢供): 만발공양(滿鉢供養)의 준말. 만발공양이란 재식이
　　나 아니면 특별한 행사가 있을 때, 스님네들이 대중공양을 하는
　　것을 뜻함.

내소사에서 한학자 고찬(高讚)선생으로부터 한학 공부를 하던 중, 그곳의 만허스님을 만나게 된다. 그때 나이 14세 때였다.

이후, 백양사에서 송만암(宋曼庵) 화상에게 비구계를 받았다.

계를 받고 불과 2년째 되던 해(1918)였다. 성도절을 앞두고 몇몇의 학인들과 7일간의 용맹 정진에 동참했다. 당시 선원의 조실이었던 학명(鶴鳴) 선사로부터 '은산철벽을 뚫으라.'는 화두를 받았다.

마지막 날 저녁 공양 시간을 알리는 목탁 소리와 범종 소리가 들린 후, 방선(放禪)을 알리는 죽비 소리가 울리는 순간, 은산철벽이 한꺼번에 무너져 내리는 것을 느꼈다. 앞의 송은 그때 지은 것이다.

평생 염불, 참선, 독경에 의한 수행을 강조했으며, 특히 『금강경』 독송을 누구에게나 권하였다.

저서에는 『해안반야심경강의』, 『해안금강경강의』, 『즉심즉불(是心是佛)』, 『해안집』 등이 있다.

1974년 3월 9일, 서래선림에서 남긴 열반송이다.

生死不到處　　別有一世界
垢衣方落盡　　正是月明時

생사가 이르지 못하는 곳에
하나의 세계가 따로 있다네
때 묻은 옷을 벗어버리자
비로소 밝은 달 훤할 때로다.

내소사 부도전에는 스님의 유훈에 따라, '해안범부지묘(海眼凡夫之碑)'라고 이름 하였다.

상월원각(上月圓覺) 조사

山色古今外　　水聲有無中
一見破萬劫　　性空是佛母

산색은 고금 밖이요
물소리는 있고 없고 중간이로다.
한번 보는 것이 만겁을 깨뜨리니,
성품 공한 것이 부처님 어머니로다.

[해설]

　상월원각(上月圓覺, 1923~1974)조사는 강원도 삼척군 노곡면에서 밀양 박씨 가문의 2대 독자로 태어났다.
　법명은 상월(上月), 법호는 원각(圓覺)이다.
　오늘날 천태종의 중창조이다.

　어려서부터 남다르게 총명했다. 15살 때 출가한 이후 수 년 동안 바랑을 메고 운수납자가 되어 선지식을 찾아 교학을 익혔다.
　강원도 태백산 기슭 원효대사께서 수도했다는 석굴에서 솔잎과 쑥 등으로 연명하며 2년 동안 정진에 들어갔다.
　500년간 맥이 끊겨진 한국 천태종을 중창한다는 표어를 내걸고 '애국불교' · '생활불교' · '대중불교'를 전개해 중생 구제 실천을 위해, 낮에는 일을 하고 밤에는 참선 수행을 하는 주경야선(晝耕夜

禪)의 종풍을 세웠다. 태백산으로 들어가 정진하던 1942년 가을, 반야지를 얻었다. 그해 겨울, 석굴을 나와 중국의 관음영지인 보타락가산과 천태종의 개창지인 천태산을 참배할 것을 발원하고 중국으로 건너갔다.

귀국 후, 천태의 법성(法城)이 될 만한 곳을 찾아 길을 나섰다가 소백산이 있는 충북 단양군 영춘면 동학(洞壑)입구에서 크고 작은 봉우리가 좌우로 늘어선 곳을 발견했다. 그 모습이 마치 연꽃 봉오리와도 같았다. 이곳이 바로 석굴에서 수행 끝에 친견했던 백련(白蓮) 속 관세음보살님께서 서 계셨던 자리였다. 오늘날 총본산 구인사 5층 법당이 세워진 자리다.

1974년 음력 12월 28일, 임종게를 남겼다.

諸佛不出世　　亦無有涅槃
死生本空寂　　盈虛一月輪

모든 부처가 세상에 나오지 않았고
또한 열반에 들지도 않았네
나고 죽는 것이 본래 없으니
찼다가 빈 것이 한 바퀴 달이로세.

전강대우(田岡大愚) 선사

昨夜月滿樓　　窓外蘆花秋
佛祖喪身命　　流水過橋來

어젯밤 달빛은 누각에 가득하더니
창밖은 가을 갈대꽃 피었구나
부처와 조사도 목숨을 잃었는데
흐르는 물은 다리를 지나오더라.

[해설]

스님(1898~1975)은 전남 곡성 출신이다. 속성은 정(鄭)씨.

열여섯 살 때에 해인사 인공(印空)화상을 의지하여 입산하였다.

1918년 해인사 강원에서 대교과를 공부하다가, 생사해탈을 위해서는 참선수행을 하기로 마음먹고 은사스님에게 말씀드렸다. 그러나 은사스님은 경전공부부터 차근차근하라며 꾸중을 했다.

이후 황악산 직지사의 제산(齊山) 스님에게 수행의 교시를 받아 정진하다 고향인 곡성 태안사로 내려갔다. 한밤중에 태안사의 돌다리를 건너는데, 계곡의 물소리를 듣는 순간 생사의 구름이 찰나에 씻겨가 버렸다. 이때가 스물세 살(1921년)이었다.

수덕사 금선대 만공 스님은

"부처님은 별을 보고 도를 깨달았는데, 자네는 저 하늘에 가득

찬 별 가운데 어느 것이 자네의 별인가?"

하고 물으셨다.

스님이 곧 엎드려서 땅을 더듬으니 만공 스님은

"착하다, 착하다(善哉 善哉)."

라 하시고 인가게를 지어 주셨다.

佛祖未曾傳　　我亦無所得

此日秋色暮　　猿嘯在後峰

불조가 일찍이 전하지 못했는데

나도 또한 얻은 바 없네

이 날에 가을빛이 저물었는데

원숭이 휘파람은 후봉에 있구나.

서른세 살 때 통도사 선원 조실을 거쳐, 1961년 인천 주안동에
용화사를 창건했다.

송담(松潭) 스님에게 전법하시고, 1975년 1월 13일 열반에 들
었다.

저서에 『전강(田岡)법어집』이 있다.

명봉(明峰) 선사

春風忽見動衣裳
卽是曹溪眞面目
七百雄徒[233]在風幡之下
淸原[234]南岳[235]唯存心動知解
黃梅[236]衣鉢傳得其人
曹溪不轉亦得其宜

봄바람 문득 옷깃 흔들어
바로 이게 조계의 참모습이여
칠백의 스님들이 바람과 깃발 흔들림을 볼 때
청원과 남악이 오직 마음의 움직임을 알았네
황매산의 의발은 사람을 얻었으니
조계는 굴리지 않았어도 의당하리라.

---

233) 칠백웅도(七百雄徒): 그 당시(중국)에 모인 스님들 숫자가 칠백
    명이었음.
234) 청원(淸原): 청원행사(淸原行思, 660~740) 스님을 말함. 중국 스
    님. 어려서 스님이 되어 육조 혜능에게 법을 받았음. 뒤에 길주
    청원산 정거사에 있으며 크게 불법을 폈음.
235) 남악(南岳): 남악회양(南岳懷讓, 677~744) 스님을 말함. 중국 당
    나라 스님. 육조 혜능 스님을 15년간 모셨다. 남악 반야사에 들
    어가 30년을 있으면서 남악의 선풍을 선양했다.
236) 황매(黃梅): 황매산을 말함. 황매산은 육조 스님이 오래 계셨던
    산 이름.

[해설]

스님(?~1975)은 일찍 출가했다. 많은 경전을 섭렵한 후, 1950~60년대 해인사 강주를 지냈다.

어느 날 뜰에 빨래가 널려 있는데 바람에 나부끼는 것을 보고 반야지를 터득하였다. 그리하여 앞의 게송을 지었다고 필자에게 이야기 하였다.

병석에 7년간 누워서도 후학들에게 경전을 가르치는 보살정신을 발휘하셨다.

1975년 11월 전주에서 입적하셨다.

송암종복(松岩宗馥) 선사

白雲237)騎龍弄摩尼238)　　紅輪普照垂調潤
一條柱杖化爲龍　　　　松岩239)春庭草自靑

백운에서 용을 타고 구슬을 희롱하니
밝은 해 두루 비쳐 화창하구나
한 가닥 주장자 변하여 용이 되니
송암의 봄 뜰에 풀 스스로 푸르네.

[해설]

　스님은 함경북도 명천군 서면에서 태어났다.
　스무 살에 동산(東山) 스님을 의지하여 득도했다.
　줄곧 참선 수행을 하였다.
　광양 백운산 상백운암(上白雲庵)에서 수행하다 크게 느꼈다. 그때

237) 백운(白雲): 흰 구름. 여기서는 이 송을 지은 곳이 광양 백운산
　　　상백운암이므로 그곳 지명이 아닌가 한다.
238) 마니(摩尼): 번역하여 구슬, 보(寶), 무구(無垢), 여의(如意), 보주
　　　(寶珠) 혹은 여의주를 말한다. 이 구슬은 용왕의 뇌 속에서 나온
　　　것이라 하며, 사람이 이 구슬을 가지면 독이 해칠 수 없고, 불에
　　　들어가도 타지 않는 공덕이 있다고 한다. 혹은 제석천왕이 가진
　　　금강저가 아수라와 싸울 때에 부서져서 남섬부주에 떨어진 것이
　　　변하여 이 구슬이 되었다고도 한다. 또는 지난 세상 모든 부처
　　　님의 사리가 불법이 멸할 때 모두 변하여 구슬이 되어 중생을
　　　이롭게 한다는 것이다.
239) 송암(松岩): 스님의 법명.

가 경술 2월 초순이었다. 그리하여 앞의 오도송을 쓰고 그 뒤편
도 남겼다.

雲山抱風蛇猿裏　　步步登程到山頂
茫茫乾坤喪身命　　緣樹芳草鶯吟春

그 뒤에도 줄곧 수행하셨다.
스님의 무자송(無字頌)이 있다.

狗子無佛性　　光照含萬象
湖畔垂楊下　　太公閑釣魚

금정산 범어사에서 열반하셨다.

춘성춘성(春城春性) 선사

滿月靑山無寸樹　　懸崖撤手丈夫兒

만월 청산에 소나무 한 그루 없으니
절벽에 손을 놓으니 대장부구나.

[해설]

춘성(春城, 1891~1977)스님은 강원도 인제군 원통리에서 태어났다. 성은 이(李)씨, 법명은 춘성(春城), 법호 또한 춘성(春性)이다. 태몽에 하늘에서 동자가 오색구름을 타고 어머니 품안으로 들어왔다고 한다.

어린 시절 유난히 영민했다. 열세 살 때 백담사의 만해 한용운 스님에게 출가했다. 만해스님의 유일한 제자이다.

20세에 금강산 유점사에서 동선스님으로부터 구족계를 받았다. 25세에 평안도 안변 석왕사에서 전문강원 대교과를 수료하고, 30세에 설악산 신흥사 주지를 했다. 이때 신흥사의 불전답(佛田畓)을 많이 확보했다. 이후 서울 삼청동 칠보사를 창건, 도봉산 원통사를 중창하셨다.

육두문자를 거침없이 써서 '욕쟁이 스님'으로도 통했으나, 평생을 옷 한 벌 발우 하나만으로 살다간 무소유의 실천가였다.

3.1운동 후 만해스님이 형무소에 갇히게 되자 옥바라지를 하였

다. 이때 스승인 만해가 차가운 감옥 마루에서 누워있을 것을 생각해서 자신도 불을 때지 않은 방에서 이불도 없이 생활했다고 한다.

『화엄경』을 거꾸로 암송할 정도의 학승(學僧)이었다. 그러나 "교리공부만으로는 깨우칠 수 없다."하여 만공스님을 찾아갔다. 이때부터 본격적으로 선 수행을 시작했으니, 스님의 나이 50 가까이 되었을 때다.

처음 만공스님을 만났을 때, 만공스님은 춘성스님의 학식이 너무 높고 깊다하여 화두를 주지 않았다고 한다. 깨달음의 경지로 들어가는 데에 있어 많은 지식은 오히려 방해만 될 뿐이기 때문이다.

스님은 정혜사에서 겨울에 불도 지피지 않고 정진을 거듭하다가, 다시 금강산 유점사에서 3년간 용맹정진에 들어갔다.

스님은 스스로 '달마서래의(達摩西來意)?'라는 화두로 참선수행을 했다. 그 후에 만공스님이 그에게 '별전일구(別傳一句)는 재기처(在其處)요'라고 묻는 것을 춘성스님은 우렁찬 목소리로 되받았으나, 만공선사께서 이를 수긍치 않으셨다. 그러나 계속 화두로 삼고 수행하였다.

마지막 동안거 결제일 어느 날 꿈에 만공스님이 그에게 연꽃을 들어 보이는 것을 보고 문득 깨달음을 얻으니, 그때 나이 50세였다.

60세 이후 망월사 주지, 강화 보문사 주지 등, 80세까지 망월사 조실로 계셨다.

1977년 화계사에서 세수 87세, 법랍 74세로 입적하였다.

유언에 따라 사리와 재는 서해에 뿌려졌다. 성남시 봉국사에 탑과 비가 있다.

임종게를 남겼다.

八十七年事　　七顚八倒起
橫說與竪說　　紅爐一點雪

팔십 칠년의 일이
일곱 번 넘어지고 여덟 번 일어나
횡설수설 했으니
붉게 달아오른 화로의 한 조각 눈이구나.

혜림향곡(蕙林香谷) 선사

忽見雨手全體活　　終着機緣總無疑
十年靜座法中臺　　透過威音那邊外
無限乾坤古國裡　　幾度百花鷓鴣啼

문득 두 손으로 전체 삶을 보나니
끝내 의심 없는 기연에 이르렀네
십 년을 정좌함이 법 가운데 자리이다
위음왕 부처님도 그쪽 밖을 지나가나니
무한한 누리는 옛 나라 속에 있고
꽃 속에 자고새는 울며 울며 얼마나 지났던가.

[해설]

　향곡스님(1912~1978)은 경북 영일군 신광면에서 출생했다. 법명은 혜림(蕙林), 법호는 향곡(香谷)이다. 속성은 김씨.

　1927년(16세)에 형을 따라 경남 양산의 천성산(千聖山) 내원사(內院寺)에 입산, 1929년에 성월(性月)스님을 은사로 득도했다.

　경허, 혜월, 운봉으로 이어지는 법맥을 이었다.

　향곡스님의 법맥은 이후 법제자인 진제스님(현재 대구 동화사 조실)을 통해 이어지고 있다.

　정진을 거듭하던 경오년 납월 열사흘 날 문득 느낀 바 있었다.

그때 심경을 읊은 것이 위의 송이다.

스님은 1947년 문경 봉암사에서 성철, 청담, 자운, 월산, 혜암, 법전스님 등과 함께 '봉암사 결사'를 했다. 21일간 의심삼매 속에서 어느 날 소낙비를 맞으면서 걷다가, 문득 흔들리는 자신의 두 팔을 보고 활연 대오하여 다음의 송을 남겼다.

忽見兩手全體活　　三世佛祖眼中花
千經萬論是何物　　從此佛祖總喪身

鳳巖一笑天古喜　　曦陽數曲萬劫閑
來年便有一輪月　　金風吹處鶴淚新

홀연히 두 손을 보니 전체가 살아났네
삼세의 불조들은 눈 속의 꽃이요
천경만론이 모두 무슨 물건이었던고
이로부터 불조들이 모두 몸을 잃었도다.

봉암사의 한 번 웃음 천고의 기쁨이요
희양산 구비 구비 만겁토록 한가롭네
내년에도 또 있겠지 둥글고도 밝은 달
금풍이 부는 곳에 학의 울음 새롭구나.

다음은 1944년 운봉스님으로부터 '향곡(香谷)'이라는 법호와 함께 받은 전법게다.

西來無文印　　無傳亦無受
若離無傳受　　烏兔不同行

서쪽에서 온 형체 없는 진리는
전할 것도 받을 것도 없으니
받고 전하는 이치를 떠나고 보면
까마귀는 날고 토끼는 달리느니라.

향곡스님은 성철스님과 동갑이다. 두 사람은 20대 후반 한창 구도열이 왕성하던 시절 만나 평생을 함께 한 도반이었다.
성철스님은 향곡스님이 열반에 들자 '향곡형을 곡하여(哭香谷兄)'란 글을 남겼다.

哀哀宗門大惡賊　　天上天下能幾人
業緣已盡撒手去　　東家作馬西舍牛

슬프고 또 슬프다. 이 종문에 악한 도적아,
천상천하에 너 같은 놈 몇일런가.
업연이 벌써 다해 훨훨 털고 떠났으니,
동쪽 집에 말이 되든 서쪽 집에 소가 되든
애닯고 애달프다.

1978년 음력 12월 18일, 경남 기장군 월내(月內, 지금은 부산시)에 있는 묘관음사(妙觀音寺)에서 세수 67세, 법랍 50세로 열반에 들며 남긴 송이다.

木人嶺上暇玉笛　　石女溪邊示作舞
威音那畔進一步　　歷劫不昧常受用

목인은 고개 위에서 옥피리를 연주하고
석녀는 시냇가에서 춤을 추도다.

위음왕불 이전으로 한걸음 나아가라
영원히 밝고 밝아 언제나 수용하리.

　향곡 선사 영전(靈前)에 법제자인 진제 스님은 게송을 지어 바쳤다.

밝고 밝은 아침 해가 하늘에 비치는 듯
시원스런 맑은 바람 대지에 깔리는 듯
이렇게 해도 옳고 이렇게 안 해도 옳으니
초목와석은 언제나 광명을 놓고 있네.

이렇게 해도 옳지 않고 이렇게 안 해도 옳지 않으니
삼세제불이 삼천 리 밖에 거꾸러짐이로다
애닯다!
밝은 해는 수미산을 감돌고 있고
붉은 안개는 푸른 바다를 꿰뚫었도다.

철우(鐵牛) 선사

心月²⁴⁰⁾孤圓萬古空　　光含天地造無窮
若陵識得家中寶²⁴¹⁾　　刹刹塵塵極樂堂

마음 달 외로 둥글어 만고에 비었나니
빛은 천지를 머금어 다함없이 짓나니
만약 우리 집 보배를 얻으면
찰찰진진 그대로 극락궁전일세.

[해설]

　스님(1895~1979)은 경남 밀양에서 태어났다.
　일찍 부모를 여의고 열네 살에 밀양 표충사로 출가했다.
　본래 한학에 정통했다.
　열여섯 살 때에 서장(書狀)을 배우다 발심하여, 해인사 선원에서 참선 수행 길에 접어들었다. 10년간 솔잎가루 생식과 묵언수행을 해 '묵언수좌' 또는 '생식수좌'로 불렸다.
　묘향산 보현사에서 정진을 계속하던 어느 날, 스물한 살 때에 크게 깨달아 앞의 송을 두었다.

---

240) 심월(心月): 달과 같이 밝은 마음. 도를 깨달은 마음을 달에 비유하여 이르는 말.
241) 가중보(家中寶): 집안의 보배. 여기서는 우리의 마음은 본래 청정하여 불생불멸하는 진여가 있으므로 그것을 가리켜 이르는 말.

그곳에서 신분을 숨기고 머슴처럼 지냈다. 수월스님의 눈에 띄어 나눈 법거량이다. 수월스님은

"이제 남쪽으로 가서 납자를 제접하라."

"남쪽에서 어떻게 중생을 교화하리이까?"

밭에서 일하던 수월스님이 호미를 들고 춤을 추면서

"여시 여시(이렇게 이렇게)하라."

그러자 철우스님도 밭으로 들어가서, 호미를 건네받아 춤을 추며,

"여시 여시 하겠나이다."

남쪽으로 내려온 스님은 경허스님의 제자 혜월스님을 찾아갔다. 그때 전남 선암사 스님들이 혜월스님을 선방 조실로 모시기 위해 찾아왔다. 그런데 혜월스님은 철우스님에게 삼배를 올리라고 했다. 그때 스님의 나이 스물다섯 살, 선원 조실이 되었다. 이후 스물일곱 살 때에 팔공산 동화사 조실을 지내기도 하였다.

이로 인하여 '소년조실'이라는 이름이 붙었다.

입적 때까지 구미 금강사에 머물면서 신도들을 대상으로 '경산림(經山林)'을 많이 했다. 특히 정월달에 실시한 경산림에서는 주로 『유마경』을 강의했다. 평소 참선정진을 강조했던 스님이었지만, 경을 결코 소홀히 하지 않았다.

스님에 대한 일화가 있다.

철우스님이 대구 동화사 금당에서 한철 정진을 마치고 시내에 있는 보현사에 갔을 때의 일이다. 그곳에는 동화사 금당에서 함께 정진을 했던 고송(古松)스님과 한송(寒松)스님이 머물고 있었다. 두 스님은 보현사에서 원주(院主)와 별좌(別座) 소임을 보고 있었다.

절 살림을 책임지고 있던 두 스님은 장을 보기 위해 장바구니를 들고 나서다 철우스님을 만났다. 철우스님은 그 자리에서 장바구니를 뺏어들고 내동댕이쳤다. 깜짝 놀란 고송스님과 한송스님이 철우스님의 얼굴을 멍하니 쳐다볼 뿐 말이 없었다.

철우스님의 경책은 이랬다. "수좌들이 무슨 살림입니까. 제대로 공부하려면 한시도 화두를 놓아서는 안 됩니다."
철우스님의 이 한 마디에 고송스님과 한송스님은 곧바로 보현사로 돌아와 걸망을 챙겨들고 선방으로 갔다고 한다.

스님의 행장과 법문을 담은 『철우선사법어집』이 있다.

묵담성우(默潭聲祺) 선사

靑天雷霆鳴　　天地大濤起
我卽常安閑　　聊與山花笑

푸른 하늘에 천둥소리 울리고
온 천지에 거대한 파도가 일렁이건만
나는 늘 편안하고 한가롭거니
그저 산중에 활짝 핀 꽃과 함께 웃나니.

[해설]

　묵담성우(默潭聲祺, 1896~1981)스님은 전남 담양군 수북면에서
태어났다. 법명은 성우(聲祺), 법호는 묵담(默潭)이다.

　일찍 부모님을 여의고 11세에 장성 백양사 천경순오(天鏡順昕)
선사에게 출가하였다.

　36세에 백양사에서 종사(宗師)법계를 받고, 38세에 대종사(大宗
師)법계를 받았다. 37세 되던 해 4월, 양주 망월사 선원에서 하안
거 중, '뜰 앞의 잣나무(庭前柏樹子)'라는 화두를 참구하다가 뜰
앞의 노송을 보고 깨달음을 읊은 노래다.

　조계종 제 5대~7대 종정을 지냈다. 태고종이 성립됨에 80세에
제 3~4대 종정을 지냈다.

1981년 1월 13일, '부처님의 계를 스승삼아 공부하되 스스로 등불을 밝혀 세상을 빛내라'는 말씀과 임종게를 남기셨다.

越彼法界獨尊性　　豈拘生死輪廻相
若人間我來去處　　雲在靑天水在瓶

법계를 초월한 법성이야
어찌 생사윤회 상에 걸림이 있으리오
만일 누가 나의 오고 간 곳을 물으면
구름은 청천에 있고, 물은 병에 있다 하겠노라.

세수 86세, 법랍 75세로 좌탈입망 하셨다.

경봉원광(鏡峰圓光) 선사

我是訪吾物物頭　　目前卽見主人棲
呵呵逢着無疑惑　　優鉢花光法界流

내가 나를 온갖 것에서 찾다가
눈앞에 주인이 깃들었음을 보았네
하하 만나고 나니 의심이 없나니
우담바라 꽃은 법계에 흘러 빛나나니.

[해설]

　스님(1891~1982)은 경남 밀양 출신이다. 시호는 원광(圓光), 호는 경봉(鏡峰)이다.

　15세에 어머니를 여읜 후, 통도사의 성해(聖海)스님에게 출가하였다.

　1908년 3월 통도사 금강계단(金剛戒壇)에서 청호(淸湖)스님을 계사(戒師)로 사미계(沙彌戒), 1912년 해담(海曇)스님으로부터 비구와 보살계를 받은 뒤, 통도사 불교전문강원에 입학하여 불경연구를 하였다.

　하루는 불경을 보다가 '종일토록 남의 보배를 세어도 반 푼 어치의 이익도 없다(終日數他寶 自無半錢分).'라는 구절에서 큰 느낌을 받고, 참선공부를 시작했다. 내원사(內院寺)의 혜월(慧月)스님을 찾아 법을 물었으나 마음속의 의문을 해결 할 수 없었다.

이 때 김천 직지사에서 만난 만봉(萬峰)스님과의 선담(禪談)에 힘입어 '자기를 운전하는 소소영령(昭昭靈靈)한 주인'을 찾을 것을 결심하고, 통도사 극락암으로 자리를 옮겨 3개월 동안 장좌불와의 정진을 계속했다. 이때 통도사 화엄산림법회(華嚴山林法會)에서 철야로 정진하던 중, 4일 만에 오롯한 일원상(一圓相)이 나타나는 경지에 이르렀다.

그러나 번뇌가 완전히 없어지지 않았음을 스스로 점검하고 다시 화두를 들어 정진하다가, 1927년 12월 10일 오전 2시 30분, 새벽에 방안의 촛불이 출렁이는 것을 보고 눈앞이 환해지는 것을 깨닫고 위의 오도송을 지은 것이다.

18세 때부터 85세까지 67년 동안 매일의 중요한 일을 기록한 일지를 남겼는데, 이 일지에는 당시의 사회상과 한국불교의 변천사를 알 수 있는 귀중한 자료로 남아 있다.

스님은 글씨뿐 아니라 글 짓는 실력도 뛰어났다.

90세까지 법좌에 올라 설법하였는데, 조사어록을 인용하지 않고 자신의 개안(開眼)에 의한 일상어로 설법했다.

세수 91세 되던 1982년 7월 17일, 명정스님이

"스님이 가신 뒤 스님을 뵈려면 어떻게 해야 합니까?"는 물음에 "야반삼경(夜半三更)에 대문 빗장을 만져 보거라"는 말을 남기고 원적에 들었다.

저서로는 법어집인 『법해(法海)』·『속법해(續法海)』와 시조집인 『원광한화(圓光閒話)』, 유묵집인 『선문묵일점(禪門墨一點)』, 서간집인 『화중연화소식(火中蓮花消息)』 등이 있다.

구산수연(九山秀蓮) 선사

深入普賢毛孔裡　　捉敗文殊大地閑
冬至陽生松自綠　　石人駕鶴過靑山

보현의 털 속을 깊이 들어가
문수의 땅에 한가함을 잡나니
동짓달에 볕이 나니 소나무는 스스로 푸르고
돌사람이 학을 타고 청산을 지나네.

[해설]

　스님(1910~1983)은 전북 남원 용성(龍城)에서 태어났다.

　법명은 수련(秀蓮), 법호는 구산(九山)이며, 별호(別號)는 석사자(石獅子)다.

　모친의 꿈에 밝게 빛나는 큰 별이 품속으로 들어오는 태몽이 있었다고 한다.

　1935년 병으로 신음하던 중, 진주의 한 처사로부터 '본래 청정한 자성(自性)이거늘 어디에 병이 붙겠는가?'라는 말을 듣고 발심했다. 그 뒤 백일 천수(千手) 기도를 드린 뒤, 병이 나아 1937년 효봉 스님에게로 출가했다.

　불영산 수도암에서 칠일동안 정진을 하던 중, 밤 9시에 시계의 괘종소리를 듣고 문득 느낀 바 있어 지은 송이다.

一聲呑盡三千界　　時計聲聲長廣舌
狒露這漢九重喝　　金木片片淸淨身

한 번의 짤깍 소리 삼천 대천 세계 다 삼키니
고독한 수행자 아홉 번 '아' 감탄사 발하도다
시계의 째깍 소리, 불법 가르치는 길고 넓은 혀요,
쇠, 나무로 된 시계 부품 법신의 청정한 몸이네.

이 게를 효봉 선사에게 지어 보이자 스님이 전법게를 내렸다.
1946년 효봉선사를 방장으로 가야총림이 개설되자 해인사에서
지내다, 그 뒤 스님의 나이 마흔 두 살 때 광양 백운산 상백운암
에서 깨달은 바 있어 앞의 송을 남겼다.
1969년 송광사에 조계총림이 설립되자 초대 방장으로 추대되
고, 총림의 후원 단체인 불일회(佛日會)가 창립되어 오늘날까지 전
한다.

1983년 12월 16일, 송광사 삼일암(三日庵) 미소실(微笑室)에서
열반송을 남기고 입적에 들었다.

滿山霜葉紅於二月花　　物物頭頭大機全彰
生也空死也空　　　　　能仁海印三昧中微笑而逝

온 산의 단풍이 불꽃보다 고우니
삼라만상이 그 바탕을 온통 드러내는구나
생도 공하고 사도 또한 공하니
부처의 해인삼매 중에 미소 지으며 가노라.

저서로는 『칠바라밀(七波羅蜜)』, 『석사자(石獅子)』 등이 있다.

혜암현문(慧庵玄門) 선사

語默動靜句　　箇中誰敢着
問我動靜離　　卽破器相從

어묵동정 한 마디 글귀를
이 날 가운데 누가 감히 부딪칠 것이냐?
나에게 동정을 여의고 이르는 말을 묻는다면
곧 깨진 그릇은 서로 맞추지 못한다고 하리라.

[해설]
　스님(1884~1985)은 황해도 백천군 해월면에서 강릉 최씨의 3
대 독자로 출생했다. 법명은 현문(玄門)이며, 법호는 혜암(惠庵)이
다. 만공(滿空)스님의 법을 이어받았다.
　모친은 늦게까지 태기가 없던 중 48세에야 스님을 낳았다고 한
다. 탄생하던 날 모친의 꿈에 보살님 한 분이 흰 코끼리를 타고
하늘에서 하강하여 꽃과 보배로 장엄한 단 위에 앉아 계시다가
품속에서 감로병 하나를 건네주고 사라졌다 한다.

　11세에 부친상을 당하고, 경기도 양주군 별내면 수락산 흥국사
(興國寺)에 입산하여, 15세 때 이보암(李保庵)스님을 은사로 득도했
다. 1913년 성월스님에게 화두를 받고, 그 뒤 만공·혜월·용성스
님 등을 모시고 6년간 용맹정진한 뒤에 자성(自性)의 모습을 발견

하고 앞의 송을 지으셨다.

　그 무렵 속가에 홀로 남은 모친을 모셔 절에서 함께 지냈다. 그러나 17세 되던 해에 모친마저 타계해, 6년 동안 정처 없이 돌아다녔다. 훗날 이때를 회고하여 읊은 게송이다.

行狀衲衣一技窮　　東走西走走無窮
傍人苦問何處走　　天下橫行無不通

　누더기 한 벌과 지팡이 하나로
　동 서방 달리기 끝없이 하였네
　만약 누가 어디로 그리 달렸느냐 묻는다면,
　천하를 가로질러 통하지 않는 곳 없다 하리라.

　35세에 만공 스님으로부터 다음의 전법게와 '혜암(慧庵)'이란 법호를 받았다.

雲山無同別　　亦無大家風
如是無文印　　分付惠庵汝

　구름과 산은 같지도 다르지도 않고
　또한 대가의 가풍도 없구나
　이와 같은 글자 없는 인(印)을
　혜암 너에게 주노라.

　1984년 말 설립된 덕숭총림(德崇叢林) 초대 방장(方丈)으로 추대되었다. 1985년 3월 수덕사 염화실에서 세수 101세, 법랍 86세로 입적에 들었다.
　저서로는 『선관법요』 등이 있다.

일우종수(一愚宗壽) 선사

海東千古月　　江南萬里天
淸光無彼此　　欲斷諸存禪

해동의 천고에 밝은 달이
강남의 만 리 하늘에 비치니
그 맑은 빛은 피차가 없으니
나 이제 제방의 선지를 꿰뚫고 말겠노라.

[해설]

　일우종수(1918~1985)스님은 경북 의성군 구천면에서 태어났
다. 법명은 종수(宗壽), 법호는 일우(一遇)다.
　17세(1935년)때 벽담(碧潭)스님을 은사로 대구 파계사로 출가했
다.
　1963년 자운성우스님으로부터 계맥을 이어 받은 스님은 종진스
님에게 전수했다.
　1947년 봉암사 결사에 참여한 후, 1949년 자운스님이 개원한
통도사 천화율원(千華律院)에서 석암, 일타, 지관스님 등과 함께
율학을 연찬했다. 그러나 스님은 교학을 벗어나 참선수행을 작심
하고 길을 떠났다.
　금강산 마하연에서 만공스님을 친견했다. 만공스님은
　"단지 부처될 줄만 알 것이요, 부처가 말을 하지 못할까 걱정하

지 말라(但知作佛 莫愁佛不解語)."

이 말에 '일생을 멍텅구리로 살지언정, 말만 따지는 사람이 되지 않겠다.'고 서원했다.

다시 오대산 한암스님을 찾아갔다. 한암스님은

"계로 인하여 정(定)이 생기고, 정으로 인하여 혜(慧)가 나온다. 아는 것과 행함이 상응해야 출가수행자라 할 수 있다(因戒生定 因定發慧 解行相應 方名爲僧)"고 했다.

스님은 이 말을 깊이 새겨 담고 대구 동화사 금당의 세존사리탑전에서 백일기도에 들어갔다. 하루 한 끼의 공양과 장좌불와로 정진하던 중, 밤중에 사리탑 꼭대기에서 흰색의 서기가 뿜어져 나옴을 보고 신심이 크게 일어 위의 게송을 읊었다.

스님은 성정이 온화해 항상 말없이 조용한 모습이었지만, 스스로에게는 서릿발 같은 날카로움과 냉정함으로 다스렸다. 절대 명리를 좇지 않았다. 원칙주의자라 불릴 정도로 부처님 법을 지니고 따르는데 철저했다.

스님이 제자들에게 항상 강조하기를

"사람은 안팎이 같게 살아야 한다. 특히 수행자는 홀로 있을 때 계행을 더 잘 지켜야 한다. 혼자 있다고 계를 소홀히 해서는 절대 안 된다."

파계사 주지(1964), 의성 고운사 주지를 역임했다.

1985년 10월 10일, 세수 67세 법랍 50년으로 원적에 들며 남긴 열반송이다.

古今大智人　　念念知幻身
知幻便離幻　　堂堂現本身
七十人間事　　一場春夢間
汝曺參此理　　坐臥志如山

예나 지금이나 지혜로운 사람조차
생각하면 할수록 허깨비인 것을
허깨비임을 알고 허깨비 속에서 벗어나니
마땅히 본래의 몸이네
칠십년 인간사가 일장춘몽에 지나지 않으니
너의 이치를 깨닫고 나니
마치 앉아서 누워 있는 산과 같아지네.

입적 시 상좌가 물었다.
"스님 어찌하면 중노릇 잘 할 수 있습니까"
"여자와 돈에 원수지면 된다."
"나태심이 일어날 때는 어찌하면 됩니까?"
"네 깎은 머리를 쓰다듬어 보거라. 네 머리 깎을 때의 그 첫 마음이 바로 부처님 마음이다."

대은(大隱) 선사

本來面目主人公　　未得見時恨不空
一笑相看無別物　　本來面目主人公

본래면목 주인공을
보지 못할 때는 한이 많더니
한 번 웃고 서로 보니 별것 아니라
그대로 본래면목 주인일세.

[해설]

　스님(1894~1989)은 경기도 강화군 남문동에서 부모들이 마니산에서 기도하여 태어났다고 한다. 호는 소하(素荷),

　어렸을 때부터 스스로 몸과 마음을 부처님께 바치기로 결심하였다.

　일곱 살 때에 강원도 보개사에서 최계암(崔桂庵)스님을 의지하여 출가하였다. 금강산 유점사에서 동선정의(東宣淨義)스님에게 구족계를 받았다. 평생을 포교와 강의에 진력했다.

　스무 살 때에, 속리산 법주사에서 강사가 되었다. 문경 대승사, 서산 개심사, 용인 화운사 등에서 후학들을 가르쳤다.

　『금강저(金剛杵)』, 『불교시보』라는 잡지를 창간하여 운영하며 포교 사업에 많은 공헌을 하셨다.

처음 『관음경』 만독(萬讀)을 시작으로, 『금강경』 5천독(五千讀), 준

제주를 6만독(六萬讀)이나 하였다. 이렇게 3년간 하다가 참선을 시작했다.

일 년쯤 했을 무렵 선지(禪旨)에 관한 삼조(三祖) 승찬대사의 『심신명(信心銘)』을 무심히 읽어내려 가다가

'눈에 만약 졸음이 없으면 모든 꿈 저절로 없어지고, 마음이 다르지 않으면 만법이 한결 같느니라(眼若不睡 諸夢自除 心若不異 萬法一如).'라는 글귀에 이르러, 가슴에 걸렸던 물건이 철썩 떨어져 없어지며, 통 밑구멍이 빠지는 것 같았다고 한다.

이때에 앞의 송을 지었다. 그리고 그 뒷부분이 저절로 나왔다고 한다.

眼若不睡諸夢盡　　一心不異萬相如
何妨雲雨遮銀漢　　日月常暉玉宇居

그 뒤 다시 정진을 하였다. 1948년 3월 15일 새벽, 형무소 담 밖에서 들려오는 닭소리를 듣고 또 마음의 느낌이 있었다.

그때의 소감을 이렇게 피력하였다.

忽聞獄外曉鷄聲　　頓覺十方共一城
萬里無雲纖埃絶　　一輪皓月照天明
人性本無善惡事　　只因貪愛不輕淸
徹看思慮以前境　　三毒自消道自明

서옹 스님이 출가하기 전에 처음 인연을 맺은 스님이 바로 대은 스님이었다고 한다. 대은스님은 서옹스님을 만암스님 문하로 보내 출가의 도움을 주었다.

1989년 3월 서울 상도동 사자암에서 세수 96세, 법랍 89세로 원적에 들었다.

『석가여래약전』·『신앙의 등불』·『피안의 메아리』·『삼세인과』·『금강신앙』·『육조대사 고행록』, 수필·산문 등의 많은 저서들이 있다.

대은 스님 열반 20주기(2009년)를 맞아 문도회에서 『대은 대종사 문집』을 펴냈다.

벽안법인(碧眼法印) 선사

大道元來無繫縛　　玄機何處關形成
九旬磨劍寒霜白　　擊罷祖關各方行

대도는 원래 얽매임이 없으니
현묘한 기틀 어찌 모양에서 찾으랴
구순 안거에 서릿발 같은 지혜의 칼을 가니
조사관을 격파하고 마음대로 노닐리라.

[해설]

　벽안법인(碧眼法印, 1901~1987)스님은 경북 경주시 내남면에서
태어났다. 법호는 벽안(碧眼), 법명은 법인(法印)이다.

　35세 때 금강산 마하연에서 당대의 선지식인 석우(石友)스님 회
상에서 정진했다. 그 후, 제방선원을 돌며 화두를 참구하다가 3년
뒤 양산 통도사에서 경봉(鏡峯)스님을 은사로 출가했다. 늦은 나이
에 출가를 했지만 누구보다 치열하게 정진했다.

　성품이 청렴결백하고 공사(公私)의 구별에 엄격했다.

　스님은 천성산 내원사 선원에서 하안거 정진하던 어느 날, 전신
이 불덩이처럼 열이 났다. 당시 청담스님과 대중들이 "지대방에
가서 쉬라"고 권했지만, 스님은 사양했다. '정진하다 여기서 죽어
도 더 이상 원이 없다'는 생각으로 정진을 멈추지 않았다. 그러나

열은 쉽사리 내리지 않고 머리는 더욱 혼미해지는 것 같았다고
한다. 그렇게 며칠이 흘렀다. 당시 일을 회상한 벽안스님은

"어느 날 갑자기 무엇인가 툭 터지는 폭발음이 들리는 것이었
어. 그런데 불덩이 같았던 몸이 가벼워지면서 마치 구름을 탄 것
처럼, 구름 위에 몸이 둥둥 떠 있는 기분이었지. 막혀있던 것이
몸에서 빠져 나가는 것 같은 느낌이었어. 그 뒤부터 열이 내리고,
몸과 마음이 편안해져서 아무렇지 않았어."

생사를 건 정진으로 새로운 세계를 만났던 것이다.

1987년 12월 25일 통도사 적묵당에서 열반에 들었다. 세수
87세, 법랍 53세였다. 임종게를 남겼다.

靈鷲片雲　　往還無際
忽來忽去　　如是餘時

영축산의 조각구름
오고 감에 때(時)가 없네
홀연히 왔다가 가니
때가 또한 이와 같네.

고암(古庵) 선사

禪定三昧　　亞中日月
凉風吹來　　胞中無事

참선의 깊은 경지
항아리 속 해와 달
시원한 바람 부니
가슴이 후련하네.

[해설]
　스님은(1899~1988)년 경기도 파주에서 태어났다.
　17세 때 불교와의 첫 인연이 시작된 이후, 수행자의 삶을 꿈꾸다가 1916년 가을 서울 종로 대각사에서 용성스님의 『금강경』 법문을 듣고 출가를 결심하게 되었다.
　이듬해 7월 해인사에서 제산(霽山) 스님을 은사로 출가, 해인사에서 용성 스님을 계사로 구족계와 보살계를 받았다.

　평소 전강선사와 가깝게 지냈다. 천성산 내원사에서 용성선사 지도를 받으며 정진(1938년) 중 깨달음을 얻고 난 뒤의 송이다.
　용성스님은

　부처와 조사도 원래 알지 못하고

나도 또한 알지 못함이라
운문의 호떡은 둥글고
진주의 무는 길기도 하다.

라는 전법게를 내리며 제자의 깨달음을 인정했다.

1952년에 해인사에서 대종사 법계를 품수, 대한불교조계종 3대 (1967년), 제4대, 제6대 종정을 역임했다.

청정한 수행의 표본이었던 고암스님은 평생을 자비와 겸손, 하심행(下心行)을 실천한 스님이었다. 항상 불보살 전에 예경할 뿐 아니라, 외출한 뒤는 큰 방에 들어가 학인들에게도 먼저 큰절을 했다. 자비를 몸소 실천하며, 사람들을 불보살을 대하듯 했다.

세수 90세, 법랍 71세로 임종게와 함께
"조심해서 잘 살아라. 이 세상 모든 것이 인과가 분명하니라"는 말을 후학들에게 당부했다.

1988년 10월 25일 해인사 용탑선원에서 입적에 들며 남긴 임종게다.

伽倻山色方正濃　　始知從此天下秋
霜降葉落歸根同　　菊味望月照虛空

가야산에 단풍이 짙게 물들었으니
이제 천하는 가을이로다
상강이라 낙엽지면 뿌리로 돌아가고
구월의 보름달은 허공에 빛나네.

자운성우(慈雲盛祐) 율사

靑山常運步　　白雲永不動
人踏水底過　　水不着衣裳

청산은 항상 걷는데
백운은 영원히 움직이지 않네
사람이 물속을 걸어가는데
물이 옷에 붙지 않도다.

[해설]

　자운성우(1911~1992)율사는 강원도 평창군 진부면 노동리에서 태어났다. 일곱 살 때부터 서당에서 『동몽선습』, 『사서삼경』 등을 공부했다.

　1926년 16세 때 정초기도를 위해 절에 가시는 어머니를 따라 오대산 상원사에 갔다.

　혜운경윤(慧雲敬允)스님으로부터 '세속의 100년 36,000일 보다 출가의 반나절이 더 낫다(百年三萬六千日 不及僧家半日閒).'라는 순치황제 출가시를 듣고 발심하여 1927년 17세의 나이로 출가를 결심하고 해인사로 갔다.

　팔만대장경판전에서 일만 배를 올리고 혜운스님을 은사로, 남전광언(南泉光彦)화상을 계사로 사미계, 1934년 24세에 범어사에서 경념 율사로부터 비구계를 수지했다.

1935년부터 3년 동안 울진 불영사에서 장좌불와로 용맹정진에 들어갔다. 1938년 도봉산 망월사에서 용성선사로부터 '달마가 서쪽에서 온 깊은 뜻(西來密旨)'에 대해 선문답을 한 다음, 위의 오도송을 지어 올렸다.

용성 스님은 그 경지를 바로 인가하고 의발과 함께 전법게를 내렸다.

오대산 중대 적멸보궁에서 하루 20시간씩 문수기도 정근을 봉행하던 중, 99일째 되는 날이었다. 푸른 빛 사자를 타고 나타난 문수보살이 나타나 "불교의 중흥을 위해 계율정신을 진작하라"는 계시를 받고, 이후 율장연구를 시작하여 5부 대율을 날마다 서사(書寫)·지송하였다.

1949년 계율 홍포의 원력으로 비구계본(比丘戒本) 1만부, 비구니계본(比丘尼戒本) 1만부, 사미율의(沙彌律儀) 5천부, 사미니율의(沙彌尼律儀) 5천부, 범망경(梵網經) 1만부 등, 많은 율전(律典)을 출간 유포하였다.

또 『무량수경』, 『아미타경』, 『십육관경』, 『약사경』, 『자비도량참법』 등, 21종에 이르는 경전과 율전의 한글 번역을 하여 출간했다.

1957년 이후, 열반하시는 날까지 하루도 거르지 않고 아미타불 염불 10만 번, 『아미타경』 48편 독송, 아미타불 예경, 1080배 등을 행한 원력보살이시다.

1992년 2월 7일, 서쪽을 향해 합장하고 단정히 앉아 '아미타불'의 명호를 칭명하면서 해인사 홍제암에서 원적에 들었다.

세수 82세, 법랍 66세로 남긴 임종게다.

眞性圓明本自空　　光照十方極淸淨
來與淸風逍遙來　　去隨明月自在去

참다운 성품은 둥글고 밝으며 본래 공하여
광명이 시방을 극히 청정하게 비추나니
올 때는 청풍이 소요하듯 오고
갈 때는 밝은 달을 따라 자재하게 가네.

퇴옹성철(退翁性徹) 선사

黃河西流崑崙頂　　日月無光大地沈
遽然一笑回首立　　靑山依舊白雲中

황하수 서쪽으로 거슬러 흘러 곤륜산 정상에 치솟아 올랐으니
해와 달은 빛을 잃고 땅은 꺼져 내리도다
문득 한 번 웃고 머리를 돌려 보니
청산은 그대로 흰 구름 속에 있네.

[해설]

　스님(1912~1993)은 경남 산청에서 태어났다. 호는 퇴옹(退翁),
법명은 성철(性徹).

　어릴 때부터 명민하여 열 살 무렵에 『사서삼경』 등, 모든 경서
를 독파하였다.

　1930년 진주중학을 졸업하고 청소년기부터 동서양의 철학·문
학·논리학 등을 탐독하였다. 1932년에 작성된 독서목록을 보면
『철학개론』·『순수이성비판』·『민약론』·『남화경』·『근사록』·『하이네시
집』 등, 80여 권에 이른다.

　1935년경 영가현각(永嘉玄覺)의 『신심명(信心銘)』〈증도가(證道
歌)〉를 읽고 마음의 눈이 열려, 지리산의 대원사(大願寺)로 갔다.
거사(居士)의 신분으로 대원사에서 불철주야 정진을 했다. 이런 정
진의 구도 열이 출가한 스님 이상이라 주위에서 출가를 권고했다.

이후, 스스로 출가시(出家詩)를 짓고 승문에 들었다.

彌天大業紅爐雪　　跨海雄基赫日露
誰人甘死片時夢　　超然獨步萬古眞

하늘에 넘치는 큰일들은 붉은 화롯불에 한 점의 눈송이요
바다를 덮는 큰 기틀이라도 밝은 햇볕에 한 방울 이슬일세
그 누가 잠깐의 꿈속 세상에 꿈을 꾸며 살다가 죽어가랴
만고의 진리를 향해 모든 것 다 버리고 초연히 나 홀로 걸어가
노라.

해인사 백련암에서 혜일(慧日)스님을 은사로 수계했다.
이로부터 10년간 금강산의 마하연, 수덕사의 정혜선원, 천성산
의 내원사, 통도사의 백련사 등에서 안거를 하였다.
1940년 29세 되던 해, 동화사 금당에서 동안거 중에 깨달음이
있어 위의 송을 읊었다.

1965년 문경 김룡사(金龍寺) 하안거 때 처음으로 대중법문으로,
『육조단경』과 『금강경』 및 중도이론을 설법했다.
1967년에는 해인총림 초대방장으로 취임했다.
1981년 조계종 제7대 종정으로 추대되었으나 추대식에 참여하
는 대신 '산은 산이요, 물은 물이다'란 법어를 세상에 던졌다.
평소 제자들을 직접 지도하면서 '첫째 잠을 적게 자라, 둘째 말
하지 마라, 셋째 책을 보지 마라, 넷째 간식하지 마라, 다섯째 돌
아다니지 마라'고 당부했다.
저서로는 『선문정로(禪門正路)』, 『본지풍광(本地風光)』, 『신심명
증도가』, 『자기를 바로 봅시다』, 『돈황본 육조단경』, 『영원한 자
유』, 『백일법문』, 『선문정로평석(禪門正路評釋)』 등이 있다.

또 스님의 지도로 『선림고경총서』(전37권)를 번역 발간했다.

1993년 11월 4일 오전 7시 30분 해인사 퇴설당에서 "참선 잘 하라."는 유훈과 함께 남긴 임종게다. 세수 82세, 법랍 58세다.

生平欺狂男女群　　彌天罪業過須彌
活陷阿鼻恨萬端　　一輪吐紅掛碧山

한평생 남녀의 무리를 속여서
하늘에 가득한 죄업이 수미산을 지나간다
산채로 무간지옥에 떨어지니 한이 만 갈래나 되는데
태양이 붉은 빛을 토하면서 푸른 산에 걸렸구나.

이목서운(二木瑞雲) 선사

探貪十年未見花　　眼前紅花花灼灼
山門肅靜天地開　　毘盧遮那門外客

꽃을 찾아 십 년을 방황했으나
이제야 눈앞에 붉은 꽃 타고 있는 것을 보겠네
산속의 고요 속에 천지를 여니
비로자나법신불이 문밖의 손님일세.

[해설]

　서운(瑞雲, 1903~1995)스님은 경북 칠곡군에서 태어났다. 호는
이목(二木). 부잣집 아들로 태어난 스님은 일찍 서울의 보성고보
(보성고등학교)에 진학하여 신학문을 배우며, 유교경전과 노장철
학에도 통달했다.

　각황사(지금의 조계사) 학생회에 참여하면서 박한영, 한용운스
님 등에게 불교를 배웠다.

　공직자 생활(서울 전매청)을 하면서 1932년 파계사 성전암에서
금오, 전강스님과 하안거를 마치고 제방선원에서 정진하는 등, 재
가수행을 게을리 하지 않았다. 하지만 6·25전쟁 때 외동딸을 잃
었다. 이 일을 계기로 1950년 11월, 47세라는 늦은 나이에 생사
해탈의 원력을 세운다.

　마곡사에서 제산(霽山)스님을 은사로 입산 득도했다.

498

파계사 성전암에서 정진을 하던 중, 깨달음의 향기를 위의 송으로 남겼다. 1953년 마곡사 대교과정을 졸업하고, 같은 해 직지사에서 대덕 법계를 품수했다.

청담, 경산, 지효, 월하, 구산스님과 함께 불교정화운동에 참여했다. 이후 대구 동화사, 동학사, 봉은사 주지 등, 조계종 총무원장 등을 역임했다.

1983년부터 강화 전등사에 주석하시면서 참선 수행에만 전념했다. 1995년 11월 15일, 법랍 45년, 세수 93세로 입적하면서 남긴 열반송이다. 공교롭게도 스님은 출가일과 득도일, 열반일이 똑같다. 저서로 『서운선사 법어집』이 있다.

無形之卽有靈　　三毒火湯過平生
脫却體露還本鄕　　寒月空山屬眞人

형상이 없지만 두드리면 곧 신령스러움이 있고
삼독으로 화탕지옥에서 한평생을 지냈다
이제 몸을 버리고 고향으로 돌아가니
차가운 달, 빈산이 진리의 몸이로다.

스님이 열반에 드는 날 아침에 일어나 당신의 원적을 예감하고 남긴 게송이다.

인생은 무상한 것이다(人生無常)
세상은 무상한 것이다(世亦無常)
금명간 나는 떠나가리(今明我去矣)
아! 누가 나와 함께하리(唯者嗚呼)
홀로 본처로 돌아가노라(獨自歸去).

회광일각(廻光壹覺) 선사

一擧一投卽禮佛　　言言語語是誦經
若無禮佛誦經時　　閑日樓上一太鐘

손 한 번 들고 발 한 번 옮기는 것이 곧 부처님 앞에 예배 올리
는 것이요
말 한 마디 한 마디 계속하는 것이 부처님 경전을 외움이 되는
것이다
만약 그대가 부처님 앞에 예배도 올리지 않고 경전도 외우지 않
으면
한가한 날 누각위에 매달려 있는 하늘보다 더 큰 종을 볼 수 있
으리.

[해설]

　회광일각(廻光壹覺, 1924~1996) 스님은 평안남도 개천군 중남
면에서 태어났다. 법명 일각(壹覺), 법호는 회광(廻光).

　교사생활을 하던 중, 나쁜 일을 저지르는 학생에게 매를 대다가
'인간 누구에게나 함부로 죄와 잘못을 물을 수 있는가?'라는 근원
적인 자기반성을 하게 되면서, 1947년 지리산 칠불암에서 효봉스
님을 은사로 출가했다. 탄허스님을 계사로 사미계를 수지했다.

　송광사 주지, 효봉문도회 회장, 보조사상연구원 총재, 3~4대 조
계총림 방장을 역임했다. 평생을 오직 참선수행에 바쳤다.

포교에 큰 관심을 두어 불교음악을 태동시키는 큰 역할을 했다
세계불교도대회에 한국대표로 참가하는 등, 불교의 국제화 및
세계화에 남다른 업적을 남겼다.

1996년 6월, 세납 73세 법랍 50세로 송광사 삼일암에서 입적
하면서 남긴 열반송이다.

念起念滅卽生死　　無起無滅卽涅槃
古往今來手裏掌　　古往今來手裏掌

생각이 일어나고 생각이 사라짐이 곧 생사요
일어남과 사라짐이 없으면 곧 열반이로다
생사와 열반이 누구로 말미암는 일인가
예부터 지금까지 손바닥과 손등이니라.

성림월산(聖林月山) 선사

忽覺本來事　佛祖在何處
肚裏藏乾坤　轉身獅子吼
不立
不捨
不休

문득 본래사를 깨달으니
부처님과 조사는 어디 계신가
뱃속에 누리를 감추었나니
몸을 돌려 사자후를 하리라
세우지도 말고
버리지도 말고
쉬지도 말라.

[해설]

　성림월산(聖林月山, 1913~1997)스님은 함경남도 신흥 출생. 속성은 최(崔)씨.

　부친을 여읜 후, 1943년 석왕사 안광스님의 소개로 상원사 금초스님을 만나게 된다. 그 인연으로 1944년 망월사를 찾아 당시의 고승인 금오(金烏)문하에서 출가하였다.

　이듬해 만공(滿空)스님을 찾아가 공양주로 한 철을 지내면서 '이

502

뭣고' 화두를 받았다. 이후 문경 봉암사에서 향곡·성철·보문·청담·자운 스님 등과 봉암사 결사 수행을 하였다.

금오선사에게서 전법(傳法)의 인가를 받았다. 금오스님은 입적 직전, 문도 제자들에게 오른쪽 손바닥을 보였다고 하는데, 이때 월산스님이 일어나 위의 게송을 읊었다고 한다.

1968년 금오스님이 입적할 당시 "모든 일은 월산에게 부촉하노라"며 법을 전했다. 경허-만공-보월-금오-월산스님으로 이어진다.

조계종 총무원장을 두 차례(1968년, 1978년) 지냈다.

1974년부터 불국사의 주지를 맡아 강원, 선원 등을 개설하여 수행도량의 위상을 회복하는데 크게 기여하였다.

20여 년 이상 주석하던 불국선원 염화실에서 세수 86세, 법랍 55세로 입적하면서 남긴 임종게다.

廻廻一生　　未移一步
本來其位　　天地以前

일생을 돌고 돌았으나
한 걸음도 옮긴 바 없나니
본래 그 자리는
하늘땅보다 먼저이니라.

『월산선사법어집(月山禪師法語集)』이 있다.

동고문성(東皐汶星) 선사

臨發靑山藏香氣　　海底老龍含眞珠
香氣眞珠雖未露　　邊覆三千常放光

청산에 오면 향기는 감추어져 있고
바다 속 늙은 용이 여의주를 머금고 있네
비록 향기와 여의주는 드러나지 않지만
삼천대천세계를 두루 덮어 대광명의 수를 놓고 있네.

[해설]
　동고문성(東皐汶星, 1897~1997) 스님은 경북 경주시 노서동에
서 태어났다. 속명은 문성(汶星)이다. 부친과 양산 통도사를 참배
하러 갔다가 저녁예불 소리를 듣고 신심이 생겼다. 11살(1911년)
때 고성 옥천사에서 은사 서응(瑞應)스님에게 출가했다.

　1932년 38세 때 고성 옥천사에서 깨달음을 얻고 위의 송을 읊
었다.
　1947년 고성 옥천사 백련암 선원에서 6년 결사 정진에 들어갔
다. 스님은 평소 '3정운동(三淨運動)'으로 '바른 말', '바른 뜻',
'바른 일'을 펼쳤다.
　부산 관음정사에 오래 주석하셨다. 방 앞에 '은둔실(隱遁室)'이
라는, 손수 쓴 편액을 걸어놓고 그곳에서 여생을 보냈다.

1997년 부산 관음정사 은둔실에서 남긴 임종게다.

釋迦降生昨夜夢　　達摩渡江夢見空
若人問我眞消息　　金龍銀蛇殺人中

부처가 이 땅에 온 것은 어젯밤 꿈이요
달마가 건너 온 것은 꿈속의 헛것을 보는 것이니
만약 누가 나에게 참된 것을 묻는다면
금룡과 은뱀이 사람을 죽이고 있는 중이라 하리라.

세수 100세, 법랍 86세였다. 스님의 부도와 비는 양산 통도사
에 있다. 제자로 수진스님이 있다.

동곡일타(東谷日陀) 선사

頓忘一夜過　　時空何所有
開門花笑來　　光明滿天地

몰록 하룻밤을 잊고 지냈으니
시간과 공간은 어디에 있는가
문을 여니 꽃이 웃으며 다가오고
광명이 천지에 가득 넘치는구나.

[해설]

스님(1929~1999)은 충남 공주에서 출생.

법호는 동곡(東谷) 또는 삼여자(三餘子). 법명은 일타(日陀).

1942년 양산 통도사에서 윤고경 스님을 은사로 출가, 자운스님
을 계사로 비구계를 받았다.

스님의 큰외삼촌 법안(法眼, 1902~1955) 스님을 시작으로 친
가·외가 모두 41명이 출가했다.

해인사 해인총림 율주(1965년) 및 해인사 주지(1984년), 은해
사 조실(1996년)을 지냈다.

1993년 이후 대한불교 조계종 단일계단 전계대화상 역임.

1955년 오대산 적멸보궁에서 7일간 삼천 배 기도를 올린 후,
자신의 오른손 네 마디를 태우는 연지공양을 단행했다. 연지공양

으로 정진에 힘을 얻은 스님은 1956년 태백산 도솔암에서 6년간 정진에 들어갔다. 그때 위의 오도송을 읊었다. 스님은 그 후로도 장좌불와 오후불식을 하며 용맹 정진했다.

다음은 스님의 어머니 성호(性浩) 비구니의 오도송이다.

假使百千劫　　所作業不亡
因緣來遇時　　果報難免矣

가히 백천 겁이 지나더라도
한 번 지어놓은 업은 없어지지 않나니
언젠가 인연이 닥쳐오면
그 과보를 면할 수가 없느니라.

대구 동화사 내원암 불사를 위해 소달구지에 짐을 가득 싣고 가는데, 끈을 제대로 묶지 않아 짐이 떨어지면서 어머니의 발등위로 바퀴가 지나갔다. 잠깐 기절하는 바로 그 찰나에 닭 한 마리가 날개를 퍼덕거리며 달아나는 것을 보았다.
오래전, 시아버지 점심상을 차리는데 부엌으로 닭 한 마리가 들어왔다. 닭을 쫓기 위해 아무 생각 없이 부지깽이를 던졌는데, 그만 닭다리에 맞아 다리가 부러졌다.
닭은 부러진 다리로 퍼덕거리며 밖으로 나갔다. 그런데 바퀴에 깔려 기절하는 순간, 닭 한 마리가 달아나는 것을 본 것이다. 어머니는 직감적으로 '그 때의 닭이 죽어서 지금의 저 소가 되어 악연을 갚는 것'임을 느끼고 읊은 송이다.

1999년 하와이 와불산 금강굴에서 세수 71세, 법랍 58세로 입적하며 남긴 열반송이다.

一天白日露眞心　　萬里淸風彈古琴
生死涅槃曾是夢　　山高海闊不相侵

하늘의 밝은 해가 참 마음 드러내니,
만 리의 맑은 바람 옛 거문고 타는구나
생사열반 이 모두가 오히려 꿈이러니
산은 높고 바다 넓어 서로 침범하지 않네.

광덕(光德) 선사

마음, 마음, 마음 한마음
한마음은
마음이 아니다
관념이 아니다
생각이 아니다
하나이거나 둘이거나 수가 아니다
유도 아니며 무도 아니며
유무(有無) 초월의 유이거나 무도 아니다
일체 초월의 진무(眞無)도 아니다

아침 해
바다에 솟아 오른 찬란
억겁의 암흑이 찰나에 무너지고
광명 찬란
광명 찬란
광명만이 눈부시게 부서지는 광명만의 세계…

생명
궁겁을 꿰뚫는 생명
우주를 덮고
유무에 사무친 생명
피고 무성하고 낙엽지고

몇 만 번을 반복하고
우주가 생성하고 머물고 허물어지고
다시 티끌조차 있고 없고

그는
유무에, 생성에, 변멸에, 괴공(壞空)에 무관한
영원한 생명.

[해설]
  광덕(1927~1999)스님은 처음 처사의 신분으로 수행을 하다가
1952년 범어사에서 동산스님을 계사로 사미계를 받았다.
  원래부터 병약한 몸이라 선방에도 들어가지 못하고 범어사 열
반당에서 혼자 정진을 늦추지 않았다. 서른이 되던 해, 구족계를
받고, 삶의 대전환을 위해 운수(雲水)의 길에 올랐다.
  '꿈도 아니고 생각도 아닐 때, 나는 무엇이냐?'라는 이 화두를
두고 몸을 돌보지 않는 참구를 계속했다.

  금정산에서 정진에 정진을 거듭하던 어느 해 봄날, 마루턱에 앉
아 앞산을 바라보던 중 문득 경계가 열리는 것을 느꼈다. 주관과
객관을 초월한 우주 삼라만상과 합일하는 세계, 머리와 꼬리가 없
는 방망이로 허공의 뼈대를 내리쳐 부수는 경계에 이르렀다고 했
다. 감흥에 젖어 지은 것이 바로 위의 「한마음 헌장」이다.

  평소 『열반경』에 나오는 구절, '청빈하게 계율을 잘 지켜서 게
으르지 말고 부지런히 수행하라(淸淨莫放逸)'는 이 글귀를 절 안
기둥이나 벽, 심지어 부엌의 부뚜막에까지 써 붙여놓고 수행하는
삶을 강조했다.

510

1974년 9월 불광회(佛光會)를 창립하고, 월간 「불광(佛光)」 창간, 불교의례의식을 한글화, 경전 번역, 20여 편의 찬불가 작시, 불광사 대중법회 등을 통해 부처님의 가르침을 통해 대중을 일깨웠다.

　법상에 오르거나 좌선에 들어 있지 않은 시간은 모두 저술을 위해 바쳤다.

　저서로 『삶의 빛을 찾아서』, 『메아리 없는 골짜기』, 『반야심경 강의』, 『보현행원품 강의』, 『선관책진』, 『육조단경』, 『무문관』을 비롯하여 20여 종이 있다.

운경기홍(雲鏡基弘) 선사

春色無高下　　花枝自長短

봄빛은 높고 낮음이 없는데
꽃가지는 스스로 길고 짧다.

[해설]

스님(1905~2000)은 충남 서산에서 출생했다.

운경(雲鏡)은 법호이고, 법명은 기홍(基弘)이다.

일찍 부모를 여의고 15살 때 태오(泰悟)스님을 은사로 봉선사로 출가했다. 해인사에서 용성(龍城)스님을 계사로 비구계를 수지했다.

한때 '조선민족해방협동당'이라는 독립운동단체에 가입하여 독립운동을 하다가 일본경찰에 체포되어 옥고를 치렀다.

만공스님으로부터 '무(無)'자 화두를 받아 해인사에서 수행했다.

사형(師兄)인 운허스님과 함께 6·25 당시 완전히 불타버린 봉선사를 다시 중창해 오늘의 포교도량으로 만들었다. 또 광동학원을 설립하여 출가자와 재가자들의 포교에도 앞장섰다. 이후 대중포교를 위해 불교박물관, 종합교육관, 종합복지관들을 건립하여 본격적인 포교에 나섰다.

스님은 평소 "참선할 때는 화두만 챙기고, 염불할 때는 염불만,

경을 볼 때는 경만을 보아야 하며, 어느 곳에서든지 자기 할 일을
열심히 하여 어느 때라도 부처님의 마음을 놓치지 말아야 한다."
는 말씀을 강조하셨다.

2000년 2월 27일, 세수 96세, 법랍 81세로 봉선사 다경실에서
열반에 들며 남긴 임종게다.

幻海九十年　　回頭事堪笑
今朝撤手盡　　大千光爍爍

허깨비로 살아온 지 구십년
뒤돌아보니 우습구나
오늘 아침 이것들을 모두 다 털고 나니
대천세계에 한 줄기 빛이로다.

흥덕덕암(興德德菴) 선사

警覺一夢中　　一微含十方
花開庭中笑　　群鳥歌窓外

깜짝 꿈을 깨고 보니
티끌 속에 시방세계 있음을
꽃은 뜰 속에서 웃고
새들은 창 밖에서 노래하네.

[해설]

　덕암(1913~2003) 스님은 경북 문경 농암면에서 출생했다.
　법호는 덕암(德菴), 법명은 전득(典得)이다. 속성은 안(安)씨, 이름은 흥덕(興德)이다.

　1930년 금강산 유점사에서 벽산 스님을 은사로 득도했다. 계율과 경학, 그리고 참선과 범패에 이르기까지 수행을 철저히 했다.
　승려의 결혼을 허용하는 태고종의 종정을 맡았으면서도 평생 독신으로 보냈다. 태고종 총무원장과 종정을 두 차례 역임했다.

　위의 게송은 1944년 태고총림 선암사 칠전선원에서 안거 중, 새소리와 함께 뜰에 가득 핀 꽃을 보았다. 그때 읊은 송이다.
　스님은 한국불교태고종의 기틀을 다진 태고종의 정신적 스승이다. 또한 조계종과 태고종의 분규를 직접 겪었던 한국불교 현대사의 산 증인이기도 하다.

2003년 11월 22일 오전 10시 30분, 서울 종로구 사간동 법륜사에서 입적에 들면서 남긴 게송이다.

세수 90세, 법랍 73세다.

幻化空身是何物　　廻廻萬生本來位
若人問我此道理　　盡無量劫天地前

吾觀法界本無性　　生死涅槃亦無相
若人問我去來處　　雲散紅日照西天

환화로 변해서 오는 것은 공신이니 어떤 물건인고
나고 죽는 만생이 본래의 생김새이니
만약 사람이 나한테 그 도리를 묻는다면
무량겁을 다함이 없도록 천지간에 있는 도리다.

내가 법계를 관하니 본 성품이 없더라
나고 죽는 것을 열반이라 하나 또한 상이 없다
만약 사람이 나한테 가고 오는 곳을 묻는다면
붉은 해가 극락세계를 비추며 구름이 모여 흩어지는 거와 같다.

노천월하(老天月下) 선사

本明解月潛水中　　無生滅處見有無
無心去來西童用　　無一影處顯示行

본래 신령스런 달빛이 물속에 잠겨있으니
생사 없는 곳에 유무(有無)를 보아라
마음을 비우고 오고감을 자유롭게 하면 정토의 마음을 쓸 것이다
그림자 없는 곳에서도 밝은 달은 항상 떠 있다.

[해설]

　노천월하(1915~2003) 스님은 충남 부여군에서 태어났다.

　법호는 노천(老天), 법명은 월하(月下)다.

　한학을 배워 12세가 되기 전에 『사서삼경』을 이미 마쳐 주변으로부터 칭찬이 자자했다. 18세(1933년)때 평소 가보고 싶었던 금강산 유람에 들어간다. 유점사에 도착, 저녁의 장엄한 법고소리와 은은한 목탁소리에 자신도 모르게 빠져들어 며칠 뒤 출가를 결심한다.

　차성환 화상을 계사로 사미계를 받았다. 부친과 형님이 세 번이나 절에 찾아왔으나 결코 흔들리지 않았다.

　1940년 통도사에서 비구계를 받고 구하(九河, 1872~1963) 선사를 만나 그의 제자가 되었다.

다음은 구하스님께서 월하스님에게 내린 전법게다.

靈鷲山中一莖樹　　花開天地未分前
此花不管靑黃白　　劫外春光不變緣

영축산 가운데 한 줄기 매화가 있어
천지가 나뉘기도 전에 꽃이 피었구나
이 꽃은 청·황·백·색도 아니니
겁밖에 봄빛은 변하지 않는 인연이라네.

오대산 방한암 선사 회상에서 몇 차례의 안거 후, 천성산 내원
사에서 용맹정진을 통해 깨달음을 얻고 위의 게송을 읊었다.
제9대 종정 및 영축총림통도사 방장에 재추대 되었다.
2003년 12월 4일 9시 15분, 법랍 71세, 세수 89세로 영축총
림 정변전에서 입적에 들며 남긴 게송이다.

一物脫根塵　　頭頭顯法身
莫論去與住　　處處盡吾家

한 물건이 이 육신을 벗어나니
두두물물 모두 법신을 나투네
가고 머뭄을 논하지 말라
곳곳이 나의 집이나니.

서암홍근(西庵鴻根) 선사

"오도송인지 육도송인지 그런 거 없어."

[해설]

스님(1917~2003) 경북 안동군 녹전면에서 태어났다.

법호를 서암(西庵), 법명은 홍근(鴻根).

한학과 신학문을 함께 수학했다.

1932년(16세) 경북 예천 서악사(西嶽寺)로 출가, 1935년 문경 김룡사(金龍寺)에서 화산(華山)스님을 은사로, 1937년 김룡사에서 금오(金烏)선사를 계사로 비구계를 수지했다.

1938년 김룡사 강원을 졸업하고 독학으로 일본대 종교학과 입학, 그러나 폐결핵 말기 진단을 받고 귀국했다.

'이제부터 생사의 근본도리를 놓치지 않으리라'고 다짐하고 김룡사 선원에 안거, 1944년 금강산 마하연, 대승사(大乘寺) 바위굴에서 성철, 청담스님과 정진했다.

1946년(30세) 계룡산 나한굴에서 단식하며 용맹정진 도중 삶과 죽음의 경계마저 한갓 공허한 그림자처럼 사라졌다고 한다. 이때 깨침의 경지를 얻으셨던 것 같다. 그러나 알려진 게송은 없어 아쉽다.

봉암사 조실과 총무원장을 지내셨다.

훗날 어느 스님이

"1946년(30세)에 계룡산 나한굴에서 '나고 죽는 것이 없는 것을 깨달았다'고 하셨는데 오도송을 읊으셨습니까?"하고 물었을 때 스님이 하신 대답이 위의 말씀이다.

2003년 3월 29일 봉암사에서 한 스님이 임종게를 묻자

"나는 그런 것 없다. 정 물으면 '그 노장 그렇게 살다가 그렇게 갔다'고 해라. 그게 내 열반송이다."는 말을 남기고 원적에 들었다. 세수 87세, 법랍 68세.

청화(清華) 선사

迷故三界城　　悟故十方空
本來無東西　　何處有南北

미혹한 까닭에 삼계가 성이나
깨달으니 시방이 공 하네
본래 동서가 본래 없나니
어느 곳에 남북이 있으리오.

[해설]

청화스님(1923~2003)은 전남 무안 망운면 출신이다. 1947년 (24세)에 백양사 운문암에서 금타(金陀, 1898~1948)화상을 은사로 출가했다. 금타스님은 만암스님의 제자다.

스님은 불법을 바르게 익히고 이를 실천하기 위한 일념으로 50여 년 동안 하루 한 끼, 장좌불와, 묵언, 단식 등의 수행 정진으로 불법의 향기를 대중에게 전했다.

1968년(45세)년 동안거 때에 구례 사성암(四聖庵)에서 용맹정진 중, 동짓날 새벽에 활연 대오하신 후 남긴 오도송이다.

1985년 전남 곡성군 동리산 태안사에서 3년 결사를 시작으로 대중교화의 인연을 지었다. 1995년까지 태안사를 중창 복원하여 구산선문 중 하나인 동리산문을 재건하였다.

성륜사 조실을 지냈다. 11월 12일 오후 10시 30분, 세수 80세, 법랍 56세에 열반에 들며 임종게를 남겼다.

此世他世間　　去來不相關
蒙恩大千界　　報恩恨細澗

이 세상 저 세상
오고감을 상관치 않으나,
은혜 입은 것이 대천계만큼 큰데
은혜를 갚는 것은 작은 시내 같음을 한스러워 할 뿐이네.

법어집으로 『정통선의 향훈』, 『원통불교의 요체』 등이 있고, 역서(譯書)로 『정토삼부경』, 『육조단경』 등이 있다

남곡덕명(南谷德明) 선사

鶴飛長天鐵牛牽　　閑來閑去無他事

학이 하늘 높이 날아 쇠소를 이끄니
한가로이 오고감에 하릴없구나.

[해설]

　남곡당 덕명(南谷堂德明, 1926~2003)스님은 경남 울산에서 태어났다. 25세(1951년) 때 범어사로 출가하여 동산스님을 은사로 출가했다.

　평소 공사(公私)의 구분은 대쪽 같았다.

　1959년 6월 파계사 선원에서 안거 중, 한 경계가 열려 위의 게송을 읊었다. 스님이 참구하던 '정전백수자(庭前柏樹子)' 화두를 타파하고, 이듬해 범어사 선원 청풍당에서 스승 동산스님과 주고받은 법거량이다.

　"조주스님이 백수자 법문에 천하 납승이 스스로 미(迷)하였도다(趙州古佛柏樹子 天下衲僧猶自迷). 어떤 이가 내게 단적(端的)한 뜻을 묻는다면 백수! 백수! 또 백수라 하리라(有人問我端的意 柏樹柏樹 又柏樹)"라고 읊었다.

　이에 동산스님이

　"도둑놈 되지 마라"하니,

덕명스님은
"큰 도둑이 되겠습니다."고 했다.
이로부터 동산스님의 계맥을 이어받았다.

　범어사 금강계단 전계대화상으로 지내셨으며, 범어사 무문관인
휴휴정사를 건립했다. 서예 개인전도 가졌으며, 원효학원 이사를
맡아 후학양성과 전법교화에 힘썼다. 또한 천년고찰 기장의 안적
사를 중창했다.
　세수 77세, 법랍 52년으로 안적사에서 열반에 들었다.
　스님이 남긴 열반송이다.

夢幻生涯七十年　　今朝脫殼還本鄉
月落鶯林寂廖裡　　五更鐘聲報天寒

꿈같은 생애 칠십년
오늘 육신 벗고 고향에 돌아가네
앵림산 고요한 속에 달 기울고
오경 범종소리 하늘 차갑다고 알리네.

월암정대(月庵正大) 선사

自性無染　　心隨根塵
能作六道　　心外無法
天眞卽佛　　生也不得
死也不得　　生也死也　總不得時　如何
喝　一喝　　　三聖山頭月
漢江萬里波

자성은 생사에 물들지 않으나
마음이 인연과 경계에 따라
능히 육도를 만들어 간다
마음 밖에 법이 없음을 깨달으니
천진 그대로가 바로 부처로다
살아서도 얻지 못하고
죽어서도 얻지 못한다.
살아서나 죽어서나 다 얻지 못했을 때는 어떻게 할 것인가?
할 일할
삼성산 꼭대기에는 달이 밝고
한강수는 만리까지 물결치도다.

[해설]
　스님(1937~2003)은 전북 전주에서 출생했다.

법호는 월암(月庵), 법명은 정대(正大)다.

당시 완주 위봉사에 계신 전강(田岡) 선사를 만나, 1962년 위봉사로 출가했다.

1967년 통도사에서 월하스님을 계사로 구족계를 받았다. 전강선사로부터 '판치생모(板齒生毛)'라는 화두를 받아 정진했다.

인천 용화사, 용주사, 망월사, 수덕사 등의 선원에서 수행정진하기를 3년 되던 해에 어둠이 서서히 걷히는 경험을 하게 되어 위의 송을 읊었다.

스님은 조계종 총무원장 재임 중에 중앙승가대학교를 안암동에서 김포학사로 옮긴 일과 한국불교역사문화관의 건립, 일산 불교종합병원 개원으로 한국불교 발전에 크게 기여했다.

2003년 11월 18일 새벽, 세수 67세 법랍 42세로 관악산 삼막사(三幕寺) 월암당(月庵堂)에서 입적에 들며 남긴 송이다.

來不入死關　　去不出死關
天地是夢國　　但惺夢中人

올 때도 죽음의 관문에 들어오지 않았고
갈 때도 죽음의 관문을 벗어나지 않았도다
천지는 꿈꾸는 집이어니
우리 모두 꿈속의 사람임을 깨달으라.

삼막사에 스님의 부도 탑과 비가 있다.

숭산행원(崇山行願) 선사

圓覺山下非今路　　背囊行客非古人
濯濯履聲貫古今　　可可鳥聲飛上樹

원각산 아래 한 길은 지금 길이 아니건만
배낭 메고 가는 길손 옛 사람이 아니로다
탁탁 걸음소리 예와 지금 꿰었는데
깍깍깍 까마귀는 나무 위에 나는구나.

[해설]

　숭산(崇山, 1927~2004)스님은 평안남도 순천에서 4대 독자로 출생하였다. 법호는 숭산(崇山), 법명은 행원(行願)이다.
　1945년 입산, 1947년 10월 마곡사에서 계를 받아 출가했다.

　스님께서 공주 마곡사 뒤편의 원각산 부용암 산신각에서 신묘장구대다라니 기도 99일째 되는 날, 어떤 사람이 걸망을 메고 산길을 가는 것을 보았다. 까마귀가 그곳에 있다가 날면서 까악! 까악! 우는 걸 보고 읊은 게송이다.

　스님은 자신의 깨달음을 춘성(春城)스님으로부터 인정받고, 금봉, 금오 스님으로부터도 인가받았다.
　고봉 스님과 선문답을 나눈 후, 고봉스님이 숭산스님을 얼싸안고 "네가 꽃이 피었는데, 내가 왜 네 나비 노릇을 못하겠느냐?"라고 했다는 일화가 있다.

1949년 1월 25일, 고봉스님이 건당식을 열고 '숭산'이라는 당호를 내렸다.

1966년부터 30년간 세계 30여 개 국 120여 군데에 홍법원 및 선원을 개설하여 한국 불교의 선(禪)을 세계에 전파하며 외국인 제자들을 많이 배출했다.

'오직 모를 뿐', '세계는 한 송이 꽃'이라는 유명한 법문으로 달라이 라마, 틱낫한, 캄보디아 종정과 함께 세계 4대 생불로 불렸다.

2004년 11월 30일 오후 5시 15분, 조실로 있는 서울 수유동 화계사에서 입적에 들었다. 세수 77, 법랍 57세다.

"스님께서 열반에 드시면 저희는 어찌해야 합니까?"
"걱정하지 마라, 걱정하지 마라, 걱정하지 마라.
예로부터 밝은 빛이요(萬古光明)
푸른 산에 흐르는 물이니라(靑山流水)."

서옹석호(西翁石虎) 선사

象王嚬呻獅子吼　　閃電光中辨邪正
清風凜凜拂乾坤　　倒騎白岳出重關

상왕은 위엄을 떨치며 소리치고 사자는 울부짖으니
번쩍이는 번갯불 가운데서 사와 정을 분별하도다.
맑은 바람이 늠름하여 하늘과 땅을 떨치는데
백악산을 거꾸로 타고 겹겹의 관문을 벗어나도다.

[해설]

　스님(1912~2003)은 충남 논산에서 태어났다.

　법호는 석호(石虎). 양정고보에 다니던 열일곱 살 때 어머니와 할아버지가 한 해에 돌아가신 데 절망하다가 마하트마 간디 자서전을 읽으며 불교와 접하게 됐다.

　1932년 양정고보를 졸업하던 해에 백양사에서 만암 스님을 은사로 출가했다.

　스님은 오대산 상원사 한암 스님 문하에서 본격적 참선 수행을 시작으로, 백양사, 해인사, 동화사, 파계사, 봉암사 등에서 정진을 계속했다.

　62년 동국대 대학선원장을 시작으로, 천축사 무문관, 동화사, 봉암사 등의 조실로 수좌들을 지도했다. 스님은 늘 수좌들에게 목숨을 바치는 듯 한 자세로 공부할 것을 강조했다.

　스님은 1967년 어느 날 백양사 쌍계루 아래 돌다리 사이로 흐
르는 물살을 보고 위의 송을 읊었다. 이로 인하여 만암스님이 인
가를 하며 '석호(石虎)'라는 법호와 함께 내린 전법게다.

白岩山上一猛虎　　深夜橫行夜殺人
颯颯淸風飛哮吼　　秋天皎月冷霜輪

백암산 위 한 사나운 범이
한밤중에 돌아다니며 사람을 다 물어 죽이네
삽삽한 맑은 바람 일으켜 날며 울부짖으니
가을 하늘 밝은 달빛은 서릿발처럼 차갑다.

　특히 말년에 "종교적 생명력이란 허무한 인간을 극복하고 초월
하여 자기 밑바닥에 있는 참다운 인간으로 되돌아가는 것"이라며
백양사에 참사람 수련원을 개설하는 등, '참사람 운동'을 펼쳤다.

　74~78년 조계종 5대 종정 재임 때 '부처님 오신 날'이 공휴일
로 제정된 것을 큰 보람으로 여겼다. 96년부터는 고불총림 백양
사 방장으로 후학들을 지도했다.

　스님은 임종 직전까지도 오랫동안 시중을 들어온 시자 스님과
선문답을 주고받았다. 2003년 12월 13일, 스님은 이날도 평소와
다름없이 아침 죽 공양을 하고, 오후에는 상좌 스님들과 법담을
나누며 후학들의 정진을 격려했다.

　저녁에 "이제 가야겠다."고 말한 뒤, 백양사 설선당(說禪堂) 염
화실에서 임종게를 남기고 좌탈입망한 자세로 원적에 들었다.

　저서로 『임제록』, 『선과 현대문명』, 법어집으로는 『절대현재의
참사람』 등이 있다.

다음은 임종게다.

臨濟一喝失正眼　德山一棒別傳斷
恁麼來恁麼去　白鶴高峯月輪滿

임제의 한 할은 정안을 잃어버리고
덕산의 한 방은 별전지가 끊어지도다
이렇게 와서 이렇게 가니
백학의 높은 봉에 달의 바퀴가 가득하도다.

남산정일(南山正日) 선사

極貧者喜歡帶露的蘆葦叢
渾然間一縷始光透過整個大地
萬年前事佛已涅槃

극빈자는 이슬 맺힌 갈대숲이 좋다
홀연 한 가닥 시광이 온 대지를 투과하니
만년 전사 부처님 열반이 드러났네.

霧雨下着霧雨下着
最後如告別時的傷痛
對前人未踏地掛念呼
到靜靜地泛着水波的小溪去洗一把臉吧

안개비가 내리는구나, 안개비가 내리는구나
마지막 이별을 고하는 슬픔과 같이
전인 미답지가 궁금하느냐?
잔물결 이는 개울로 가서 세수나 하거라.

[해설]
　남산정일(南山正日, 1932~2004) 스님은 서울출신이다.
　법명은 정일(正日), 법호는 남산(南山)이다.

고등학교 졸업 후 어느 날, 서점에서 『선가귀감(禪家龜鑑)』을 보게 되었는데, 여러 번 읽었지만 뜻을 잘 알 수 없었다. 1958년 조계사의 금오스님에게로 출가했다.

은사 스님을 따라 구례 화엄사로 옮겨 화두일념을 하시다 망월사에서 천일기도에 들어갔다. 졸음을 쫓기 위해 매일 새벽 두 시에 일어나 냉수욕을 하다가 냉병이 생겨 그 이후로 평생 고생을 하셨다.

천일기도 회향 후, 동산스님이 조실로 계시던 범어사에서 다시 정진에 들어갔다.

범어사에서 동안거 결제에 든 어느 날 새벽 종성과 함께 흘러나오는 장엄염불 가운데 '육문상방자금광(六門常放紫金光)'이라는 대목과 화엄경 약찬게에 나오는 '육육육사급여삼(六六六四及與三)'의 뜻이 확연해지면서 화두가 풀려 의심이 없어졌다.

스님은 해제 후, 전강스님을 찾아갔다. 전강 스님은 일원상(一圓相)을 그리며 '입야타 불야타(入也打 不也打)' 공안을 물으셨다. 스님이 걸망을 지고 원 안으로 들어가는 시늉을 하자 전강스님은 주장자로 어깨를 한 번 쳤다.

이에 정일스님이 "무엇을 치셨습니까?"라고 하니 전강 선사께서 또 주장자로 어깨를 쳤다. 스님이 "수고하셨습니다."라고 답하니 전강 선사께서 다시 쳤다. 이렇게 여러 번 오고간 후 전강 선사께서 "다시 공부를 하라."고 하셨다.

전강 선사의 질문으로 인하여 그 동안 풀리지 않았던 화두가 다시 풀리는 듯 했다. 이 일을 계기로 전강 선사 문하에서 10여 년 간 정진에 들어갔다.

선학원 원장, 속리산 법주사 주지를 역임하셨다. 서울 우이동 보광사에서 오래 주석하셨다. 세수 73세, 법랍 47세로 열반에

들었다. 어느 날 시자를 불러

"이제 갈 곳 없는 곳을 가야만 한다(不能去的也要去)."
"어디로 가신단 말씀입니까(您到底要去何方)?"
"창문을 열고 자세히 살펴 보거라(打開窗戶看一看)."

벽암동일(碧岩東日)선사

佛祖心傳虛枷名　　衆生濟度懷柔事
虛枷懷柔是什麼　　無始無終茶飯事

부처와 조사가 마음을 전하나 허깨비 이름이며
중생을 제도하니, 어린아이 달래는 소리로다.
허깨비도, 달래는 소리도 그만 두고 일러라 무슨 도리인가?
시작도 끝도 없는 차 마시고 밥 뜨는 일이로다.

[해설]
　스님(1924~2005)은 경남 남해 고현면 출신이다.
　일본 간사이 대학에 유학해 신학문을 배웠다. 졸업할 무렵
(1945년), '나는 몸이 병골이라 오래 살지도 못할 텐데, 도대체
무엇을 위해 이렇게 공부를 해야 하는가?'라는 회의가 들었다.
　귀국 후 『육조단경』을 보다가 '육조혜능대사처럼 제 성품을 보
는 큰길에 들어서야 겠다.'는 마음이 들어 1946년 적음스님을 은
사로 출가했다.

　불국사 주지, 동국대 이사장을 거쳐, 2004년 대종사의 법계를
품수했다.
　2005년 5월 6일 공주 신원사에서 세수 81세, 법랍 60세로 입
적에 들었다.

입적하시던 날, 제자 스님이

"스님, 어디로 가십니까?"

"무적벽수(無滴碧水)가 장강(長江)을 이루고 대해(大海)를 이루느
니라."

다시 한 스님이

"제불(諸佛)조사(祖師)의 의지(意旨)는 무엇이며, 공부는 어떻게
지어가야 합니까?"

벽암스님은

"아침에 죽 먹고 사시에 마지 올리고 저녁은 없느니라."

다시 잠시 쉬었다가

"잘 달래주고 기운 내 정신 차려 절도 있게 살펴가며 살아가야
옳으니라."

다시 한 스님이

"필경이 무슨 도리입니까?"

스님은

"박수미회(拍手未會)에 작창가(作唱歌)니라(박수도 치기 전에 노
래 부르는 것이니라)."

진성원담(眞性圓潭) 선사

一片虛明本妙圓　　有心無心能不知
鏡中無形是心卽　　廓如虛空不掛毛

한 조각 비고 밝은 것 본래 묘하고 둥글어
유심무심으로는 능히 알 수 없네
거울 가운데 형상 없는 이 마음은
확연히 허공 같아 티끌만치라도 걸리지 않네.

[해설]

　진성원담(1927~2008) 스님은 충남 서천군 출신이다. 속명은 김몽술(金夢述)인데, 모친의 꿈에 한 스님이 나타나 지어주었다고 한다. 법명은 진성(眞性), 법호는 원담(圓潭)이다.

　스님은 열두 살 때, 속가 이모이던 도명스님을 따라 수덕사에 갔다가 그곳에서 만공스님을 만났다. 1933년 벽초경선(碧超鏡禪, 1899~1986)스님을 은사로, 만공스님을 계사로 불문(佛門)에 들었다.

　벽초스님은 힘이 장사일 뿐더러 웬만한 도편수 못지않게 온갖 크고 작은 불사를 직접 하셨다. '하루 일하지 않으면 먹지 않는다'는 선농일치의 삶을 살아오신 '한국의 백장스님'이셨다.

처음 만공스님을 만났을 때,
"어디서 왔느냐?"
"충남 서천에서 왔습니다."
또 묻기를
"서천의 고향은 어디냐?"
무슨 소린지 모르고 역시
"서천입니다" 하니 껄껄껄 웃으시며
"내가 묻는 뜻은 네 몸뚱이 생긴 고향을 묻는 것이 아니라, 네 마음 생긴 고향이 어딘가를 묻는 것이다"
이로 인하여 '만법이 하나로 돌아가면 그 하나는 어디로 가는고 (萬法歸一 一歸何處)'라는 것을 평생 화두로 삼았다고 한다.

만공 스님에게 주장자로 머리통을 얻어맞은 것이 깨침의 계기가 된 것으로 전해진다. 오도송을 읊은 것이 1943년 17세였다.
만공 스님은 전법게를 내리고 법을 인가했다.
경허, 만공스님의 가풍을 이어 덕숭총림의 방장을 지냈다.

2008년 3월 18일 오후 9시 수덕사 염화실에서 원적에 들었다. 법랍 76세, 세수 83세로 임종게를 남겼다.

來無一物來　　去無一物去
去來本無事　　靑山草自靑

올 때 한 물건도 없이 왔고
갈 때 한 물건도 없이 가는 것이로다
가고 오는 것이 본래 일이 없어
청산과 풀은 스스로 푸름이로다.

원파혜정(圓坡慧淨) 선사

生死去來本來空　　回顧首山碧水碧
千年石虎産麒麟　　莫尋前三三後三

나고 죽고 오고가는 것은 본래 실체가 없어
돌이켜 보니 산도 푸르고 물도 푸르도다
천년 묵은 돌 범이 기린을 낳으니
달리 전삼삼 후삼삼을 찾지 말지어다.

[해설]

혜정(慧淨, 1933~2011) 스님은 전북 정읍 출신이다.

법호는 원파(圓坡).

열아홉 살(1953년) 때 금오스님을 은사로 득도했다.

스님은 서당 훈장이었던 할아버지 영향으로 항상 책을 가까이
했다. 고등학교 시절, 우연히 들른 공주 마곡사에서 '생은 어디에
서 왔으며, 죽음은 어디를 향해 가는가(生從何處來 死向何處去)?'
라는 주련을 읽고 나서 삶에 대한 의문이 들어 발심 출가하였다
고 한다.

이후 수덕사에서 금오 스님을 만났다. 금오 스님은 '참선 이외
의 것은 외도(外道)'라고 할 정도로 참선수행 정진을 강조했다. 울
력에 동참하지 않더라도 참선에 들고 있으면 그것만으로도 흐뭇
해 할 정도로 첫째도 선, 둘째도 선, 셋째도 선을 말씀하셨다.

혜정스님은 '만법귀일(萬法歸一) 일귀하처(一歸何處)' 화두로 정진하던 중, 어느 깊은 밤 오묘한 경계를 만나게 된다. 아무런 의식도 없어지고 공중에 떠 있는 것 같은, 무엇인가 확 터지면서 편안해지는 느낌을 받았다. 위의 송은 그때 읊은 것이다.

이후 스님은 은사스님이 준 '마삼근(麻三斤)'을 화두로 정진했다. 마삼근 화두는 중국 동산선사가 "부처가 무엇이냐?"는 물음을 받고, "내 삼베옷 무게가 세 근"이라고 답한 데서 유래한 화두다.
스님은 평소
"참선은 발심 초기에 마음이 순수할 때 잘된다. 그래서 초심이 중요하다. 순간순간 화두일념이 되어야 한다."고 하셨다.

스님은 법주사 주지, 조계종 제14대 총무원장, 법주사 총지선원 회주, 2004년 해인사에서 대종사 법계를 품수했다.
2011년 2월 괴산 각연사에서 법랍 59세, 세수 79세로 원적에 들었다. 열반송을 남겼다.

石龜上天　　泥牛眠

돌 거북은 하늘로 오르고
진흙 소는 잠들다.

효일범행(曉日梵行) 선사

清風明月　　靑山流水

맑은 바람과 밝은 달
푸른 산에 맑은 물.

[해설]

　효일범행(曉日梵行, 1921~2012)스님은 경기도 화성출신이다.

　28세 때 충남 금산의 태고사 포산(飽山, 1912~1971)스님을 은사로 출가했다. 1953년 서울 선학원의 금오스님을 모시게 되면서 참선을 권유받고 이후 마곡사 토굴에서 정진을 했다.

　금오스님 입적 후, 혜암(慧庵, 1884~1985)스님으로부터 "'부처 불(佛)'자 보다 더한 곳이 있으니 일러라"에 대답을 못하다가 다시 참선수행 정진에 들어갔다. 나중에 반야심경의 이치를 깨닫게 되어 "마음이 곧 부처(卽心是佛)이라"는 말을 하니, 인가하고 '효일(曉日)'이라는 호와 전법게를 내렸다.

　위의 오도송은 너무나 단순간결하다. 누구나 다 아는 뜻이다. 즉, '나쁜 짓을 하지 말고, 선을 받들어 행하여 그 마음을 깨끗이 하라.'는 과거 일곱 부처님의 공통된 가르침과 같은 의미를 지니고 있기 때문이다.

　스님은 조계사 주지를 시작으로 법주사 조실과 불국사 주지, 불교신문 사장 등을 역임했다. 특히 군 법당건립 등, 불교진흥을 위해 많은 불사를 했다.

법주사 조실로 계시던 중 법랍 64세, 세수 91세로 입적에 들었다. 주석처인 수원 팔달사에서 원적에 들며 남긴 임종게다.

一生多事　夢中如幻
一念放下　無碍歡喜

일생 동안 많은 일들
꿈 속 일과 같네
한 생각 내려놓으니
걸림 없어 기쁘고 기쁘도다.

석정(石鼎) 선사

東風吹來春山富　　西風吹去秋山貧
山窮水盡路絶處　　更移一步逢木人

동풍이 부니 봄 산이 풍요롭고
서풍이 부니 가을 산이 텅 비었다
산과 물 없는 곳에
한 발자국 옮겨 목인(木人)을 만남이여.

[해설]

　스님(1924~2012)은 강원도 금강산 신계사 아랫마을에서 석두(石頭) 스님의 아들로 태어났다. 석두스님은 효봉 스님의 스승이다. 호는 삼락자(三樂子). 삼락자(三樂子)는 평생 좌선을 즐기고, 경전 읽기를 즐기며, 불화 그리기를 즐긴다고 해서 당신 스스로 붙인 호다.

　스님의 나이 스무 살 때, 전남 남원 백우암(白牛庵)에서 준제기도를 백 일간 했다. 그 회향에 즈음하여 마음에 느낌이 크게 일어나 앞의 송을 적으셨다.

　스님은 열네 살에 아버지 석두 스님을 은사로 송광사로 출가해서 일생을 불모(佛母)로서 한국 전통불화를 계승 발전시키는데 큰 공헌을 하셨다.

　1992년 국가중요무형문화재 제118호 불화장(佛畵匠)으로 지정

되었다.

출가 전까지 금강산에서 어머니와 단 둘이 살았다고 한다. 네 살 되던 해 겨울, 그림에 소질이 있음을 간파한 어머니가 백로지를 사 주어서 그때부터 그림을 그리기 시작했다.

스님은 평소 이런 말씀을 하셨다. "그림을 그리는 것은 전생의 인연이었다고 보는데, 어머니와 둘이 절에 가서 탱화를 보면 그리 좋았어요. 탱화를 보느라고 하루 종일 들어앉아 있기도 했죠. 애들하고 놀면 한나절이면 싫증이 나는데, 스님들의 말씀을 듣거나 탱화를 보는 것은 하루 종일 보아도 질리지 않았으니까요."

스님이 어머니와 살던 금강산을 떠나오시게 된 계기는, 그림만 그리다보니 모자가 굶어죽을 지경이 되었다. 그때 어머니가 "내가 농사지어 놓을 테니 남쪽으로 갔다가 가을 지나서 오너라."고 하셨다. 함께 가자고 했더니 어머니께선 "금강산에 들어올 때 다시는 안 나가려고 한 사람이니 네가 들어오너라." 하셨다.

그 말을 듣고 가을에 다시 들어가리라 하고 어머니 사진 한 장 안 가지고 나왔는데, 그만 휴전선이 그어져 돌아가지 못하고 말았다고 한다.

스님은 한계암 토굴에서 또 한 번 경계를 얻고 게송을 읊었다. 이때가 1967년, 스님의 나이 40세 때였다.

朝遊山色裡　　暮臥水聲中
窓前鳥語亂　　驚起日輪紅

낮에는 산 경치 속에서 노닐다가
밤에는 물소리 들으며 잠드네
창밖에 새소리 요란해서 일어나 보니
해가 벌써 중천에 떴네.

스님은 한계암에 있으면서 '참선하면서 공부와 병행할 수 있는 그림이 무엇일까?'를 궁리하다가 묵화(墨畫) 밖에 없다고 생각해 원상(圓相)을 그리게 됐다. 이후 달마, 한산습득, 심우도 등을 그렸다.

다음은 화제(畫題)에 쓰여있는 '자화상(自畫像)'이라는 글이다.
'무진(戊辰) 국추(菊秋) 삼락자(三樂子)'라 했으니, 서기 1988년 가을이다. 당신이 회갑을 맞은 해다.

絶脚兼無底　　風霜閱歷多
長灑曉風冷　　常看夜月華
可炊萬戶飯　　能煎千江茶
塵堆糞穴裡　　誓不返人家

발도 꺾이고 밑도 빠져
온갖 풍상 다 겪었으나
늘 새벽바람에 싸늘하고
항상 저녁 달빛에 반짝인다
일만 집의 밥 지을만하고
천강의 물로 능히 차를 끓일 수 있네
먼지나 똥통 속에 뒹굴더라도
사람 집에는 맹세코 돌아가지 않으리.

시화집 『선주여묵(善住餘墨)』, 『석정 시문집』, 『석정서화집』, 『한⎯의 불화』가 있다. 『한국의 불화』에는 1989~2007년에 걸쳐 40⎯게 3156점이 수록되어 있다.
⎯012년 12월 20일, 1976년부터 머물던 부산 동래구 장전동 ⎯산방(善住山房)에서 입적했다.

활산성수(活山性壽) 선사

海印卽非海印　　堆雪卽非堆雪
有相卽非有相　　無相卽非無相
木田鳥鳴　　老松鶴眠
流水不息　　玄風不停
千態萬像卽觀音　　億萬諸聲卽妙音
物質還境現眞光　　拈花示衆夢中事

해인은 곧 해인이 아니요
퇴설은 곧 퇴설이 아니다
있는 상은 곧 있는 상이 아니요
없는 상도 곧 없는 상이 아니다

나무 밭에는 새 울고
노송 위에 학이 앉아 졸더라
흐르는 물 쉬지 않고
오는 바람 멈추지 않네

천태만상은 그대로 관음이요
모든 소리마다 묘음이로다
물질과 환경들이 진여를 보였는데
염화시중은 꿈 가운데 이야기다.

[해설]

　활산성수(活山性壽, 1923~2012)스님은 울산시 울주군 출신이다. 스님은 10세에 원효대사 같은 도인이 되겠다는 꿈을 꾸다가 19세 되던 해 부친을 여읜 후, 1년여 동안 전국 사찰을 순례하였다. 그러다 44년 양산 내원사에서 성암(性庵) 스님을 은사로 출가, 48년 부산 범어사에서 동산 스님을 계사로 구족계를 수지했다.

　성암 스님의 지시로 처음은 천수(千手)주력을 6개월간 하루 만 번씩 하였다. 그 뒤 해인총림에서 당시 조실로 계셨던 효봉 스님에게 '무자' 화두를 받아 정진하였다. 일주일 만에 느낀 바 있었다. 앞의 송은 그때 적은 것이다.

　1976년 경봉(鏡峰)스님으로부터 법을 이어 받았다. 다음 송은 그때 경봉 스님이 내리신 전법게이다.

非空非色難爲說　　目擊相傳古道風
活眼開時無碍處　　是山應屹法雲中

　공도 색도 아니라 설명키 어려우나
　서로 마주하고 옛 가풍을 전하네
　눈을 활짝 떠 걸림이 없으니
　응당 법의 구름 속에 솟은 신이로다.

　범어사·해인사·조계사·고운사 등, 사찰의 소임을 보는 동안 70여 채의 당우를 지었다. 서울 강남구 세곡동의 법수선원을 비롯해 경남 산청의 해동선원, 함양의 황대선원 3곳은 직접 창건해 조실로 주석했다.

　2004년 조계종의 최고 법계인 대종사(大宗師) 법계를 품수하고,

2005년 전계대화상(傳戒大和尙)을 역임했다.

저서에 『선문촬요』, 『불문보감』, 『열반제』, 『선행문』 등, 10여권이 있다.

2012년 4월 15일 오전 6시경, 양산 통도사 관음암에서 입적에 들었다. 세수 90세, 법랍 69년으로 다음의 임종게를 남겼다.

번갯불이 반석위에 번쩍하니
우주와 법계가 둘이 아니로다
다른 것 다 버리고 보물을 찾아라!
보물을 찾아서
알고 살면 잘 사는 것이요
모르고 살아도 그만이니
우주만물이 모두 열반이로다

시방세계가 눈을 깜박이는 순간
다 보아도 모자라는데
무엇이 그리 바쁜가!
눈을 떠도 그것이고 눈을 감아도 그것인데
볼 때는 내 것이고 안 볼 때는 남의 것이다
그러나 욕심낸다면 내 것이 아니고
남의 것이 될 것이다.

수거풍래(水去風來) 哂(신)
물이 흘러가니 바람이 불어오네. "미소"

대행(大行) 선사

암흑이 광명이 되느니라
하늘의 길은 그야말로 광대하여
무변무재(無邊無際)할 뿐이다
산에도 길이 있듯이
하늘에도 길이 있다.

[해설]

묘공당(妙空堂) 대행(大行, 1927~2012) 스님은 서울 이태원에서 태어났다.

일제강점기 산중에서 수행을 시작, 1950년대 말부터 강원도 원주 치악산 상원사 근처 한 토굴에 머물면서 찾아오는 사람들의 괴로움과 고통스런 일들을 함께 나누기 시작했다.

이런 과정에서 스님은 '사람들은 누구나 불성을 지니고 있지만 그 사실을 모른 채, 스스로를 아무런 능력이 없다'고 생각하는 사람들을 만나게 된다. 그들에게 자신의 문제를 스스로 해결할 수 있는 자유인이 될 수 있도록 그 수행법을 가르쳐야겠다는 생각을 하였다.

이에 1971년 경기도 안양시 석수동에 한마음선원의 전신인 대한불교회관을 세웠다. 이어 1982년 조계종 〈한마음선원〉으로 개칭하여 전법의 길을 걷기 시작했다.

전국 15곳에 〈한마음선원〉을 개원하였다. 또 해외포교의 원력을 세우고 1987년 미국을 시작으로 캐나다, 아르헨티나, 독일, 태국, 브라질 등지에 10개의 해외지원을 설립하여 불교 대중화의 장을 열었다. 사상과 종교를 뛰어넘어 국내외 150여명이 출가해 '마음의 근본을 관하라'는 생활 속 수행을 실천하고 있다.

스님은 '한글 뜻풀이 경전 보급', '법문의 영상 매체화', '한국불교 최초 인터넷 포교', '선법가를 통한 음성 포교', '현대불교신문 창간', '한마음 과학원 설립' 등, 다양한 포교 방편들로 불교 대중화와 현대화에 선구자적 역할을 했다.

이밖에도 '소년소녀가장돕기 법회', '중앙승가대학 발전기원 대법회', '팔만대장경 전산화를 위한 대법회'… 등 다양한 법석을 열어 불법을 널리 알리는 데도 많은 힘을 기울였다.

스님은 평소 쉽고도 간결한 법문으로 수많은 출가자와 재가자에게 불교의 실천적인 가르침을 전달했다. 이런 법문으로 지난 2010년 불교 대중화 및 현대화를 위한 노력과 전법포교 활동을 높이 평가해 조계종단으로부터 포교대상 대상을 수여했다. 2002년 UN에서 수여하는 〈위대한 불교 여성상〉을, 2001년에는 스리랑카 종교복지국의 〈사르보다야 명예상〉을 받았다.

스님은 법문에서
"이 세상은 고해가 아니라 광대무변한 불법을 그대로 발현할 수 있는 능력을 가진 주인공[佛性]들이 부처님처럼 완전한 자유, 영원한 즐거움이 충만한 삶을 찾아가는 기회의 장소입니다."

"기쁘게 삽시다. 싱그럽고 건강하게 삽시다. 여러분이 기쁠 때 나도 기쁘고 여러분이 슬플 때 나도 슬프니 그것은 우리가 한마음이기 때문입니다. 여러분이 구김 없이 살아갈 수 있게 하기 위해서라면 나는 어떤 아픔이라도 대신 짊어지겠습니다.

냇물이 흘러 언젠가는 바다에 이르듯, 누구든지 언젠가는 성불하지 않을 수 없습니다."

저서로는 『뜻으로 푼 금강경』, 『뜻으로 푼 천수경』, 『만 가지 꽃이 피고 만 가지 열매 익어』, 『자유인의 길』, 『생활 속의 불법수행』, 『허공을 걷는 길』, 『삶은 苦가 아니다』 등이 있다.

제월통광(霽月通光) 선사

圓通法界性　　智光照大天
眼聞耳見兮　　六根常自在

원만히 통한 법계의 성품이여
지혜광명이 대천세계를 비추도다
눈으로 듣고 귀로 봄이여
육근이 항상 자재하는 도다.

[해설]

　통광(通光, 1940~2013)스님은 경남 하동군 화개면 출신이다.

　어릴 적부터 서당에서 유학과 한시를 공부했다. 1958년(18세) 연곡사 서굴암에서 의서(醫書)를 공부하던 중, 이종익 박사가 지은 『사명대사』를 읽고 사람의 몸을 치료하는 의원이 되기보다 마음을 구제하는 스님이 되어야겠다고 결심, 1959년 부산 범어사로 출가 했다.

　덕진여환(德眞如幻)스님을 은사로 사미계, 1963년 동산(東山)스 님을 전계사로 구족계를 수지하고, 범어사 강원을 졸업했다.

　1975년 동국대학교 동국역경원 연수원을 수료한 후, 오대산 월 정사로 들어갔다. 그곳에서 탄허(呑虛)스님의 『장자』와 『기신론』 강의를 듣고, 『화엄경』 역경에 참여, 헌신을 다했다. 1977년에는 탄허 스님으로부터 강맥을 전수받았다.

이는 한암중원(漢巖重源), 탄허택성(吞虛宅城)으로 이어져 내려오는 상원사 강맥으로, 이 때 탄허 스님으로부터 받은 법호가 '제월(霽月)'이다. 이로써 '탄허문하삼걸(吞虛門下三傑)'이라는 칭송을 받기도 하였다.

지리산 칠불암에서 천일기도를 통해 폐허가 된 칠불사를 복원(1978년~1995년)했다. 당시 칠불사는 여·순반란 사건과 6.25 전쟁으로 전 가람이 모두 불타고 잡초만이 무성한 폐허였다. 1963년, 이 모습을 본 스님은 '반드시 복원하리라'는 서원을 하고, 억새풀로 초막을 짓고 관음보살 천일기도에 들어갔다.

천일기도를 봉행하던 중, 관세음보살로부터 열쇠꾸러미를 받는 현몽을 꾸었다고 한다.

천일기도를 회향한 후, 문수전(文殊殿)을 시작으로 대웅전, 설선당(說禪堂), 아자방(亞字房, 지방문화재 144호) 등을 복원하며 20여 년간의 대작불사를 마무리했다.

위의 게송은 어느 날 아자방에서 용맹정진 하던 중, 홀연히 한 깨침이 있어 읊은 게송이다.

쌍계사와 칠불사 주지, 쌍계사승가대학 강주, 칠불사 회주, 조계종 역경위원장을 역임했다.

스님은 15년(1998년~2012년) 동안 경전과 조사어록을 강설, 수많은 학인들을 길러냈으며, 전강제자만 11명이다.

번역한 책으로 『고봉화상선요(禪要)·어록』·『초의다선집(草衣茶禪集)』·『진감선사대공탑비문』·『증도가(彦琪註)』·『서산대사선교결』·『황벽선사 전심법요』 등이 있다.

특히 『고봉화상 선요』는 사전이 닳아 해질 정도로 번역에 열정을 쏟았다고 한다. 그 결과, 오늘날 강원교재로 활용되고 있다.

또 『증도가』는 뜻을 가장 잘 드러낸 번역으로 손꼽힌다.

스님은 2013년 9월 6일 오전 8시 45분, 칠불사 아자방에서 세수 74세, 법랍 54세로 원적에 들었다.
임종게를 남겼다.

生本無生何好生　　滅本無滅何惡滅
生滅好惡寂滅處　　法身光明遍法界

살아도 본래 삶이 없는데 좋아할 것 무엇 있으며
죽어도 본래 죽음이 없는데 싫어할 것 무엇 있나
나고 죽음도 좋다 싫다할 것 없는 적멸한 그 곳에
법신의 밝은 빛이 법계를 두루 비추고 있네.

수산지종(壽山知宗) 선사

袖中日月　　掌握乾坤

옷소매 속에 해와 달을 거두고
손아귀에 하늘과 땅을 모아 쥐었네.

[해설]
　수산지종(1922~2012) 스님은 전북 순창에서 태어났다.
　법명은 지종(知宗), 법호는 수산(壽山)이다.
　일찍 부모님을 여의고, 19세에 만암스님을 은사로 백양사로 출가했다. 만암스님으로부터 '이 뭣고'의 화두를 받아 정진을 했다. 그 후 제방선원에서 만공스님, 인곡스님 등을 모시고 비룡스님 등과 정진했다. 이때 도리가 밝아져 읊은 게송이 위의 송이다.

　1953년 가을 만암스님으로부터 다음의 전법게와 함께 '수산(壽山)'이라는 법호를 받았다.

高侯無見頂　　四海不曾間
念盡言窮處　　巍然一壽山

얼마나 높은지 정상이 안 보이고
사해가 일찍이 그 틈이 없네

554

생각이 다하고 말이 끊어진 곳에
외람되이 한 수산만 우뚝 나타났네.

평소 사중살림도 꼼꼼히 챙겼던 스님은
"중노릇 잘하려면 조석예불 꼭 참석하고, 하루 세 끼 공양 빠지지 않으면 절반은 이룬 것이요, 일상 속에서 망상 부리지 않고 화두 챙기면 성공하는 것이다. 중 벼슬 닭 벼슬만도 못한 것이니, 자리에 연연치 말고 묶이지 말라."고 늘 강조했던 소탈한 스님이었다.

2004년부터 고불총림 백양사의 방장으로 계시면서 불갑사(佛甲寺)에 주석하셨다. 2012년 3월 7일 오전 8시 44분, 세수 91세 법랍 73세로 불갑사에서 입적에 들었다.
다음은 임종게다.

九十年生是空花　　今日離幻歸本家
落花翩翩鵲鳴中　　呵呵一翻空劫外

구십년 삶이 이 허공 꽃과 같은지라
오늘 환을 여의고 본가로 돌아가노라
꽃잎 떨어져 흩날리며 까치 소리하는 가운데
하하 웃고 한 번 뒤집으니 공겁 밖이로다.

도림법전(道林法田) 선사

鏡鏡相互照　　照無於影像
此時亦何物　　靑山白雲裏

거울과 거울이 서로 비추어
비추나 형상은 없구나
아하! 이게 무엇인가
청산이 백운 속에 있거늘.

[해설]

스님(1925~2014)은 전남 함평에서 태어났다.

속가에 두면 단명할 팔자라는 이야기를 듣고 열네 살 때 부모님의 결정으로 장성 백양사 청류암에서 묵담스님에게 출가했다.

1947년 성철, 청담, 자운스님 등으로 이루어진 봉암사 결사에 참여했던 스님 중에서 마지막으로 돌아가셨다.

자족과 검약과 용맹정진의 수행으로 일관했던 스님의 별칭은 '절구통 수좌'였다. 한 번 앉으면 미동도 하지 않고 정진삼매에 빠져 일어날 줄 모른다하여 생긴 별칭이다.

성철스님이 정진하고 있던 파계사 성전암을 찾아간 법전스님은 '개에게는 불성이 없다(趙州狗子)' 화두를 받았다.

성철스님은

"개에게 불성이 없다고 했다. 우째서 없다고 했노?"

라는 질문에 법전스님은 막힘이 없이

"해와 달이 동서를 구별하니 앉았던 사람이 일어나더라(日月東西別, 坐人起而行)."고 했다.

며칠 뒤 성철스님은 또 다시 법거량에 나섰다. 법전스님은 이번에도 막힘이 없었다. 성철스님은 마침내 인가를 하셨다. 이로 인하여 1951년 통영 안정사 천제굴에서 성철스님으로부터 '도림(道林)'이라는 법호를 받았다.

스님은 1957년 대구 동화사 금당선원에서 생사를 내걸고 잠을 잊은 채 일념으로 정진에 들었다. 방바닥에는 눈 내린 듯 먼지가 쌓였다. 홀연히 깨달았던 그때의 심정을

"7년 가뭄 끝에 단비를 만난 듯 환희에 찼다. 눈을 뜨고 보니 밤과 낮이 둘이 아니었으며, 중생과 부처가 둘이 아니었다."고 했다.

성철스님에게서 인가를 받은 뒤 스님은 다시 문경 대승사 묘적암으로 향했다. 당시 스님은 '저 쌀이 다 떨어지기 전에 공부를 마치든지, 아니면 죽든지 둘 중에 하나를 해야겠다.'고 결심했다. 한겨울을 찬밥 한 덩이에 김치 한 조각, 물 한 모금으로 버텼다. 며칠 동안 잠을 자지 않아도 되는 초극의 경지를 체험했다.'고 한다.

1996년 해인총림 방장에 취임해, 두 번의 종정(2002~2012)을 지냈다.

스님은 평소 "조용히 살다가 육신의 몸을 벗으면, 몇 겁을 살더

라도 다시 수행자가 되어 마음 밝히는 일에 생을 걸리라"고 했다.
  2014년 12월 23일, 해인사 퇴설당에서 원적에 들었다.
  자서전 『누구 없는가』가 있다.

  임종게로는

  山色水聲演實相　　曼求東西西來意
  若人問我西來意　　巖前石女抱兒眠

  산 빛과 물소리가 그대로 실상을 펼친 것인데
  부질없이 사방으로 서래의를 구하려 하는구나
  만약 어떤 사람이 나에게 서래의를 묻는다면
  바위 앞에 석녀가 아이를 안고 재우고 있구나.

  다음은 입적 후, 경상(經床) 서랍에서 발견된 게송이다.

  海枯終見底　　人死不知心

  설령 바다가 마른다고 해도 그 바닥을 볼 수 있건만,
  사람들은 죽도록 그 마음바닥을 알려고 하지 않는구나.

설악무산(雪岳霧山) 선사

밤늦도록 책을 읽다가 밤하늘을 바라보다가
먼 바다 울음소리를 홀로 듣노라면
천경(千經) 그 만론(萬論)이 모두 바람에 이는 파도란다.

[해설]

　설악무산(1932~2018)스님은 경남 밀양 출신이다.

　법호 설악(雪嶽), 법명 무산(霧山)이다. 속명과 필명이 조오현(曺五鉉)이라 '오현'스님으로 더 익숙하다.

　1959년 직지사에서 성준(聲準) 스님을 계사로 사미계, 1968년 범어사에서 석암혜수(昔巖慧秀, 1911~1987) 스님을 계사로 비구계를 수지했다. 1989년 낙산사에 주석하며 정진 중, 불조대의를 대오하고 위의 시 '파도'를 지었다.

　생전에 스스로를 '낙승(落僧)'이라 자처했다. 특히 말과 행동이 파격적이라 많은 일화를 남겼다. 1968년 「시조문학」을 통해 등단한 스님은 1977년 첫 시집 『심우도』를 출간한 이후 50여 년 동안 6권의 시집과 여러 권의 저서를 발간했다. 문학을 통해 부처님의 가르침을 알리면서 문인들과의 교류가 깊었다.

　스님은 생전에 '부음(訃音)을 받는 날'이란 시를 통해 자신의 죽음을 이렇게 노래했다.

내가 죽어보는 날이다
널 하나 짜서 그 속에 들어가
눈을 감고 죽은 이를 잠시 생각하다가

이날 평생 걸어왔던 그 길을 돌아보고
그 길에서 만났던 그 많은 사람
그 길에서 헤어졌던 그 많은 사람

나에게 돌을 던지는 사람
나에게 꽃을 던지는 사람
아직도 나를 따라다니는 사람

아직도 내 마음을 붙잡고 있는 사람
그 많은 얼굴들을 바라보다가
화장장 아궁이와 푸른 연기, 뼛가루도 뿌려본다.

또 '적멸을 위하여'라는 시에서는

삶의 즐거움을 모르는 놈이
죽음의 즐거움을 알겠느냐

어차피 한 마리
기는 벌레가 아니더냐

이다음 숲에서 사는
새의 먹이로 가야겠다.

1998년 만해사상실천선양회를 설립하고 만해대상 시상 등, 〈만해축전〉을 개최하고, 2003년에는 인제군 북면 용대리에 〈만해마을〉을 만들었다. 해마다 8월이면 세계 각국에서 많은 사람들이 모여 축제를 이룬다.

장학재단을 설립해 장학사업에도 많은 공헌을 했다.

2011년 신흥사 조실, 2015년에는 대종사(大宗師) 법계를 품수했다.

그가 살았던 삶을 가장 진솔하게 표현한 것이 임종게에도 그대로 드러난다. 2018년 4월 5일, 설악산 신흥사에서 원적에 들었다. 승랍 62년, 세수 87세로 남긴 임종게다.

천방지축(天方地軸) 기고만장(氣高萬丈)
허장성세(虛張聲勢)로 살다보니
온 몸에 털이 나고
이마에 뿔이 돋는구나.

혜광종산(慧光宗山) 선사

合掌以爲花　　身爲供養具
誠心眞實相　　讚嘆香煙覆

두 손 모아 합장으로써 꽃을 만들고
청정한 몸으로 공양구를 삼나이다
성심을 다 받치는 진실한 모습으로
찬탄의 향기를 가득 채우겠나이다.

[해설]

　종산스님(1924~2020)은 전남 담양에서 태어났다.

　광주의과대학을 다니던 중, 강진 백련사 만덕선원의 친구 49재
에 갔다가 '육신보다 마음을 고치는 의사'가 되기로 발심, 그 길
로 출가를 결심했다. 그 때, 스님들의 염불소리가 마치 천상의 소
리처럼 아름답게 들렸다고 한다.

　1949년 자운사에서 도광 스님을 은사로 사미계를, 1954년 범
어사에서 동산 스님을 계사로 구족계를 수지했다.

　몇 번의 용맹정진을 거듭하던 중, 세 번의 체험이 있었다. 범어
사와 태고사, 천축사 무문관의 6년 수행 끝에 몸과 마음이 말 할
수 없이 편안해짐을 느꼈다. 그 때 위의 송을 읊었다.

　스님의 정진 일화다.

동산 스님 지도 아래, 도반 3명과 장좌불와 용맹정진을 할 때였다. 몰려오는 잠을 막고자 널반지에 못을 박아 앞에 세워놓고 정진하던 중, 20여 일이 지나 문득 도반의 이마를 봤다. 긁히고 찔리고 피가 엉겨 붙은 모습을 보고 '나는 제대로 공부하고 있는가?' 깊이 돌아보게 되었다. 그러면서 '나보다 못한 사람 없고, 이세상 어떤 사람도 나보다 더 공부를 못한 사람이 없다'는 경책을 평생 되새기며 공부했다고 한다.

　해인사의 금봉스님을 찾아갔더니 금봉스님이 "선(禪)! 선(禪)! 어떤 것이 선이냐?"고 외치시더니 염주를 들어 보였다. 그때 "진심(眞心)이 선입니다."고 했다. 금봉스님은 몇 가지 화두에 대해 더 물어 즉시 대답을 했다. 한참 후에, 금봉스님이 『보장록』과 함께 '혜광(慧光)'이라는 법호를 내리셨다.
　평소 "계율은 머리로 외우는 것이 아니라 몸으로 실천하는 것이다. 먼저 내 허물을 보고 참회하고, 작은 것부터 실천해야 한다. 계율은 목숨처럼 여겨야 한다."고 강조하셨다.

　2020년 6월 23일 오전 5시 30분 청주 보살사 직지선원에서 원적에 들었다. 잠깐 눈을 감았다가 다시 뜨면서 남긴 임종게다. 세수 97세, 법랍 72년이다.

　忽然惺時在夢中　　今日頓覺羞恥㕇
　了知柱草心印華　　不拘廉恥又欲見

　문득 깨어보니 이번에도 잠깐 졸았구나
　부끄럽게도 왜 지금에서만 아는가!
　다행히 기둥에 난 풀도 사람마음 꽃인걸 알아서
　염치없지만 또 보고 싶겠네!

송담정은(松潭正隱) 선사

黃梅山庭春雪下　　寒鷹唳天向北飛
何事十年枉費力　　月下蟾津[242]大江流

황매산 뜰에 봄 눈 내리니
외로운 매 한 마리 울며 북쪽으로 날으네
무슨 일로 십 년이나 힘을 쓰는가
달 아래 섬진강 물이 크게 흐르나니.

[해설]

　스님(1927~　)은 전남 광산 출신이다.

　45년 광주 자산동 자운사에 전강(田岡)스님을 은사로 득도, 51
년 나주 다보사에서 전강 스님을 계사로 비구계를 수지했다.

　법호 송담(松潭), 법명 정은(正隱)이다. 일명 '묵언선사'로도 불
린다.

　처음 일본에서 유학하시며 조동종 계통의 앉아서 생각 없는 생
각을 하는 참선법을 배웠다.

　전강 스님께서

　"이 세상에 태어나지 않은 셈치고 살아라. 마치 썩은 나무둥치

---

242) 섬진(蟾津): 섬진강을 말함. 아마 스님이 섬진강 기슭에 계셨던
　　　모양이다.

처럼 하여 자기 공부에 충실하여라.”

하시며 법명을 ‘정은(正隱)’이라 주셨다.

그때부터 전강 스님에게 화두를 받아 10년간 묵언정진을 하며 “10년 벙어리로 오도하지 못하면 다시 10년간 눈까지 감아버리려고 했다”는 치열한 구도의 열정으로 홀연히 생사의 대의를 깨쳐, 75년 전강 선사로부터 인가를 받고 다음의 전법게를 받았다.

非法非非法　　非心非非心
此日秋色多　　江松白雲飛

법도 아니요 법 아님도 없느니라
법 없는 것 또한 무심이더라
이 날 가을빛이 많이 있어
강 소나무에는 흰 구름이 날더라.

전강스님과 송담, 두 선지식의 사제지간의 정은 피와 살을 나눈 부모보다도 더 깊은 것으로 회자되고 있다.

스님은 깨달음에 대해 ‘참선은 바로 내가 나를 깨닫는 길이다. 그러나 내가 생사해탈 하고 모든 중생도 영원히 행복하게 할 수 있는 그런 소원이 있다 하더라도 바른 수행방법을 알지 못하면 그 소원을 이룰 수가 없다. 또 바른 길을 알았다 하더라도, 쉬지 않고 정진하지 않는다면 도업을 성취할 수 없다.’고 했다.

현재 인천 주안 용화선원(龍華禪院)에 주석하고 계신다.

법원진제(法遠眞際) 선사

一棒打倒毘盧頂　　一喝抹却千萬則
二間茅庵伸脚臥　　海上淸風萬古新

한 몽둥이 휘두르니 비로정상 무너지고
벽력같은 일 할에 천만 갈등 흔적 없네
두 칸 토굴에 다리 펴고 누웠으니
바다 위 맑은 바람 만년토록 새롭도다.

這箇杖幾人會　　三世諸聖總不識
一條杖化金龍　　應化無邊任自在

이 주장자 이 진리를 몇 사람이나 알꼬
과거, 현재, 미래 모든 성인들도 다 알지 못함이로다
한 막대기 주장자가 문득 금빛 용이 되어서
한량없는 용의 조화를 마음대로 부린다.

[해설]
　진제(1934~) 스님은 경남 남해 삼동면 출신이다.
　21세 되던 해인 1954년에 가야산 해인사에서 석우스님을 은사
로 출가했다.
　스님은 조계종 초대종정이었던 석우 선사의 "범부가 위대한 부

처가 되는 법이 있네. 이 세상에 한 번 태어나지 않은 셈치고 수행의 길을 가보는 것이 어떻겠는가?"라는 말에 출가의 인연을 맺었다.

그 후 진제 스님이 동화사 빈 토굴에서 용맹정진을 하는 모습을 보고 석우선사께서 '부모미생전 본래면목(父母未生前 本來面目)' 화두를 내렸다. 스님은 이 화두로 2년여 동안 일체 산문출입을 삼가면서 정진을 했다.

태백산 동암, 선산 도리사 등에서 정진을 할 때는 저녁 9시에 방선(放禪)을 하면 대중들이 다 잠들기를 기다렸다가 살며시 일어나 혼자서 두어 시간 더 정진을 했다.

26세 때 오대산 상원사에서 동안거하던 어느 날, 볕이 따스하게 비치는 마루 끝에 앉아 '참으로 고인(古人)들과 같이 당당하여 낱낱의 법문을 확연 명백하게 아는가? 누가 와서 묻는다고 하더라도 의기당당하고 전광석화와 같이 답을 할 수 있는 그러한 혜안(慧眼)이 열렸는가?' 하고 스스로에게 물었다. 그러나 답은 부정적이었다.

다시 '일면불 월면불(日面佛月面佛)' 공안으로 5년 여 동안 정진으로 마침내 고인들의 온갖 차별법문(差別法門)에 걸림이 없이 상통하게 되어 이때 다시 오도송을 읊으셨다.

28세 되던 해(1967) 가을, 드디어 '향엄상수화(香嚴上樹話)'[243] 화두의 관문이 뚫어지니 미(迷)함이 걷혀지고 비로소 진리의 세계

---

243) 향엄상수화(香嚴上樹話): 어떤 사람이 아주 높은 나무 위에서 손과 발을 쓰지 않고 입으로만 나뭇가지를 물고 매달려 있을 때, 나무 밑에서 어떤 사람이 '조사서래의(祖師西來意)'를 물었다.
대답하지 않으면 묻는 이의 뜻에 어긋나고, 만약 대답한다면 수십 길 낭떠러지에 떨어져서 자기 목숨을 잃게 될 것이다. 이러한 때를 당하여 어찌해야겠느냐?

가 열림을 느꼈다. 오도송을 지어 향곡 선사에게 바치니, 향곡선사께서,

"네 대에 이르러 선법이 세계에 널리 흥하게 될 것이다" 하시며 깨달음을 인가하셨다.

그 후 스님은 1967년(33세) 하안거 해제법회 때 묘관음사 법당에서 향곡 선사와 법거량을 했다.

향곡 선사께서 상당(上堂)하시어 묵좌(默坐)하고 계시는데 진제 스님이 나와 여쭈었다.

"불조(佛祖)께서 아신 곳은 여쭙지 아니하거니와, 불조께서 아시지 못한 곳을 스님께서 부디 일러주십시오."

"구구는 팔십일이니라."

이에 진제 스님께서,

"그것은 불조께서 다 아신 곳입니다."

하시니 향곡 선사께서 이르셨다.

"육육은 삼십육이니라."

이에 진제 스님이 예배를 드리고 물러가자, 향곡 선사는 아무 말 없이 법상에서 내려오셔서 조실 방으로 가셨다. 다음 날, 진제 스님께서 다시 여쭈었다.

"불안(佛眼)과 혜안(慧眼)은 여쭙지 아니하거니와, 어떤 것이 납승(衲僧)의 안목입니까?"

"비구니 노릇은 원래 여자가 하는 것이니라(師姑元來女人做)."

그러자 진제 스님이,

"오늘에야 비로소 큰스님을 친견하였습니다."

하시니 향곡 선사가 재차 물었다.

"네가 어느 곳에서 나를 보았느냐?"

"관(關)."

진제 스님이 이렇게 답하자, 향곡 선사는 무릎을 쳤다.

"옳고, 옳다."

여기에서 향곡 선사는 진제스님에게 다음과 같은 전법게를 내리셨다.

佛祖大活句　　無傳亦無受
今付活句時　　收放任自在

부처님과 조사의 산 진리는
전할 수도 받을 수도 없는 것이라
지금 그대에게 활구법을 부촉하노니
두거나 놓거나 그대 뜻에 맡기노라.

스님의 수행에 대해서는 '북송담 남진제'로 불리어지고 있다.

송담스님은 경허(75대)-만공-전강-송담(78대)의 계보이고, 진제스님은 경허(75대)-혜월-운봉-향곡-진제(79대)의 계보로 이어진다.

현재 부산 해운정사 금모선원 조실, 조계종 종정으로 계신다.

고산혜원(杲山慧元) 선사

心行一場夢　　息心卽是覺
夢覺一如中　　心光照大千

마음작용은 한바탕 꿈이요,
한 마음 쉰 것이 곧 잠깬 것이라.
꿈과 잠깸이 한결같은 가운데
마음광명이 대천세계에 비추도다.

[해설]

　고산혜원(杲山慧元, 1934~)스님은 울산 출신이다.

　법명은 혜원(慧元)이다. 1945년 범어사에서 동산스님을 은사로 출가했다. 고봉(高峰, 1901~1969)스님으로부터 '고산(杲山)'이라는 법호를 받았다.

　삼장(三藏)을 공부하여 28살이 되던 1961년 직지사에서 고봉스님으로부터 전강(傳講)을 받았다. 1972년 범어사 금강계단에서 석암혜수 스님으로부터 전계(傳戒)를 받았다. 그 후 조계사와 은혜사, 쌍계사 주지, 1998년 조계종 총무원장을 역임하였으며, 2008년 조계종 전계대화상으로 추대되었다.

　1966년 음력 4월 20일, 김천 청암사 보광전에서 동산스님이 주신 '이뭣고?' 화두로 정진에 정진을 거듭했다. 새벽예불이 끝나고 한 시간 동안 관음정근을 하고, 다시 이산 혜연선사의 발원문을 읽은 다음 참선에 들었다. 그때 앞이 환해지면서 삼천대천세계가 다 보이는 경계를 느꼈다. 고봉스님과 경봉스님에게 여쭈었더니 더 공부를 하라는 말씀을 하셨다. 3개월 후에 위의 오도송을 읊고 다시 두 분께 말씀을 드리니 인가를 하셨다.

고산 스님은 그 후로도 3차례나 더 이런 경지를 느꼈다고 했다. 그 후 스님은 1977년 하동 쌍계사에서 정진할 때도 다음의 게송을 읊었다.

山河大地毘盧體　　草木含靈釋迦行
日月星宿諸佛眼　　雙磎流水杲山心

산하대지는 비로자나부처님의 몸이요,
초목과 준동함령은 석가 부처님의 작용이로다.
일월성숙이 모든 부처님의 눈이요,
쌍계에 흐르는 물은 고산의 마음이로다.

평소 당부하는 스님의 말씀이 있다.
'남에게 용서를 구걸하지 말고, 남을 용서할 줄 아는 사람이 되라(勿爲乞容之人　能爲恕他之人).' 스스로에게는 엄격하고 당당하며 남에게는 자비를 베풀어야 한다는 뜻이다.

현봉근일(玄峰勤日) 선사

何事是非枉費力　　佛祖死活而不難
雨下濕地無疑惑　　洛東橋下流水去

무슨 일로 시비에 힘을 쏟는가
불조를 죽이고 살림이 어렵지 않나니
비 내리면 땅이 젖음을 의심치 않나니
낙동강 다리 아래로 물은 흘러가나니.

[해설]

　스님(1935~)은 전남 진도에서 태어났다.

　법명은 근일(勤日), 법호가 현봉(玄峰)이다.

　1960년 은해사에서 사미계 수지. 1967년 해인사에서 자운스님을 계사로 비구계와 보살계 수지했다.

　통도사 극락선원에서 경봉스님, 해인총림에서 성철스님, 묘관음사에서 향곡스님을, 용주사 중앙선원에서 전강 스님을 모시고 수행 정진했다. 영천 묘각사에서 10년간 보림. 중앙종회의원 역임. 고운사, 부석사, 삼보사 조실을 지냈다.

　구산스님의 인가를 받고 법제자가 되었다

　중학교를 다니면서 기독교를 독실하게 믿었다. 스님이 된 중학교 동창을 만나 종교적 대화를 했으나 거기에 대답을 못하였다.

목포고등학교를 졸업하고 1960년 8월 영천 은해사에서 도원(道圓)스님을 은사로 득도하였다.

참선에 뜻을 두고 스스로 화두를 간택하였다. 오대산 상원사에서 무자 화두 하나로 선원 생활을 출발하였다. 뒤에 영축산 경봉 스님을 친견하고 화두를 바꾸어 '시심마'를 들기로 하였다.

가야산 해인총림 성철 스님 회상에서 여름 해제와 더불어 백일 용맹정진을 시작하였다.

평소 '화두 탔을 때가 결제요, 화두를 깨달았을 때가 해제'라고 생각하며 수행하였다. 그러나 3년이 지나도 별무소득이었다.

군대생활을 하면서도 남몰래 참선을 하였다. 군에서 제대하여 용맹정진을 백 일간 해보고 만약 어떤 징조가 없으면 하산하리라 마음먹고 도반 다섯 명과 시작하였다.

50일쯤 되니 화두가 순일하였다. 70일쯤 되니 누워도 잠이 없을 정도였다. 그리하여 용맹 정진을 끝내고 혼자서 21일 동안 단식하며, 해인사 조사전에서 용맹정진을 했다. 그때 심경을 노래한 것이다

석가는 새벽 별을 보고 소리쳤지만
나는 저녁별을 보고 소리치노라
아름다운 꽃이라면 꽃 아닌 게 어디 있으랴.

그러나 이런 경계로써 만족하지 않고 정진하였다. 어느 날 몸이 무척 아팠다. 그 즈음 몸이 아프면 한꺼번에 삼생(三生)의 과보를 받을 생각으로 병원에도 가지 않고 죽기를 작정하고 앉아 정진하여 마음의 문이 열렸다. 앞의 게송은 그 뒤 낙동강을 지나며 읊은 것이다.

용화사 전강스님 회상에서 여름 해제 때 큰스님이 다과를 베푸

셨다. 그때 스님이 조실스님께
"스님, 시 한 수 읊어 주십시오."
하였다. 조실스님이
"자네가 먼저 하게."
하시기에 다음 송을 읊었다.

明月淸風自去來　　四時發花夜分明
佛祖到此喪身命　　星群東向雲走西

전강스님이 고개를 젓고 뒷짐을 지시고 방장실로 가셨다.

다음 시는 통도사 방장 월하스님이 입적하시어 지은 추모시다.

老佛靈鷲回故鄉　　天地萬物慈淚迎
月出東山知重體　　下化衆生無非用

영취산 노불이 고향으로 돌아오니
천지 만물도 자비의 눈물로 환영하구나
달이 동산에 떠니 체가 소중한 줄 알고
아래로 중생 교화함에 용 아닌 것이 없더라.

묘총(妙聰) 비구니

一葉扁舟泛渺茫　　呈橈舞棹別宮商
雲山海月都拋却　　剩得莊周蝶夢長

한 조각 외로운 배 아득한 바다에 떠
삿대 춤을 추니 딴 세상 풍류인 듯,
구름 산 달빛 바다 모두 놓아버리니
이 세상 모든 일이 한 바탕 꿈이어라.

[해설]
　고려 말년의 비구니였다.
나옹 화상은 화엄(華嚴)과 묘총(妙聰) 두 비구니를 화두 수행으로
정진케 했다.
　자세한 행적은 더 알 수 없으나 나옹 스님의 제자라고 전한다.
묘총(妙聰)스님이 위의 오도송을 남겼다는 기록이 이색(李穡,
1328~1396)이 지은 '신륵사보제선사사리석종비(神勒寺普濟禪師舍
利石鐘碑)'에 있다.

부설(浮雪) 거사

共把寂空雙去法　　同棲雲鶴一間庵
已知不二歸無二　　誰問前三與後三

고요하고 공하여 쌍거법을 터득하고
구름과 학을 벗 삼아 한 칸 암자에 지내노라
이미 불이법을 알아 둘 없는 곳에 돌아갔는데
전삼삼과 후삼삼을 누가 묻는가?

閑看靜中花艷艷　　任聆窓外鳥喃喃
能令直入如來地　　何用區區久歷參

소리 없이 피는 고운 꽃을 한가하게 바라보고
창 밖에 지저귀는 새소리를 무심하게 듣노라
이대로 여래 땅에 바로 들 수 있거늘
구구하게 오래 닦아 무엇하리오.

[해설]

　신라 선덕여왕(善德女王) 재위(632~647년) 때 경주에서 태어났
다. 자세한 생몰연대는 알 수 없다.
　출가 때의 법명은 부설(浮雪)이다. 20세 때 불국사 원정(圓淨)
선사를 의지하여 입산하였다. 후에 환속하였으므로 '부설거사'로

불린다. 성은 진(陳), 속명은 광세(光世), 자는 의상(宜祥)이다.

영조(靈照), 영희(靈熙)스님과 함께 지리산에서 초암을 짓고 참선 수행을 하였다. 두 스님과 함께 문수도량인 오대산 상원사로 가던 중, 전라북도 김제시 성덕면에 이르러 구무원(仇無寃)이라는 불교신자의 집에 머무르게 되었다. 당시 그 집에는 스무 살의 묘화(妙花)라는 무남독녀가 있었는데 벙어리였다. 이러한 묘화가 스님의 설법을 듣고 갑자기 말문이 터져 말을 하기 시작하였다.

스님을 사모한 묘화가 죽음을 무릅쓰고 스님을 따르므로, 인과의 권유를 받아들여 스스로 '거사'가 되기로 하고 묘화의 집에 머무르게 되었다. 둘은 15년을 살면서 아들 등운(登雲)과 딸 월명(月明)을 낳았다. 그러나 따로 작은 집을 지어 수행에만 전념하였다. 이곳이 지금의 김제시 진봉면 심포리에 있는 망해사(望海寺)이다.

하여 오도의 환희를 읊은 게 앞의 송이다.

훗날 영희와 영조 두 대사가 부설거사를 찾아와 비웃듯이 말했다. 이에 부설거사는 태연히 설법했다.

'신령스런 빛이 홀로 나타나 뿌리와 티끌을 멀리 벗어 버리고 몸에 본성의 진상이 삶과 죽음을 따라서 옮겨 흐르는 것은 병이 깨어져 부서지는 것과 같으며,

진성은 본래 신통하고 영묘하고 밝음이 항상 머물러 있는 것은 물이 공중에 매달려 있는 것과 마찬가지이다. 그대들은 높은 스승을 두루 찾았고 오랫동안 총림에서 세월을 보냈는데 어찌 생과 멸을 자비심으로 돌보고 보호하며 진상(眞常)을 삼고 환화(幻化)를 공(空)으로 하여 우주에 존재하는 모든 사물의 본성을 지키지 못하는가.

다가오는 업(業)에 자유가 없음을 증험(證驗)하고자 하니 상심(常

心)이 평등한가 평등하지 못 한가를 알아야 하는 것이다.'

　이같이 설법을 한 뒤 임종게를 남기고 단정히 앉아서 입적하
였다.
　目無所見無分別　　耳聽無聲絶是非
　分別是非都放下　　但看心佛自歸依

눈으로 보되　본 바 없으니 분별할 것이 없고
귀로 듣되 들은 바 없으니 시비가 끊어지네
분별과 시비를 다 놓아 버리고
다만 마음 부처만 관하고 스스로 귀의하였네.

　영희와 영조는 부설거사를 다비한 후, 사리를 변산 묘적봉(妙寂
峰) 남쪽에 안치하였다. 부설거사의 아들과 딸은 출가하였다.

무명인(無名人)

極樂堂前滿月容　　玉毫金色照虛空
若人一念稱名號　　頃刻圓成無量功

극락전 앞의 만월같은 부처님 얼굴
옥호금색이 허공을 비추누나
누구나 한 생각으로 명호를 부르면
잠깐사이 무량 공을 이루리라.

[해설]

　위 송의 지은이에 대하여는 명확한 근거는 없지만, 조선조 진묵
일옥(眞默一玉, 진묵대사) 스님의 누나라는 이야기가 있다.

　그러나 어디까지 믿어야 할지는 모르지만, 송(頌)이 좋아서 수록
한다.

　진묵 스님의 누나가 하루는 진묵 스님을 찾아가 갖가지 설법을
듣고서 '나무아미타불' 염불을 백일 간 한 뒤, 견성하여 쓴 송이
라고 한다.

무명인(無名人)

봄이 왔네 봄이 왔네
푸른 산 숲속에 봄이 찾아들었네
푸른 산 맑게 흐르는 계곡 사이사이마다
붉은 꽃이 풍만하여라
흐르는 물은 흐르고 흘러 몇 만 년을 두고 흘렀던가
마냥 흐르는 물이 봄인 줄 알지 못했구나.

[해설]

  위의 송은 어느 노파가 깨달은 뒤 읊조린 것이다.

  물론 이 노파로서는 한문을 모르기 때문에 이렇게 읊었을 게다.

  처음 깨닫고

  "아하하 우습구나. 이렇게도 쉬운 법을 어째서 몰랐던가."

  하며 환호성을 질렀다.

  평소 혼자 살았으며, 가난하여 시장에서 떡장수를 하였다고 한
다. 이름도 전해지지 않는다. 그러나 선근이 있어 항상 화두로써
공부를 지어 어느 날 견성하였다.

  노파의 법문에

  "쉽고도 쉬움이여. 배고플 때 밥 먹듯이, 목마를 때 물 마시듯
이, 전달할 때 말하듯이 이처럼 쉽구나. 배고플 때도 이 놈이 밥
을 먹고, 추울 때도 이 놈이 옷을 입고, 말할 때도 이 놈이 말짓

거리를 하여, 이것저것을 두루 분별한다.

쉽고도 쉽구나. 똥 누고 싶을 때 똥 누듯이, 밥 먹을 때 입 벌리듯이, 오직 이 아니 쉬운가. 밥 먹을 때 밥만 먹지 말고 무슨 물건이 밥을 먹는가? 밥 먹는 놈을 찾아보소. 똥 눌 때 똥만 누지 말고 구린내도 맡는 그 놈을 찾아보소. 멀도 않고 가깝지도 않아 촌보(寸步)도 여의지 않음이 그림자와 같은 것이다.

쉽고도 쉽구나, 그렇게도 쉬운 법을 어찌 몰랐던가. 세수할 때 코 만지고 잠잘 때 베개 만지는 것보다도 더 쉽구나. 얼씨구절씨구, 산도 들도 너울너울 춤을 추네."

이렇게 간절한 법문이 전해지고 있다.

설령 가난하고 배우지 못한 노파일망정 성불의 길에는 차별이 없음을 시사한 표본이라 본다.

그리고 앞의 법문곡(法門曲) 역시 순수한 한글이라서 호감이 간다.

망명인(亡名人)

圓覺山中生一樹　　開花天地未分前
非靑非白亦非黑　　不在春風不在天

원각산에 한 그루 나무
꽃은 천지 이전에도 피었나니
푸르지도 희지도 검지도 않고
봄바람이나 하늘에도 없나니.

[해설]

이 송의 지은이는 모른다. 그러나 불교인은 누구나 알고 있다.
참으로 희귀하고 좋은 송이다.
불교의 적적대의(的的大意)를 그대로 읊은 것이다.
이름을 세상에 내어 놓기 지극히 싫어하던 도인이 그 모든 생
애를 이 송 한 수에 실어 놓은 것 같다.
아무튼 근거를 찾을 길 없지만, 너무나 좋은 것이라 수록할 따
름이다.

백봉(白峰) 김기추(金基秋) 거사

忽聞鍾聲何處來　　寥寥長天244)是吾家
一口呑盡三千界　　水水山山245)各自明

홀연히 들려오는 종소리 어디서 오나
까마득한 하늘이라 나의 집이고녀
한 입에 삼천세계 모두 삼켰다
물은 물, 산은 산 스스로가 밝더구나.

[해설]

　처사(1908~1985)의 본명은 김기추(金基秋)이다.

　부산 영도(影島)에서 한의원집 아들로 태어났다.

　항일운동 등으로 2차례 부산형무소에서 복역하기도 하며, 회사를 차려 운영하기도 했다.

　1950년, 부산남중학교와 부산남고등학교를 설립했다.

　1964년 처사의 나이 쉰일곱 살 때다. 옆의 친구에게 '절이란 할 일 없는 사람의 놀이터'라고 말했더니, '절이란 놀이터가 아니라 마음[心性]을 개발하는 참다운 수도장'이라고 했다.

---

244) 요요장천(寥寥長天): 고요한 큰 하늘. 곧 본래 나지도 않고 죽지도 않는 참다운 마음자리를 뜻함.
245) 수수산산(水水山山): 자연 그대로를 뜻함. 이 세상 삼라만상 낱낱 모두를 일컬어 산산수수라고도 함.

독실한 불교신자인 그 친구의 말을 듣고, 인천 거사림(居士林)을 따라서 충북 청주의 심우사(尋牛寺) 하계수련대회에 참가하게 되었다. 그것이 인연되어 수행의 길에 들어서게 되었다.

어느 스님으로부터 무자 화두를 받아 간화선(看話禪)수행을 시작했다. 처음에는 이 무자 화두가 육조스님이 지은 것인 줄 알았다. 그 정도로 불교에 대하여는 어두웠다.

1964년 1월 대전의 심광사(心侊寺)에서 도반들과 보름간의 선수행에 들어갔다. 도반들이 법당에서 참선하는 사이 백봉 거사는 혼자 눈 내리는 바위 위에서 좌선에 들었다. 마을 사람들은 그가 있는 곳에서 방광하는 것을 보았다고 한다. 꽁꽁 언 그를 방에 데려다 어느 도반이 읽어 준 선사의 어록, '마음도 아니고, 부처도 아니다[非心非佛].'를 듣고 벌떡 일어났다. 비로소 참다운 세계에 들어선 줄 알았다. 그때까지도 스스로의 경계를 몰랐다. 바로 그때, 새벽 종소리가 들렸다. 일체가 허공인 경지를 요달하고 읊은 것이 위의 오도송이다.

57세에 화두를 잡아 일 년도 되지 않았던 것이다. 이때까지 그는 금강경을 한 번도 들어 본 적이 없지만, 한 도반이 백봉에게 『금강경』 한 구절씩을 들려주자 단 하루 만에 이를 명쾌하게 풀어냈다고 한다. 이것이 그의 저서 『금강경강송』이다.

춘성스님은 "이 시대의 유마거사"라 했으며, 탄허스님은 "말법시대의 등불"이라 칭했다.

1969년 많은 사람들의 요청으로 대전 심광사에 머물면서 『금강경』·『유마경』을 강의하였다. 서울·인천·경기 일대에서 모임을 가지고 지도하다가 1972년 부산으로 거처를 옮겨 금정사(金井寺)에서 『금강경』을 강의하는 등, 입적할 때까지 20여 년간 수많은 재가불자들에게 선 수행 포교를 했다.

이후, 〈금강경강송법회〉를 개설하며, 재가(在家) 수행단체인 〈보림회(寶林會)〉를 설립했다. 이때 전강(田岡)스님과의 만남을 계기로 3개월간씩의 철야법회를 가지게 된다.

전국적으로 보림회를 통하여 금강경 강송을 열어 많은 중생들에게 밝은 길을 제시하였다.

1985년 8월 2일, 경남 산청 〈보림선원〉에서 철야정진 해제 법어를 마치고 당신의 방에서 제자들이 지켜보는 가운데 입적했다.

거사가 흰 천에 써서 선원 입구 대나무 장대 위에 걸어둔 당신의 게송이다. 열반송을 암시하는 것 같아 옮겨본다.

無邊虛空一句來　　案山踏地大圓鏡
於此莫問知見解　　二三六而三三九

가없는 허공에서 한 구절이 이에 오니
허수아비 땅 밟을 새 크게 둥근 거울이라
여기에서 묻지 마라 지견풀이 가지고
이삼은 여섯이요 삼삼은 아홉인 걸.

저서로는 『금강경강송』, 『유마경대강론』, 『절대성과　상대성』, 『선문염송요론』 등이 있다. 또 처사의 정신적 세계를 엿볼 수 있는 『백봉선시집-벽오동(碧梧桐)』이 있다

경심(鏡心) 김현기(金鉉奇) 거사

忽聞坐禪開門聲　　人法俱空[246]無一物
頓覺三千本無生　　鶴飛靑山魚躍海

좌선하다 문득 문 여는 소리에
인법(人法)이 함께 비어 한 물건 없어라
삼천대천세계가 본래 남이 없음을 깨달으니
학은 푸른 산에 날고 고기는 바다에 뛰노누나.

[해설]

　처사(1916~?)는 전북 고창에서 태어났다.

　본명은 김현기(金鉉奇), 법호는 경심(鏡心), 불명은 도영(道英)이
다.

　일본에서 임제종전문대학, 서울문리대 철학과 및 육사를 졸업하
고 육사 교수로 재직했다.

　1934년 10월, 직지사 서호(西湖)스님을 의지하여 입산하였다.
그 해 그곳 선원에서 조실로 계시는 금포(錦圃)스님으로부터 화두
를 받아 정진하였다.

　12월 10일 새벽 큰방 뒷문 앞 탁자 옆에 앉아 좌선하는데, 원

---

246) 구공(俱空): 삼공(三空)의 하나. 나라는 관념과 나의 소유물이라는
　주관적 미집(迷執)과 아집이 일어난 근본, 곧 물질과 마음의 여
　러 가지에 대한 객관적 법집(法執)을 여의고 다시 아공(我空), 법
　공(法空)까지도 버려 비로소 제법의 본성에 계합함을 말한다.

주스님이 들어오려고 문 여는 소리에 화두의 의단(疑團)을 대파하였다. 앞의 송은 그때 지었다.

　조실스님에게 아뢰니 그대로 인가하셨다.

　비록 늦깎이로 발심, 출가했지만 수행정진은 누구보다 철저했다. 스님들 세계에서도 모르는 사람이 없을 정도였다. 생전에 절을 지어 선학원 재단에 희사했다. 육신마저 대학실습용으로 회향하고 떠나갔다.

　저서로 『대승철학사상』·『세계철학사상』·『최상승법문1·2·3』·『유심송』·『한국불교핵심』이 있다.

서운(瑞雲) 진용선(陳龍善) 거사

眼橫鼻直如來同　　空中無空亦是空
莫道心印輪傳授　　本非早白又靑黃

눈은 가로, 코는 바름이 여래와 같나니
빈 가운데 빈 것이 없음이 또한 공한 것을
심인을 주고받았다고 하지 말라
본래 검지도 희지도 또한 푸르고 누르지도 않나니.

[해설]
　처사(1921~2010)는 2월 20일 경남 양산에서 태어났다.
　이름은 진용선(陳龍善).
　부모들은 누대로 독실한 불교 신자였다.
　1971년 백봉 김기추(白峰 金基秋) 거사가 부산에 내려온 것을 인연하여 백봉 거사에 귀의하여 참선 수행을 시작하였다. 오신채 및 어육(魚肉)을 들지 않으며 돈독한 정진을 하였다.

　1974년 음력 12월 19일, 이 날은 거사의 생일이었다. 그날 새벽 3시쯤 하여 지금껏 의심했던 화두를 타파하였다. 그리고 앞의 송을 남겼다. 바로 향을 사루어 백봉 처사 있는 곳을 향하여 은혜의 지극함을 생각하며 삼배를 올렸다.
　백봉거사 생전에는 가장 가까이에서 모시며, 입적 때까지 보림

선원에서 정진하셨다.

평소 말하기를 "백봉 선생님을 만나 일생의 할 일을 다 했다." 는 말을 할 정도로 백봉을 따랐다.

2010년 11월 19일, 89세로 입적했다.

일본편

오공경념(悟空敬念) 선사

三世諸佛證得法　　六大祖師傳受法
悉皆在柱杖頭　　　看看

삼세 모든 부처님 증득하신 법
육대 조사 전수한 법
모두 다 주장자 끝에 있으니
보아라 보아라.

[해설]

　스님(1217~1272)은 복강(福岡) 사람이다. 승천사(承天寺)의 성일원이(聖一圓爾)를 따라 출가하였으며, 송에 건너가 무준(無準)스님을 뵈었다.

　그 당시 도우(道祐)스님이 이미 무준스님의 문하에 있었는데, 오공(悟空)이 말했다.

　"저는 비록 오랫동안 참선을 했음에도 들어가 있을 곳을 얻지 못했습니다. 자비를 베풀어 주십시오."

　그러나 도우는 엄한 소리로

　"바로 지금 내 곁에 있지 않느냐." 하자

　오공은 깨닫는 바가 있었다.

　일본으로 돌아온 후, 복전암(福田菴)에 살다가 쉰여섯으로 입적했다.

백운혜효(白雲慧曉) 선사

無內無外　　孤圓一輪
忘光忘影　　諸聖出身

본디 안팎이 없으니
외로운 달 걸려 있네
벗과 그림자 함께 잊으니
모든 성인이 몸에서 나오네.

[해설]

스님(1223~1297)은 사국(四國) 향천(香川) 사람이다.

성일변원(聖一辨圓)을 찾아가니 변원은 일원(一圓)의 모습을 그리고 앞의 게어를 읊었다.

혜효스님은 8년간 변원을 따르니 깨닫는 바가 있었다.

마흔 네 살에 송으로 건너갔다가 귀국 후에 종적을 감추었다.

후에 동복사(東福寺)에 살았는데, 동복사는 경도부(京都府)에 있는 것으로 1255년 창립되었다. 원래는 천태종계였으나, 성일(聖一) 스님 때 선종(禪宗)으로 바꾸었다.

영산소근(瑩山紹瑾) 선사

自耕自種閒田地　　機度賣來買去新
無限靈苗繁茂處　　法堂上見插鍬人

한가한 밭에 스스로 밭 갈고 씨 뿌렸네
몇 번이나 새로 팔고 샀는가
무한히 신령스런 싹이 번성하는 곳에
법당에서 쳐다보니 사람이 가래를 꽂고 있네.

[해설]

　영산소근(1268~1325) 스님은 복정(福井) 사람이다. 석천(石川) 총지사(總持寺)의 개산조사(開山祖師)이고 조동종(曹洞宗) 태조(太祖)다. 여덟 살에 영평사(永平寺)의 2세 고운(孤雲)을 따랐다. 열세 살에 수계하고 열여덟 살에 여러 곳을 다녔으며, 적원(寂圓)·보각 스님을 만났다.

　스물일곱 살에 철통(徹通)스님을 만나 그의 법도를 이어받고는 영평사의 4대조(四大祖)가 되었다. 가하(加賀)의 대자사(大慈寺)로 들어가 『전광록(傳光錄)』을 편찬하고 10년간 주지를 맡았다.

　명봉(明峰)을 따르며 정주사(淨住寺)에 물러나 살았고, 총지사(總持寺)를 창립하였다. 예산(叡山)에 올라 천태종을 배우고 법등(法燈)을 만나 큰 깨달음을 얻었다.

치둔공성(癡鈍空性) 선사

雲翳都盡   萬理一天

구름에 가리어진 것이 다하여
만 리가 하나의 하늘이어라.

[해설]

　스님(?~1301)은 대판(大阪) 사람이다.

　건장사(建長寺)의 난계도륭(蘭溪道隆) 스님에게 사사 받고 그의
법을 이어 받았다.

　건인(建仁), 건장(建長), 영산(靈山), 보문(普門), 선복(禪福) 등의
절에 살았다.

수옹종필(授翁宗弼) 선사

此心一了不曾失[247]　　利益人天盡未來[248]
佛祖深恩難報恩　　　　何居馬腹與驢胎

이 마음을 한 번 깨달아 마침을 일찍이 잃은 적 없으니
그 이익은 인천에 다하여 미래세가 다하도록
불조의 깊은 은혜 다 갚기 어려우니
어찌 말의 배와 노새의 태중에 머물 것인가?

[해설]
　스님(1296~1380)은 경도 사람이다. 대등(大燈)스님을 참견하고
는 깨달음이 있었다. 관산(關山) 스님이 묘심사(妙心寺)를 창건했
을 때 그곳에서 기식하며 참구하던 중, 하루는 대오하여 이 게를
지었다.
　관산에게 이 게를 보이자 관산이 물었다.
　"이 마음은 어디에 있느냐?"
　수옹은
　"마음이 없는 데가 없습니다."
　관산이

---

247) 부증실(不曾失): 잃은 적이 없고.
248) 이익인천진미래(利益人天盡未來): 사람과 하늘에 이익(이로움)을
　　　다할까 보다.

"어떻게 하면 하늘과 사람에게 이익을 줄지 모르겠군?"

수옹이

"배를 타고 물이 흐르는 대로 맡겨두고 앉아서 구름이 일어나는 때를 봅니다."

관산이 또 묻는다.

"불조(佛祖)의 깊은 은혜를 어떻게 갚겠는가?"

"하늘을 머리에 이고, 다리로 땅을 밟습니다."

관산이

"왜 말의 뱃속, 노새의 태속에 들어가지 않느냐?"

수옹이 예배를 하자 관산은

"하 하 하" 대소하며, "너는 오늘 크게 깨달았군." 하고 마침내 종필은 전법을 받았다.

관산이 입적하고 난 후 그 뒤를 이었으며, 여든 다섯 살에 입적하였다.

천상원경(天祥原慶) 선사

頻伽瓶裏　　滿盛虛空
一踢踢倒　　八達七通

빈가의 병 속에
허공만 가득 차 있네
한 번 차서 넘어뜨리니
팔달과 칠통이라네.

[해설]

　천상원경(天祥原慶, ?~1375) 스님은 애지(愛知) 사람이다.

　상모(相摸)의 정묘사(淨妙寺)로 출가하여, 후에 정강(靜岡) 안원
사(安源寺)에 물러나 살았다.

　쌍봉(雙峰) 스님에게 사사 받고 그의 법을 이어 받았다.

우극지혜(愚極智慧) 선사

雲門念七　　雲峰混孚
白蘋紅蓼　　明月孤舟

운문 스님은 운문 부처님을 생각하고
설봉 스님은 욕만 하네
허연 개구리밥, 붉은 수수 이삭
달 밝은 밤 외로운 배.

[해설]
　스님은 영은사(靈隱寺) 석전(石田)스님을 모시며 따랐다.
　운문이 칠(七)을 읽는데 석전이 말했다.
　"설봉(雪峰), 이 멍청한 녀석!"
　우극은 옆에서 그 소리를 듣고 크게 깨닫는 바가 있어 앞의 게
송을 지었다.
　항주(杭州) 정자사(淨慈寺)에서 설법했다.

몽창소석(夢窓疎石) 선사

多年掘地覓青天　　添得重重礙膺物
一夜暗中颺磔甎　　等閑擊碎虛空骨

여러 해 땅을 파며 맑은 하늘 찾았으나
거듭거듭 걸리는 장애 많더니
하룻밤 어둠속에서 자갈 하나 실려와
하염없이 허공의 뼈를 쳐부수네.

[해설]
　스님(1275~1352)은 참중(參重) 사람이다.
　네 살에 어머니를 여의고 아홉 살에 부처님 경전을 배웠다.
　열여덟 살에 동대사(東大寺)에서 수계한 후, 병고(兵庫)의 각심
(覺心), 건인(建印)의 무은(無隱)스님을 만났다.
　스물두 살에는 위항(葦航), 도계(桃溪), 일산(一山) 스님 등을 만
났다.
　시문을 잘 지었다. 그는 또 여러 곳을 다니다 청삼(青森)으로
가서 고봉(高峰)스님을 뵙고 그의 법도를 이어받았다.
　깨달음을 얻었을 때 앞의 게송을 지었다.

종봉묘초(宗峰妙超) 선사

一回透過雲關了　　南北東西活路通
夕處朝遊沒賓主　　脚頭脚尾起淸風

구름 관문을 꿰뚫고 지나가니
동서남북이 사는 길로 통하더라
저녁엔 쉬고 아침엔 노니 주인, 손님 구별이 없네
발끝마다 맑은 바람이 이는구나.

[해설]

　스님(1281~1336)은 병고(兵庫) 사람이다. 열네 살에 천태종을 배우고 불국고봉(佛國高峰), 대응소명(大應紹明)을 뵈었다.

　스물여섯 살에 깨달음을 얻어 앞의 게송을 지었다.

　1308년 대응(大應)스님이 입적하자 다음 해에 상경하여 운거사(雲居寺)에 살았다. 그 후 대덕사(大德寺)에 모셔져 살았다.

　죽기 전 뒷일을 수좌 철옹(徹翁)에게 분부하고, 12월 21일 사람들이 모인 가운데 훈계를 남기고 22일 단정히 앉은 채 입적하였다.

　세수는 56세이다.

대도일이(大道一以) 선사

無生一曲　　調滿虛空
陽春白雪　　碧雲淸風

남이 없는 한 곡조
누리 가득하여라
봄볕에 흰 눈
푸른 구름 맑은 바람.

[해설]
　스님(1305~1370)은 안근(雁根) 사람이다. 열한 살에 출가하여 열아홉 살에 예산(叡山)에게서 계를 받았다.
　장산(藏山)에서 건장약옹검(建長約翁儉), 남선규암원(南禪規菴圓), 일산령(一山寧), 동복남산(東福南山) 등, 여러 노선사들을 두루 참알했다.
　무생(無生)이 불생(不生)이요,
　나고 죽음이 없는 인생일곡(人生一曲)을 깨달을 때
　노랫소리 허공에 가득 차 울려 퍼지는구나.
　풍광(風光)이 봄볕의 흰 눈 같고,
　푸른 구름 맑은 바람이 그와 같도다.

　라고 게송을 남겼는데 앞의 게송이다.

대졸조능(大拙祖能) 선사

尋師訪道入中華　　卻與扶桑事不差
若有少林春色在　　黃梅碓觜又生華

스승 찾아 진리 찾아 중국에 드니
해 돋는 곳 한결 같구나
만약 소림사에 봄빛 있다면
황매산에 또다시 꽃 피더라.

[해설]

　스님(1313~1377)은 상모(相摸) 사람이다. 서른 살에 원(元)으로
건너가 동양휘(東陽輝)를 뵙고 앞의 게송을 지어 올렸다.

　마흔 다섯 살에 일본으로 돌아가 태본(態本)의 영덕사(永德寺)에
살았다. 후에 현효(顯孝)로 이주하였고, 천룡(天龍)에 칙령(勅令)으
로 머물다 원각(圓覺)으로 이주하였다.

　예순 다섯에 입적하였다.

발대득승(拔隊得勝) 선사

六窓拶開一輪寒　　雲樹還貴眼中屑
當下擊碎手裏珠　　從他黃金頑鐵成

육창 열어보니 달이 차갑구나
구름떼 돌아오니 눈에 둘 수 없구려
바로 손 가운데 구슬 부수어라
다른 황금을 쪼아서 사나운 쇠나 만들자.

[해설]

　스님(1327~1387)은 상모(相摸) 사람이다.

　안근(雁根)의 운수사(雲樹寺)에 계신 고봉각명(孤峰覺明)의 법을
이어받았다. 1380년 산리(山梨)의 향악사(向岳寺)에 개산조사로 모
셔져 살았다.

　스님의 선학(禪學) 민중화 공적은 매우 위대했다.

　그는 아홉 살에 선문에 들어서 삭발 이후 승복도 입지 않고 불
경도 외지 않으며, 승려가 해야 할 행동을 하지 않는 자유인이었
다. 그러나 도처에서 좌선하였으며, 득경(得瓊)과 친구가 되기도
하였다. 겸창(鎌倉)의 긍산(肯山)스님을 뵙기도 하였다.

　서른한 살에 승복을 입기 시작하여 여러 곳을 유력하였다.

　부암종기(復菴宗己)를 뵙고, 또 안근(雁根)의 운수사에 들러 고

봉각명을 뵙고 깨달음이 확 트이게 되었다. 그가 고봉을 떠날 때 고봉이 물었다.

"어디로 갈 것인가?"

"산에서 살고자 산으로 갑니다."라고 대답하였다.

산에 은거하는 것은 그의 소망이었다. 그러나 항상 참선하는 사람들이 백 명을 넘는지라, 그는 밤중에 정강산(靜岡山)으로 도망쳐 암자를 짓고 살았으나 또 3백여 명이 찾아들었다. 그리하여 산리(山梨)에 가서 암자를 지으니 또 8백여 명이 찾아왔다.

정강(靜岡)의 염산(鹽山)에 이주하니 학도들이 천여 명이 되었다. 향악암(向岳菴)으로 이주하여 살다가 생애를 마쳤다.

백애보생(白崖寶生) 선사

去年廣澤鬧房裏   今藏日光岩窟邊
不覺同生同死處   孤峰拍手嘯靑天

지난해에 넓은 못과 방속이 시끄럽더니
지금 햇빛이 바위굴 끝에서 감추어지네
동생(同生)과 동사(同死)의 곳도 깨닫지 못하는데
고봉(孤峰)은 박수 치고 청천은 휘파람 부네.

[해설]

　백애보생(白崖寶生. 1342~1414) 스님은 대판(大阪) 출신이다.
　열아홉 살에 삭발하고 겸창(鎌倉)에서 힘든 수련을 10년간 하여
큰일을 마쳤다.
　대졸조능 스님의 법도를 이어받아 상야(上野) 천룡사(泉龍寺)의
개산조가 되었다.
　관동(關東)에서 불법을 널리 드높이니 법석이 한때 흥성하였다.

남영겸종(南英謙宗) 선사

法身空解我畵蛇　　一揿當機更若何
昨夜春檐風雨惡　　和根吹倒海棠華

법신이 공인 줄 알았기에 나는 뱀을 그리고
한 번 들이닥친 낌새를 당하니 다시 어떻게 할꼬
어젯밤 봄 처마에 풍우가 거세더니
온순한 뿌리가 넘어졌네. 해당화여.

[해설]
　스님(1386~1460)은 녹아안(鹿兒雁) 사람이다. 여덟 살에 상경
하여 대악사(大岳寺)로 들어갔다. 걸당(傑堂)을 30년간이나 참(參)
하여 그 인가를 받았다. 자상하고 순수한 도행(道行)으로 사부대중
을 교화했다. 천룡사(天龍寺)로 문자선(文字禪)을 배우러 들어가기
도 하고 또 예산(叡山)에 들어가 현밀(縣密)을 배우기도 했으나 안
심처를 얻지 못했다.
　그의 스승 걸당이 "황벽(黃檗)의 법신은 허공이요, 허공은 법신
이 아니로다. 그러나 허공으로 해석치 말지어다. 허공이 곧 법신
이요, 법신이 바로 허공이니까."
　이 말에 남영은 문득 깨달음을 얻어 이 게를 지었다. 일흔 네
살에 입적했다.

준옹령산(峻翁令山) 선사

參禪學道似吞劍　　徹骨徹髓圓相鮮
李陵[249]元是漢臣下　　放火虛空燒黃泉

참선하고 도를 배움이 칼을 삼키는 것 같아
골수에 사무치도록 일원상이 신선하여라
이릉은 원래 한나라 신하인데
허공에 불을 질러 황천을 태우네.

[해설]

　스님(1399~1411)은 동경(東京) 사람이다.

　어릴 때 출가하여 발대득승(拔隊得勝)을 참견하고 크게 깨달아
그 법을 이었다. 향악사(向岳寺)에서 거주하면서 주로 관동지방에
서 교화했다.

　건곤(乾坤) 화상을 참견했을 때 준옹에게 물었다.

　"나고 죽는 일이 대단한 일인데 어떻게 마음을 쓰느냐?"

　준옹이

　"그렇게 묻는 것은 도대체 어떤 물건인가?"

　그러나 깨달음의 계기가 되지 못했다.

---

249) 이릉(李陵): 전한(前漢) 때의 무인(武人). 무제(無帝) 때 흉노와 싸
　　우고 고군분투 하다가 항복하니 단우(單于, 흉노의 왕)가 그를
　　우교왕(右校王)으로 삼음.

발대득승 스님을 뵈었을 때도 묻는 물음이 건곤과 같았다. 이번에도 아무런 상대가 되지 못했지만 발대스님은 견식이 비상하였다. 그래서 그를 따르면서 정진했다. 그가 정중입몽(定中入夢)에서 돌연 깨달음을 얻어 이 게를 지었다.

호해중산(瑚海仲珊) 선사

背時全體迷空界　失處通身達本源
曲罷晚來人不見　江村依舊月黃昏

좋을 때 전체가 미공의 세계여서
곳을 잃고 몸소 통하니 본원을 꿰뚫다
곡진히 타파하고 늦게 오니 사람은 보이지 않건만
강촌은 옛과 다르지 않고 달은 황혼을 뿌리네.

[해설]

　스님(1402~1469)은　강산(岡山)　사람이다.　남영겸종(南英謙宗)
스님의 제자이며, 일찍 출가했다. 신사(新瀉)의 동복원(洞福院)을
열어 선풍을 크게 떨쳤다. 열두 살 때부터 여러 해에 걸쳐 남영스
님의 지도를 받았다.

　서른두 살 때는 중국으로 건너가 명산대찰을 19년간 찾아다녔
다. 쉰 되던 해 귀국하여 남영을 시봉하였다.

　하루는 남영 화상이 대중에게 하는 강설을 듣고 크게 깨쳤다.
그리고는 위와 같은 게를 지어 보였다.

기지위번(器之爲璠) 선사

五陵公子少年客　　不向春風躍馬諦
貪見田疇麥苗秀　　海棠花下放鶯啼

오릉 귀공자 소년객도
춘풍을 거슬러 말 달리지 않는구나
밭에 솟아나는 보리이삭을 넋 나간 듯 보노라니
해당화 아래로 꾀꼬리만 울어대네.

[해설]
　스님(1403~1468)은 녹아안(鹿兒雁) 사람이다. 열 살에 출가,
상경하여 수학한 후 죽거(竹居) 스님의 법을 이었다. 문자선(文字
禪)을 배우고 동상종풍(洞上宗風)을 크게 떨쳤다.
　하루는 맹세하기를
　"대장부가 되어 늘 남의 찌꺼기만 맛본다면 어디 쓸데가 있단
말인가?"하고는 죽거를 참견했다. 어느 날 강아지가 오줌을 누는
모습을 보고 활연 대오했다.
　죽거가 실내에다 '고고봉정립(高高峰頂立), 불로정(不露頂)'이라
는 말을 걸어 놓고 학인들에게 물었다. 계합하는 자가 아무도 없
었다. 기지위번 스님이 이에 답한 게가 위의 것이다.
　이를 들은 죽거는 의발을 전했다. 예순 다섯 살에 용문사(龍文
寺)에서 입적했다.

염소종영(拈笑宗英) 선사

實悟實參祗這是　　誰求諸聖呈風流250)
燈籠擎手報天曉251)　一個虛空笑點頭

실제를 깨닫고 참여함이 이것인데
누가 모든 성현들에 바칠 풍류를 구하랴
등불 들고 새벽에 서니
한낱 허공이 웃으며 고개 짓 하네.

[해설]

　　스님(1408~1482)은 동경 사람이다. 어릴 때 속세가 싫어 교원(交院)에 몸을 던졌다. 예산(叡山)에 올라 수학한 후, 선으로 돌아와 오보(吾寶)스님을 참견하고 종풍을 선양하였다.

　　열다섯 살에 출가하고 나아가 스물아홉 살에 현밀(縣密)스님에게 수학했다. 그가 예산에서 내려와 천성산(天城山)에서 좌선하고 있을 때 오보를 만났다. 두 스님은 말을 주고받는다.

　　"너는 어디서 왔느냐?"

　　염소가 답한다.

　　"상근(箱根)의 천성산"

---

250) 수구제성정풍류(誰求諸聖呈風流): 누가 모든 성인들이 보여준 풍류를 구할 것인가. 아무도 그들의 풍류를 구할 수 없다는 뜻.
251) 보천효(報天曉): 날이 밝아옴을 알리다.

"그곳엔 대체 뭐하려고?"

"참선"

"고인(古人)이 호되게 꾸짖는데 너는 그것을 아느냐?"

"모갑(某甲)은 부처를 따르지 않습니다. 법에도 따르지 않고요."

"아직 이것이 있을 여지가 있네."

"대선지식이여, 어찌 방편이 없겠으리오?"

오보가 소리친다.

"너는 좌상(坐相)에 집착치 말고 모든 연(緣)을 거부하지 말 것이며, 생사의 존망이 위급할 때 궁극적으로 도리를 볼지어다."

정진하기를 7년, 깨달음을 얻어 심오한 경지를 보였다.

이 게는 오보가 세존과 가섭의 염화미소의 인연을 들어 계합하여 대답한 것이다.

경천종륭(景川宗隆) 선사

痛棒機先不讓師　　一拳拳倒五須彌
威風凛凛偏天地　　三拜殷勤依位時

몽둥이에 맞아 아프지만 기선을 스승님께 사양치 않고
한 주먹만 한 돌들이 꺼꾸러짐이 다섯 개의 수미산이요
늠름한 위풍이 천지에 가득하니
삼배하고 은근한 위치에 서있는 때라.

[해설]

스님(1424~1500)은 삼중(三重) 사람이다. 일찍이 출가하여 여러 곳으로 다니며 고행을 했다. 근원을 밝히는데 철저하여 관산(關山)의 종풍을 선양했다.

관산의 제6세 설강(雪江) 문하로는 4명을 배출하여 각각이 한 방면의 종사(宗師)가 되었는데, 이를 '묘심4파(妙心四派)'라고 했다. 경천은 그 가운데 제 일류였다.

위 게는 설강을 참견하고 입실하여 방을 받고 활연 대오했을 때 읊은 것이다.

춘포종희(春浦宗熙) 선사

佛祖全機沒可把　　看來不値半文錢
春風枕上無閒夢　　紅杏花前醉倒眼

불조의 모든 법을 거머쥐지 못하고 보니
모든 것이 반 푼어치의 값어치도 없구나
봄바람이 머리맡으로 불어와도 한가로운 꿈조차 없으니
붉은 은행꽃이 취중인 눈앞에 거꾸로 아른거리누나.

[해설]
　스님(1408~1495)은 대판(大阪) 사람이다. 양수(養叟) 문하의 걸출한 제자이다. 일곱 살 때 상경하여 열여덟 살에 득도했다. 스물네 살 때 양수를 참견하고 세 가지 원을 세웠다.
　'첫째, 춥고 배고프다 해서 의지를 굽히지 말 것. 둘째, 손찌검을 당해도 화내지 말 것. 셋째, 개오(開悟)할 때까지는 쉬지 말 것'이다. 그가 깨달음을 얻었을 때 게송이다.

　춘포는 12월에 병이 들자 제자들에게 자기가 입적하고 나면 화장하여 땅속에 묻어버리고 탑을 만들지 말라고 이르고는
　"내 일할(一喝)을 듣거라." 하고는 "전신이 사리가 없거늘, 한더미의 썩은 뼈다귀, 땅을 파 깊이 묻어버리면 청산은 한 점의 티끌을 묻어 없애는 거와 같도다."라고 읊은 후 입적했다.

일사문수(一絲文守) 선사

無字咬當齒先亡　　端的咬時無盡藏
卽佛卽心萬里隔　　風吹馬耳畵梅香

무자화두 씹어대니 이가 먼저 망가져
바로 씹을 때가 무진장이라
마음이 부처라 하여도 만 리나 벌어져 있으니
바람은 말 귀에 부는데 매화향기 그리네.

[해설]

　스님(1607~1646)은 원(源)씨이며 귀족이었다. 어릴 때 관상쟁이가 "이 아이는 자라나서 반드시 왕의 스승이 될거요."라고 했다. 열네 살에 상국사(相國寺)로 들어가 운잠(雲岑)을 참견하고 전적(典籍)을 두루 섭렵했다. 문장과 시에도 능했다.

　그가 경도(京都)의 동강암(桐江菴)에서 자하(滋賀)의 영결사(永潔寺)로 옮겨 살고 있을 때, 광광(光廣)이라는 문도가 다음과 같이 게를 읊었다.

　"어제 대은(大恩)이 손을 축 늘어뜨리고선 분골쇄신해도 만족하게 보답하지 못했는데 이후로는 석가, 달마, 임제, 덕산이 나와서 서로 만난다 해도 역시 아무 이로움이 없을 것이로다. 염화미소(拈華微笑)는 한 가닥 붉음을 드러내도다."

　이 게를 듣고 바로 문수 화상은

"황면(黃面) 꽃을 들고 가섭이 빙그레 웃으니 한 가닥 붉은 선에 두 사람이 끌려드는구나. 게다가 제 혼자 큰 입을 벌려 바람이 내키는 대로 뒤집히는구나."라고 읊었다.

또 무자공안에 의기가 투합되어 위와 같이 읊은 것이다.

서른아홉 살에 병이 들어, 열 아흐렛날을 평시와 다름없이 담소하며 지내다가 스르르 눈을 감았다.

의사가 손을 짚어 진찰을 하려는데 갑자기 눈을 뜨더니 "그럴 것까지 없다"라고 말했다. 모두들 놀라 기뻐하는 가운데 다시 눈을 감았다.

월주종호(月舟宗胡) 선사

一口吸盡四大海　　　藏身無處婆喝龍
洞山252)送流流不竭253)　唯有今日契吾宗

한 입으로 큰 사해를 다 마셔버리니
몸 숨길 곳이 없는 파갈용이라
동산의 골짜기에 흐르는 물은 마르지 않고
오직 금일에야 종풍이 계합되네.

[해설]

　스님(1618~1696)은 좌하(佐賀) 사람이다. 어릴 때 출가하였다. 그 스스로 전하여 말하기를

　"내가 열한 살 때 부모는 내가 출가하기를 희망하여 나를 진언사(眞言寺)에 데려다 주었지만 인연이 맞지 않았다. 다음 해에는 화악(華岳)의 제자가 되기를 바랐는데, 부모가 말하기를 '한 자식이 출가하면 구족(九族)이 천상에 태어난다. 이제 나는 늙었다. 아마 그 업보가 있을 것이다. 그가 출가했으면 하는 것이 명리(名利) 때문이 아니다. 다만 법과 같이 도심(道心)이 견고해야 하느니라.'"라고 하였다.

---

252) 동산(洞山): 동산양개(洞山良介).
253) 송유유불갈(送流流不竭): 동산(洞山)이 보낸 물(제자들?)은 흘러 흘러 마르지가 않건만 오늘 이제사 오종(吾宗)과 계합한다는 뜻.

만보(萬寶)스님을 참견하고 한 사미가 "대천사바세계[苦海]의 바다에 물거품이 있고 모든 성현께서는 전불(電拂)과 같으시니…"라고 읽는 소리를 듣고 문득 깨달음을 얻어 이 게를 지었다.

많은 사람들을 교화하였다. 문하에 만산(卍山), 덕옹(德翁), 운산(雲山), 조도(祖道) 등을 배출했다.

절종무학(絶宗無學) 선사

世事分明草露夢　　　終身難保歲寒心 [254]
爲憐松竹老兒子 [255]　　好個飜身菩提林

세상일은 분명 풀잎에 맺힌 이슬과 같은 꿈이려니
평생토록 곧고 굳은 마음 가지기가 어렵도다
송죽(松竹)이 가련코 늦게 얻은 자식은
몸을 바꾸어 좋은 보리수 숲이로다.

[해설]

　스님(1608~1731)은 신사(新瀉) 출신이다. 열네 살 때 고안(古岸)스님에게 출가하여 천하의 이름난 스님들을 찾아다니다가 화엄종해(華嚴曹海)스님의 뒤를 이었다.

　스물세 살이 되던 해 복정(福井)의 영건사(永建寺) 조해(曹海) 화상을 참견하였다. 어느 날 밤 입정삼매에 들어 인경(人境)을 잊고 있다가 새벽 종소리를 듣고 깨달음을 얻었다. 그리고 즉시 방장에게 달려가 예배를 올리자 조해 화상은 그를 시험해 보지도 않고 웃어보였다.

　예순 네 살에 안근(雁根)의 선각사(禪覺寺)로 옮겨 살았고, 또

---

254) 세한심(歲寒心): 난세에도 굴하지 않는 마음. 변절하지 않는 마음. 절개.
255) 노아자(老兒子): 막내아들, 늘그막에 얻은 아들.

신사(新潟)의 서선사(瑞禪寺)를 열었다. 이후 24년간 이 두 곳을 왕래하면서 사부대중을 교화했다.

여든 일곱 살 되던 어느 날 갑자기 문도들을 불러 모아 놓고 비교적 긴 게를 남겼는데 이 게는 그 중의 중요한 일부분이다.

이 게 다음 부분에는 "… 그만! 그만! 말할 필요가 없어. 잠을 방해하러 오지 마." 그리고는 숨이 끊어졌다 이어졌다 하는데, 자는지 죽은 것인지 알 수가 없었다.

이 같은 상태로 3일 밤낮을 보냈다. 이 사이에 가느다란 소리로 물었을 때, 눈을 떠서 보고는 최후의 게를 하고는 입적했다.

여설문암(如雪文岩) 선사

寒夜三更寒徹骨
撥爐還得火中氷

삼경 차가운 겨울밤 추위가 뼈에 사무쳐
돌아와 화롯불 피웠더니 불 가운데 얼음이 얼도다.

[해설]

스님(1609~1671)은 덕안(德雁) 사람이다. 열 살 때 아버지를 잃고 무상을 느껴 출가했다. 일사문수(一絲文守, 1608~1646) 화상에게 귀의해 그의 법을 이었다. 일사문수는 당대의 선승으로 불리었다. 어느 날 율승(律僧)이 그를 찾아와 가르침 청하기를

"저는 밀(密)과 율(律; 밀교와 율)을 아울러 닦아 이미 안의(安義)를 얻었지만 안심처(安心處)는 아직 얻지 못했습니다. 청하옵건대 화상께서 자비로운 방편을 베푸소서."

"아! 앉아서 차나 들게나!"

문수 화상은 구자불성(狗子佛性)의 공안을 들었다. 그 율승이 문암(文岩)이었는데

경도(京都)의 결암(結菴)에 머물렀는데, 하루는 어떤 승이 찾아와 문답을 주고받았다. 그 후 자신의 부족함에 큰 부끄러움을 느끼고 있던 차 화롯불을 보고 문득 개오했다. 위의 게송을 지어 문수에게 보여주자 문수는 인증(印證)했다.

622

열암불선(悅岩不禪) 선사

直下如同乾屎橛
釋迦彌勒滿追尋

직하건대 마른 똥 막대기와 같아서
석가와 미륵이 만만히 추심하였네.

[해설]

   스님(1615~1807)은 장야(長野) 사람이다. 어릴 때 출가하여 각
지로 참방(參訪)한 후 고향을 떠나 서복사(西福寺)에서 지냈다. 마
음이 불안해서 재차 여러 곳을 돌아다니다 장기(長岐)에 다달아
중국에서 건너온 스님 도자(道者)를 찾아갔다.

   도자스님은 숭복사(崇福寺)에 머물면서 참선하는 사람들을 만나
지도했는데, 열암불선 스님도 그를 찾아온 이들 가운데 한 사람이
다. 도자는 불선이 법기임을 알고 특별히 가르쳤다.

   불선은 고되고 쓰라린 수행 끝에 깨달음을 얻었다.

   위의 게를 도자스님에게 보여니 인가했다.

만산도백(卍山道白) 선사

夜深雲斷天如洗　　偏界無塵碍眼光

밤이 깊어 구름 걷히니 하늘은 씻은 듯
온 세상 티끌 없어 막힌 눈이 빛나네.

[해설]

　스님(1635~1714)은 광안(廣雁) 등정씨(藤井氏)이다. 스스로 일
러 '복고도인(復古道人)'이라 했다. 열한 살 때 용광사(龍光寺)의
일선(一線)스님에게 출가했다.

　고수문춘(高秀文春)스님 문하에서 밤낮으로 정진하였는데, 식음
을 잊어버릴 정도였다. 어느 날 밤, 달과 마주하여 꿇어앉자 홀연
히 깨달음이 있었다.

　위 게는 이때 읊은 것이다.

철문도수(鐵文道樹) 선사

一條柱杖黑如漆　　大小芭蕉眉不惜
添得山河與大地　　分明兩老落便宜

한 가지 주장자가 검은 옻칠로 되었고
크고 작은 파초나무는 눈썹을 아끼지 않네
산하와 대지를 첨득하니
분명히 두 늙은이는 떨어짐이 마땅해.

[해설]

　스님(1669~1742)은 애지(愛知) 사람이다. 여덟 살 때 출가하여 묵자(默子)스님의 법을 이어받았다. 묵자는 덕옹의 제자이며 고외(高外)스님과 동문이다.

　위 게는 그가 고악(古岳)스님을 참(參)했을 때 고악 화상이
　"너는 아직 주장자를 얻지 못했다"고 선 물음을 행했을 때 읊었던 게이다.

화엄조해(華嚴曹海) 선사

萬大懸崖撒手時　　瓊樓玉殿現毛端
一回汗出呵呵笑　　不似人間容易看

만 길 높은 언덕에서 손을 놓아버릴 때
경루와 옥전에 모단(毛端)이 솟네
한 번 돌아보니 땀이 솟고 있어서 하하 하고 웃었다
흡사 인간살이가 용이하다고만 보지 말라.

[해설]
　스님(1684~1703)은 자하(滋賀)의 송미씨(松尾氏)다.
　열한 살에 출가하여 대용(大用)의 법을 이었다.
　어느 날 그가 문득 구름을 향해 곧게 뻗은 수 그루의 노송을
보고 활연 대오 한 후 지은 오도송이다.

626

운령태선(雲靈泰禪) 선사

一蒲團上久尋思　　拳下忽然忘所知
拍手胡盧256)堪自笑　　無端失卻兩莖眉

한 창포 단상에 생각을 찾은 지 오래이다
주먹 아래에 홀연히 아는 것을 잊었다
박수 치며 입을 가리고 스스로 웃으니
무단히 양쪽 눈썹을 잃었다.

[해설]

스님(1751~1816)은 신사(新瀉) 사람이다.

아홉 살에 출가하여 철문도수(鐵文道樹)의 법을 계승하여 삼중(三重)의 상안사(常安寺)에 살았다.

태선은 신동이랄 만큼 남들과 달랐으며 4~5세 때 이미 출가할 생각을 하여 경을 읽고 예배하기를 일로 삼았다.

여섯 살 때 집의 하인이 그를 종현사(宗現寺) 묘지로 데리고 갔더니 조상께 참배하고는 집으로 돌아가려 하질 않고 그곳에 머물려고 하여 지령(持嶺)이 그를 맡아 길렀다.

그의 출가 이름이 태선(泰禪)이다. 그는 후에 지암(智岩), 철문(鐵文), 현루(玄樓) 등을 뵈었으며, 그의 문하에는 불산(佛山), 상림(象林), 화료(畵寮), 목응(穆應) 등이 있다.

---

256) 호로(胡盧): 입을 가리고 웃음.

홍천종온(洪川宗溫) 선사

疎闊孔夫子　　　相遇阿賭中
憑誰多謝[257]志　好謀主人公

소활한 공자님
서로 아도중에 만났네
빙자하건대 누가 감사한 뜻을 많이 가졌나
주인공을 도모하길 좋아하여라.

[해설]

　스님(1807~1893)은 대판(大阪) 사람이다. 스물다섯 살에 대졸조능(大拙祖能)에게 출가하여 깨달음을 얻은 후, 의산(儀山)의 법을 계승하여 원각사(圓覺寺) 종정을 지냈다.

　종온은 천재였다. 어려서부터 공부하기를 좋아하여 열세 살 때 학당에 들어갔다. 그리고는 열여덟 살에 이미 학당을 열어 학생을 가르쳤다.

　어느 날 묵상하는 가운데 '신유불도(神儒佛道)가 그 종지(宗旨)는 서로 다르지만 종국에는 성역(聖域)으로 귀결되는데, 오늘날 선비들이 문자의 뜻만 찾아 근본을 잊어버리고 말만 좇으니, 어찌 성인의 마음을 배운다 하겠는가.' 하는 말이 떠올랐다.

　맹자의 호연장(浩然章)을 강의한들 이것으로는 사람들의 물음에

---

257) 다사(多謝): 많이 알리다.

답할 수 없음에 부끄러이 여겨 마침내 서당을 닫아버렸다. 그리고는 방안에 틀어박혀 문자 이외의 것을 참구하니 어느 날 활연히 깨닫는 바가 있었다.

'맹자는 호연을 말하지만 나는 호연을 행하리라' 하고는 『선문보훈(禪門寶訓)』을 보고자 '교외별전, 불립문자, 직지인심, 견성성불'이라는 대목을 보게 되자 손벽을 치며 "이것이다. 바로 이거로구나." 하고는 선문으로 들어가려고 마음먹었다.

위 게는 홍천종온이 대졸조능 스님에게 출가하여 득도 후, 지어 보여준 두 수 가운데 한 수이다. 대졸은 종온을 자식같이 여기고 종온은 스승을 친부모같이 섬겼다 한다.

경충문당(敬沖文幢) 선사

鷄子三年口如啞　　數行血流更無益
今時欲報見一星　　擧頭早已東方白

병아리가 세 살이 되어도 울지를 못하고
몇 줄기 피를 흘려도 다시 이익이 없네
지금 때에 갚아 보고파 별 하나 보았는데
화두들이 일찍이 마치니 동방이 밝았네.

[해설]

　스님(1807~1895)은 기부인(岐阜人)이다. 설담(雪潭)을 10여 년
모셔 그 인증을 받았다. 동복사(東福寺) 관장(한국으로 치면 종정
에 해당)으로 20년을 지낸 명치교계(明治敎界)의 큰 인물이었다.

　세 살 때 아버지를 여의고 일곱 살 되던 해 어머니가 그를 데
리고 향촌의 대룡사(大龍寺)라는 절에 갔다.

　방장 상림(常林)스님이 설법하기를 "'대반야(大般若)'를 깨치려면
먼저 『대반야바라밀다경』을 염창하라. 이 소리는 각자의 자성을
깨우치게 하여 일체의 마귀와 장애를 물리치고 공덕을 이루게 하
리라"고 하였다.

　집으로 돌아온 후에도 문당(文幢)은 계속 이를 염창하였다. 위
게는 열다섯 살에 출가한 뒤 스무 살 때, 설담을 시봉하면서 고행
수행 끝에 깨달음을 얻어 지은 것이다.

무암법전(無菴法全) 선사

鼓笛轟轟祖半肩　　龍樓香噴益州船
有時著脚弄明月　　踏破五湖波底天

북소리 피리소리 울리는 데 한 쪽 어깨 가사 벗고
용루에서 향기 뿜는 익주의 배
때로는 발을 담가 밝은 달을 희롱하고
오호(五湖)의 물결 아래 하늘을 밟아 나가네.

[해설]

　야부금강(冶父金剛) 스님의 제자이다.

　처음 육왕사(育王寺)에서 불지단유(佛智端裕) 스님을 의지하여
수행하였는데, 수행이 여의치 않아 눈물을 많이 흘렸다.

　불지 스님이 방장실에서 무암의 멱살을 잡고

　"유구무구(有句無句)는 나무에 얽힌 등 넝쿨과 같다 하는데 말
하여라."

　이때 무암이 입을 열려는 순간, 불지 스님이 주먹으로 그의 얼
굴을 때렸다. 이 순간 깨달음을 이루고 위의 송을 지어 스님께 바
쳤다.

함응종해(函應宗海) 선사

杖履遠探鴨水干　　掎掎綠竹恰千258)竿
個中知有神人住　　欲服洞中卻259)老丹260)

지팡이에 신발을 달고 멀리 더듬으니 압수간이라
의의한 녹죽이 흡사 천 줄에
개중에는 신과 인간의 머묾을 알고 있기에
골 중에 문득 노단(老丹)을 먹고 싶어라.

[해설]
　스님(1855~1923)은 애지(愛知)출신으로 어릴 때 출가하였다.
스무 살 때 홍주(洪州), 독원(獨園)을 알현하였다. 그 후 원각사 종
정을 지냈다. 스물네 살 때부터 서른 살까지 겸창(鎌倉)에서 몸소
홍천종온(洪川宗溫) 스님을 시봉했는데, 석종연(釋宗演) 등도 역시
찾아와 참하였다.
　그런데 홍천은 종연(宗演)을 특히 더 잘 돌보아 주었다. 종연보
다 3살이 더 많은 종해(宗海)는 분개하여 물러나오고 말았다.
　그리하여 경도(京都)로 가서 독원(獨園)을 참견하고 용맹 정진하
여 깨달음의 경지에 이르렀다.

---

258) 천(千): 많은.
259) 각(卻): ~지만, 오히려.
260) 노단(老丹): 도가에서 붉은 모래로 조제해서 만든 약.

위 게는 그가 깨달음을 얻고 난 후 지은 게이다.

서른한 살에 실상사(實相寺)의 주지를 맡았고 묘심사(妙心寺)의 교무주임 직을 이어받았다. 그러나 그 후 모든 것을 버리고 다시 수도할 결심을 하며 "독원(獨園) 선생의 여생이 얼마 남지 않았으니 지금 가서 가르침을 청하지 않으면 기회를 잃을 것이다."라 말했으니, 그의 견고한 도심(道心)을 알 수가 있다. 그리하여 독원을 뵙고 불도의 오묘한 뜻을 구명(究明)하였다.

독원이 원적하자 그의 법제자 동악(東岳)이 대신으로 그를 인가해 주었다.

마흔 다섯 살에 정종사(正宗寺)에 살며 적(籍)을 원각사파(圓覺寺派)로 돌렸다. 쉰이 되던 해 종연의 뒤를 이어 원각사의 관장(管長)이 되었다.

재(才) 선사

徹徹	大海乾枯虛空迸裂
四方八面絶遮闌	萬象森羅齊漏泄

깨달았다, 깨달았다
큰 바다의 물은 마르고 허공이 깨지는구나!
사방팔방에 나를 가로막는 난간이 없고
삼라만상이 모두 누설 하는구나!

[해설]

재(才) 선사는 처음 수업원(受業院)에서 범패를 익혔다. 한 번은 성(城)에 가서 법기(法器)를 차려 놓다가 어느 노인을 만났는데, 그가 재 선사에게 말하였다.

"네 자신이 바로 법기인데 하필 다른 데서 그것을 찾느냐?"

재 선사는 이 말 끝에 홀연히 느껴지는 바 있었다.

그 길로 서선사(西禪寺)의 법석으로 달려가니 방장스님 해인 융(海印 隆) 선사가 그에게 말했다.

"평생 잠을 자도 사람 앞에 떨어지지 않고, 잠을 깨도 사람 뒤에 떨어지지 않는다."

이 말을 듣고 속으로 그를 존경하게 되었다. 그 당시 서선사에는 대중이 천여 명이 넘었는데, 재 선사는 신심을 내 화장실 청소를 맡았다.

어느 날 저녁 물 뿌리고 청소를 하는데 융(隆) 선사가 주장자를
집어던지면서 하는 법문을 듣게 되었다.

了即手端吞巨海   如知大地一微塵

깨닫고 보면 한 터럭이 큰 바다를 삼키고
온 누리가 하나의 작은 티끌임을 비로소 알게 된다.

이 말에 재 선사는 깨쳤다. 하여 위의 게송을 남겼다.

태어난 곳은 장계현(長谿縣)이며, 남악(南嶽) 상봉사(上封寺) 주
지를 지냈다. 그 후 고산사(鼓山寺)에 옮겨와 입적했다.
성격이 워낙 급했으므로, 총림에서는 그에게 '재전(才煎: 지지고
볶는 성격을 가진 본재 스님)'이라는 별명을 붙여 주었다.

현루오룡(玄樓奧龍) 선사

曉應鍾聲天地開　　日輪皓皓向東來
是何道理吾不識　　不覺呵呵笑滿腮

새벽 종소리 천지를 열고
태양은 눈부시게 동쪽에서 솟네
이것이 무슨 도리인가 나는 알 수 없다네
아하! 웃음이 뺨에 가득한 줄 깨닫지 못했다.

[해설]
　스님(1709~1813)은 삼중(三重) 출신이다. 아홉 살에 출가하여 영봉(齡峰)에게서 수업하였다. 여러 곳을 유력하다 문후(問厚) 스님을 찾아가 흥성사(興聖寺)에 살았는데 그의 법어는 무척 높고 준엄하였다.

　열세 살에 천재지변을 겪고 인생의 무상함을 느껴 노승 영봉(齡峰)에게 여쭈니 영봉이 답했다.
　"과거 이전에도 과거가 있고, 3세 이전에도 3세가 있으니 부처님은 무시(無始)라 하셨다. 모든 것은 무시에서 시작되느니라."
　이 말은 오룡(奧龍)의 의혹을 더욱 증가시켰기에 다시 말했다.
　"모든 사물은 시작과 끝이 있게 마련이온데, 그 시작 없는[無始] 시작은 언제 생기는 것입니까?"

스님은 "그것이 바로 선종 수행의 요점이지. 입으로는 말해 줄 수가 없다. 지금 너는 이해할 수 없겠지만 자란 이후 스스로 깨닫게 될 것이다."

여러 곳을 두루 방문한 지 5년이 지난 어느 날, 태양이 서쪽에 지는 것을 보고 말했다.

"아! 오늘도 이렇게 지나가버렸구나. 생각해 보면 고향을 떠난 지도 이미 5년, 그동안 무슨 일을 했던가? 헛되이 날만 보내고 철저하지를 못했구나."

그는 스물네 살 때에 깨달음을 얻고 게를 지었다.

"새벽은 종소리에 맞추어 천지를 열고, 해는 환하게 동쪽에서 떠오르나니, 이는 무슨 도리인지 내 모르나 저도 모르게 볼 한 가득 껄껄 웃음을 웃는구나."

아흔 네 살에 원적하였다.

도은현삭(桃隱玄朔) 선사

白日靑天三十棒　　都盧²⁶¹⁾大地黑漫漫
夜來依舊開窓坐　　蘿月松風毛骨寒

밝은 날에 몽둥이 서른 대
날은 점점 어두워지고
밤에 창문 열고 앉았으니
아름다운 달빛에 솔바람 소리 뼛속까지 아리네.

[해설]

　스님은 경도(京都) 사람이며 내산(柰山)에게서 계를 받았다. 일
봉(日峰)을 참견하고 깨달음을 얻어 위 게를 남겼다.

　향천(香川)의 자명암(慈明菴)에서 살았다.

---

261) 도로(都盧): 서역의 국명. 이곳의 사람은 몸이 가벼워서 높은데
　　오르기를 잘함.

조음도해(潮音道海) 선사

頓了此心物我空　　大千刹海一如同
若有人問個中意　　日落高樓玉笛風

댓바람에 이 마음 깨달으니 사물과 아공이라
대천세계나 찰해가 하나일 뿐
인간에겐 개중의 뜻이 있어서
해 떨어지는 높은 누각에 옥피리 소리와 바람이 교감하네.

[해설]

스님(1629~1695)은 황벽종, 좌하(佐賀) 사람이다. 다섯 살 때 어머니를 여의고 아홉 살에 동자승이 되었다. 여설문암(如雪文岩) 스님을 찾아 공부하고 은원(隱元)에게서 깨달음을 얻었다.

목암(木菴)의 법을 이었으며, 널리 관동(關東) 땅을 교화했다. 스물일곱 살 때 위 게를 은원에게 지어 보였다.

그러자 은원이 "무성 무색시에는 작마생(作麼生)?"라고 묻자 조음은 책상을 세 번 쳤다.

은원은 "존재치 않는다." 했다.

조음은 한 번 더 책상을 세 번 쳤다. 이때 깨달음을 얻었다.

벌주번해(筏舟煩海) 선사

多年錯覓祖師禪　　坐雪立霜慕先賢
幸有今朝契此道　　風淸月白海東天

오랫동안 조사선을 잘못 찾았지
눈 속에 앉고 서리 속에 서서 선현들을 흠모하였다
다행히 오늘 아침 이 도리와 계합되니
풍청월백한 해동의 하늘이라.

[해설]

　스님(1778~1866)은 복정(福井) 사람이다. 담영(曇英) 스님을 따라 출가하여 여러 곳을 다니다가 전구사(全久寺)의 현강(玄綱)스님을 뵈었다. 후에 흥국(興國)의 법도를 계승하여 신사(新瀉) 관음사(觀音寺)에 살았다.

　번해는 기개가 호매(豪邁)하고 심성이 맑았다. 현강을 8년간 뵈었는데 현강이 한 번은 이런 말을 했다.

　"도란 이(理)의 미묘나라."

　그러자 번해는 의혹이 일어

　"어떤 것이 도입니까?"

　라고 묻자 현강은

　"평상시의 마음이 바로 도이니라."

640

하는 말에 깨달음이 있었다.

후에 흥국을 뵙고 그의 문하에 들어가 불법을 전하였다. 영평사
(永平寺)의 우린(禹隣)이 벌주번해의 도업을 알고 관음사로 청하니
법문이 크게 일었다.

자조종주(慈照宗主) 선사

二十餘年紙上尋　　尋來尋去轉沈吟
忽然聽得慈鴉叫　　始信從前錯用心

이십여 년 동안 종이 속에서 찾았으나
찾고 찾아도 더욱 막막할 뿐이었네
홀연히 까마귀 울음을 듣고
비로소 이제까지 그릇 용심한 줄 알았네.

[해설]

　송나라의 자원(子元)은 호가 만사휴(萬事休)다. 평강(平江)의 곤산(昆山) 사람이다.

　어렸을 적부터 지관(止觀)을 익히다, 선정 중에서 까마귀 소리를 듣고 도를 깨닫고는 이 게를 지었다.

　그리하여 남을 위하고자 하는 마음이 간절하여 널리 염불을 권장하고, 법계중생을 대신하여 예불 참회하며 안양에 왕생하기를 기도하였다.

　백련참당(白蓮懺堂)을 짓고 『사토삼관선불도(四土三觀選佛圖)』를 저술하여 염불종의 안목을 열어 보였다.

　역순의 경계 속에서도 마음을 움직인 적이 없었으므로 고종(高宗) 황제가 불러 보시고 '자소(慈照)'라는 호를 내렸다.

　3월 23일, 탁성(鐸城)에서 대중에게

"나는 교화할 인연이 이미 다하였다. 이젠 가야겠다." 하고는 합장한 채 입적했다.

다비에 불을 붙이니 무수한 사리가 나와, 나라에서 '최승지탑(最勝之塔)'이라는 탑호를 내렸다.

독조성원(獨照性圓) 선사

鏡象不生　　水月不滅
打破虛空　　生滅不別
呵呵呵
是什麼？ 咄!

거울 모양이 나지 않고
수월도 없어지지 않도다
허공을 타파하니
생과 멸을 나눌 수 없네
하~ 하~ 하~
이것이 무엇인가? 악!

[해설]

　스님(1628~1694)은 황벽종. 자하(滋賀) 사람이다.

　어릴 적에 부친을 여의고 숙부를 따라 병고(兵庫)로 옮겨 살았
다.

방(方) 선사

沔水江心喚一聲　　此時方得契平生
多年相別重相見　　千聖同歸一路行

면수의 강심에 울리는 노래 소리에
바야흐로 평생의 의심을 깨달았네
여러 해 헤어졌다 다시 만나니
많은 성인이 한 길로 돌아가구나.

[해설]

　초안사에 오래 살았다.

　대별사(大別寺) 도(道) 스님을 의지하여 수행하였다. 상남(湘南)을 지나다 누군가 큰소리로 노래하는 것을 듣고 깨달음을 얻어 위의 송을 남겼다.

　각화엄(覺華嚴)은 그가 바른 안목을 가지고서도 거친 땅 작은 사찰에 머문다고 생각하였다. 그리하여 안타까워 한 나머지 그를 찬하기도 했다.

상서막장(尙書莫將) 선사

從來婆韻愛風流　　　畿笑時人向外求
萬別千差無覓處　　　得來元在鼻尖頭

지난 날 시 읊으며 풍류를 사랑하다가
밖으로만 찾으려 하는 세상 사람을 얼마나 비웃었던가
천차만별하여 찾을 곳 없더니만
원래 있던 코끝에서 얻었구나.

[해설]
　스님은 자(字)가 소허(少虛)이며, 집안 대대로 예장(豫章)의 분녕(分寧) 땅에서 살았다.

　서쪽에서 남당원정(南堂元靜) 선사를 뵙고 심요(心要)를 결택하는 법을 물으니 원정(元靜) 선사는 그에게 한 곳만 집중하도록 하였다. 마침 화장실을 갔는데 풍겨오는 악취에 코를 감싸 쥐다가 깨친 바 있어 정 선사에게 위의 게송을 올렸다.

　이에 원정 선사가 답하였다.

一法纔通法法周　　　縱橫妙用更何求
靑蛇出匣魔軍伏　　　碧眼胡僧笑點頭

한 법을 통하자 모든 법 두루 통하니

종횡의 묘용을 어찌 다시 구하랴
푸른 뱀이 우리에서 나오니 마귀가 항복하고
파란 눈의 달마스님이 웃으며 머리 끄덕거린다.

문수 도(文殊 道) 선사

趙州有箇栢樹話　　禪客相傳遍天下
多是摘葉與尋枝　　不能直向根源會

조주 스님의 뜰앞 잣나무 화두여
선객이 서로 전하여 온 누리에 가득하지만
많은 사람들이 잎을 따고 가지만을 찾을 뿐
뿌리를 깨닫지 못하고 있네.

覺公說道無此語　　正是惡言當面罵
禪人若具通方眼　　好向斯中辨眞假

각 선사는 조주가 이런 말을 한 적 없었다 하여
정면으로 대놓고 욕을 한 셈이네
선객에게 사방을 꿰뚫어 보는 눈이 있다면
이 가운데에서 진위를 잘 가리리라.

[해설]
　도 선사는 초년에 강원을 다니며 십 년간 유식론을 공부했다.
　한 번은 어떤 사람이
"삼계는 모두 마음(心)이며 만법은 오로지 식(識)이라 하니, 지금 눈앞에 널려진 모든 현상 속에 심식(心識)이 어디에 있느냐?"

고 따져 물었다.

도 선사는 망연자실, 대답할 바를 몰랐다. 그러다가 서주(舒州) 태평사(太平寺)에 닿았다. 거기서 불감(佛鑑)스님의 야참법문에서 조주 스님의 '뜰 앞의 잣나무' 화두를 듣게 되었다.

그중 어느 선사의 '스승께서는 이런 말씀을 하신 일이 없었다.'고 했다는 대목에서 큰 의심을 품고 오랫동안 참구하였다. 그러던 어느 날 저녁 마음의 문을 열고 위의 게송을 남겼다.

도 선사는 72세인 기유년(1129) 3월 3일, 호남의 큰 도적 종상(鍾相)에게 살해되었다.

용구혜인(龍丘慧仁) 선사

裩旣破袴又迭   多少氷淸玉潔
一條藜杖劃斷   天地更無殘闕
別別   不須擊胡蘆磬鐵

잠방이는 벌써 떨어지고 바지도 다 떨어졌네
얼음처럼 옥처럼 깨끗한데
지팡이 들어 금을 그어 놓으니
천지에 하나도 남은 게 없구나
그만 두어라
호로박이며 경쇠를 칠 게 없구나.

[해설]

　스님에 관하여는 소상한 자료가 없어 섭섭하다. 그러나 위의 게
송은 남아있다.

진여(眞如) 선사

平地偶然著顚　　起來都無可說
若人更問如何　　笑指淸風明月

우연히 평지에서 엎어졌다가
일어나니 도무지 할 말이 없었다
누군가 어찌된 일이냐고 다시 물으면
웃으면서 청풍명월을 가리키겠네.

[해설]
　비구니 스님으로 관서(關西)땅 제근(除饉)의 딸로 태어났으며,
어릴 때부터 뛰어난 재능을 보였다.
　사방에서 도를 참구하다가 민땅에 들어와서는 대혜 노스님의
천남땅 소계사(小谿寺) 운문회상에 참여하였다.
　어느 날 게송을 지어 대혜 스님께 보여드린 것이 위의 게송이
다.

간(簡) 상좌

倆且莫亂道　　皮毛卓堅寒
只知梅子熟　　不覺鼻頭酸

너는 도를 어지럽히지 말라 하니
털끝이 곤두서서 으시시 하네
매실이 익은 줄만 알았지
코끝이 시큼할 줄은 미처 몰랐네.

[해설]

　휘주(徽州) 간(簡) 상좌에게 경산 안(徑山 顔) 수좌가 물었다.

　"1 2 3 4 5 6 7, 밝은 눈을 가진 납자가 헤아리기에는 부족하다. 네가 한 번 세어 보아라."

　간 수좌가 악! 하고 할을 하자 안 수좌가 다시 말했다.

　"7 6 5 4 3 2 1, 이제는 어떻게 할 셈인가?"

　간 상좌가 무어라고 대답하려는데 안 수좌가 때려 내쫓으면서 말했다.

　"다시는 도를 어지럽히지 말아라."

　그 말에 간 상좌는 깨친 바 있어 위의 게송을 지었다.

정업(淨業) 거사

昨日羅刹心　　今朝菩薩面
羅刹與菩薩　　不隔一條線

어제는 나찰의 마음
오늘 아침은 보살의 얼굴
나찰과 보살은
한 가닥 선 사이도 되지 않구나.

[해설]
　젊어서 도축업을 하였다.
　하루는 양을 죽이려 하는데 어미 양이 가로막는 것을 보고 입산하였다. 부지런히 정진하여 깨달음을 이룬 후 읊은 것이 위의 게다.

귤염자(橘染子)

福田衣上　　　傳祖師眞
嶺南梅子熟　　元來微笑春

가사로써
조사의 뜻 전하니
영남에 매화가 익어가는 것은
원래 봄을 미소하는 것.

[해설]
　삼중(三重)의 이세(伊勢) 태수(太守)의 어머니로, 어렸을 때부터 세상사의 무상함을 절감하고 불법에 귀의하였다. 그 후에는 임제선을 만나고 깨닫는 바를 얻게 되었다.
　그의 저작 『고지록(故紙錄)』에 그 수행의 과정을 기술하고 있다. 그녀의 신앙은 상류계층의 부인들이 현세에 안주하고 내세에 해탈하려는 식의 기도 태도가 아니었다. 열심히 수행을 하고 평소에도 높은 스님의 큰 덕을 높이 우러렀다.
　그녀는 한 때 축도(竺道)의 후계자 운암(雲岩)스님을 뵙고 선법(禪法)을 수행하기도 했다. 또 한 번은 발대득승(拔隊得勝)의 『가명법어(假名法語)』를 읽다가 그 중에
　'윤회의 고통을 덜고자 하면 반드시 부처가 되는 원인을 알아야 한다. 부처가 되는 도리는 자기의 마음을 깨닫는데 있으니, 자기

654

의 마음은 부모가 자기를 낳기 이전부터 지금에 이르기까지 바뀌거나 변함이 없는 것으로 그것은 바로 본성이요 본래의 면목이다.'

라는 글귀를 읽고 의심이 생겨 매일 이 글귀를 읽었다. 그리하여 깨달음을 얻게 되었다. 또 대각(大覺)의 『좌선론(坐禪論)』을 읽고 그의 계시를 크게 받았다.

34세에 깨달음을 얻었을 때, 그의 스승이 그녀에게 가사를 주니 위의 게송을 지어 바쳤다. 39세에 입적하였다.

〈참고자료〉

『太古普愚國師法語集』
『霜峰法源』 霜峰門人
『佛祖宗派』
『鏡虛語錄』
『韓國歷代古僧傳』
『懶翁集』(동화출판공사 발행)
『白雲傳』(동화출판공사 발행)
『雪峰大全』 雪峰 著
『滿空語錄』 滿空 著
『龍城禪師語錄』 龍城 著
『雲峰禪師法語』 雲峰 著
『淸虛集』 淸虛 著
『祖堂集』(中國 刊)
『喚惺詩集』 喚惺 著(박영희 소장)
『金烏集』 金烏 著
『曉峰語錄』 曉峰 著
『法海』 鏡峰 著
『禪關法要』 惠庵 著
『碧梧桐』 金基秋 著
『불교문헌자료집』 (보련각 刊)
『조선불교통사 上·下』 李能和
『한국불교소의경전연구』 이지관 著
『李朝佛敎』 高橋亨 著
『韓龍雲全集』 2卷
『大東禪敎考』『大屯誌』 (박영희 소장)

『松廣寺誌』 (송광사 소장)

『東師列傳』 (보련각 발행)

『傳燈錄』 (중국)

『萬德寺誌 下』 (박영희 소장)

『대한불교신문』

『국어대사전』 (이희승)

『大漢韓辭典』 (張三植)

『禪僧, 遺偈 古田紹欽』

『信心銘』 明正 刊

『한국불교사』 우정상·김영태 공저

『佛學大辭典』 (중국)

『불교성전』 (불교성전 편찬회)

『신편불교성전』

『法供養門』 日陀

『禪門撮要』

『보림학보 2집』

『법시』

『無門關』

『선관책진』

『禪學辭典』 (佛地社 刊)

『中國禪祖師傳』 上·下

🍎 맺는 말

잠시나마 흩어진 마음을 모아 경건한 마음으로 진시방 삼세 진진 찰찰하신 부처님과 역대 조사 앞에 이 마음을 바치나이다.

비록 숙업이 두터워 말법시대에 태어났지만, 부처님 혜맥의 품속에 안기게 된 이 모든 인연이 한없이 자랑스럽습니다.

산문에 발을 들여놓기 이전 어린 중생에게 부처님 밝은 마음을 전해주려고 무던히 안간힘 쓰신 智行 선생님, 그 인연 물결 따라 禪院의 뜰에서 어두운 마음에 불을 밝히고자 이렇게 서성입니다.

한없는 선지식들의 참되고 슬기로운 모습을 살피고 싶어 몇 년 전부터 틈틈이 모든 자료가 있어 이렇게 엮었습니다.

아직도 無明의 눈으로 慧燈을 살피기란 많이 모자라지만, 잘못되고 미비한 곳이 있으면 다음에 또 손보기로 하고 서투르지만 이렇게 책으로 내어 놓습니다.

이 인연 빌어 저의 마음에도 찬란한 반야의 등불이 밝혀지기를 간절히 바랍니다.

이 원고를 세상에 빛 보게 한 모든 분들께 부처님 은혜 깃들기를 삼가 빕니다.

1977년 7월
팔공산 파계사 無縫室
엮은이 무봉성우

반야사상

지은이 / 석성우
펴낸이 / 金映希
펴낸곳 / 도서출판 土房

2020년 6월 10일 초판 발행
2021년 1월 10일 초판 3쇄 발행

등록 1991. 2. 20. 제6-514호
서울특별시 성북구 북악산로 746. 101-1303
전화 766-2500, 팩시밀리 747-9600
e-mail / tobang2003@hanmail.net
ⓒ석성우, 2020

ISBN 979-11-86857-09-0 03220